Impressum

Encarnación Gutiérrez Rodríguez & Pinar Tuzcu
Migrantischer Feminismus in der Frauen:bewegung in Deutschland (1985–2000)
1. Auflage 2021
ISBN 978-3-96042-108-5

Postfach 27 46
D-48041 Münster
info@edition-assemblage.de
www.edition-assemblage.de

Die Titelabbildung basiert auf dem Plakat
„Sind wir uns so fremd?"
Umschlaggestaltung & Satz:
Chrissi Latsch, www.monoparade.de
Lektorat: Concetta Sabine Mugavero
Druck: hinkelsteindruck sozialistische GmbH
Printed in Germany 2021

Für Hülya Türker…

und

Juan José Gutiérrez Cabello y
Josefa Rodríguez Santana

DANKESWORTE

Wir möchten uns in erster Linie bei Nivedita Prasad, Ayşe Tekin, Behshid Najafi, Malin Kundi, Elizabeta Jonuz, Necla Açık, Yasemin Yıldız, Hamide Scheer, Emine Şahinaz Akalın, Rosa Liccardo, Selçuk Yurtsever-Kneer, Kook-Nam Cho-Ruwwe, Kader Konuk, Cathy Gelbin, Iman Attia und Simin Jampoolad für ihre Mitarbeit, Hilfe und Geduld im Prozess der Realisierung dieses Buches bedanken. Wir möchten uns auch bei Macarena Gonzalez Ulloa bedanken, die zeitweise an der Durchführung als auch Transkription eines Interviews sowie Konzeptualisierung unseres Ausschnitts in der Ausstellung des Historischen Museums Frankfurt *Ich sehe was Du nicht siehst. Rassismus, Widerstand, Empowerment* mitgearbeitet hat. Auch Jamila Adamou von der Hessischen Landeszentrale für politische Bildung möchten wir für ihren Enthusiasmus und Glauben an unsere Arbeit danken. Wir sind auch der edition assemblage sehr dankbar, dass sie uns bei der Veröffentlichung des Buchs unterstützt hat. Ein ganz besonderer Dank gilt hier Carla Schäfer für die Betreuung der gesamten Publikation und an Chrissi Latsch für die tolle Gestaltung des Buchcovers und das Layout. Und nicht zuletzt verdanken wir diese Veröffentlichung dem detaillierten Lektorat von Concetta Sabine Mugavero.

Zudem dankt Encarnación ihrem Team an der JLU, Andrea, Andreea, Çiçek, Daniel, Johann, Johannes, Manuela Schmidt, María, Moschda und Sebastian für ihre Unterstützung im Uni-Alltag. Auch dankt sie ihren Kolleg:innen in Mecila 2020/21, ganz besonders Léa Tosold und Juliana Streva für die Resonanz ihres Denkens in dieser Arbeit, und Jörg Klenk und Sérgio Costa für die Geduld mit den institutionellen Widrigkeiten. Auch Pinar gilt ihr Dank für das nicht aufgeben und Weitermachen. Ganz herzlich dankt sie auch ihrer Schwester, Angela, ihrer Cousine Encarni Lopez und ihrer Liebsten Shirley für das gemeinsame Ertragen der Covid-Einschränkungen virtuell und faktisch. Einen besonderen Dank gilt Rosa für das Teilen ihrer Geschichte und allen ihren Weggenoss:innen für ihre Generosität, ihren beständigen Glauben an ein gutes und gerechtes Leben sowie ihren Gesten der Liebe. Doch ganz besonders gilt ihr Dank ihrer Freundin Selçuk; ihre ungebrochene Zuversicht hat dieses Projekt von Anbeginn begleitet.

Pinar möchte sich bei der allerersten Feministin bedanken, die sie kennengelernt hat: ihrer Mutter Fadime Türker-Tuzcu. *Teşekkürler Anneciğim!* Sie dankt auch ihrer Schwarzen und migrantischen feministischen Community in Kassel, insbesondere Melehat Kutun, Eda Kara, Emine Vural und den Black magic Grrls von der ISD Kassel, nämlich Swazi, Sabrina, Rachel, Nuha, Eden, Eunice und Awet, dafür, dass sie unterstützende und ermutigende Vibes in Kassel erzeugen. Und an Encarna für ihren Einsatz und ihre Inspirationen, die dieses Buch und diese Geschichte möglich gemacht haben. Pinar widmet dieses Buch Hülya Türker, die eine Kämpfer:in war, die unermüdlich für sich und ein menschenwürdiges Leben anderer kämpfte, uns aber unerwartet und sehr früh verließ. *Canım Hülyam, gülden güzel gülüşün ve kıymetli hatıran bu kitaba yazılmış sözler gibi hafızalarımızda ve kalbimizde kazılı kalsın.*

INHALT

◆ WIDERSETZUNGEN – NEUE IMAGINARIEN: HAMBURG

◆ MIGRANT:INNEN – EINE POLITISCHE STRATEGIE: FRANKFURT

◆ DEUTSCHE FRAUEN:BEWEGUNG UND (POST)MIGRATION

WEGE ZUM MIGRANTISCHEN FEMINISMUS

ENCARNACIÓN GUTIÉRREZ RODRÍGUEZ & PINAR TUZCU

◆

EINLEITUNG

Die Idee zu diesem Buch entstand 2015 in Gesprächen zwischen uns beiden und verwandelte sich mit den Jahren zu einem Projektantrag, den wir 2017 beim Hessischen Ministerium für Wissenschaft und Kunst mit dem Titel *Migrantischer Feminismus in der Deutschen Frauenbewegung (1985–2000) – Intersektionale Erkundungen* stellten. 2018 wurde der Antrag bewilligt und wir machten uns sofort an die Arbeit. Wir kontaktierten und luden potenzielle Teilnehmer:innen ein. Einige Weggenoss:innen antworteten sofort und bestätigten ihre Teilnahme, andere wiederum sagten aus zeitlichen Gründen ab oder meldeten sich nicht zurück. Zwischen 2018 und 2019 besuchten wir Aktivist:innen an unterschiedlichen Standorten in Deutschland. Das Ergebnis dieser Gespräche, die im Sinne der Methode *Oral History* durchgeführt wurden, findet sich in diesem Buch wieder. Die Autor:innen dieses Buches haben mittels ihrer Erinnerungen ein kollektives Gedächtnis des Migrantischen Feminismus und dessen Bündnispolitik nachgezeichnet.

Wir betrachten dieses Buch daher als Ergebnis einer politischen Gemeinschaftsarbeit, an der Nivedita Prasad, Ayşe Tekin, Behshid Najafi, Malin Kundi, Elizabeta Jonuz, Necla Açık, Yasemin Yıldız, Hamide Scheer, Emine Şahinaz Akalın, Rosa Liccardo, Selçuk Yurtsever-Kneer und Kook-Nam Cho-Ruwwe beteiligt sind, wobei auch Kader Konuk, Cathy Gelbin, Iman Attia und Simin Jampoolad unterschiedlich an diesem Mosaikwerk über rassismuskritische feministische Selbstorganisierung mitgewirkt haben. Auch sind wir Jessica Jacoby dankbar für ihre Erlaubnis, das Vorwort zu ihrer 1994 mit Claudia Schoppmann und Wendy Zena-Henry herausgegebenen Anthologie *Nach der Shoa geboren – Jüdische Frauen in Deutschland* wieder abdrucken zu können. Auch der Reprint von Natascha Apostolidous Artikel *Differenz und Gleichheit. Migrantinnen in der BRD und ihre Position in der Frauenbewegung*, der 1995 veröffentlicht wurde, trägt zu diesem Gesamtwerk bei. Wir möchten allen Beteiligten für ihre Beiträge und das großzügig zur Verfügung gestellte Material aus ihren Privatarchiven danken; besonderer Dank gilt Kader Konuk, Malin Kundi und Selçuk Yurtsever-Kneer.

Uns ist bewusst, dass wir mit diesem Buch nur einen kleinen Einblick in die Geschichte des migrantischen Feminismus in Deutschland geben können. Doch stellt dieses Buch auch nur einen ersten Schritt in der Annäherung an eine vielschichtige und vielseitige rassismuskritische feministische Bewegungsgeschichte dar. Wir hoffen, dass dieses Projekt andere dazu bewegt weiteren Spuren nachzugehen. Uns selbst haben Projekte inspiriert, die ebenfalls an der Ausgrabung rassismuskritischer intersektionaler

Bewegungsgeschichte arbeiten. So knüpft unser Projekt an den von Denise Bergold-Caldwell, Laura Digoh-Ersoy, Hadija Haruna-Oelker, Christelle Nkwendja-Ngnoubamdjum, Camilla Ridha und Eleonore Wiedenroth-Coulibaly herausgegebenen Band *Spiegelblicke. Perspektiven Schwarzer Bewegungen in Deutschland*[1] an. In *Spiegelblicke* wird die 30-jährige Bewegungsgeschichte der Organisierung Schwarzer Menschen in Deutschland anhand von Essays, Portraits, analytischen Texten, Storytelling und Foto-Reportagen mit Zeitzeug:innen und Aktivist:innen der Bewegung intergenerationell erzählt. Dieses Buch hat uns tief berührt und uns maßgeblich angeleitet, die Bewegungsgeschichte des Migrantischen Feminismus der 1980er- und 1990er-Jahre zu erzählen. Gleichzeitig stand unser Projekt auch im Dialog mit dem Berliner *xart splitta*-Projekt *Passing it On*, das 2019 unter der Leitung von Nicola Lauré al-Samarai und Iris Rajanayagam initiiert wurde. In ihrer Onlineplattform *The Living Archives*[2] schreiben die Initiator:innen, dass diese Plattform „der Dokumentation, Archivierung und Bereitstellung von in *BIPoC* Communities entstandenen Inhalten und Wissen dient".[3] Wie xart splitta beschäftigt auch uns die Frage, wie „innerhalb politischer Bewegungen, über politische Bewegungen sowie zwischen verschiedenen Generationen und Kontexten Wissen produziert wird".[4] Dabei interessiert uns vor allem, wie das Wissen über die politische Selbstorganisierung von migrantisierten Feminist:innen erzeugt und intergenerationell weitergegeben wird. Es ist unser Wunsch mit diesem Band ein Stück Geschichte weiterzuerzählen und mit der Generation, die heute aktiv ist, Akteur:innen wie *Black Lives Matter, Initiative 19. Februar Hanau, NSU-Komplex Auflösen, Refugee-Streik*, aber auch mit anderen rassismuskritischen intersektionalen Selbstorganisierungsgruppen sowie antirassistischen intersektiona-

1 Vgl. Bergold-Caldwell u. a. (Hrsg.), 2015.
2 Vgl. https://thelivingarchives.org/passing-it-on/.
3 Vgl. https://www.xartsplitta.net/the-living-archives/
4 Vgl. https://www.xartsplitta.net/en/passing-it-on/.

len Gruppen, ins Gespräch zu kommen. In diesem Sinne folgen wir auch Peggy Piesches[5] Überlegungen im ersten Kapitel ihres Ausstellungskatalogs *Labor 89*, individuelle Erinnerungen von Aktivist:innen als Formen der Reflektion kollektiver Räume von Widerstandserfahrungen zu begreifen. Zudem schließen wir uns mit diesem Projekt dem Vorhaben Piesches zur Schaffung einer *intersectional remembrance*[6], die einen intersektionalen Zugang zur Erinnerungskultur und -politik beschreitet, an.

Doch vor allem entwirft dieses Buch einen neuen Zugang zur Geschichte der Frauen:bewegung in Deutschland in den 1980er- und 1990er-Jahren. Aus der Perspektive von biografischen Erzählungen der Teilnehmer:innen dieses Projektes, wird die These widerlegt, dass die 1990er-Jahre eine ‚stille Zeit' in der Frauen:bewegung Deutschlands war.[7] Die hier gesammelten Zeitzeugnisse erzählen eine andere Geschichte, die in den offiziellen Narrativen und institutionellen Repräsentationen der deutschen Frauen:bewegung zumeist ignoriert wird. Wie dieses Buch deutlich vorbringt, stellen die 1980er- und 1990er-Jahre einen Höhepunkt in der politischen Selbstorganisierung von Migrant:innen, Sinti:ze und Rom:nja, Schwarzen, exilierten und jüdischen Frauen* dar. Wie Pinar in ihrem Buch *Ich bin eine Kanackin. Decolonizing Popfeminism – Transcultural Perspectives on Lady Bitch Ray* (2017) schreibt, werden „[d]iese intellektuellen, aktivistischen und künstlerischen Beiträge aus dieser Zeit [] in der Geschichte des Feminismus in Deutschland eher ausgelassen".[8] Trotz der Lautstärke – *the noise* – die diese Akteur:innen in öffentlichen Veranstaltungen, Zeitschriften und in verschiedenen Publikationen zum Ausdruck brachten,[9]

5 Piesche, 2019, S. 5–9.
6 Ibid. S. 8.
7 Tuzcu, 2017, S. 38–49.
8 Ibid. S. 40. Übersetzung aus dem Englischen von den Herausgeber:innen. Original: „These intellectual, activist, and artistic contributions of this period tend to be left out in histories of feminism in Germany."
9 Siehe dieser Band.

wurden diese Interventionen von der deutschen Frauen:bewegung zu diesem Zeitpunkt ignoriert. Aber genau in dieser Zeit organisierten sich Aktivist:innen, Intellektuelle, Akademiker:innen und Künstler:innen aus diesen Kontexten, veranstalteten Konferenzen, publizierten Bücher, gründeten politische Gruppen und veröffentlichten Statements, die sich mit den Fragen von Rassismus, Antisemitismus, Geschlecht, Klasse und Sexualität und deren Verschränkung im Kontext von Flucht, Migration und Diaspora aus einer rassismuskritischen intersektionalen Perspektive auseinandersetzten.

Wie Encarnación in ihrem 2011 veröffentlichten Aufsatz Intersektionalität oder: Wie nicht über Rassismus sprechen? schreibt, fanden in dieser Zeit die ersten Abhandlungen zur Analyse verschränkter Herrschaftsverhältnisse im Spannungsverhältnis von Rassismus, Geschlecht und Klasse in Deutschland statt.[10] 1986 veröffentlichten May Ayim, Katharina Oguntoye und Dagmar Schultz das Buch Farbe bekennen. Afrodeutsche Frauen auf den Spuren ihrer Geschichte. Auch in den Zeitschriften Informationsdienst zur Ausländerarbeit oder Beiträge zur feministischen Theorie und Praxis teilen Aktivist:innen der rassismuskritischen feministischen und lesbischen Bündnispolitik ihre Gesellschaftsanalysen, Kritik und Theorie mit. Zum Beispiel thematisiert Natascha Apostolidou 1980 in der Zeitschrift *Informationsdienst zur Ausländerarbeit* den Rassismus, den sie in der deutschen Frauen:bewegung beobachtet und erfährt.[11] Auch Deniz Çamlikbeli, Annita Kalpaka und Nora Räthzel publizieren fünf Jahre später zu diesem Thema.[12] Zwar wurde damals in dieser Auseinandersetzung nicht der Begriff „Intersektionalität" verwendet, doch ging es in diesen Beiträgen um die Verschränkung unterschiedlicher Ungleichheitsverhältnisse, die sich aufgrund des Zusammenwir-

10 Vgl. Gutiérrez Rodríguez, 2011.
11 Vgl. Apostolidou, 1980.
12 Camlikbeli, 1984, S. 19.

kens von Sexismus, Rassismus und Klassenunterdrückung ereigneten. So stellen Kalpaka und Räthzel in ihrem für die deutsche Debatte bahnbrechenden Aufsatz von 1985 *Paternalismus in der Frauenbewegung?! Zu den Gemeinsamkeiten und Unterschieden zwischen eingewanderten und eingeborenen Frauen* fest, dass „eingewanderte Frauen in einem aus mehreren Widersprüchen geknüpften Netz leben (wie alle Individuen)"[13]. In den 1990er-Jahren wurden dann die Autor:innen, die sich im Kreis der Zeitschrift *Beiträge zur feministischen Theorie und Praxis* bewegten – wie z. B. in dem 1990 veröffentlichten Heft 27 mit dem Titel *Geteilter Feminismus: Rassismus, Antisemitismus, Fremdenhaß* – angesichts des auf den deutschen Straßen wütenden rassistischen Mobs unüberhörbar. Vier Jahre später wird die Frankfurter Migrant:innengruppe FeMigra in ihrem Aufsatz *Wir, die Seiltänzerinnen. Politische Strategien von Migrantinnen gegen Ethnisierung und Assimilation* in Anlehnung an das Konzept des *Combahee River Collective „interlocking system"* über die „Gleichzeitigkeit von Unterdrückungsverhältnissen"[14] im deutschen Kontext reflektieren. In diesem Sinne kennzeichnet der Begriff „Migrantischer Feminismus" nicht nur eine Bewegungsgeschichte politischer Selbstorganisierung, sondern auch ein neues politisches feministisches Selbstverständnis, das im Austausch mit Schwarzen, Chicana, *Third World* Feminismen und *First Nation Women* Bewegungen der 1990er-Jahre in den USA wie auch im Dialog mit Feminismen in Süd- und Osteuropa, Lateinamerika, Asien und dem afrikanischen Kontinent entstand. Diese Feminismen untersuchen patriarchale Herrschaftsverhältnisse in ihrer Verschränkung mit Rassismus, Antisemitismus, Kapitalismus und Kolonialismus aus einer globalen Perspektive.

Dieses Buch knüpft an diese vielschichtigen und komplexen Perspektiven an und begeht gemeinsam mit den Akteur:innen die-

13 Kalpaka und Räthzel, 1985, S. 21–27.
14 FeMigra, 1994, S. 49–63.

ser Bewegungsgeschichte eine Neuschreibung feministischer Bewegungen in Deutschland aus migrantischer Perspektive. Indem die Teilnehmer:innen dieses Bandes ihr *right-to-re-narrate* manifestieren, eröffnen sie eine alternative Narration zur offiziellen Geschichtsschreibung der deutschen Frauen:bewegung. Wie wir bereits erwähnt haben, gewinnt die als „still" charakterisierte Phase mittels der Zeitzeugnisse der Aktivist:innen an Lautstärke. Das Ausgraben dieser politischen Selbstorganisierung bringt den offiziellen Diskurs ins Schwanken. Dieser Zugang erfordert einen alternativen methodischen Einstieg zur gängigen archivarischen Dokumentationsarbeit. Denn es geht hier um ein *re-narrating*. Dies bedeutet nicht einfach eine stumpfe Korrektur der Geschichte, sondern auch eine methodische Intervention in die Linearität des Erzählens, indem die Vergangenheit in einer Weise thematisiert wird, in der sie als Bezugspunkt der Gegenwart in die Zukunft ausstrahlt. Die Vergangenheit verändert so die Gegenwart, die auch den Blick in die Zukunft neugestaltet. In dieser Hinsicht hinterfragt die Methode des *re-narrating* die offizielle Erzählung, indem sie die Stimmen, die in der hegemonialen Geschichtsschreibung ausgelassen wurden, zu Wort kommen lässt und ihre Sicht und Erinnerungen in das Zentrum der Rekonstruktion von Geschichte rückt. Das Erkennen von Lücken in der offiziellen Geschichtsschreibung ist in dieser Methode der erste Schritt. Wie Pinar in diesem Band erklärt: Diese retrospektive Intervention verändert auch, wie wir die gegenwärtigen, insbesondere marginalisierten Diskurse verstehen, indem es den Blick auf das, was „unverständlich" bleibt oder „aus dem Zusammenhang gerissen"wurde, richtet.[15] Wenn diese Erzählungen also auch aus der Perspektive derer umgeschrieben werden, die von ihrer Konstruktion ausgeschlossen wurden, füllen sie nicht nur die Lücke der Vergangenheit, sondern wirken auch darauf hin, dass diese Erzählungen heute in Erinnerung bleiben und morgen weitergegeben werden.

15 Siehe Tuzcu in diesem Band.

Darüber hinaus beschreibt Encarnación in diesem Band in Anlehnung an Léa Tosold[16] die geleistete Erinnerungsarbeit der Teilnehmer:innen dieses Projekts im Sinne von Toni Morrisons[17] *rememory*. *Rememory* hat nicht nur das Erinnern des Vergangenen zum Gegenstand, sondern erwächst aus einem gegenwärtigen politischen Moment der Reflexion, das die Sehnsucht nach transformativer intersektionaler Gerechtigkeit als Projekt der Gegenwart-Zukunft aufmacht.[18] Auf diese Weise versucht dieses Buch folgende Fragen zu beantworten:

- Was bedeutet die Auslassung migrantischer feministischer Geschichte für die Politik der Geschichtsschreibung der deutschen Frauen:bewegung?
- Wie würden die Gegenwart und zukünftige Erzählungen der Frauen:bewegung in Deutschland durch eine solche Intervention in der Vergangenheit neu definiert werden?
- Was würde diese ‚Neudefinition' für Deutschland als Einwanderungsland und (post-)migrantische Gesellschaft bedeuten?

Im Lichte der oben genannten Fragen und durch die Methode der *Oral History*, die Archivarbeit sowie das Sammeln von historischen Dokumenten wie Fotos, Zeitungsartikeln und Pamphleten wird der historische Kontext der gesammelten Erzählungen rekonstruiert. Vier Standorte – Berlin, Hamburg, Köln/Bonn und Frankfurt – werden anhand der persönlichen Erzählungen und des gesammelten Archivmaterials eingeführt. Unterschiedliche feministische Praxen und Strategien gegen Rassismus, Antisemitismus sowie globale und

16 Vgl. Tosold, 2020.
17 Vgl. Morrison, 2019.
18 Vgl. Gutiérrez Rodríguez, 2018.

lokale kapitalistische rassifizierte heteropatriarchale Ausbeutung werden vorgestellt.

Methoden und Ansätze zur Geschichtsschreibung des Migrantischen Feminismus

Unser Fokus liegt auf den Akteur:innen des Migrantischen Feminismus, deren Erinnerungen und Erzählungen aus der offiziellen Geschichtsschreibung der deutschen Frauen:bewegung ausgelassen worden sind. Die Erzählung über die deutsche Frauen:bewegung ist erweitert und vertieft worden, indem wir mit zwei methodischen Zugängen gearbeitet haben: (a) Archivarbeit und (b) *Oral History*.

a) Archivarbeit

Die Archivarbeit beinhaltete das Sammeln und Sichten von Material (Bücher, Zeitschriften, Flyer, Poster, Fotos), welches sich in den persönlichen Beständen von uns und den Teilnehmer:innen unseres Projekts befand. Das Material wurde ausgewertet und in die politischen Debatten der deutschen Frauen:bewegung von 1985–2000 eingeordnet.

Die ausgewählten Texte, die von den Aktivist:innen in dieser Periode geschrieben wurden, behandeln wir als Archivmaterial, da sie uns einen Einblick in die Rhetorik und die Diskussionen der Zeit vermitteln. Diese Texte machen auch deutlich, wie diese Gruppen theoretisch und praktisch unterschiedliche gesellschaftliche Verhältnisse in ihrer Verschränkung thematisierten und politisch analysierten. Ihre politischen Strategien bzw. kulturellen und wissenschaftlichen Interventionen adressierten daher bereits das Zusammenwirken von Rassismus, Antisemitismus sowie heteropatriarchalen und kapitalistischen Verhältnissen. In dieser Hinsicht bildet jeder dieser Texte auf unterschiedliche Weise eine heterogene politische Geographie des Migrantischen Feminismus ab. Die Topografien, die wir mit den Städten Berlin, Hamburg, Köln/Bonn und Frankfurt markiert haben, treffen sich alle an einem Kreuzungspunkt, der sich mit dem gemeinsamen Streben nach transformativer intersektionaler Gerechtigkeit umschreiben lässt. So beschreibt Ayşe Tekin in ihrem 1994 veröffentlichten Text *Unterschiede wahren, Zusammenarbeit möglich machen* beispielsweise die Kreuzung dieser intersektionalen Verhältnisse. Sie legt dar, dass „Migrantinnen in der Frauenbewegung einen Dialog suchten, mit dem sie Wege des Zusammenlebens finden wollten".[19] Tekin erklärt, wie sie es trotz ihrer Unterschiede und ständigen Selbsterklärungen sowie „grammatische[n] Schwierigkeiten" geschafft haben „eine gemeinsame(Verständnis)Sprache" zu entwickeln.[20]

Der 1989 erschienene Text *Entwicklungsarbeiterin in Deutschland* von Kook-Nam Cho-Ruwwe aus der Koreanischen Frauen:gruppe zeigt wiederum diese Unterschiede exemplarisch. Sie schreibt über die Migrationsgeschichte der koreanischen Frauen*, die als Krankenpflegekräfte in den 60er- und 70er-Jahren nach Deutschland kamen. Cho-Ruwwe erzählt in diesem Text von kollektiven Kämpfen um die Anerkennung ihrer beruflichen Qualifikationen in Deutschland in Zusammenhang mit ihrem Widerstand gegen koloniale und kapitalistische Denkweisen, die sie in Deutschland marginalisierten. Auch die Publikationen *Nach der Shoa geboren: Jüdische Frauen in Deutschland*[21] und *Jekh Čhib: Roma- und Sinti-Frauen*[22] berichten von den unterschiedlichen Erfahrungen und Gemeinsamkeiten, die die Aktivist:innen im Rahmen der Bündnispolitik des Migrantischen Feminismus zusammenbrachten.

19 Tekin, 1994, S. 105.
20 Ibid.
21 Jacoby, Schoppmann und Zena-Henry (Hrsg.), 1994.
22 Hartmann, Jonuz, Künsters u.a (Hrsg.), 1995.

Neben diesen ausgewählten Texten haben wir auch Poster von den Konferenzen, Broschüren und Aufrufe zu Veranstaltungen sowie Fotos, die die Bewegung in Standbildern festhalten, in jedem Kapitel eingefügt. Ein kleiner Ausschnitt der Archivmaterialen wurde bereits im Rahmen der Ausstellung des Stadtlabors des Historischen Museums der Stadt Frankfurt unter dem Titel *Ich sehe, was Du nicht siehst. Rassismus, Empowerment und Widerstand* vorgestellt, die im September 2020 eröffnet und bis März 2021 gezeigt wurde.[23]

Wir danken den Kurator:innen der Ausstellung vom Stadtlaborteam Ismahan Wayah, Puneh Henning, Susanne Gesser, Mariam Koller und Jeanne Nzakizabandi, die uns Raum gegeben haben, diese wichtige Zeitspanne rassismuskritischer feministischer Bewegungsgeschichte in der Ausstellung zu zeigen. Unser Dank geht auch an Barbara Mugalu, Elsa Bosch und Macarena Gonzalez Ulloa, die gemeinsam mit uns das Ausstellungskonzept entwickelt und umgesetzt haben. Auch Jamila Adamou möchten wir in diesem Rahmen danken.

b) Oral History

Oral History ist ein qualitatives Verfahren, das meistens in historischen Forschungen verwendet wird. Das Ziel ist durch aufgezeichnete Interviews zwischen einem:r Erzähler:in mit persönlichen Erfahrungen von historisch bedeutsamen Ereignissen und dem:der Interviewer:in die historischen Aufzeichnungen zu erweitern und zu ergänzen. Wir haben Einzelinterviews mit den Teilnehmer:innen auf der Grundlage dieser Methode geführt. Die Interviewfragen waren nicht strukturiert, sondern wurden entsprechend dem Erzählfluss erstellt und formuliert. Grundsätz-

23 Siehe Gutiérrez Rodríguez in diesem Band.

lich haben wir unseren Teilnehmer:innen das Ziel dieses Projekts mitgeteilt und sie gebeten, sich an die politische Atmosphäre in den 1980er- und 1990er-Jahren in Deutschland in ihrer Lebensgeschichte zu erinnern.

Unser Wunsch war es, für das Projekt relevantes Wissen zu sammeln und mit der Methode der *Oral History* einen narrativen Raum zu eröffnen. Wir haben weder die Geschichten der Teilnehmer:innen mit einer konventionellen Forschungsmethode analysiert, noch war es unser Ziel, ihre Aussagen als ‚Forschungsdaten' zu erfassen und zu interpretieren. Der Prozess des Erzählens wurde nach Durchführung der Interviews nicht beendet. Wir haben einen etwas anderen Ansatz gewählt: Nachdem wir die Interviews transkribiert und an den Transkriptionen der Interviews von den Teilnehmer:innen weitergearbeitet hatten, wandelten wir sie in Prosa um. Unsere Absicht war es, mit der Umwandlung der Interviews in Prosatexte, die Geschichten in der Hand ihrer Erzähler:innen zu lassen. Dies bedeutet, dass jeder Text mehrere Phasen des Austauschs zwischen den Herausgeber:innen und den Teilnehmer:innen durchlaufen hat und die Teilnehmer:innen ausgiebig an ihren Texten gearbeitet und Korrekturen bzw. Ergänzungen vorgenommen haben, die sie für notwendig hielten.[24] Wir sind sehr dankbar für ihre Bereitschaft mit uns zusammenzuarbeiten, ihr Vertrauen, das sie uns geschenkt haben, und ihre unnachgiebige Geduld in diesem Prozess. Auch möchten wir unserer Lektorin, Concetta Sabine Mugavero, die an dieser Phase des Projekts maßgeblich beteiligt war, ganz herzlich danken.

Zu den Beiträgen

Auf der Basis des Archivmaterials und der narrativen Interviews sind wir der politischen Arbeit von Migrant:innen, Schwarzen

24 Siehe Tuzcu in diesem Band.

Frauen*, *Women of Color*, Jüdischen Frauen*, Rom:nja und Sinti:ze Frauengruppen und Vereinen begegnet. Das sind z. B. ADEFRA, FeMigra, *De Colores*, ELISA, Rom e. V., Lesbisch Feministischer Schabbeskreis, *Ban Ying*, FIZ, Südströmungen, das Bunte Frauennetzwerk Bonn/Köln, die Koreanische Frauengruppe, die Iranische Frauenbewegung im Ausland, Cadı Kazanı, agisra, *Nozizwe*, DaMigra oder das Frauenzentrum Schokofabrik. Die Dokumentation umfasst u. a. die folgenden Konferenzen und Veranstaltungen:

- Ausländische Frauen diskutieren: Sind wir uns so fremd?, Juni 1986, Bonn.
- Zweiter bundesweiter Kongress von und für Immigrantinnen, Schwarze Deutsche, Jüdische und im Exil lebende Frauen, Oktober 1991, Berlin.
- Dritter Bundesweiter Kongress von und für Schwarze/im Exil lebende Frauen, Migrantinnen und Jüdinnen, Oktober 1995, Hamburg.
- Upre Romnja: Erste bundesweite Tagung von und für Romnja und Sintezze, 1996, Köln.
- Marginale Brüche[25]: Kulturelle Produktionen von Migrantinnen, Schwarzen und jüdischen Frauen, November 1997, Köln.

Das Buch ist in zwei Teile gegliedert. Im ersten Teil führen wir in den Kontext und den methodologischen Rahmen des Projektes ein. Im zweiten Kapitel erläutert Encarnación den Zusammenhang von *Bündnispolitik, affektiven Verbindungen und kollektiver Praxis: Migrantischer Feminismus zwischen rememory und Eingedenken*. Inspiriert von Léa Tosolds[26] Zugang zu *rememory* widmet sich dieses Kapitel der Erinnerungsarbeit im Lichte

25 Vgl. Gelbin, Konuk und Piesche (Hrsg.), 1999.
26 Vgl. Tosold, 2020.

des feministischen migrantisierten Aktivismus der 1980er- und 1990er-Jahre. Dabei wird die Arbeit des Erinnerns, die von Tosold und Morrison als Reaktualisierung der Gegenwart betrachtet wird, in Verbindung mit Walter Benjamins „Eingedenken" gebracht. Das Argument wird in vier Schritten entwickelt: Zunächst wird mittels Walter Benjamins Begriff des Eingedenkens über die Verräumlichung der Erinnerung im Rahmen des rassismuskritischen intersektionalen Widerstands nachgedacht. Dem folgt eine Rekonstruktion von Bewegungsgeschichte aus der Perspektive des *Sentirpensar*[27] (Gefühltes-Denken), das die affektive Genealogie des Erinnerns und der politischen Praxis aufspürt. Schließlich werden Wege der Bündnispolitik rekonstruiert, um an gegenwärtige rassismuskritische intersektionale Kämpfe anzuknüpfen.

In ihrem Kapitel *Wellenbrecher:innen: Sub(versives) (P)Rosa des heimatlosen Feminismus* erzählt Pinar Tuzcu die Hintergrundgeschichte des Projekts und der Interviews. Sie diskutiert zwei zentrale Fragen des Projekts in ihrem Beitrag, nämlich: „Wie würden die Gegenwart und zukünftige Erzählungen der Frauen:bewegung in Deutschland durch eine Intervention in der Vergangenheit neu definiert werden? Was würde diese ‚Neudefinition' für Deutschland als Einwanderungsland und (post)migrantische Gesellschaft bedeuten?" Durch eine kritische Analyse des Meta-Narrativs der westlichen feministischen Geschichtsschreibung im Allgemeinen und der deutschen feministischen Geschichte im Besonderen spürt Pinar den Lücken nach, die durch eine chronologische Erzählung entstehen. Da diese Geschichten in der Art der ersten, zweiten und dritten Welle etc. geschrieben werden, behauptet Pinar, dass der Migrantische Feminismus zu einem Wellenbrecher wird, da er nicht in dieser chronologischen Beschreibung feministischer Geschichten als Wellen erscheint oder sogar in sie hineinpasst. Pinar betrachtet das poetische Geschichtenerzählen als

27 Vgl. Tosold, i. E.; Escobar, 2014.

einen Weg, wie die migrantischen Feministinnen ihre heimlichen Geschichten von Zugehörigkeit, Heimat und ihrer Muttersprache erzählten. Indem sie diesem Erzählstil folgt, befragt sie auch, wie die poetischen Geschichten eine neue feministische Politik des lokalen transkulturellen Feminismus definierten, die einen postmigrantischen Feminismus im heutigen Deutschland hervorbrachte. Im zweiten Teil des Buches *Rekonstruktion von Geschichte – bewegte Narrationen* werden die gesammelten Beiträge und das Archivmaterial in vier regionale Sektionen unterteilt und mit Fotos vorgestellt. Kapitel IV – *Eine bewegte Zeit: Berlin* eröffnet mit dem Beitrag von Nivedita Prasad *Jenseits der ‚Opfer- oder Exotinnenrolle': Wege zu Bündnissen.* Darin rekonstruiert Nivedita feministische und *BWoC- (Black/Women of Color)*-Politik im Berlin der 1980er- und 1990er Jahre aus biografischer Sicht. Sie erzählt von den verborgenen Mauern, die die *weiße* deutsche Frauen:bewegung von der Bewegung von Schwarzen Frauen*, von Women of Color (BMWoC) und migrantischen Frauen* trennten und wie ihre Positionalität als Migrantin mit Gender verschränkt war. Zudem spricht sie über die Konstruktion und Funktionalisierung von migrantisierten und rassifizierten Frauen*: als Opfer in der deutschen Frauen:bewegung. Niveditas biografische Geschichte zeigt weiter, dass der Mauerfall 1989 eine neue Phase in der feministischen rassismuskritischen Bündnispolitik markiert. Denn eine BMWoC aus Westdeutschland erlebte nicht das gleiche *Othering* wie eine aus Ostdeutschland. Sie erklärt auch, wie es diesen Frauen trotz ihrer Differenzen und ständigen Diskussionen – manchmal sogar Konflikten – gelungen ist, ihre eigenen Räume und Plattformen zu erschaffen, um gemeinsam gegen Rassismus und heteropatriarchale Strukturen zu kämpfen.

Wir setzen diese Diskussion mit einem anderen wichtigen Teil der Geschichte des Migrantischen Feminismus fort. In ihrem Beitrag *Wer sich nicht bewegt, spürt ihre Fesseln nicht: koreanische Frauen in Deutschland* erzählt Kook-Nam Cho-Ruwwe die Geschichte der Krankenpflegekräfte, die um die 1970er-Jahre von Korea nach Deutschland migriert sind, und wie und warum sie die erste koreanische Frauen:gruppe in Berlin gegründet haben. Kook-Nam erklärt auch, dass alle Veranstaltungen in dieser Zeit aus internationalen und transnationalen Verbindungen und Beziehungen entstanden waren. Sie berichtet, wie die kritische Auseinandersetzung mit der kolonialen Geschichte und deren Kontinuitäten das Leben der Migrant:innen in Deutschland geprägt hat. Konkret spricht sie über die langfristigen Auswirkungen der japanischen Kolonialisierung von Süd-Ost-Asien auf die Beziehung zwischen japanischen und koreanischen Frauen* – diesmal als Migrant:innen in Berlin – und wie ihre kritische Haltung gegenüber dem Kolonialismus sie zusammengebrachte. Da Berlin schließlich ein dritter Ort für diese beiden Frauen:gruppen war, ermöglichte dies einen Heilungsprozess nach dem Krieg, da sie sich gegenseitig mit den Kriegsverbrechen konfrontierten und über öffentliche Geheimnisse sprachen. Darüber hinaus erfahren wir in Kook-Nams Beitrag mehr über die internationale Solidaritätskampagne, die von der Koreanischen Frauen:gruppe in Berlin initiiert und organisiert wurde, um die Arbeiter:innen in Korea zu unterstützen, die gegen das deutsche Textilunternehmen Adler streikten. In dieser Erzählung finden wir sowohl die Geschichten der internationalen Solidarität im Kampf gegen deutsche kapitalistische Konzerne und Kolonialismus als auch den Kampf der Koreanischen Frauengruppen gegen Rassismus in Deutschland.

In Kapitel V *Globale Verbindungen in Diasporen: Köln/Bonn* stellen wir einige Stränge des Bunten Frauennetzwerkes in der Region Köln/Bonn vor. Unter anderem wird die Arbeit der Gruppe ELISA (Emigrantinnen, lesbische, Schwarze, im Exil lebende Frauen in Aktion) und der Netzwerke von Schwarzen, migrierten, exilierten, jüdischen Frauen*, Rom:nja und Sinti:ze vorgestellt. So erzählt Ayşe Tekin in *Unterschiede! – Und was eint uns?* von der Entwicklung der Verschiedenheit im Migrantischen Feminismus. Als Mitglied von ELISA war sie maßgeblich an politischen Kampagnen und kulturellen Aktivitäten beteiligt. In ihrem 1994 veröffentlichten Aufsatz *Unterschiede wahren, Zusammenarbeit möglich machen* beschäftigt sie sich mit der Beziehung zwischen den Aktivist:innen der deutschen Frauen:bewegung und der Migrant:innenbewegung. In diesem Zusammenhang thematisiert sie die Solidarität unter Frauen* und schreibt, dass die „politische Solidarität unter Frauen ( ) zuerst die Befreiung von den Bedingungen der dominanten Ideologie in der herrschenden Kultur" benötige.[28] Auch das Poster der ELISA-Konferenz *Unterschiede Netzen – Unterschiede Nutzen* sowie ein Auszug des Tagungsprogramms sprechen von der Anerkennung und dem Umgang mit Unterschieden in der politischen Praxis. Der Beitrag von Behshid Najafi *„Ach, schon wieder agisra!" Wiederholungen und Widerstand. Eine Politische Praxis der Verschränkung* gibt einen Einblick in die Nachhaltigkeit des migrantischen Aktivismus anhand der Erzählung über die Gründung von *agisra e. V.*[29] 1993 in Köln. Dieser Verein bietet bis heute Migrant:innen und geflüchteten Frauen* kostenlose psychosoziale Beratung, Begleitung und Unterstützung an. Auch in dem Beitrag von Malin Kundi *Ge/hören oder: Wo man gehört wird, gehört man hin* werden Fragen der feministischen Organisierung entlang der eigenen Organisierung in jüdischen Lesben- und Frauen:zusammenhängen sowie der Arbeit in Migrant:innenorganisationen vorgestellt. Als freischaffende Fotografin hat Malin uns in großzügiger Geste einiges von ihrem Archivmaterial sowie ihren Dokumentarfilm *Grenzenlos mächtig* zur Verfügung gestellt. Dieser ist May Ayim gewidmet und eröffnet den dritten Bundeskongress von und für Schwarze, im Exil lebende Frauen*, Migrant:innen und Jüd:innen ab, der vom 3.-6. Oktober 1995 in Hamburg stattfand. An der Organisierung dieses Kongresses waren beteiligt: ADEFRA, agisra Köln, das

28 Tekin, 1994, S. 105.
29 Vgl. https://agisra.org/.

AG-Antirassismusbüro der Frauenanstiftung (FAS), De Colores, ELISA Köln, die Koreanische Frauengruppe, die Iranische Frauengruppe, Jacaranda, Südströmung, Philippine Women's Forum, THARA und Frauen in der Einen Welt e. V. Malins Text wird begleitet von Bildern und dem Vorwort von Jessica Jacoby, Claudia Schoppmann und Wendy Zena-Henry der Anthologie *Nach der Shoa geboren. Jüdische Frauen in Deutschland*[30], die eine Reihe von Beiträgen von jüdischen Frauen beinhaltet und 1994 im Berliner Verlag Elefanten Press erschienen ist. Zuletzt bespricht Elizabeta Jonuz in der für diesen Band neuüberabeiteten Fassung ihres 1996 veröffentlichten Aufsatzes *Romnja – ‚rassig' und ‚rassisch minderwertig'?*[31] die rassistische Konstruktion von Rom:nja und Sinti:ze in der deutschen medialen, wissenschaftlichen und politischen Öffentlichkeit. In diesem Rahmen wird auch die von Elizabeta Jonuz mitherausgegebene Zeitschrift *Jekh Čhib* vorgestellt. Die Zeitschrift *Jekh Čhib* wurde etwa halbjährlich von Rom e. V. Köln herausgegeben und thematisierte die Situation, Geschichte und den Alltag von Rom:nja und Sinti:ze. Neben diesen eindringlichen Beiträgen beinhaltet dieser Abschnitt Bilder, Poster, Flyer und Tagungsankündigungen, die in diesen Netzwerken zu diesem Zeitpunkt zirkulierten.

Das sechste Kapitel bringt uns nach Hamburg. Hier sind die Erzählungen von Hamide Scheer, Emine Şahinaz Akalın, Necla Açık und Yasemin Yıldız verortet. Die Interviews mit Necla, die in England, und mit Yasemin, die in den USA lebt, wurden online durchgeführt. In diesem Teil erzählen uns die Akteur:innen die Geschichte ihres Zusammenkommens und wie bedeutsam dies für ihre persönliche aber auch politische Entwicklung war. Von Necla lernen wir nicht nur über die Geschichte der ‚Emanzipation' als migrantisierte kurdische Frau in Deutschland, sondern

30 Vgl. Jacoby, Schoppmann und Zena-Henry (Hrsg.), 1994.
31 Vgl. Jonuz, 1996.

wir erfahren auch einiges über den institutionellen Rassismus, vor allem an deutschen Universitäten. Denn unabhängig davon, dass sie kontextreiche und theoretisch komplexe Arbeiten und Präsentationen an der Universität leistete, wurde ihr Image als Studentin auf die Frage reduziert, ob sie in der deutschen Sprache gut genug sei.
Yasemin, Hamide und Şahinaz erzählen die Geschichte des 1981 gegründeten Vereins INCI (InterNationale Cultur und Information für Frauen e. V.) und die von *Cadı Kazanı* e. V. (auf Deutsch: Hexenkessel), der 1989 gegründet wurde. Beide Vereine wurden ausschließlich von Migrant:innen gegründet und organisiert. Ihre Geschichten handeln davon, wie diese in solchen Initiativen das Gefühl von Definitionsmacht und Selbstwirksamkeit entwickelten und ermutigt und bestärkt wurden, in ihrer politischen Arbeit ihre Stimmen noch lauter gegen Rassismus, Klassismus und Sexismus zu erheben. Insbesondere zeigen beide Interviews, wie rassistische Angriffe in den 1990er Jahren sowohl in Mölln als auch in Solingen Ärger, Frustration und Enttäuschung hervorbrachten, aber auch eine ‚Hexen-Macht' besonders bei aus der Türkei stammenden Frauen hervorrief. Sie verwandelten wiederum ebendiese ‚Hexenkessel' in ihre politische Emanzipation und ihre Kämpfe für eine intersektionale Gerechtigkeit in Deutschland.

Im siebten Kapitel *Migrant:innen – eine politische Strategie: Frankfurt* richten wir unseren Blick auf zwei Erzählungen des Migrantischen Feminismus in der Rhein-Main Region. Zunächst spricht Encarnación mit Selçuk Yurtsever-Kneer in *Seiltänzer:innen: FeMigra (Feministische Migrantinnen) in Frankfurt* über ihren migrantischen Aktivismus. Die Gruppe Feministische Migrantinnen, auch bezeichnet als FeMigra, wurde 1991 in Frankfurt gegründet. Als selbstorganisierte Gruppe von Migrant:innen beteiligte sich FeMigra an den feministischen rassismuskritischen Perspektiven und Strategien der bündnispolitischen Arbeit. Zur Illustration dieser Arbeit beinhaltet der Abschnitt zwei Dokumente aus dieser Zeit: den *Offene[n] Brief an den Magistrat, an das Frauendezernat der Stadt Frankfurt und an Migrantinnen und Frauenprojekte,* veröffentlicht 1992 in der Migrant:innenzeitschrift *Dyalog,* die damals u. a. von İmran Ayata herausgebracht wurde, und den im selben Jahr erschienenen Text *Sicher ist nicht sicher, daß Sicherheit sicher ist.* Als Zweites erzählt Rosa Liccardo in *Wahrhaftigkeit und Sehnsucht* von ihrer Migration 1968 nach Deutschland, ihren Aktivismus in der Gewerkschaft und in der deutschen Lesben- und Frauen:bewegung. Das Gespräch mit ihr führte ihr Sohn Max Cappabianca am 30. Januar und am 2. Februar 2009 in Frankfurt am Main. Wir danken Rosa und Max für die großzügige Erlaubnis dieses Gespräch hier wieder abdrucken zu dürfen.

Das letzte Kapitel besteht aus weiteren Texten und Archivmaterialien, die wir für dieses Buch gesammelt haben. Obwohl wir Natascha Apostolidou nicht in diesem Projekt interviewen konnten, stellt ihr 1995 veröffentlichter Text *Differenz und Gleichheit. Migrantinnen in der BRD und ihre Position in der Frauenbewegung* für uns eine wichtige Ressource der Geschichte des Migrantischen Feminismus dar. Als weiteres Archivmaterial haben wir einige Bilder unserer Ausstellung, die im Rahmen des Stadtlabors des Historischen Museum in Frankfurt zwischen September 2020 und März 2021 gezeigt wurde, ausgewählt.

Wir hoffen mit diesem Buch aus einer sozialgeschichtlichen Perspektive zur Erweiterung feministischer Theorie und der Geschichte sozialer Bewegungen, vor allem der Frauen:bewegung in Deutschland, beizutragen. Die gesammelten Beiträge durchleuchten den spezifischen Kontext der deutschen Migration nach 1945, indem es die Geschichte der ‚Gastarbeiterinnen' und der n Kontext der deutschen Migration nach ‚Gastarbeiter:innen-Töchtergeneration', der Bildungsmigration und der internationalen Migration in der deutschen Frauen:bewegung zwischen 1985–2000 thematisiert. Wir hoffen daher mit dieser Anthologie folgende Punkte beizutragen:

a. die Erweiterung des Forschungsfeldes Migration und Gender um die Perspektive des Migrantischen Feminismus;
b. die Verkomplizierung der Debatte zu Intersektionalität um die Verbindung von Theorie und Praxis in Schwarzen, migrantischen, exilierten, jüdischen sowie Rom:nja und Sinti:ze Feminismen;
c. die Entwicklung einer Gesellschaftsanalyse und Kritik, die aus der Verschränkung vielschichtiger Herrschaftsverhältnisse und Machtbeziehungen aus der Perspektive des Migrantischen Feminismus erwächst;
d. die Situierung von Wissen, aufbauend auf kollektiven Prozessen des Widerstands und der politischen Organisierung migrantisierter Frauen*;
e. der Aufbau eines neuen didaktischen Zugangs in die bildungspolitische Arbeit in Deutschland, der aus den Verflechtungen der Geschichte der deutschen Frauen:bewegung und der Migrationsgeschichte Deutschlands resultiert;
f. die Betrachtung, dass die politische Selbstorganisierung gegen rassistische intersektionale Gewalt in den 1980er- und 1990er-Jahren maßgeblich von rassismuskritischen feministischen Bewegungen angeführt wurde.

Wir wünschen Euch eine aufschlussreiche und ermächtigende/empowernde Zeitreise mit diesem Buch!

Literatur

Apostolidou, Natascha (1980): „Für die Frauenbewegung auch wieder nur ‚Arbeitsobjekte'?", in: Informationsdienst zur Ausländerarbeit 2.

Bergold-Caldwell, Denise, Laura Digoh, Hadija Haruna-Oelker, Christelle Nkwendja-Ngnoubamdjum, Camilla Ridha und Eleonore Wiedenroth-Coulibaly (Hrsg.) (2016): *Spiegelblicke. Perspektiven Schwarzer Bewegungen in Deutschland.* Berlin: Orlanda Verlag.

Camlikbeli, Deniz (1984): „Deutsche Frauen – türkische Frauen", in: Informationsdienst zur Ausländerarbeit 1.

Escobar, Arturo (2014): *Sentipensar con la tierra. Nuevas lecturas sobre Desarrollo, territorio y diferencia.* Medellín: Ediciones UNAULA.

FeMigra (Feministische Migrantinnen, Frankfurt) (1994): „Wir, die Seiltänzerinnen: politische Strategien von Migrantinnen gegen Ethnisierung und Assimilation", in: Eichhorn, Cornelia und Sabine Grimm: *Gender Killer: Texte zu Feminismus und Politik.* Berlin-Amsterdam: ID-Archiv, S. 49–63.

Gelbin, Cathy, Kader Konuk und Peggy Piesche (Hrsg.) (1999): *AufBrüche: Kulturelle Produktionen von Migrantinnen, Schwarzen und jüdischen Frauen in Deutschland.* Königstein im Taunus: Ulrike Helmer Verlag.

Gutiérrez Rodríguez, Encarnación (2018): „Political subjectivity, transversal mourning and a caring common: responding to deaths in the Mediterranean", in: Critical African Studies, 10:3, S. 345–360.

Gutiérrez Rodríguez, Encarnación (2011): „Intersektionalität oder: Wie nicht über Rassismus sprechen?", in: *Intersektionalität revisited. Empirische, methodische und theoretische Erkundungen*, Sabine Hess, Nicola Langreiter und Elisabeth Timm (Hrsg.). Bielefeld: Transcript.

Hartmann, Fatima, Elizabeta Jonuz, Yvonne Küsters, Cordula Lissner, Ute Moschner (1995): Jekh Čhib: Mit einer Zunge reden. Materialien zur Situation der Roma und der BRD, Nr. 4.

Jacoby, Jessica, Claudia Schoppmann, Wendy Zena-Henry (Hrsg.) (1994): *Nach der Shoa geboren. Jüdische Frauen in Deutschland.* Berlin: Elefanten Press.

Jonuz, Elizabeta (1996): „Romnja – „rassig" und „rassisch minderwertig?" Anmerkungen zu Geschichte und Realitäten von Romafrauen", in: *Rassismen und Feminismen. Differenzen, Machtverhältnisse und Solidarität zwischen Frauen*, Brigitte Fuchs, Gabriele Habinger (Hrsg.). Wien: Promedia.

Kalpaka, Anita und Nora Räthzel, (1985): „Paternalismus in der Frauenbewegung?!", in: Informationsdienst zur Ausländerarbeit 3.

Piesche, Peggy (2019): „Einleitung Oder: 1989 Als Gesellschaftslabor", in: Labor 89. Intersektionale Bewegungsgeschichte*n aus West und Ost, Peggy Piesche (Hrsg.). Berlin: Yilmaz-Günay Verlag.

Morrison, Toni (2019): The Source of Self-Regard: Selected Essays, Speeches, and Meditations. New York: Alfred A. Knopf.

Tosold, Léa (2020): „Cartografia Co-Moventes: Imageando o Quilombo com Beatriz Nascimento", paper presented in Research Area Medialities of Conviviality, Mecila - The Maria Sibylla Merian International Centre for Advanced Studies in the Humanities and Social Sciences Conviviality-Inequality in Latin America, São Paulo.

Tosold, Léa (i. E): „Quilombo as regime of conviviality: sentipensando memory politics with Beatriz Nascimento", Mecila Working Paper Series, São Paulo: The Maria Sibylla Merian International Centre for Advanced Studies in the Humanities and Social Sciences Conviviality-Inequality in Latin America.

Tekin, Ayşe (1994): „Unterschiede wahren, Zusammenarbeit möglich machen", in: Beiträge zur feministischen Theorie und Praxis, 17:36, S. 103–109.

Tuzcu, Pinar (2017): *Ich bin eine Kanackin. Decolonizing Popfeminism. Transcultural Perspectives on Lady Bitch Ray.* Bielefeld: transcript Verlag.

Webseiten:

https://agisra.org/ (Zugang: 22.01.2021)

https://orlanda.de/post/katharina-oguntoye-im-rbb-ueber-farbe-bekennen (Zugang: 11.02.21)

https://thelivingarchives.org/passing-it-on/; (Zugang: 10.02.2021)

https://www.xartsplitta.net/the-living-archives/ (Zugang: 10.02.2021)

https://www.xartsplitta.net/en/passing-it-on/ (Zugang: 10.02.2021)

ENCARNACIÓN GUTIÉRREZ RODRÍGUEZ

◆

BÜNDNISPOLITIK, AFFEKTIVE (VER-)BINDUNGEN UND KOLLEKTIVE PRAXIS: MIGRANTISCHER FEMINISMUS ZWISCHEN REMEMORY UND EINGEDENKEN

Dem Konzept *rememory* von Toni Morrison[1] folgend, schlägt Léa Tosold[2] vor, dieses als einen Akt der Mobilisierung von kollektiver und körperlicher Erinnerung zu verstehen. Morrison entwickelt *rememory* als Werkzeug, das auf die Arbeit des Erinnerns hinweist. Über die rassistischen Verhältnisse in den USA reflektierend, kreiert Morrison die Protagonist:innen ihrer Romane als fühlende und handelnde Subjekte, die von ihren Erinnerungen bewegt werden. Die Erinnerungsarbeit ist in ihren Werken in einer Praxis des Widerstands eingebunden.[3] Dabei weist Morrisons Erinnerungsarbeit auf die von Gewalt durchzogene Erfahrung des Rassismus hin, die in den offiziellen Diskursen der USA verschwiegen oder relativiert wurde und wird. Wie sie in einem Interview auf die Frage erwidert, ob sie jemals einen Roman mit *weißen* Protagonist:innen schreiben würde:

> *Western or European writers believe or can choose to believe their work is naturally ‚'race-free' or ‚'race transcendent'. Whether it is or not is another question – the fact is the problem has*

1 Vgl. Morrison, 1994, 2019.
2 Vgl. Tosold, 2020, i. E.
3 Vgl. Rushdy, 1990.

not worried them. They can take it for granted that it is because Others are 'raced'– whites are not.[4]

Rememory als Erinnerungsarbeit, die fiktional umgesetzt wird, produziert Gegenerzählungen. Sie deckt auf, was in Vergessenheit geraten ist. Sie schöpft aus den individuellen und kollektiven Erinnerungen von Gefühlszuständen, dem Umgehen von alltäglichen und institutionellen Formen der Unterdrückung, Ausbeutung und Herrschaft – und dem Widerstand dagegen. Auch Tosold verbindet *(re-)memory* mit Erinnerungen, die vom antirassistischen Kampf und dem Wunsch nach der Überwindung des Rassismus geprägt sind. Auf die Afro-Brasilianerin, Historikerin und Aktivistin Beatriz Nascimento[5] verweisend, verbindet sie *rememory* mit Nascimentos Konzept des *Quilombo*. Nascimento, die aktiv in der Schwarzen Befreiungsbewegung Brasiliens war, bezeichnete mit *Quilombo* eine Institution, die aus den antikolonialen und anti-imperialen Kämpfen der Afrobrasilianer:innen erwächst. *Quilombo* formierte sich aus einer Schwarzen Befreiungsgeschichte, die auf aus der Sklaverei befreite, autonome Lebensgemeinschaften gründete. Auch gegenwärtig stellt *Quilombo* eine epistemologische, ästhetische und politische Institution für die Ausbildung eines afrobrasilianischen kulturellen Selbstverständnisses und Bewusstseins dar.[6] Für Tosold ist *Quilombo* mit einer Erinnerungsarbeit verbunden, die durch den Rückbezug in die Vergangenheit die Gegenwart neu denkt und Visionen für die Zukunft gestaltet. *Rememory* betont die Aktivität des Erinnerns als kollektive Praxis der Gegenwart. Für Tosold steht *(re-)memory* für eine „possibilidade de elaboração da memória ao ser (ré)conhecida como comunal (inclusive Intergenaracional): remete à (ré)cri-

4 Morrison, 2019, S. 322.
5 Vgl. Nascimento, 1985.
6 Vgl. Tosold, 2020, i.E; Streva, i. E.

ação cole(a)tiva de um espaço a partir do qual é possível caminhar, apesar de tudo."[7]

Inspiriert von Tosolds Zugang zu *(re-)memory* widmet sich dieses Kapitel der Erinnerungsarbeit im Lichte des migrantischen feministischen Aktivismus der 1980er- und 1990er-Jahre. Dabei wird die Arbeit des Erinnerns, die von Tosold und Morrison als Reaktualisierung der Gegenwart betrachtet wird, in Verbindung mit Walter Benjamins Eingedenken gebracht. Das Argument wird in vier Schritten entwickelt: Zunächst werden wir auf den Kontext des Erinnerns eingehen, indem wir Walter Benjamins Begriff des Eingedenkens in Dialog mit dem rassismuskritischen feministischen Widerstand bringen werden. Dem folgen methodologische Überlegungen zur Notwendigkeit einer Erinnerungspolitik unter dem Vorzeichen Arturo Escobars *sentirpensar*[8], eines Gefühlten-Denkens. Von hier ausgehend nähern wir uns der Beziehung zwischen Bewegungsgeschichte und affektiven Verbindungen in zwei Schritten an. Zunächst werden wir auf den antirassistischen Aktivismus der „Gastarbeiter"-Tochtergeneration der 1980er- und 1990er-Jahre eingehen, um anschließend über politische Transformation, Erschöpfung und das Weitergehen in der rassismuskritischen feministischen Bündnispolitik zu reflektieren. Den Schluss bilden resümierende Überlegungen im Geiste des Slogans der Initiative 19. Februar Hanau „Erinnern heißt verändern"[9].

7 Übersetzung Gutiérrez Rodríguez: Es geht um die „Möglichkeit der Aufarbeitung der Erinnerung als Wieder- und Anerkennung einer gemeinschaftlichen (einschließlich generationsübergreifenden) (Wieder-)Erschaffung eines kollektiven Raumes, der, trotz allem, das gemeinsame Weitergehen ermöglicht."

8 Vgl. Tosold i. E.; Escobar, 2014.

9 Vgl. https://www.betterplace.org/de/projects/80047-140-qm-in-hanau-gegen-das-vergessen.

Eingedenken und rassismuskritischer feministischer Widerstand

Walter Benjamin führt das Konzept des Eingedenkens als Versuch, eine Verräumlichung von Erinnerungen zu denken, ein. Erinnerungen beziehen sich nicht nur auf Räume, sondern sie entstehen auch in Räumen. Im Zusammenkommen von Erinnerung und Denken spiegelt sich die Beziehung zwischen Zeit und Raum wider. Die Erinnerung verläuft in einer räumlichen Konstellation, während sie zugleich eine zeitliche Dimension räumlicher Erfahrung vermittelt. In Worten des italienischen Philosophen Stefano Marchesino: „Der Raum tritt an die Stelle der Zeit, der Augenblick an die Stelle des Ablaufs und das Unstetige an die Stelle eines stetigen Flusses".[10] Im Akt des Eingedenkens werden unsortierte Erinnerungen, Bilder und Augenblicke vergangener Zeiten in einer gegenwärtigen Räumlichkeit eingeordnet. Diskontinuitäten werden im Fluss des Erinnerns entlang von Schauplätzen und situierten Beziehungen zu Topografien des kollektiven Gedächtnisses der Gegenwart. Als Palimpsest, das die Verschränkung des Gegenwärtigen mit dem Vergangenen artikuliert und zugleich Zukunftsvisionen ankündigt, stellt sich die Erinnerung als „ein in der Gegenwart sich ereignender Akt" dar. Denn wenn „etwas gerade jetzt erinnert wird, heißt das, dass es erinnerbar ist: Jede Erinnerung setzt so etwas wie ein ›Jetzt der Erinnerbarkeit‹ voraus, dessen Thematisierung zu einer Selbstbesinnung über die jeweils aktuellen Verhältnisse zwingt."[11]

Benjamins Bezug zur Erinnerung und seine Überlegungen zum Eingedenken zeugen von schmerzlichen Erfahrungen der Shoa, des Verlustes und des Exils.[12] Das Festhalten dieser Erinnerung

10 Vgl. Marchesoni, 2016, S.162.
11 Ibid.
12 Vgl. Benjamin, 2010.

in Schrift und Bild resultiert aus dem Versuch das Vergangene im Jetzt einzufangen. Zugleich liegt dem Eingedenken eine erkenntnistheoretische Einsicht bezüglich einer Temporalität inne, die sich im Räumlichen verflüssigt, offenbart und aktualisiert. Die Potentialität des Erinnerns als Eingedenken transzendiert die Fixierung von Ereignissen als rein Vergangenes, indem sie diese in der räumlichen Gegenwart ihres Erzählens in Bewegung bringt und dabei einen neuen Raum konturiert, der eine Zukunftsvision aufscheinen lässt.

Die Erinnerungsarbeit der politischen Selbstorganisierung von Schwarzen, exilierten, jüdischen, Rom:nja und Sinti:ze sowie migrantisierten Frauen* in Deutschland erfolgt im Rahmen von Morrisons und Tosolds *rememory* sowie Benjamins Eingedenken. Die Erzählungen der politischen Bewegungsgeschichte dienen nicht nur einer Rekonstruktion von Geschichte, sondern auch einer Thematisierung und Analyse gegenwärtiger gesellschaftlicher Verhältnisse, die wiederum Raum für kollektive Praxen eines gemeinsamen Lebens eröffnen. In diesem Sinne thematisiert die Ausgabe 2019/1[13] der Onlinezeitschrift *Migrazine – Online Magazin von Migrantinnen für alle*, die mehrsprachig und u. a. von maiz[14] (Autonomes Zentrum von & für Migrantinnen) in Linz, Österreich herausgegeben wird, den Zusammenhang von Bewegung, Aktivismus und Erinnerung. Ezgi Erol, Lia Kastiyo-Spinósa und Ivana Marjanović schreiben im Vorwort dieser Ausgabe, dass die „Vermittlung und Verarbeitung von migrantischen Erfahrungen im Kontext von Erinnerungsdiskursen" thematisiert, dass die

> *Bewegung von Menschen [] auch die Bewegung von Geschichten und Erinnerungen [ist], individuell und kollektiv, bedingt durch den Kontext einer*

13 Vgl. https://www.migrazine.at/artikel/editorial-201901.
14 Vgl. https://maiz.at/de.

spezifischen Erinnerungspolitik. Geschichten sind privat, politisch und stehen auch im Zusammenhang mit sozialen Bewegungen, mit mehr oder weniger organisierten politischen Lebensweisen von Menschen in Vergangenheit und Gegenwart. Reisende Geschichten und Erinnerungen haben das Potenzial, unsere Vorstellungskraft zu bereichern und zum Handeln anzuregen, uns in Bewegung zu halten, uns Kraft zu geben, unser Handeln voranzutreiben.

Das Vorhaben von Erol, Kastiyo-Spinósa und Marjanović koinzidiert mit Tosolds Anspruch nach der Schaffung einer „Möglichkeit der Aufarbeitung der Erinnerung als Wieder- und Anerkennung einer gemeinschaftlichen" Praxis, die kollektive Räume der Begegnung und des Weitergehens konturieren. Erol, Kastiyo-Spinósa und Marjanović nehmen dabei Bezug auf die private und die kollektive Ebene der Erinnerung. Erinnerungen werden in räumlichen Kontexten verortet, die von konkreten sozialen Beziehungen und Arbeitsformen getragen werden. Dabei gilt ihr Interesse der Erinnerungsarbeit und -politik des migrantischen feministischen Widerstands. Die Erinnerungen an diesen aufzuspüren und aufzurufen sowie sie öffentlich zu machen, trägt, so die Autor:innen, zur Herstellung einer feministischen antirassistischen Praxis und Theorie bei, die aus den Erfahrungen, Augenblicken und Schauplätzen alltäglicher Kämpfe der politischen Selbstorganisierung erwächst. Diese Form des Eingedenkens – der Verbindung von Erinnerung und Raum, in der ein spezifisches Denken seine Ausprägung findet – konfiguriert sich durch die Einschreibung verschütteter Erinnerungen in die gegenwärtigen Räume der öffentlichen Repräsentation. Durch sie werden politische Strategien des gemeinschaftlichen Erinnerns befördert und ein kollektives Gedächtnis des Widerstands erschaffen. Gegendiskurse und Strategien der Darstellung der Geschichte jenseits aktueller Formen der Vereinnahmung und Tokenisierung einzelner Stimmen werden so erprobt. Ein kollektives Gedächtnis des Widerstands wird aktualisiert, das einerseits aus biografischen Einzelerzählungen schöpft, andererseits jedoch auf *structures of feeling*[15], der gesellschaftlichen Strukturierung von Gefühlen, beruht. Erinnerungspolitik wird in der Vermittlung zwischen Gefühlen und Denkprozessen erzeugt, in denen ein *sentirpensar*, ein Gefühltes-Denken, zum Ausdruck kommt.

Erinnerungspolitik und sentirpensar

Sentirpensar – das Gefühlte-Denken – markiert einen heuristischen Standpunkt, der sich aus dem Zusammenkommen von Gefühlen und Denken speist. Im konkreten Kontext des migrantischen feministischen Widerstands der 1980er- und 1990er-Jahre ist das Gefühlte-Denken – *sentirpensar* – mit einer Bewegungsgeschichte der politischen Selbstorganisierung und Selbstbestimmung verbunden. Das Gefühlte-Denken untermalt die Erinnerungspolitik und -kultur eines Erwachens sowie die Schaffung einer neuen Grammatik und eines Vokabulars des (Bewusst-)Seins, der Verortung, der Bewegungen und der affektiven Verbindungen. Das, was in den medialen und politischen Diskursen der 1980er- und 1990er-Jahre unsichtbar gemacht oder verzerrt wurde, rückte durch die politischen Interventionen von Schwarzen und jüdischen Frauen*, Rom:nja und Sinti:ze sowie exilierten und migrantisierten Frauen* in die Öffentlichkeit.[16] Die Akteur:innen des rassismuskritischen feministischen Widerstands ließen sich nicht länger von den herrschenden Diskursen in den Medien, der Wissenschaft und der Politik beschreiben und erklären, in denen

15 *Strucures of feeling* bezieht sich hier auf Raymond Williams (1977), gesellschaftliche Strukturen der Gefühle.

16 Vgl. Gutiérrez Rodríguez 1999a/b.

sie als die dem hegemonialen nationalen Subjekt untergestellte migrantisierte und rassifizierte Andere dargestellt wurden. Sie ergriffen das Wort, hinterfragten die herrschenden Stereotype und richteten den Blick auf den Rassismus der Produzent:innen dieser Bilder.[17] Damit verbunden war eine neue Sprache und das Aufkommen einer widerständigen Epistemologie, die nicht nur aus der kritischen Auseinandersetzung mit den deutschen Verhältnissen resultierten, sondern die im Austausch mit anderen Lebensrealitäten und Widerstandserfahrungen in anderen Ländern Gestalt annahmen, wie beispielsweise: die Auseinandersetzung mit dem Kolonialismus, die von Feminist:innen aus Lateinamerika und dem afrikanischen Kontinent auf die Tagesordnung gesetzt wurde, die Beschäftigung mit der imperialen kapitalistischen globalen sexistischen Arbeitsteilung, die vor allem von der koreanischen Frauenbewegung thematisiert wurde, oder die Aktivist:innen, die gegen das autoritäre Regime im Iran organisiert waren, wie z. B. die Iranische Frauenbewegung im Ausland, oder diejenigen, die die Erfahrungen mit den Diktaturen in Spanien, Griechenland und der Türkei zum Thema machten. Durch diese unterschiedlichen Perspektiven wurde die Analyse patriarchaler Zustände verkompliziert und in Verbindung mit Kolonialismus, Imperialismus, globalem Kapitalismus und Rassismus gebracht. Die Auseinandersetzung mit Rassismus geschah aber vor allem durch die Rezeption des Schwarzen Feminismus aus den USA. Hier waren insbesondere die Sommerschulen mit Audre Lorde in Berlin entscheidend für die Formierung der Schwarzen Frauenbewegung in Deutschland.[18] Aber auch die Schriften von bell hooks und das Combahee River Collective Statement sowie die Rassismusdebatten in Großbritannien und den Niederlanden unterstützten die Ausbildung eigenständiger Analysen lokaler Verhältnisse.

17 Vgl. Ayim und Prasad (Hrsg.), 1991; Gelbin, Konuk und Piesche (Hrsg.), 1999.
18 Vgl. Kraft 2016; Piesche 2012; Schulz 2012, 2014.

An diese politischen und intellektuellen Interventionen zu erinnern, bedeutet, Wissensproduktion mit kollektiven Widerstandspraktiken zu verbinden. Für die Praxis des feministischen rassismuskritischen Widerstands heißt dies zudem, die in diesem Kontext entstandenen Gesellschaftsanalysen und kritischen Gesellschaftstheorien als Wissensproduktionen kollektiver Praxis zu verstehen. Diese Betrachtung hinterfragt eine individualisierte Stellvertreter:innenpolitik oder die Tokenisierung migrantisierter und rassifizierter Stimmen in der Öffentlichkeit. Denn eine Erinnerungspolitik und -kultur, die aus der Bewegungsgeschichte erwächst, verfolgt nicht das Ziel der Professionalisierung oder Karriereplanung einzelner Akteur:innen. Dies mag sich zwar vereinzelt ereignen, doch ging es in der feministischen rassismuskritischen Bündnispolitik um eine gesamtgesellschaftliche strukturelle Veränderung.

Der gegenwärtige Fokus auf einzelnen Namen in der deutschen medialen und wissenschaftlichen Öffentlichkeit läuft zu diesem Anliegen konträr. Denn der Blick auf die Einzelnen verdeckt und verschweigt die gesellschaftliche politische Konjunktur kollektiver Kämpfe, die diese Stimmen befördert oder ihren Einlass in die Öffentlichkeit ermöglicht hat. Zudem erlaubt die Tokenisierung einzelner Stimmen zwar den Einschluss einiger weniger in gesellschaftliche Führungs- und Entscheidungspositionen, doch dies allein führt nicht zu einer grundlegenden strukturellen Veränderung; eher kommt es zu einer Reproduktion des hegemonialen Status quo unter dem Vorzeichen der Diversität. Denn trotz der stellenweisen und vereinzelten Partizipation an gesellschaftlichen Hebelinstanzen der Macht von einigen rassifizierten und migrantisierten Personen, werden Gremien, die für die gesamtgesellschaftliche Verteilung von Ressourcen, finanziellen Mitteln und institutioneller Anerkennung verantwortlich sind, mehrheitlich von Mitgliedern aus der Mehrheitsgesellschaft besetzt. Auch die zunehmende personelle Repräsentation von Diversität in der

Wissenschaft geht nicht unbedingt mit einer mehrheitlichen Vertretung von feministischen migrantisierten oder rassifizierten Akteur:innen einher. Auch hier bleiben Entscheidungsgremien im Bereich der Forschungsfinanzierung und -ausrichtung sowie der Hochschul- und Forschungsleitung, die für die Etablierung von Forschungsbereichen und -perspektiven einstehen, unter der Kontrolle von Akteur:innen der Mehrheitsgesellschaft. Auch wenn es vereinzelt vorkommen mag, dass in diesen Kreisen eine migrantisierte oder rassifizierte Person, und in einigen Fällen eine queere oder Trans*Person, eingebunden ist, hat dies zumeist keine Auswirkung auf die finanzielle Verteilung und institutionelle Ausrichtung. Auf der anderen Seite fließen Wissensproduktionen, die von Akteur:innen, die in der rassismuskritischen feministischen Bündnispolitik eingebunden sind oder waren, in das wissenschaftliche Mainstream ein ohne deren Autor:innenschaft kenntlich zu machen. Dies ist zum Beispiel der Fall im Bereich Migration, Gender, Rassismus und (De-)Kolonialität. Auf der Suche nach neuen Ideen werden Konzepte und theoretische Ansätze für die eigene Wissensproduktion kooptiert, ohne die Autor:innenschaft oder Urheber:innenschaft zu benennen. Um aus der eigenen Erfahrung zu schöpfen: Es erstaunt mich immer wieder, dass ich eben dies aus Teilen der deutschen Migrationsforschung erfahre. Das ist vor allem erstaunlich, wenn von mir ausgearbeitete Konzepte im internationalen Kontext zitiert werden, während sie in deutschen Migrationszeitschriften, die nun auf Englisch veröffentlichen, unzitiert oder als Eigenproduktion der jeweiligen Verfasser:innen publiziert werden. Leider ist dies kein Einzelfall, sondern eher eine gängige Praxis von der migrantisierte und rassifizierte Wissenschaftler:innen berichten. Auf der anderen Seite ist aktuell ein großes Interesse an dekolonialen und rassismuskritischen Perspektiven in den Sozialwissenschaften zu verzeichnen. Auch hier erscheinen neue Publikationen, die es verpassen, die seit Dekaden stattfindenden lokalen Debatten zu Kolonialismus und Rassismus in der Bundesrepublik, welche von rassismuskritischen Netzwerken getragen werden, zu erwähnen. In anderen Worten: Während also das wissenschaftliche Establishment die Debatten der Akteur:innen aus dem feministisch-rassismuskritischen bewegungsgeschichtlichen Kontext ignorieren oder als unwissenschaftlich deklarieren, werden gleichzeitig ihre Wissensproduktionen ohne weitere Angaben zu ihrer Urheber:innenschaft reproduziert und als neue Ansätze, z. B. in der Migrationsforschung, gefeiert.

Eine Erinnerungspolitik und -kultur, die dieser Form der Kooptation und Tokenisierung individueller Stimmen entgegensteht, ist eine, die Wissensproduktionen an kollektive Kämpfe zurückbindet. Sie erinnert die Akteur:innen dieser Kämpfe, die eventuell heute in wissenschaftlichen, politischen, wirtschaftlichen und medialen Führungs- und Entscheidungsgremien sitzen, dass ihr Erfolg, ihre Repräsentation und ihre Mitwirkung in den herrschenden Strukturen von der rassismuskritischen feministischen Bewegungsgeschichte (in-)direkt befördert wurde. Die Onlinezeitschrift *Migrazine* ruft in der Ausgabe 2019/1 diese Beziehung zwischen sozialen Bewegungen und gesellschaftlicher Verantwortung ins Gedächtnis. In ihrem Vorwort erinnern Ezgi Erol, Lia Kastiyo-Spinósa und Ivana Marjanović daran, dass das Projekt von Migrant:innen und für Migrant:innen – maiz – seit „25 Jahre[n] ... für die Rechte von migrantischen Frauen und Jugendlichen" kämpft und dass dies „durch den Einsatz kritischer migrantischer Stimmen in den Medien" unterstützt wird. Die Frage, die *Migrazine* daher eröffnet, ist: „Woran erinnert sich maiz und wofür lohnt es sich zu kämpfen? Was inspiriert maiz?"

Wenn wir Erol, Kastiyo-Spinósa und Marjanović folgen, dann ist Erinnerungspolitik mit kollektiver Inspiration und politischer Organisierung verbunden. Erinnern, so wird es auch die Initiative des 19. Februar Hanau verkünden, heißt verändern. Es geht im Sinne von Tosold und Morrison um Erinnern als *rememory*, um eine Aktualisierung der Erinnerung in der Gegenwart, um Erinnerung als transformativen Akt – als politische Arbeit der unmittelbaren gesellschaftlichen Transformation. Die erzählten Erinnerungen der Aktivist:innen des Migrantischen Feminismus, die in diesem Band versammelt sind, werfen ähnliche Fragen auf. Sie eröffnen eine Auseinandersetzung mit den aktuellen gesellschaftlichen Verhältnissen und der Frage nach der Notwendigkeit einer rassismuskritischen feministischen intersektionalen politischen Selbstorganisierung. Durch ihre Erinnerungsarbeit zeichnen die Aktivist:innen des Migrantischen Feminismus nicht nur die Wege der Vergangenheit nach, sondern sie eröffnen neue Betrachtungsweisen auf aktuelle gesellschaftliche Zustände und skizzieren mögliche Zukunftsvisionen in Richtung transformative intersektionale Gerechtigkeit. Ihre Erinnerungen sprechen daher nicht nur über Vergangenes und dessen Wirkung auf die Gegenwart, sondern auch über Konturen zukünftiger politischer Praxis. In diesem Sinne werden die Erinnerungen nicht nur durch einen zeitlichen Kontext bestimmt, sondern über einen räumlichen Bezug in die Gegenwart übersetzt.

Bewegungsgeschichte und affektive Verbindungen

Der Anspruch des Projekts „Migrantischer Feminismus in der Deutschen Frauenbewegung, 1985-2000“[19] knüpft an eine kollektive Erinnerungspolitik im Sinne der Praxis der *rememory* an, um einen Raum des Eingedenkens einer Bewegungsgeschichte zu eröffnen. In der Tradition der rassismuskritischen Erinnerungsarbeit stehend, versucht dieses Projekt die politische Selbstorganisierung rassifizierter und migrantisierter feministischer

19 Vgl. Hessisches Ministerium für Wissenschaft und Kunst, Migrantischer Feminismus 1985–2000, Intersektionale Erkundungen, Research Area: Dimensionen der Kategorie Geschlecht - Frauen- und Geschlechterforschung in Hessen, 2018–2020.

politischer Kollektive in Deutschland aufzuspüren. Nicht zuletzt die Anthologie *Farbe bekennen. Afro-deutsche Frauen auf den Spuren ihrer Geschichte*[20] initiiert eine Erinnerungspolitik, die den Anspruch erhebt die Kolonialgeschichte Deutschlands in Beziehung mit der Gegenwart zu denken. Anhand biografischer Erzählungen wird die kollektive Geschichte afrodiasporischer Frauen* in Deutschland rekonstruiert. In der ersten Person Singular werden biografische Erlebnisse erzählt und in einem historischen und gesellschaftlichen Kontext eingewoben. Entlang dieser Erzählungen werden erste Ansätze für eine feministische rassismuskritische Widerstandsgeschichte in Deutschland entworfen. Diesem genealogischen Aufspüren von affektiven Erinnerungen und dem Entwerfen von Gegenwartsanalysen folgen auch Beldan Sezen und Olumide Popoola in ihrer 1999 herausgegebenen Anthologie *Talking Home. Heimat aus unserer eigenen Feder. Frauen of Color in Deutschland*[21]. *Talking Home* sammelt Lyrik, Bilder und Texte von *Queer Women of Color* in Deutschland. So schreiben Selmin Çalışkan und Modjgan Hamzhei in einem Kapitel über Lesben *of Color*, wie die lesbischen Migrant:innen in der *weißen* Lesben-Szene unsichtbar und muslimische Lesben zum Inbegriff für patriarchale Unterdrückung gemacht wurden. Denn Lesbischsein wurde in der Szene ins Raster ‚westlich-fortschrittlich' eingeordnet, Muslima im Gegensatz dazu als aus ‚rückschrittlichen unterdrückerischen' Gesellschaften kommend betrachtet. Im gleichen Band schreibt Kader Konuk über die Vielsprachigkeit als komplexe Subjektivierungsform, die ungeahnte politische und kulturelle Handlungsstrategien eröffne.

Unser Band entspringt aus dieser Genealogie widerständiger Geschichtsschreibung und ist zwei aktuellen Projekten in besonderer Weise verbunden: Zum einen stellt, wie bereits in der Ein-

20 Vgl. Oguntoye, Ayim und Schultz (Hrsg.), 1987.
21 Vgl. Sezen und Popoola (Hrsg.), 1999.

leitung dieses Buchs erwähnt, der von Denise Bergold-Caldwell, Laura Digoh, Hadija Haruna-Oelker, Christelle Nkwendja-Ngnoubamdjum, Camilla Ridha und Eleonore Wiedenroth-Coulibaly 2016 herausgegebene Band *Spiegelblicke. Perspektiven Schwarzer Bewegungen in Deutschland*[22] eine besondere Inspiration dar. *Spiegelblicke* erzählt anhand von Essays, Porträts, analytischen Texten, Storytelling und Foto-Reportagen mit Zeitzeug:innen und Aktivist:innen die 30-jährige Bewegungsgeschichte der Organisierung Schwarzer Menschen in Deutschland. Zum anderen steht dieses Projekt im Dialog mit dem Berliner Verein xart splitta[23]. xart splitta forscht in seinem Projekt *Passing it On* zur Weitergabe von Erinnerungen, Erfahrungen und Erzählungen von BIPoC-Aktivist:innen in Deutschland. In diesem Zusammenhang hat xart splitta die Onlineplattform *The Living Archives*[24] initiiert. *The Living Archives* versteht sich in Anlehnung an Patricia Hill Collins als *Resistant Knowledge Project*. xart splitta thematisiert das Entstehen neuer Archive am Schnittpunkt von Erfahrung, Aktivismus und Kreativität. Die Idee der *Living Archives* schafft somit einen Raum, der an das Eingedenken im Sinne von Benjamin erinnert. Denn die Beziehung zwischen Erinnerungen und Wissensproduktionen werden für die künstlerische und politische Arbeit von BIPOC-Kollektiven fruchtbar gemacht. Dabei stehen bei *The Living Archives* drei Aspekte im Zentrum: (a) die Sammlung von Zeitzeugnissen, (b) ein engagiertes Gegenlesen der hegemonialen Historiografie und (c) die Schaffung von Räumen kollektiver Wissenspraktiken. Sie schreiben:[25]

> *Der Fokus von xart splitta liegt auf der Analyse von diskriminierenden Strukturen verschiedenster Art innerhalb der Gesellschaft und auf der*

22 Vgl. Bergold-Cadwell u. a. (Hrsg.), 2016.
23 Vgl. https://www.xartsplitta.net.
24 Vgl. https://www.xartsplitta.net/en/the-living-archives/.
25 Vgl. https://www.xartsplitta.net.

Auseinandersetzung mit und (Weiter)Entwicklung von möglichen Handlungsstrategien und Interventionen dagegen. Dabei verfolgen wir einen intersektionalen Ansatz und stützen uns insbesondere auf Black Feminist Thought sowie post- und dekoloniale Theorie. Unsere Inspiration ziehen wir aus den unerbittlichen Mühen verschiedener basispolitischer Bewegungen und Organisationen, die in Deutschland und darüber hinaus – damals so wie heute, gegen ineinander verwobene gewaltvolle Strukturen und Unterdrückungsmechanismen aktiv sind und waren.

Ähnlich wie xart splittas *The Living Archives* ist das Projekt Migrantischer Feminismus an Formen des Gegenerzählens als kollektive Praxis des Sprechens, des Zuhörens, des Lesens und des Verstehens interessiert. Dabei geht es auch um die Schaffung von intergenerationalen Wissensproduktionen und das gemeinsame Erforschen sowie die Rekonstruktion kollektiver Wissensbestände. Die Erinnerungen, die geteilt werden, sprechen nicht nur über biografische Einzelerfahrungen, sondern verweisen auf ein kollektives Gefüge von Empfindungen und Erfahrungen. In dieser Verwobenheit von Erinnerungen und affektiven (Ver-)Bindungen, entstehen ein neues Vokabular und kollektive Praktiken. Das efühlte-Denken – *sentirpensar*, welches aus der Verbindung zwischen Denken und Affekt resultiert, wird über die Erinnerungen wachgerufen und in Gestalt der gegenwärtigen Praxis zum Ausdruck gebracht. Die Erinnerungen, die die Aktivist:innen des Migrantischen Feminismus mit uns teilen, stehen im Widerstreit von Vergangenheit, Gegenwart und Zukunft.

Im Kontext der deutschen Frauenbewegung der 1980er- und 1990er-Jahre organisierten sich Schwarze, jüdische, Rom:nja- und Sinti:ze, migrantische und exilierte, lesbische und feministische

Aktivist:innen, Intellektuelle und Künstler:innen lokal und bundesweit. Sie veranstalteten Konferenzen, veröffentlichten Bücher, schrieben Statements und intervenierten in öffentliche Debatten zu Themen wie den deutschen Kolonialismus, Rassismus, Migration, Patriarchat, das Nord-Süd-Verhältnis, globale Arbeitsteilung und Kapitalismus. Auf dieser Grundlage erfolgte eine Analyse der Verwobenheit von verschränkten Herrschaftsverhältnissen, die an der Analyse des *Combahee River Collectives*[26] anknüpfte:

> *The most general statement of our politics at the present time would be that we are actively committed to struggling against racial, sexual, heterosexual, and class oppression, and see as our particular task the development of integrated analysis and practice based upon the fact that the major systems of oppression are interlocking. The synthesis of these oppressions creates the conditions of our lives.*

Die Frankfurter feministische Migrant:innengruppe FeMigra[27] entwickelte ihre Analyse der deutschen Verhältnisse auf Grundlage des CRC-Statements und leitete daraus die Notwendigkeit der politischen Selbstorganisierung ab. Die politische und theoretische Arbeit von FeMigra spiegelte auch ansatzweise die politischen Ausrichtungen und Aktivitäten anderer migrantischer feministischer und lesbischer Frauengruppen der 1980er- und 1990er-Jahre wider: Das sind *De Colores* in Bremen, ELISA und das Bündnis von Schwarzen, jüdischen, Roma- und Sinti-, migrantischen und exilierten Frauen* in Bonn/Köln, *Cadi Kazani* und die lesbisch-feministischen kurdischen und türkischen Frau-

26 Vgl. https://www.blackpast.org/african-american-history/combahee-river-collective-statement-1977/

27 FeMigra, 1994.

en:gruppen in Hamburg, das Frauen:projekt *Nozizwe* in Berlin, die Koreanische Frauengruppe und die Iranische Frauenbewegung im Ausland. Diese Gruppen arbeiteten transkulturell und waren angetrieben von den individuellen und kollektiven Widerstandsbiografien ihrer Mitglieder. Diese Widerstandsbiografien resultierten nicht nur aus dem Kampf gegen Kapitalismus, Rassismus und Sexismus, den sie in Deutschland führten. Oft waren ihre Einzel- oder Familienbiografien von den Erfahrungen politischer Verfolgung und des Exils geformt. Die Erfahrungen, die sie selbst, ihre Eltern und Familienangehörigen im Widerstand gegen Imperialismus, Faschismus, Diktatur- und Militärregime in den Herkunftsländern machten, prägten ihr politisches Bewusstsein und Engagement in Deutschland. Sie waren auch diejenigen, die sich bereits in den 1980er-Jahren als exilierte oder migrierte Personen politisch gegen die restriktive und rassistische Ausländerpolitik in unterschiedlichen gewerkschaftlichen, parteipolitischen und autonomen Gruppen organisierten.

Die Töchter der ‚Gastarbeiter/Gastarbeiterinnen' und antirassistischer Widerstand

1981 kam es zu einer breiten ‚ausländerfeindlichen' medialen und politischen Debatte in der deutschen Öffentlichkeit: Quer durch die Parteienlandschaft von SPD, FDP, CDU und CSU wurden neue Gesetzesentwürfe und politische Maßnahmen zur Reformierung des Ausländergesetzes sowie zur Begrenzung der Familienzusammenführung und bezüglich Rückkehrprämien diskutiert. Diese Debatten waren überschattet von medialen und wissenschaftlichen Diskursen, die eine Angst vor ‚Überfremdung' schürten. Unterstützt wurde diese ‚Meinungsbildung' durch eine Gruppe von Professoren, die den Heidelberger Kreis[28] bildeten

28 Vgl. Mecklenburg (Hrsg.), 1996.

und ein gleichnamiges rassistisches Manifest zum Thema ‚Überfremdung' herausbrachten. Im März 1982 wurde von den CDU/CSU-regierten Bundesländern der „Entwurf eines Gesetzes zur Konsolidierung des Zuzugs und zur Förderung der Rückkehrbereitschaft von Ausländern (Ausländerkonsolidierungsgesetz)" in den Bundesrat eingebracht. Am 14. Juli 1982 beschloss die SPD/FDP-Bundesregierung, Maßnahmen zur Förderung der Rückkehr sogenannter „ausländischer Arbeitnehmer". Als es dann zum Regierungswechsel kam, woraufhin eine Koalition aus CDU/CSU und FDP die Regierung stellte, wurde die ‚Ausländerpolitik' zum zentralen Thema der Regierung Helmut Kohls.[29] Im November 1983 beschloss die Regierung den „Gesetzentwurf zur Förderung der Rückkehrbereitschaft von Ausländern" und kündigte Restriktionen zur Niederlassung und Familienzusammenführung von Migrierten an. 1983, als sich der Innenminister Friedrich Zimmermann mit seiner Politik zur Rückkehr türkischer Migrant:innen profilierte und ein neues Ausländergesetz einführte, welches Migrant:innen ab sofort in drei Kategorien einteilte – „EU-Ausländer", „Drittstaaten Ausländer" und „Asylbewerber" – werden diese Maßnahmen von einer medialen und politischen Rhetorik begleitet, die rassistische Äußerungen besonders gegenüber Menschen aus der Türkei salonfähig machte. Dies wird u. a. durch Forderungen, wie das Nachzugsalter für türkische Kinder von 16 auf sechs Jahre zu senken, bestärkt,[30] aber auch durch die Staatsbesuche von Herrn Zimmermann in die Türkei, die das Ziel verfolgten, mit der türkischen Regierung ein Rückkehrprogramm für Arbeiter:innen aus der Türkei abzuschließen, die damals in Deutschland lebten. Der Rassismus gegen ‚Ausländer', und insbesondere Menschen aus der Türkei, wurde immer spürbarer im Alltag, aber auch in der medialen Berichterstattung und im Forderungskatalog der Bundesregierung,

29 Vgl. Schneider, 2010.
30 Vgl. Dreß, 2018.

die bestrebt war, Migrant:innen und ihre Familien zur Rückkehr in ihre Herkunftsländer zu bewegen.

Die Kinder der Arbeitsmigrant:innen, deren Eltern als ,Gastarbeiter' in den 1960er- und 1970er-Jahren angeworben worden waren und sich in Deutschland niedergelassen hatten, wuchsen in diesem rassistischen Klima auf. Ihre politische Sozialisation formierte sich unter diesen gesellschaftlichen Bedingungen und Zuständen. Gemeinsam mit ihrer Elterngeneration, von denen einige aus Diktaturen geflohen waren und in der Bundesrepublik eine politische Organisierung in Gewerkschaften oder sogenannten nationalen Kulturvereinen[31] fanden, nahmen sie an Kampagnen und Demonstrationen gegen die ,Ausländerpolitik' der Kohl Regierung teil.

Mitte der 1980er-Jahre begannen einige Kinder aus ,Gastarbeiter'-Familien ihr Studium an deutschen Universitäten. Die meisten von ihnen hatten bereits alltägliche Erfahrungen mit institutioneller Diskriminierung und Rassismus in der Schule gemacht.[32] Trotz dieser Hürden waren sie an der Hochschule angekommen und, wie einige der Aktivist:innen in diesem Band erzählen, organisierten sie sich hier erneut politisch. An den Universitäten, aber auch an anderen gesellschaftlichen Orten, entstanden Ende der 1980er-Jahre politische selbstorganisierte Gruppen von migrierten, rassifizierten und internationalen Studierenden.

1989 schließlich, das Jahr der Wende und der Vereinigung der DDR und BRD, markierte den Beginn einer neuen Periode in der Konjunktur des Rassismus in Deutschland: Rassistische Angriffe und Mordanschläge auf geflüchtete und migrierte Menschen

31 Da ,Ausländern' die politische Organisierung untersagt war, bildeten einige der Exilierten Kulturvereine, die an demokratische Parteien der Herkunftsländer angeschlossen waren.
32 Vgl. Fereiddoni, 2011.

prägten die 1990er-Jahre. Die Rhetorik um die deutsche Vereinigung, das mediale Zelebrieren der „Brüder und Schwestern aus dem Osten", beförderte völkisch-nationale und rassistische Diskurse. Schwarze, migrierte, exilierte, jüdische, Sinti- und Roma-Menschen wurden zur Projektions- und Angriffsfläche rassistischer und antisemitischer Anschläge. Bilder von überfüllten Booten, die angeblich auf dem Weg nach Europa seien, multiplizierten sich auf den Vorderseiten von Wochenzeitschriften und Zeitungen. Zeitgleich trat 1992 das Schengener Abkommen in Kraft. Innerhalb der EU-Mitgliedsstaaten wurden die Binnengrenzen geöffnet, während die EU-Außengrenzen verstärkt wurden. In diesem Prozess wurde die Unterscheidung zwischen EU-Bürger:innen und Drittstaaten-Bürger:innen eingeführt und die legale Klassifizierung unterschiedlicher Asylkategorien, die Menschen in ein Raster von Genehmigung, Duldung, Ablehnung und Abschiebung sortiert, institutionell verankert. Am 26. Mai 1993 kam es schließlich zu einer politisch tiefgreifenden Entscheidung: Eine Zweidrittelmehrheit bestehend aus Politiker:innen der CDU/CSU, FDP und SPD stimmte für die Änderung des Grundgesetzes. Artikel 16, Absatz 2 sah bislang ein individuelles Recht auf Schutz vor, indem formuliert war: „Politisch Verfolgte genießen Asylrecht." Dieser Absatz wurde zwar nicht gestrichen, doch die Definition, wer Recht auf Asyl hat, wurde (in Satz 2) um Kriterien ergänzt, die das individuelle Recht auf Asyl ad acta legten. Die neuen Kriterien für die Beantragung von Asyl werden seitdem auf der Grundlage der Bestimmung von „sicheren" und „unsicheren Herkunftsländern oder Drittstaaten", die von der Regierung mittels des Auswärtigen Amtes formuliert werden, bestimmt.

Wie bereits erwähnt, ging dieser politischen Entwicklung eine Reihe von rassistischen Anschlägen auf Schwarze, *People of Color*, geflüchtete und migrantisierte Menschen voraus: Sie wurden auf der Straße, in ihren Häusern und Wohnanlagen angegriffen. Um nur einige wenige Anschläge zu nennen: Der von Nazis verübte

Mord an Amadeu Antonio Kiowa in Eberswalde am 6. Dezember 1990, die rassistischen Angriffe auf geflüchtete, ehemalige vietnamesische DDR-Vertragsarbeiter:innen, Roma- und Sinti-Menschen am 24. und den folgenden Tagen im August 1992 in Rostock-Lichtenhagen sowie der von zwei Nazis am 23. November 1992 verübte Mord an den zehn- und vierzehnjährigen Mädchen Yeliz Arslan und Ayse Yilmaz und ihrer 51-jährigen Großmutter Bahide Arslan in Mölln erschütterten, bewegten und versetzten die migrantischen Communities in tiefe Trauer, Entsetzen und Wut. Als dann am 29. Mai 1993 ein Wohnhaus in Solingen, in dem zwei Familien aus der Türkei lebten, von Nazis angezündet wurde, und dadurch Gürsün Ince, Hatice Genc, Gülüstan Öztürk, Hülya Genc und Saime Genc ihr Leben verloren und weitere 17 Personen mit bleibenden physischen und psychischen Schäden verletzt wurden, organisierten migrantische Communities Massendemonstrationen in der ganzen Bundesrepublik.

Unter anderem reagierte die bereits erwähnte Gruppe Feministische Migrantinnen – FeMigra, die sich 1991 in Frankfurt bildete, auf diese rassistischen Angriffe und Morde. Gemeinsam mit anderen selbstorganisierten Gruppen von Migrant:innen und Menschen auf der Flucht arbeitete sie an der Idee eines von migrantischen Menschen getragenem Notruf-Netzwerks und organisierte Treffen mit selbstorganisierten Gruppen im Rhein-Main Gebiet zum Thema Widerstand gegen die „Festung Europa“. An der Universität in Frankfurt organisierte FeMigra zusammen mit der Gruppe Internationaler StudentInnen (GIS) Vollversammlungen zu den rassistischen Angriffen. Daran nahmen internationale Studierende und Studierende mit Exil- und Migrationsbiografien teil und tauschten sich über rassismuskritische Interventions- und Widerstandsstrategien aus. Ebenso nahm FeMigra auch an bundesweiten Bündnistreffen von Schwarzen, Roma- und Sinti-, jüdischen, migrierten und exilierten Frauen* teil. Ihr 1994 veröffentlichter Text „Wir, die Seiltänzerinnen. Politische Strategien von Migrantinnen gegen

Ethnisierung und Assimilation" entstand in diesem Rahmen. Das Schreiben dieses Textes wurde insbesondere durch die Teilnahme der FeMigras am fünften Studienkongress Schwarzer Frauen, der in Frankfurt, Bielefeld und Berlin 1991 stattfand, angeregt. Vor diesem Hintergrund entschied sich FeMigra, „Migrantin" als politische Kategorie zu verwenden; denn zu diesem Zeitpunkt wurden migrantisierte Menschen als „Ausländer" in der deutschen Öffentlichkeit bezeichnet. FeMigra umschrieb es wie folgt:

> *Die Bestimmung unserer eigenen politischen Identität als Migrantinnen verstehen wir als Gegenentwurf, als Bezeichnung eines oppositionellen Standorts. Wir sind uns der Gratwanderung bewußt, auf die wir uns begeben, wenn wir eine strategisch gedachte Identität konstruieren, die möglicherweise für einige ausschließend und für andere wiederum einengend wirkt. Doch erscheint es uns wichtig, daß über die Position, die wir einnehmen, die Einwanderungsgeschichte und -politik dieses Landes in den Mittelpunkt rückt. Dabei geht es uns auch darum, die herrschende Kulturalisierung von sozialen Unterschieden in Frage zu stellen, die uns auf die Position der Anderen und Fremden verweist.*
> *Indem wir dagegen versuchen, eine Migrantinnen-Politik zu bestimmen, die sich nicht in nationalen oder kulturellen Räumen verortet, sondern Widerstandsmöglichkeiten innerhalb der gesellschaftlichen Widersprüche aufsucht, möchten wir die Logik der Spaltung des Eigenen vom Fremden (und umgekehrt) aufbrechen und aus der uns zugeschriebenen Objektposition heraustreten.*[33]

33 FeMigra, 1994, S. 49.

FeMigra schrieb diesen Text im Kollektiv. Es war keine einfache Aufgabe und sie arbeiteten fast drei Jahre daran. Bevor der Text in *Gender Killer* veröffentlicht wurde, hatte FeMigra nach dem Besuch des fünften Studienkongresses Schwarzer Frauen ein ähnliches Statement an unterschiedliche selbstorganisierte rassismuskritische feministische Bündnisgruppen geschickt. FeMigra erachtete die politische Selbstorganisation als das einzige Mittel gegen Bevormundung, Verobjektivierung, Kooptierung, Ausbeutung, Unterwerfung und Unterdrückung. FeMigras Organisations- und Arbeitsform glich ansatzweise der politischen Selbstorganisierung anderer Gruppen des Migrantischen Feminismus der 1990er-Jahre, wie die versammelten Aufsätze in diesem Band demonstrieren. Die Gesellschaftsanalysen und Kritik, die diese Gruppen zu diesem Zeitpunkt artikulierten, sind, wie bereits erwähnt, von Debatten in Lateinamerika, Südkorea, der kurdischen Diaspora und Südeuropa, aber auch durch Schwarze, Chicana und *Third World* Feminismen in den Vereinigten Staaten geprägt. Ebenso spielte die Auseinandersetzung zwischen *weißen* deutschen Feminist:innen und Migrant:innen in den 1980er-Jahren eine wichtige Rolle. 1984 organisierte z. B. Nevâl Gültekin zusammen mit anderen Frauen* die Konferenz *Sind wir uns denn so fremd?: ausländische und deutsche Frauen im Gespräch*[34], die in Frankfurt stattfand. Im Rahmen dieser Konferenz wurde eine Kritik an der bevormundenden Sichtweise der *weißen* deutschen Frauenbewegung auf ‚ausländische Frauen' als passive, unmündige und Opfer des Patriarchats, die es zu befreien galt, formuliert. Die feministischen Migrant:innengruppen der 1990er-Jahre bauten auf diese Kritik auf.

34 Vgl. Arbeitsgruppe Frauenkongreß, 1985; Marzell, 2021.

Politische Transformation, Erschöpfung und Weitergehen

In den 1990er-Jahren war FeMigra Mitglied eines großen politischen Bündnisses von Schwarzen, migrierten, exilierten, jüdischen Frauen* sowie Rom:nja und Sinti:ze:, die über die ganze Republik verstreut waren. Das Bündnis kam im Rahmen von Konferenzen in unterschiedlichen Städten wie Berlin, Bonn, Hamburg und Bremen zusammen. Wie Pinar Tuzcu und ich in der Einleitung zu diesem Band schreiben, waren die 1990er-Jahre sehr bewegte Jahre. 1997 organisierten Cathy Gelbin, Kader Konuk und Peggy Piesche die Konferenz *Marginale Brüche: Kulturelle Produktionen von Migrantinnen, Schwarzen und Jüdische Frauen* in Köln. Diese Konferenz startete den Versuch, der Bündnispolitik einen Namen zu geben. *Marginale Brüche* fungierte auch als Netzwerk, an dem unterschiedliche Gruppen und Einzelpersonen arbeiteten.

Diese Konferenzen waren aufwühlend und aufreibend zugleich. Sie luden die Teilnehmer:innen mit Energie auf, gaben Zuversicht und Zutrauen, waren aber oft auch enttäuschend, Energie raubend und auseinandertreibend. Festzuhalten ist, dass diese Treffen von einer immensen intellektuellen, kreativen und kämpferischen Sensibilität getragen waren. Doch vielleicht ist es so, wie Benjamin Maria Baader[35] im Rahmen der Reflektionen über ihre Beziehung als jüdische Person zur Berliner Frauen:szene schreibt: Der gesellschaftliche Druck und das Leid, den bzw. das jüdische, Schwarze, migrierte, exilierte Frauen*sowie Rom:nja und Sinti:ze erfuhren, hinterließen oft Wunden und Frustration, die häufig nicht heilen konnten. Es waren zu viele Angriffe, Beleidigungen und Respektlosigkeiten, die ihren Erfahrungsalltag mit rassistischer intersektionaler Gewalt ausmachten. Empfindungen der Ohnmacht, der Wut und der Trauer, die dabei entstanden, konnte

35 Baader, 1993.

nicht immer mit Achtsamkeit und Selbst-/Fürsorge begegnet werden. Auch das Zuhören, Sprechen und ein empathisches Verstehen musste gelernt werden, um gemeinsame Räume kollektiver und individueller Heilung aufzubauen. Die Umwandlung dieser Räume in Orte kollektiver und individueller künstlerischer, kreativer und intellektueller Kraft baute auf affektive (Ver-)Bindungen und die Transformation von erotischer Macht[36] in politische Stärke. Der Wunsch nach Begegnung und Umarmung war sehr stark in diesen Zusammentreffen; umso schwerer wogen jedoch die Erfahrungen von Entzauberung und Bruch. Zudem ereigneten sich diese Erfahrungen in einem gesellschaftlichen Kontext materieller, symbolischer und emotionaler intersektionaler Gewalt. Dies drückte sich in der prekären finanziellen und institutionellen Unterstützung aus, mit der sich diese Netzwerke konfrontiert sahen. Leider zieht sich dieser Mangel an finanzieller und institutioneller Förderung bis heute wie ein Roter Faden durch. Auch im Rahmen dieses Projekts mussten wir eine ähnliche Erfahrung machen. Unser Antrag auf Weiterfinanzierung des Projekts wurde bei der Landeszentrale für politische Bildung abgelehnt, da es zu wissenschaftlich und die Relevanz für die politische Bildungsarbeit unklar sei. Es ist interessant, dass die Ablehnung mit der Verbindung zur Wissenschaft begründet wurde, obgleich andere Projekte bei derselben Behörde gerade wegen ihrer Verbindung zur Wissenschaft gefördert werden. Auch bei einer linken politischen Stiftung wurden wir von einer Abteilung in die andere verwiesen und zum Schluss damit vertröstet, dass leider alle Mittel schon verausgabt seien.

Die Ermüdung, die bei der Generation von Aktivist:innen der 1980er- und 1990er-Jahre durch das ständige Kämpfen gegen bürokratische Mühlen und das Rennen gegen institutionelle Mauern verursacht wurde, war auch begleitet von einer fehlenden ge-

36 Lorde, [1978] 2007.

sellschaftlichen Anerkennung und Würdigung ihrer politischen Arbeit und intellektuellen sowie künstlerischen Beiträge. Dies führte bei einigen zu Abwendung, Rückzug oder sogar Auswanderung. Die alltägliche intersektionale Gewalt, die auf allen Ebenen der Gesellschaft erfahrbar und spürbar war und ist, hat einige ausgelaugt und krank gemacht. Auch für die, die noch Sand ins Getriebe streuen, sind die alltäglichen Angriffe und stillschweigenden Versuche der systematischen persönlichen Diffamierung und Degradierung, nur mit weiterer politischer Organisierung zu begegnen oder durch emotionalen Beistand zu ertragen. Festzuhalten ist jedoch, dass im Jahr 2021 einige Veränderungen zu vernehmen sind.

Einige von uns sind in den Bereichen der Wissenschaft, der Kunst, der Politik, der Wirtschaft, der Medien und des Sozialen tätig. Die Beteiligung an Führungspositionen und Entscheidungsprozessen ist ausdifferenzierter und an einigen wenigen Stellen für migrantisierte und rassifizierte Feminist:innen gegeben. Doch die Frage bleibt, welche Inhalte des politischen Engagements und Commitments in Bezug auf kollektive Projekte von migrantisierten, Schwarzen, *People of Color* und/oder Trans-, Queer-, Crip-Feminismen in den Führungspositionen vertreten sind. Diese Frage stellt sich in einem Neuarrangement von Themen in der Öffentlichkeit, da einige Themen wie Dekolonialität oder Rassismus zurzeit Hochkonjunktur im wissenschaftlichen, politischen und medialen Establishment erfahren. Daher stellen sich die folgenden Fragen: Um was geht es hier? Werden Einzelkarrieren aufgebaut, neue Konsumstrategien ausprobiert und wird die Reproduktion der *weißen* Mehrheitsgesellschaft neu organisiert und gesichert? Denn wir sehen – z. B. in der Migrationsforschung – den Versuch der Profilierung von etablierten *weißen* Mehrheitsforscher:innen, die jetzt die Felder des Rassismus und der Dekolonialität entdeckt zu haben scheinen. Die seit Jahrzehnten stattfindenden Arbeiten zu diesen Feldern von Akteur:innen und Theoretiker:innen aus der Schwarzen, migrierten, exilierten, jüdischen, Rom:nja- und Sinti:ze-Bewegungsgeschichte sind in dieser Konjunktur offenbar in Vergessenheit geraten. Auch die Arbeiten einer neuen diasporischen und postmigrantischen Generation, die am rassismuskritischen queeren-trans-crip-Feminismus anknüpft, scheinen im Mainstream kaum Gehör zu finden.

Andere Akteur:innen wiederum haben sich zurückgezogen; die Prekarität und die strukturelle Herabwürdigung haben zu sehr an ihnen gezerrt. Wir sprechen wenig darüber, wie dem ständigen Kampf gegen die fehlende Wertschätzung, die gezielten Demütigungen, die faktische Prekarität, die ständigen unterschwelligen und expliziten Respektlosigkeiten sowie den Mangel an Erinnerung nicht immer mit widerständiger Kraft und Resilienz begegnet werden kann. Auf der anderen Seite müssen wir weiterarbeiten am intergenerationalen Austausch zwischen denen, die heute auf der Straße sind, und denen, die nun an unterschiedlichen Orten der Gesellschaft weiterkämpfen oder sich erinnern. Die Kämpfe gegen Rassismus und die politische Selbstorganisierung von Schwarzen, migrantisierten, geflüchteten, exilierten sowie jüdischen, Roma- und Sinti-Menschen – und vor allem von rassismuskritischen Feminist:innen – in der Bundesrepublik haben eine lange Geschichte; sie ist vielschichtig, vielseitig und unaufhaltsam.

Schluss: „Erinnern heißt verändern"

Mit dem Slogan „Erinnern heißt verändern" verweist die Initiative 19. Februar Hanau auf das Erinnern als politisches Moment der Gegenwart, das auf das Potential der gesellschaftlichen Transformation verweist. Den Migrantischen Feminismus der 1980er- und 1990er-Jahre zu erinnern, bedeutet anzuerkennen, dass die ersten Analysen zu Migration und Rassismus in der deutschen Gesellschaft mehrheitlich von den Akteur:innen dieser Bewegung ausgingen. Eine gesellschaftliche Anerkennung dieser Bewegungsgeschichte sollte einhergehen mit einer materiellen, finanziellen und institutionellen Unterstützung von Forschungsprojekten, der Bildungs- und Archivarbeit, aber auch dem Aufbau von unabhängigen Antidiskriminierungs- und Antirassismusstellen in allen gesellschaftlichen Organisationen, die u. a. Prozesse der paritätischen Vertretung minorisierter, migrantisierter und rassifizierter Gruppen in Führungs- und Entscheidungsgremien begleiten und ihre Umsetzung kontrollieren sollten.

Dabei ist es wichtig gegen Formen der Tokenisierung und der Stellvertreter:innenpolitik vorzugehen, die zwar persönlichen Karrieren dienlich sein können, jedoch den hegemonialen Status Quo nicht in Frage stellen. Eine Erinnerungspolitik und -kultur des Migrantischen Feminismus verfolgt die Aktualisierung der politischen Selbstorganisierung und der kollektiven Praxis.

Die hier vorgestellten Ausschnitte des Migrantischen Feminismus haben Fragen nach der Notwendigkeit eines kollektiven Widerstands und eines intergenerationalen Austauschs aufgeworfen. Sie haben die Verbindungslinien eines rassismuskritischen, dekolonialen, feministischen und kommunitären Projekts aufgezeigt. Die Erzählungen der Aktivist:innen des Migrantischen Feminismus haben Fragen nach der Notwendigkeit eines Gegenerzählens und -lesens von historischen Archiven hervorgebracht. Wie ich anhand der Diskussion von Benjamins Eingedenken eingeführt habe, geht es um die Schaffung von selbstorganisierten Räumen und Erinnerungsarbeit als politische Praxis. Denn wie Léa Tosold in Bezug auf Morrisons *rememory* schreibt:

> *A work of (re)memory is thus far from being merely contemplative: it impels us to action.*

Dementsprechend ist dieses Projekt mit der politischen Arbeit um den NSU-Komplex und der Initiative 19. Februar Hanau verbunden. Beide Initiativen sind maßgeblich getragen von den Angehörigen, Freund:innen und Unterstützer:innen der Familien, die ihre geliebten Menschen in organisierten rassistischen, rechtsextremen Anschlägen verloren haben. In diesem Sinne möchte ich dieses Kapitel **Enver Şimşek, Abdurrahim Özüdoğru, Süleyman Taşköprü, Habil Kılıç, Mehmet Turgut, İsmail Yaşar, Theodoros Boulgarides, Mehmet Kubaşık, Halit Yozgat, Michèle Kiesewetter,** die im Rahmen der NSU-Terroranschläge von 2001 und 2007 ermordet wurden, und meinen Nachbar:innen aus Hanau **Ferhat Unvar, Gökhan Gültekin, Hamza Kurtović , Said Nesar Hashemi, Mercedes Kierpacz, Sedat Gürbüz, Kalojan Velkov, Vili Viorel Păun und Fatih Saraçoğlu**, die am 19. Februar 2020 von einem rechtsextremen Rassisten ermordet wurden, widmen. Wie die Initiative 19. Februar Hanau fordert, heißt erinnern verändern. Wir unterstützen daher die Forderungen der Initiati-

© Initiative 19. Februar Hanau: 19feb-hanau.org

ve nach Erinnerung, Gerechtigkeit, Aufklärung und Konsequenzen.[37] Denn wie Ferhat Unvar sagte: „Wir sind erst tot, wenn man uns vergisst." In diesem Sinne: für ein Erinnern, *rememory* und Eingedenken der politischen Selbstorganisierung als lebende Gegenwart.

Diesen Forderungen entsprechend haben wir auch an der Ausstellung im Frankfurter Historischen Museum „Ich sehe was, was Du nicht siehst. Rassismus, Widerstand und Empowerment", die vom 1. Oktober 2020 bis zum 28. Februar 2021, stattfand, mitgearbeitet. Ich möchte diese Überlegungen hier mit einem Zitat beenden, das Pinar Tuzcu und ich für den Katalog der Ausstellung geschrieben haben:

> *Diese Ausstellung ist wichtig für uns, weil sie ‚Rassismus', eines der am meisten zum Schweigen gebrachten Themen im deutschen öffentlichen Diskurs, sichtbar macht. Wir feiern diese Ausstellung nicht nur, weil sie die aktuelle Dynamik des Rassismus in Deutschland zeigt, sondern auch, weil ihre konzeptionelle und kuratorische Arbeit den konventionellen Raum des Museums als Ort des Empowerments und des Widerstands gegen Rassismus verändert. Unser Beitrag, der vor allem den migrantischen Feminismus der 1980er und 1990er Jahre thematisiert und auch die Arbeit der FeMigras (Feministische Migrantinnen) in Frankfurt zeigt, weist auf eine städtische Zeitgeschichte hin, die wenig bekannt ist und wahrgenommen wird. Dies nun in einen Dialog mit anderen Stadtgeschichten zum Widerstand*

37 Vgl. https://19feb-hanau.org/2021/03/24/pressemitteilung-familien-konfrontieren-das-hessische-innenministerium/.

der Afro-deutschen Diaspora, zum alltäglichen Kampf gegen Rassismus, zum politischen Trauern um die Opfer rassistischer Morde in Deutschland, zur Auseinandersetzung um Migrations- und Grenzregime und zur postkolonialen Geschichte Frankfurts und Archiven Schwarzen Wissens zu bringen, hat unseren rassismuskritischen Widerstand befördert und gestärkt.

Kuratiert vom Stadtlaborteam: Ismahan Wayah, Puneh Henning, Susanne Gesser, Mariam Koller und Jeanne Nzakizabandi
https://www.historisches-museum-frankfurt.de/de/stadtlabor/de/ichsehewaswasdunichtsiehst

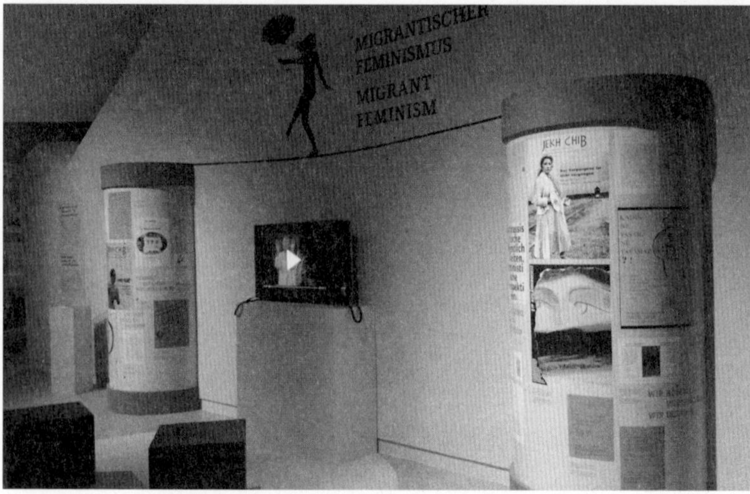

Migrantischer Feminismus, 1985–2000, Umgesetzt von Barbara Mugalu & Elsa Bosch in Zusammenarbeit mit Encarnación Gutiérrez Rodríguez, Pinar Tuzcu und Macarena Gonzalez Ulloa.

Literatur

Arbeitsgruppe Frauenkongreß (1985): *Sind wir uns denn so fremd?* Berlin: sub rosa Frauenverlag.

Benjamin, Walter (2010): Über den Begriff der Geschichte, Gerard Raulet (Hrsg.), Band 10. Frankfurt am Main: Suhrkamp.

Bergold-Caldwell, Denise, Laura Digoh, Hadija Haruna-Oelker, Christelle Nkwendja-Ngnoubamdjum, Camilla Ridha und Eleonore Wiedenroth-Coulibaly (Hrsg.) (2016): Spiegelblicke. Perspektiven Schwarzer Bewegungen in Deutschland. Berlin: Orlanda Verlag.

Combahee River Collective (1977): *Combahee River Collective Statement. Black Feminist Organizing in the Seventies and Eighties*. San Francisco.

Dreß, Matte (2018): *Die politischen Parteien in der deutschen Islamdebatte. Konfliktlinien, Entwicklungen und Empfehlungen*. Berlin: Springer VS.

Erol, Ezgi, Lia Kastiyo-Spinósa und Ivana Marjanović (Hrsg.) (2019): Erinnerungen in Bewegung. Bewegung in Erinnerungen. Migrazine. Online Magazin von

Migrantinnen für Alle, 1, https://www.migrazine.at/artikel/editorial-201901.

Escobar, Arturo (2014): *Sentirpensar con la tierra. Nuevas lecturas sobre Desarrollo, territorio y diferencia.* Medellín: Ediciones UNAULA.

FeMigra (Feministische Migrantinnen, Frankfurt) (1994): „Wir, die Seiltänzerinnen: politische Strategien von Migrantinnen gegen Ethnisierung und Assimilation", in: Eichhorn, Cornelia und Sabine Grimm: *Gender Killer: Texte zu Feminismus und Politik.* Berlin-Amsterdam: ID-Archiv, S. 49–63.

Fereiddoni, Karim (2011): *Schule – Migration – Diskriminierung. Ursachen der Benachteiligung von Kindern mit Migrationshintergrund im deutschen Schulwesen.* Wiesbaden: VS Verlag.

Gelbin, Cathy, Kader Konuk und Peggy Piesche (1999): AufBrüche: Kulturelle Produktionen von Migrantinnen, Schwarzen und jüdischen Frauen in Deutschland. Königstein: Ulrike Hellmer Verlag.

Gutiérrez Rodríguez, Encarnación (1999a): *Intellektuelle Migrantinnen – Subjektivitäten im Zeitalter von Globalisierung. Eine postkoloniale dekonstruktive Analyse von Biographien im Spannungsverhältnis von Ethnisierung und Vergeschlechtlichung.* Opladen: Leske und Budrich.

Gutiérrez Rodríguez, Encarnación (1999b): „Seiltänzerinnen und Jongleurinnen. Antirassistische Öffentlichkeit von Frauen im Kontext von Diaspora, Exil und Migration", in: Vor der Information: Antirassistische Öffentlichkeit, 3, S. 9–12.

Kraft, Marion (2016): „Building Cross-Cultural Bridges: Audre Lorde's Liason with Black Germany", in Continental Shifts, Shifts in Perception. Black Cultures and Identities in Europe, hrsg. von Sharmilla Beezmohun. S. 25–32. Cambridge: Cambridge Scholars Publishing.

Lange, Chris; May Ayim, Ilona Bubeck, Gülsen Aktas, Dagmar Schultz, Ika Hügel (Hrsg.) (1999): Entfernte Verbindungen. Rassismus, Antisemitismus, Klassenunterdrückung. Berlin: Orlanda Verlag.

Lorde, Audre ([1978] 2007): „Uses of the Erotic: The Erotic as Power", in: *Sister Outsider: Essays and Speeches*, S. 53–59. Berkeley, CA: Crossing Press.

Marchesoni, Stefano (2016): *Walter Benjamins Konzept des Eingedenkens.* Berlin: Kulturverlag Kadmos.

Marzell, Pia (2021): „Sind wir uns so denn so fremd?" Aufbrüche in der Rassismusdebatte der Frauenbeweggung", in History/Sexuality/Law, 08.03.2021. https://hsl.hypotheses.org/1608

May Ayim and Nivedita Prasad (Hrsg.) (1991): Documentation: Paths to Alliances (brochure published about two conferences) in cooperation with the FrauenAnstiftung: Conference by/for Ethnic and Afro-German Minorities, Bremen, June 8–10, 1990; and Second National Congress by and for Immigrants, Black-German, Jewish Women and Women Living in Exile, Berlin, October 3 to 6, 1991.

Mecklenburg, Jens (Hrsg.) (1996): *Handbuch Deutscher Rechtsextremismus*. Berlin: Elefanten Press.

Morrison, Toni (2019): The Source of Self-Regard: Selected Essays, Speeches, and Meditations. New York: Alfred A. Knopf.

Morrison, Toni (1997[1987]): Beloved. New York: Vintage.

Nascimento, Beatriz (1985): „O conceito de Quilombo e a Resistência Cultural Negra", in: Afrodiaspora. Revista de Estudos do Mundo Negro, Jahr 3, Nummer 6 und 7, S. 41–49.

Oguntoye, Katharina; May Ayim, Dagmar Schultz (Hrsg.) (1987): *Farbe bekennen. Afro-deutsche Frauen auf den Spuren ihrer Geschichte*. Berlin: Orlanda Verlag.

Piesche, Peggy (2012): *Euer Schweigen schützt Euch nicht:* Audre Lorde *und die Schwarze Frauenbewegung in Deutschland*. Berlin: Orlanda Verlag.

Rajanayagam, Iris (2015): „Weiße Räume öffnen?! – Möglichkeiten und Grenzen", in: Prekäre Kunst: Protest & Widerstand, Stacie Graham, Katharina Koch, Marie-Anne Kohl (Hrsg.), Berlin, S. 48–52.

Rushdy, Ashraf (1990): „Rememory: Primal Scenes and Constructions in Toni Morrison's Novels", in Contemporary Literature, 31: 3, S. 300–323.

Schneider, Jan (2010): *Modernes Regieren und Konsens. Kommissionen und Beratungsregime in der deutschen Migrationspolitik*. Wiesbaden: VS Verlag.

Schulz, Dagmar (2012): Documentary: Audre Lorde - The Berlin Years 1984 to 1992.

Schulz, Dagmar (2014): „Audre Lorde: The Berlin Years 1984 to 1992: The Making of the Film and its Reception", Feminist Studies, 40:1, S. 199–206.

Sezen, Beldan und Olumide Popoola (Hrsg.) (1999): Talking Home. Heimat aus unserer eigenen Feder. Frauen of Color in Deutschland. Amsterdam: blue moon press Verlag.

Streva, Juliana (i. E): „Aquilombo Conviviality, Radicalized Democracy". Mecila Working Paper Series, São Paulo: The Maria Sibylla Merian International Centre for Advanced Studies in the Humanities and Social Sciences Conviviality-Inequality in Latin America.

Tosold, Léa (2020): „Cartografia Co-Moventes: Imageando o Quilombo com Beatriz Nascimento", paper presented in Research Area Medialities of Conviviality, Mecila - The Maria Sibylla Merian International Centre for Advanced Studies in the Humanities and Social Sciences Conviviality-Inequality in Latin America, São Paulo.

Tosold, Léa (i.E): „Quilombo as regime of conviviality: sentipensando memory politics with Beatriz Nascimento", Mecila Working Paper Series, São Paulo: The Maria Sibylla Merian International Centre for Advanced Studies in the Humanities and Social Sciences Conviviality-Inequality in Latin America.

Williams, Raymond (1977): Marxism and Literature. Oxford: Oxford University Press.

PINAR TUZCU

◆

WELLENBRECHER:INNEN: SUB(VERSIVES) (P)ROSA DES HEIMATLOSEN FEMINISMUS

Als ich 2015 meine Doktorarbeit abschloss, hatte ich das Gefühl, etwas unvollendet gelassen zu haben. Dieses Buch bedeutet für mich, eine wichtige, unvollendete Aufgabe zu beenden. Deshalb möchte ich diesen Aufsatz dort beginnen, wo meine Doktorarbeit endet.

Auf die Geschichte dessen, was wir in diesem Buchprojekt Migrantischer Feminismus nennen, stieß ich, als ich meine Doktorarbeit schrieb. Aber das ursprüngliche Ziel und der Schwerpunkt meiner Forschung lagen nicht darin, nach einer solchen Geschichte zu suchen oder sie ans Licht zu bringen. Migrantischer Feminismus war eher so etwas wie ein ‚Stolperstein', auf den ich trat, als ich in meiner Arbeit die Künstlerin Lady Bitch Ray (aka

Reyhan Şahin) analysierte und versuchte, meine Feldforschung zu interpretieren. Diese Geschichte Stück für Stück zwischen den Zeilen der akademischen Texte zu entdecken, welche hauptsächlich von migrantischen und Schwarzen Feministinnen geschrieben wurden, hat mir nicht nur geholfen, meine Forschung empirisch und theoretisch weiterzuentwickeln, sondern es hat mir auch die Augen für eine ‚andere' Geschichte des Feminismus in Deutschland geöffnet, die im offiziellen Narrativ des deutschen Feminismus ungeschrieben bleibt. Wie ich hier erörtere, ist es eine Geschichte des Feminismus, die in keiner Welle der Frauenbewegung in Deutschland ihren historischen Platz finden konnte – eine Geschichte also, die durch ihre ahistorische Platzierung in diesen Wellen zu einem Wellenbrecher wird.

Auch wenn ich dieser Geschichte einen Teil in meiner Doktorarbeit eingeräumt hatte, fühlte sich meine Arbeit dennoch unfertig an, weil mir klar geworden war, dass diese einzigartige und zum Schweigen gebrachte Geschichte eine viel tiefere Forschung mit einem spezifischen Fokus und einem eigenen Raum benötigte.[1] Und, was noch wichtiger ist, sie musste von denen, die diese Geschichte gemacht hatten, gemeinsam erzählt werden. Als Encarnación (sie war damals die Zweitgutachterin meiner Doktorarbeit) vorschlug, dieses Thema gemeinsam als neues Projekt zu bearbeiten, war ich begeistert. Denn schließlich war sie eine der lautstarken und prominenten Intellektuellen und Aktivist:innen, die eine wichtige Rolle bei der Entstehung dieser Geschichte gespielt hatten.

In meiner Dissertation habe ich die Verbindungen zwischen dem zeitgenössischen Feminismus und der Geschichte der Migration untersucht, indem ich die Performance der deutsch-türkischen

1 2017 erschien meine Doktorarbeit im transcript Verlag mit dem Titel *Ich bin eine Kanakin: Decolonizing Popfeminism. Transcultural Perspectives on Lady Bitch Ray.*

Künstlerin Lady Bitch Ray und ihre „Vagina Kunst" analysiert habe. Um die Wirkung ihrer Kunst auf Publikum zu sehen, führte ich eine Gruppendiskussion mit Studierenden der Universität Kassel durch, deren (Groß-)Eltern als Gastarbeiter:innen aus der Türkei nach Deutschland migriert waren. Während die Diskussionen über die Künstlerin zwischen zwei kulturellen Identitäten wie Türkischsein und Deutschsein schwankten, fungierte der Feminismus als diskursiver Marker, der die imaginativen Grenzen beider kultureller Identitäten für die Teilnehmer:innen definierte. „Warum", so fragte ich mich, „ist es die Last des Feminismus, zu bestimmen, wer zu welchen kulturellen Identitäten gehört?" „Wie und wann hat der Feminismus diese deterministische Rolle, diese kulturelle Währung erlangt?" Während der Gruppendiskussionen beobachtete ich auch, dass die Teilnehmer:innen Schwierigkeiten hatten, die ‚richtigen' Worte zu finden, um ihre ‚Meinung' über Lady Bitch Rays Performances zu artikulieren. Ihr Bemühen, sich von den dualistischen Wörtern und Welten wie „konservativ" und „progressiv" oder „rückständig" und „modern" etc. zu befreien, erzeugte vorsichtige diskursive Bewegungen, Zögerlichkeiten und Schweigen. Indem sie dies taten, bemerkte ich in meiner Analyse, dass die Teilnehmer:innen mit ihren Sprecharten die diskursiven Lücken und Fallen abbildeten, die sie als „konservativ" oder „nicht integriert" bezeichnen würden. Solche dominanten Diskurse konstruierten den Feminismus als Projekt der westlichen Moderne, während sie besonders die Frauen aus nicht-westlichen Kulturen nicht als aktive Akteur:innen des Feminismus, sondern als dessen Objekte, die darauf warten, emanzipiert zu werden, markierten. Aber die Teilnehmer:innen vertraten eigentlich eine Art von Feminismus, der eine andere emanzipatorische Rhetorik nutzte, die auf den ersten Blick nicht in die modernistischen Erwartungen des westlichen Feminismus passte und daher als „rückständig" oder „konservativ" hätten abgestempelt werden können .

Doch wie lassen sich diese unterschiedlichen Auffassungen von Emanzipation im Hinblick auf den Feminismus erklären? Diese Frage hat mich sehr lange beschäftigt. Denn oft konnten die Teilnehmer:innen selber nicht die ‚richtigen Worte' finden, um sie zu beschreiben. Die Methoden und die zugängliche Literatur halfen mir nicht wirklich, die kritischen Ansichten der Teilnehmer:innen zum Feminismus zutreffend zu beschreiben. Denn diese Literatur betrachtete methodisch und konzeptionell die Fragen der ‚Emanzipation' mehr oder weniger aus einer west-zentrischen Perspektive. Aber es war nicht so einfach solche Texte überhaupt zu finden. Sie waren damals weder in den Bibliotheken noch im Archiv der deutschen Frauenbewegung in Kassel verfügbar. Also beschloss ich, tiefer zu graben, um mehr kritische Perspektiven im deutschen Kontext zu finden, die mir helfen könnten, den Feminismus anders zu erklären, ihn vielleicht nicht ganz aufzugeben, aber zumindest die west-zentrische Sichtweise zu dezentrieren. Schließlich fand ich einige Texte, die diese kritische Perspektive in Deutschland im deutschsprachigen Kontext entwickelten. In der Tat war einer der ersten dieser Texte Encarnacións Artikel von 1996 *Frau ist nicht gleich Frau, nicht gleich Frau, nicht gleich Frau Über die Notwendigkeit einer kritischen Dekonstruktion in der feministischen Forschung*. Danach entdeckte ich Sedef Gümen, Nevâl Gültekin, Berrin Özlem Otyakmaz, Yasemin Yıldız und andere, deren intellektuelles Engagement, insbesondere ihre Schriften zwischen Ende der 1980er- und 1990er-Jahre, der Entwicklung kritischer feministischer Perspektiven im Hinblick auf die Geschichte von Migration, Rassismus und Kolonialismus in Deutschland gewidmet war.

Das Interessante war, dass die zeitgenössischen Perspektiven des deutschen Feminismus, auch genannt Neuen Feminismus, die ich damals recherchierte, nicht den geringsten Hinweis auf diese Schriften gaben. Noch schlimmer ist, dass in dieser Literatur zum Neuen Feminismus einige prominente deutsche Feminist:innen diese Zeit historisch als eine ruhigere Periode von und für den Feminismus in Deutschland einordnen. Aber die Texte, die ich las, erzählten eine andere Geschichte. Denn sie wurden fast ausschließlich Ende der 1980er- und 1990er-Jahre von migrantischen, jüdischen und Schwarzen Feminist:innen und *Women of Colour* geschrieben.

Im Folgenden erkläre ich, wie die Entdeckung dieser Vergangenheit meine Forschung verändert hat, indem sie meine Sicht auf den zeitgenössischen Feminismus geformt und es mir ermöglicht hat, aufkommende, neue mögliche Definitionen von Feminismen zu skizzieren. In diesem Zusammenhang diskutiere ich die folgenden Fragen: Wie würde eine Intervention in die Vergangenheit die Gegenwart und die zukünftige Erzählung der Frauen:bewegung in Deutschland neu definieren? Was würde diese „Neudefinition" für Deutschland als (post-)migrantische Gesellschaft bedeuten?

Dabei werde ich mich weitgehend auf meine Dissertation stützen, da ich dort bereits eine ähnliche Frage gestellt habe, nämlich: „Wie kann man den Neuen Feminismus in Deutschland aus postmigrantischer Perspektive verorten?" Ich schlage vor, dass Lady Bitch Ray aus einem transkulturellen Blickwinkel heraus den Feminismus in Deutschland neu definiert und somit eine Pionier:in des Neuen Feminismus ist. Ihr damaliges Statement „Ich bin eine Kanackin" schafft eine Definitionsmacht in postmigrantischer Gesellschaft, dadurch dass es die Geschichte der „Schwarzen, migrantischen und queeren feministischen Interventionen der frühen 1990er Jahre evoziert, die normalerweise aus der Geschichte des deutschen Feminismus herausgeschrieben werden"[2]. Doch diese Form des Feminismus, die sowohl durch ihre Bezeichnung „Kanackin" verkörpert und von den Teilnehmer:innen der

2 2017 erschien meine Doktorarbeit im transcript Verlag mit dem Titel Ich bin eine *Kanakin: Decolonizing Popfeminism. Transcultural Perspectives on Lady Bitch Ray.*

Gruppendiskussion diskursiv umrissen wurde, kann nicht vollständig verstanden werden, wenn diese Geschichte übersehen und ignoriert wird. Als eine zukünftige feministische Politik in der postmigrantischen Gesellschaft definierte ich diese Form des Feminismus als einen transkulturellen lokalen Feminismus. Da dieses Buch die erste offizielle Dokumentation der uneingestandenen Geschichte des Migrantischen Feminismus ist, gibt es keinen besseren Ort, um zu sagen, dass ich glaube: Diese Zukunft ist gekommen.

Die Geschichte aus der Zukunft schreiben: Postmigrantischer Feminismus

Migrantenkind in mir steckt der Zorn
Meiner Oma, meiner Mama, meiner
Tanten drinnen
Kanak for Life
[...]
An alle Nazilehrer die meinten
„Du wirst nie etwas erreichen"
Hab ‚nen Master of Science
Wer will sich jetzt mit mir vergleichen,
ey Kanak for Life, Kanak for Life.[3]

Das sind die Lyrics der Rapperin Ebow (aka Ebru Düzgün) zu ihrem 2020 veröffentlichten Song K4L, was für „Kanak for Life" steht. Zum Ende ihres Songs gibt Ebru Düzgün einen Shoutout an eine Reihe von Künstler:innen, Schriftsteller:innen und Schwarzen Publizist:innen wie Moshtari Hilal, Tashnim Baghdadi, Miriam Davoudvandi und Hengameh Yaghoobifarah. Natürlich kann diese Liste um weitere wichtige Namen erweitert werden, wie z. B.

3 Vgl. Pinar Tuzcu, 2017.

Fatma Bahar Aydemir, Canan Bilir-Meier, Cemile Sahin und Reyhan Sahin.

Ohne zu behaupten, dass sich alle dieser oben genannten Persönlichkeiten als ‚Kanak' oder als ‚Kanack:in' bezeichnen würden, konstruiert diese Generation ihre eigene Selbstbilder, die sowohl in den sozialen Medien als auch auf verschiedenen Plattformen erscheinen. Doch wie die Künstler:in Ebow selbst beschreibt, spiegeln diese Selbstbilder eine Art des Empowerments wider, das aus einer transkulturellen Welt stammt.[4] Sie sagt:

> *Jetzt ist unsere Zeit, jetzt sind wir dran. Jetzt bestimmen wir, als Kanaks, unser Selbstbild selbst. Wir lehnen uns gegen das Bild auf, das die Medien von uns kreieren, das Bild, das ein Großteil der Bevölkerung gern sehen würde. Unsere Generation ist smart und hat endlich die Möglichkeit, gehört zu werden. Egal wie groß der Rechtsruck gerade ist, egal was passiert – wir sind stark, weil wir so viel durchgemacht haben. [ ] Das Wort „Kanak" repräsentiert einen Gemeinschaftsgedanken, es steht für mich für BPoC. Gleichzeitig steht es auch f ür ein Zurückerobern. Ich reclaime diesen Begriff und möchte mit dem Song, mit dem Album, ein Empowerment schaffen.*[5]

In diesem Sinne manifestiert das Wort ‚Kanack:in' dieses transkulturelle emanzipierte Bild, indem es sich auf die Geschichte

4 https://lyricstranslate.com/en/k4l-k4l.html

5 Mit der politischen Wende zum intersektionalen Feminismus um 2018 gewann dieses Bild mehr Sichtbarkeit in der popfeministischen Zeitschrift Missy Magazine. Siehe zum Beispiel https://taz.de/Chefredakteurin-ueber-Missy-Geburtstag/!5539582/.

der queeren/feministischen Migrant:innen in Deutschland bezieht. Daher behaupte ich, dass das Wort ‚Kanack:in' eine postmigrantische Definition des Feminismus in Deutschland ist, die veranschaulicht, dass es spezifische koloniale Geschichten, Migrationserfahrungen der Nachkriegszeit, queer-feministische Interventionen und Strategien der Migrant:innen in Deutschland miteinander verschränkt.

Mit dieser postmigrantischen Beschreibung des Feminismus versuche ich alternative Definitionen des Neuen Feminismus zu erstellen. Der Neue Feminismus wurde als Feminismus der dritten Welle in Deutschland definiert und versucht, die Charakteristika des aufkommenden Feminismus in der Popkultur zu Beginn der 2000er-Jahre zu verstehen. Die Narrativierung des Neuen Feminismus ähnelte jedoch sehr stark der des US-amerikanischen *Third Wave Feminism*.[6] Denn ähnlich wie beim US-amerikanischen Dritte-Welle-Feminismus – so wurde argumentiert – läute der Neue Feminismus in Deutschland die Entstehung eines Popfeminismus ein, dessen Akteur:innen lediglich die junge Generation von Frauen seien, die sich widersprüchliche Merkmale von Weiblichkeit zu eigen machten: rebellisch und schmutzig, aber schick; konsumfreudig, aber wirtschaftlich unabhängig; sexy, aber sexuell emanzipiert. In dieser Hinsicht wurde behauptet, dass diese neue Welle nicht nur (oder notwendigerweise nicht) darauf abzielte, die kapitalistischen patriarchalischen Strukturen, sondern auch (vielleicht mehr) das feministische Emanzipationsverständnis der zweiten Welle, insbesondere in Bezug auf die Körperpolitik, herauszufordern. Denn anders als im Feminismus der zweiten

6 Und Ebru Düzgün erklärt weiter in diesem Interview, warum es für sie wichtig war, diese Namen in ihrem Song zu benennen: „Deswegen war es mir auch so wichtig, am Ende meines Songs K4L all den Frauen und non-binären Personen, die tagtäglich so harte Arbeit leisten, einen Shoutout zu geben. Etwas, das männliche Rapper nicht machen würden. Wenn ich's nicht mache – wer macht es dann?" https://i-d.vice.com/de/article/59x78b/ebow-k4l-kanak-for-life-interview-female-rapper.

Welle wurde in der dritten Welle die weibliche Sexualität nicht als bloßes Instrument des *male gaze* gesehen, sondern als ein mächtiges Werkzeug, um diesen Blick spielerisch zu kontrollieren. Dazu gehörte es, der weiblichen Sexualität und den weiblichen sexuellen Fantasien in der Pornografie einen Raum zu eröffnen.

In Deutschland gehörte beispielsweise die Bestsellerautorin des provokanten Romans *Feuchtgebiete*, Charlotte Roche, zu den Vorreiter:innen des Neuen Feminismus. Der 2008 veröffentlichte Roman erforscht die sexuellen Fantasien einer jungen Frau, die hygienische Körperregeln (im Krankenhaus) ablehnt. Das Behandeln solcher und Sprechen über diese Tabuthemen wurde als der eigentliche Antrieb dieser neuen Welle gesehen. Für die einen war dies jedoch eine völlige Entpolitisierung (manchmal sogar als Angriff auf) dessen, was die Frauenbewegung der ersten und zweiten Welle erreicht hatte, für die anderen war dies eigentlich ein Bruch zwischen den beiden Generationen von Feminist:innen, der als Mutter-Tochter-Konflikt formuliert wurde.

Diese Definition des Neuen Feminismus eliminiert jedoch, was ‚Kanack:in' als postmigrantisch definierte Frauenpower einbringt. Damit verzichtet der Neue Feminismus paradoxerweise auf die einzigartige Perspektive, die das Neue im Neuen Feminismus definieren würde. Denn wenn er lediglich aus der Perspektive analysiert wird, die sexuelle Explizitheit in den Mittelpunkt der Analyse stellt, übersieht diese Narrativierung des Dritte-Welle-Feminismus die einzigartigen lokalen Geschichten, in welcher der postmigrantische Feminismus enthalten ist. So macht diese Art der Narration den Neuen Feminismus gleichsam zu einem verspäteten und stumpfen Abklatsch des US-amerikanischen *Third Wave Feminism*. Was in dieser Erzählung des Feminismus letztlich verloren geht, verweist auch auf das Scheitern intersektionale Perspektiven in seine Geschichte(n) einzubeziehen.

In ihrem Buch *Why Stories Matter: Political Grammer of Feminist Theory* analysiert Clare Hemmings die letzten vier Jahrzehnte westlicher feministischer Theorie und untersucht die Narrative, welche die westliche feministische Geschichte konstruieren. Hemmings argumentiert, dass feministische Darstellungen von der Entwicklung des westlichen Feminismus dazu neigten, durch bestimmte Schilderungen z. B. von Fortschritt, Verlust und Rückkehr erzählt zu werden. Darüber hinaus schlägt Hemmings in ihrem Buch vor, dass westliche feministische Geschichten auf die Angemessenheit ihrer eigenen Geschichten, narrativen Konstruktionen und grammatikalischen Formen achten sollten, um ihre Vision und ihren diskursiven Gebrauch von Geschlecht und Feminismus zu erweitern – da, Zitierpraktiken und die Politik des Affekts von zentraler Bedeutung dafür seien, wie diese Erzählungen (bzw. Schilderungen von Fortschritt, Verlust und Rückkehr) westliche feministische Geschichten als Meta-Narrative darstellbar, plausibel und authentisch machen. Jedoch sind sie, Hemmings zufolge, auch potenzielle Schlüssel, um die Geschichte der feministischen Vergangenheit, Gegenwart und Zukunft anders zu erzählen.[7]

Es gibt eine auffällige Ähnlichkeit zwischen Hemmings Beobachtung und der Narration deutscher feministischer Geschichten, die mir auch bei meinen Recherchen zum Neuen Feminismus aufgefallen ist. Ich schrieb:

> *In ihrem Artikel The New German Feminisms: Of Wetlands [Feuchtgebiete] and AlphaGirls stellt Christina Scharff fest, dass der lautstärkste Moment dessen, was als ‚deutscher' Feminismus bezeichnet wird, historisch in den 1970er- und 80er-Jahren angesiedelt war und seit 2006 wie-*

7 Snyder, 2008, S. 175–196.

> *der erwacht ist. Unter Berufung auf Ute Gerhards Atempause stellt Scharff fest, dass die Jahre dazwischen ‚durch eine ruhigere Periode für den feministischen Aktivismus konstituiert waren' (Scharff 2013: 265). In Gerhards Atempause wird diese ‚ruhige Periode' als Ergebnis eines Generationskonflikts, genauer gesagt eines Mutter-Tochter-Konflikts, beschrieben. Um eine eigene ‚Identität' und ein befriedigendes ‚Selbstwertgefühl' zu entwickeln, mussten sich demnach die ‚Töchter der Feministinnen' in Deutschland in den 1990er-Jahren zwangsläufig von den politischen Zielen und rhetorischen Konventionen ihrer Mütter distanzieren. Deshalb behaupteten sie, dass sie den Feminismus ‚nicht mehr brauchen', weil sie ihn als ‚antiquiertes' Projekt wahrnahmen (Gerhard 1999: 192). (S. 38)*[8]

Ich kritisierte dieses Meta-Narrativ, das die Art und Weise, wie die feministische Geschichten in Deutschland erzählt werden, prägt, und fügte hinzu, dass:

> *Zugegeben, die ‚Töchter' der ‚deutschen' Feministinnen mögen in den 1990er-Jahren tatsächlich leiser gewesen sein. Das heißt aber nicht, dass es keinen anderen feministischen Lärm gegeben hätte. Das Narrativ der Generationslinearität, das in Gerhards Formulierung dargestellt wird, lässt queere Interventionen und migrantischen und diasporafeministischen Aktivismus aus. Tatsächlich gründeten Migrant:innen Anfang der 1990er-Jahre ihre eigenen feministischen*

8 Tuzcu, 2017. S. 38. Übersetzung von Tuzcu aus dem Englischen.

> *Organisationen und einige Jahre später, um 1995, erlebte Deutschland eine Queerung des Feminismus, die als ‚Butler-Boom' bekannt wurde (vgl. Gutiérrez Rodríguez 2010; Ferree 2012). Besonders bemerkenswerte Ereignisse waren z. B. die Gründung von FeMigra (Feministische Migrantinnen Frankfurt) im Jahr 1991, einer Plattform, die migrantische, Schwarze, diasporische und exilierte Feministinnen versammelte, sowie die Migrantinnenkongresse, die 1994 in Bonn und 1997 in Köln stattfanden. Das heißt, die feministische Szene der 1990er-Jahre war vor allem durch eine Politisierung der Differenz zwischen und unter Frauen gekennzeichnet. Die Fokussierung auf Ethnizität und Klasse als intersektionale Dimensionen und die Erosion von Gender als stabiler Kategorie drängten den Feminismus in Deutschland dazu, den Sprung über Gender hinaus zu wagen. Inspiriert von transnationalen Bewegungen wie dem Black, Chicana, Mestiza, Queer- und postkolonialen Feminismus, waren migrantische Queer-Feminist:innen an Versuchen beteiligt, die aktivistische Rhetorik weg von ethnozentrischen und heteronormativen Rahmen zu verschieben. Diese intellektuellen, aktivistischen und künstlerischen Beiträge dieser Periode werden in der Geschichte des Feminismus in Deutschland oft ausgelassen (S. 38-40).*[9]

Aber was meinen wir genau, wenn wir von einem Meta-Narrativ des deutschen Feminismus sprechen? Der Text *Von Welle zu Welle: Schlaglichter auf die Geschichte des Feminismus: Was hat sich*

9 Ibid., S. 38–40. Übersetzung von Tuzcu aus dem Englischen.

in Deutschland seit Beginn der ersten Frauenbewegung verändert?, der im Magazin Feminismus im Überblick und auf der Website der Heinrich-Böll-Stiftung erscheint, ist ein gutes Beispiel, um diese Frage zu beantworten. Henning von Bargen, der Leiter des Gunda-Werner-Instituts der Böll Stiftung, legt darin, wie der Titel schon sagt, die Geschichte des deutschen Feminismus in chronologischer Reihenfolge dar. Zu Beginn des Textes stellt der Autor in einem kleinen Absatz fest, dass „Feminismus [...] immer vielfältig [war]“ und platziert die Jahre „Mitte der 1980er“ als zweite Welle der deutschen Frauenbewegung mitsamt der Überschrift „Afrodeutsche Frauen gründen ADEFRA“ Von Bargen beschreibt diese Jahre wie folgt:

> *In den 1980er-Jahren entstand die Schwarze feministische Frauenbewegung. Schwarze Frauen fühlten sich unterdrückt und wurden unterdrückt durch den herrschenden Rassismus in der mehrheitlich weißen Frauenbewegung. »Frausein« und Feminismus wurde gleichgesetzt mit weißen Frauen, Schwarze Frauen wurden nicht wahrgenommen und begannen, sich zu artikulieren. Die afroamerikanische Dichterin und feministische Philosophin Audre Lorde war prägend und regte den Austausch von Ideen und Erfahrungen zwischen weißen und Schwarzen Frauen, insbesondere aber die Kommunikation zwischen Schwarzen deutschen Frauen/ Schwarzen Frauen in Deutschland sowie die Forschung zur Geschichte Schwarzer Frauen an.* [10]

Eine weitere, vielleicht etwas veraltete, aber dennoch ähnliche Narrativierung findet sich auf der Website. Melanie Stitz be-

10 von Bargen, 2018.

schreibt in ihrem Text von 2008 die Frauenbewegung der 1990er wie folgt:

> *Im Westen kämpften Frauen, die sich auch mit Kind beruflich realisieren wollten, gegen den Vorwurf, eine „Rabenmutter" zu sein. Dagegen war die gleichberechtigte Teilhabe von Frauen am Arbeitsmarkt in der Verfassung der DDR verankert. [...] Während im Westen Feminismus oft mit einem Mutter-Tochter-Konflikt assoziiert war, verspürten Frauen in Ostdeutschland weniger das Bedürfnis, sich von ihren Müttern und dem Rollenmodell, das sie repräsentierten, abzusetzen.*[11]

Trotz der Anerkennung Schwarzer feministischer Gruppen in Deutschland liest sich von Bargens Chronologie dennoch als kosmetische Inklusion. Denn erstens wird die Geschichte der Schwarzen feministischen Bewegung in Deutschland wieder einmal sehr stark aus der US-amerikanischen Perspektive betrachtet, anstatt den Fokus auf eine lokale Geschichte zu legen. Zweitens würde jeder, der diese Geschichte richtig kennen und erforschen würde, sehen, dass die Geschichte der Schwarzen feministischen Bewegung auch mit der migrantisch-feministischen Bewegung in Deutschland verwoben war; aber diese bleibt in diesem Meta-Narrativ völlig abwesend.[12]

Doch nicht nur die Geschichten des westlichen Feminismus in der westlichen Welt folgen einer geraden Erzähllinie, sondern auch ihre Ausschlussgeschichten und ihre apologetischen Inklusionserzählungen. Tatsächlich macht Becky Thompson im US-amerikanischen Kontext die Beobachtung, dass das Auslas-

11 Stitz, 2008.
12 für eine aktuelle und tiefere Interpretation dieser Geschichte siehe: Céline Barry, i. E.).

sen der Schwarzen Frauen*, der *Women of Colour* und der antirassistischen feministischen Geschichte die dominante Erzählung des *Second-Wave*-Feminismus ausmachte. Laut Thompson wurde dieses „*master historical narrative*" der Geschichte der Schwarzen Frauen* und der Frauen* *of Colour* von den Historiker:innen herausgeschrieben, indem sie sich auf eine Erzählung des Feminismus der zweiten Welle verlassen hatten, die sich ausschließlich auf die Unterdrückung der Geschlechter konzentrierte.[13] Wie Thompson weiter erklärt: Wäre sie vom Blickwinkel des *multiracial* Feminismus erzählen worden, würden diese Geschichten eine andere Wendung nehmen und uns dazu bringen, „Grundannahmen dieser Historien" von und über den Feminismus der zweiten Welle zu überdenken .[14]Sie schreibt:

> *Although the late 1960s and early 1970s might have been the ‚heyday' for white ‚radical' feminists in these groups, from the perspective of white anti-racists, the early 1970s were a low point of feminism – a time when many women who were committed to an antiracist analysis had to put their feminism on the back burner in order to work with women and men of color and against racism. (S. 344)*[15]

In dieser Hinsicht lässt jene Art der semi-inklusiven Erzählung das Fehlen einer echten politischen Kritik sowie der Bemühung spüren, die maßgeblichen Beiträge von Frauen *of Color* zur feministischen Bewegung in Deutschland und darüber hinaus anzuerkennen. Es wirkt daher eher wie ein apologetisches Hinzufügen als eine Würdigung ihrer Beiträge. Was in dieser ‚großen Erzäh-

13 Thompson, 2002, S. 344.
14 Ibid., S. 344.
15 Ibid., S. 345.

lung‘ abwesend bleibt und ausradiert wird, sind die antirassistischen und antikapitalistischen migrantischen feministischen Geschichten, oder, wenn man sie beim Namen nennt, die Geschichte der deutschen intersektionalen feministischen Bewegung

Darüber hinaus erzeugt die Narration des Mutter-Tochter-Konflikts, die sowohl in Ute Gehards als auch in Melanie Stitz‘ Narrativen auftaucht, einen neuen Raum für solche Ausschlüsse. In ihrem Buch *Not My Mother‘s Sister: Generational Conflict and Third-Wave Feminism* weist Astrid Henry darauf hin, dass obwohl die Differenz aus historischer Generation und chronologischem Alter nur eine Form in der Narration des „feministischen Konflikts“war, die den Dritte-Welle-Feminismus vom Zweite-Welle-Feminismus abzugrenzen vorgab, er fast ausschließlich generationenbezogen verstanden wurde . Henry meint, dass der Mutter-Tochter-Konflikt hier eher als eine Metapher zu verstehen ist. Was bei der Verwendung einer solchen Metapher verloren geht, ist ihrer Meinung nach „ein bewusster politischer Akt“, nämlich der Akt der „Wahl, sich mit dem Feminismus zu identifizieren“. Henry erklärt: „for once feminism becomes a mother, the generation that follows her will consist (merely) of her daughters”; die Identifikation der jungen Frauen* mit dem Feminismus wird durch diese Formulierung „naturalisiert”, sodass die bewusst getroffene politische Wahl dieser jungen Generation verworfen wird.[16]

In der Tat, wenn dieser Generationenkonflikt aus der Perspektive einer jungen Generation von deutschen Frauen *of Color* erzählt würde, würde sich eine andere Geschichte ergeben. Denn sie würde dann aus der Perspektive der Töchter erzählt, deren Mütter (symbolisch, metaphorisch und historisch) nie als Feminist:innen gesehen und anerkannt wurden; schließlich wurde ihr kultureller Hintergrund als z. B. türkische, kurdische oder muslimische

16 Henry, 2004, S. 7.

Frauen* in Deutschland als unmittelbare Barriere angesehen, um als Feminist:innen zu gelten oder gar Teil der deutschen Frauen:bewegung zu sein. Um es deutlich zu sagen: Lady Bitch Rays Mutter oder meine Mutter z. B. konnten und können aufgrund der geschlechtsspezifischen kulturellen Stigmatisierungen, die in westlichen Narrativen produziert werden, keine Feministinnen sein.

Und vielleicht erklärt dies auch zum Teil, warum viele Frauen *of Color* immer noch zögern, sich als Feminist:innen zu bezeichnen. In ihrem 2019 erschienenen Buch *Yallah, Feminismus!* z. B. erklärt Reyhan Şahin, warum es für sie lange Zeit schwierig war, sich mit dem Feminismus zu identifizieren. Sie tut dies, indem sie die Erinnerungen ihrer migrantischen Mutter vorantreibt, und begründet es u. a. damit, dass die Generation ihrer Gastarbeiter-Mutter und deren alltägliche häusliche und öffentliche Kämpfe nicht in der deutschen Frauen:bewegung berücksichtigt wurden. Sie schreibt:

> *[...] Fakt ist aber, dass diese Frauen --[ ] die Generation unserer Mütter, die vor dreißig, vierzig, fünfzig Jahren nach Deutschland einwanderten, wie meine Mutter, ohne ein einziges Deutsch zu sprechen [ ]-- immer noch in Deutschland unsichtbar sind mit ihrer bis dato unbezahlt verrichteten Care- und Pflegearbeit in ihren Familien, dass viele von ihnen auch aufgrund ihres fehlenden Bildungszugangs mehrere niedrigschwellige Berufe ausüben.*[17]

Und in ungleicher Weise existierte jedoch eine feministische Bewegung, die in Deutschland sowohl die unsichtbare Arbeit als auch die rassistische Stigmatisierung der Migrant:innen sichtbar

17 Şahin, 2019, S. 33–34.

machte und machen wollte – aber teilweise selber unsichtbar geblieben ist.

Right-to-*re*narrate: Poetische Gerechtigkeit

Aber was macht man mit diesen verborgenen Geschichten, wenn sie einmal aufgedeckt sind und man sie nicht bloß in die Lücke einfügen möchte? Wie arbeiten wir mit ihnen – methodisch? Ist das eine bloße politische Korrektur? Wie können wir diese Geschichten so nacherzählen, dass sie ihren Platz in der Geschichte finden können?

Hemmings zufolge bieten die Fortschrittsnarrative, die den besonderen Zeitrahmen der westlichen feministischen Geschichtsschreibung dominieren „durch ihren feierlichen Ton" einerseits wenig Raum für Dissens. Anderseits drücken die „Verlustnarrative als Klagen negative Gefühle aus".[18] Sie erläutert:

> *Loss narratives, as laments, express and produce negative feelings that also allow a slide over what might be missing in a given account, and that paradoxically enough, might be said to underpin a positive affective state in the subject whose version of history is thus consolidated.* [19]

In dieser Hinsicht würde das Einbringen der verlorenen Geschichten des Feminismus in die Meta-Erzählung auch seine Politik des Affekts verändern. Das heißt, es könnte die negativen Gefühle abschaffen, die durch die Verlustnarrative aufrechterhalten werden, nämlich, dass der Feminismus seine Gültigkeit verloren hätte

18 Hemmings, 2011, S. 20.
19 Ibid. S. 21.

usw., was meiner Meinung nach in einer Weise ein unbewusstes Requiem für das darstellt, was in solchen Narrativen tatsächlich verloren geht: nämlich die anderen feministischen Stimmen oder den Feminismus der Anderen.

Um eine alternative Art des Erzählens zu entwickeln, müssen auch die Schreibweisen und der Stil in den Blick genommen werden – und zwar speziell solche, die aus den lokalen Erfahrungen einer solchen Ausgrenzung entstanden sind. In diesem Sinne würde sich das Nacherzählen methodisch darauf beziehen, nach dem passendsten Stil und den passendsten Methoden des Erzählens zu suchen, die diese Geschichte gerecht wiedergeben. Der genaueste Weg wäre, sich die Schreibmethoden und den Stil anzusehen, die von diesen Frauen bereits angewendet und bevorzugt wurden, als sie ihre Geschichten erzählten. Theoretisch sollte das Nacherzählen dann nicht als eine Korrektur, sondern eher als eine korrigierende Gerechtigkeit gesehen werden. Es könnte auch bedeuten, nicht nur die Lücke zu füllen, sondern auch anzuerkennen, was mit der großen Erzählung im Ganzen passiert ist, wenn diese Lücke gefüllt ist. In diesem Sinne wird „renarrating" zu „the means by which we repair and renew representations that fail to do justice to our lives"[20] Es ist interessant zu sehen, dass das, was für einige Feminist:innen wie das Erleben eines Fortschritts in der feministischen Bewegung aussieht, für andere ein Schweigen sein kann. Oder – wie dieser Band nahelegt – kann das, was von den einen als eine Zeit der Atempause gesehen wird, für die anderen eine sehr lebendige Zeit (gewesen) sein.

20 Tarc, 2015, S. 124.

Sub(versives) (P)Rosa des heimatlosen Feminismus

Im Jahr 2018 erhielt ich eine Einladung, einen Vortrag in Stadtmuseum Kassel zu halten. Die Veranstaltung wurde organisiert, um Perspektiven auf Migration und Vielfalt zu gewinnen und trug den Titel *Zeit- und Fluchtzeugen: Was ist meine Heimat? – Zusammenleben in Deutschland.* In diesem Vortrag mit dem Titel *Postkoloniale und postmigrantische Heimat aus der Perspektive der Schwarzen und Migrantischen Frauen* in Deutschland. Ein Gedicht. Eine Geschichte* entschied ich mich, die beiden Dichter:innen May Ayim und Semra Ertan in einen Dialog zu bringen,. Ich konnte über dieses Thema nur anhand ihrer Gedichte referieren. Denn das war die Art und Weise, wie sie es vorzogen, ihre Geschichten über Heimat zu erzählen; Semra Ertan bspw. in ihrem inzwischen bekannten Gedicht *unheimlich glücklich*[21] und May Ayim mit den Worten „meine heimat / ist / heute / der raum zwischen / gestern und morgen" und der Erzählung, dass sie ihre Heimat in ihren Schuhen trägt.[22]

Aber kann Lyrik ein Weg sein, diese Geschichten neu zu erzählen? Um ein kollektives Gedächtnis zu erzeugen, das selbst zu einer Heimat wird? Um diese verborgenen Geschichten freizugeben?

Im Vorwort ihres Gedichtbandes *Talking Home: Heimat aus unserer eigenen Feder – Frauen of Color in Deutschland* schlagen Schwarze und migrantische lesbische Frauen* 1995 vor, ihre Geschichte in Form von Gedichten zu schreiben, sei auch eine Möglichkeit, ihre lokalen Erfahrungen als Erinnerung „zu sammeln" . Sie schreiben:

21 Ertan, [1972] 2020.
22 Ayim, 1997.

Audre Lorde, Barbara Smith, Alice Walker, Sonia Sanchez, Silva Makeda, Amy Tan, June Jordan, Kitty Tsui haben uns viel gegeben. Uns fiel jedoch immer mehr auf, wie es denn sein kann, dass es so wenig Literatur dieser Art in Deutschland gab? Wir waren müde, keine Stimme zu haben. Es konnte doch nicht sein, dass es uns nicht gab? [23]

Migrant:innen und Schwarze Frauen* stellen sich Lyrik als einen metaphorischen Ort vor, eine Heimat, in der sie besonders ihre weibliche Unsichtbarkeit sichtbar machen können. In diesem Sinne sind Gedichte für sie ein Ort aus Wörtern, eine Art affektiver Raum, in dem sie sich als ‚Ich', nicht als ‚andere' fühlen. In diesem Sinne konstruier(t)en die Migrant:innen und Schwarzen Frauen* mit ihren Gedichten ein kollektives Gedächtnis, das nicht als Geschichte wahrgenommen wurde. Diese kollektiven Erfahrungen geraten und gerieten in der Gesellschaft stets in Vergessenheit. Es ist kein Zufall, dass Semra Ertan und May Ayim ihre Darstellungen von Heimat in erster Linie poetisch verarbeitet haben. Wenn die Geschichten von Migrant:innen und Schwarzen Frauen* nicht anerkannt werden, dann erzählen diese sie in Form von Gedichten. Was hier in der Tat heraussticht, ist die Einzigartigkeit der lokalen Erfahrungen. Der Versuch, diese lokalen Erfahrungen als kollektives Gedächtnis hervorzubringen, wird zur Heimat. Durch ihre Worte finden sie ihre Zugehörigkeit. Gedichte werden zu Geschichte, wie in *Talking Home* weiter erklärt wird:

Grundsätzliche Bezugspunkte liegen für uns in Deutschland. Wir glauben nicht, dass es sein kann, dass unsere Identifikationen, unsere Vorbilder entweder nicht existieren oder z. B aus-

23 Popoola und Sezen (Hrsg.), 1994, S. 1.

> *schließlich über Afro Amerikanische, Frauen of color aus anderen Ländern sattfinden. People of color, Frauen of color, Queers of color haben eine Geschichte mit, um, in Deutschland. Wir waren, wir sind und werden sein... at home."*[24]

Laut der deutsch-japanischen Poetin Yoko Tawada ist Heimat zu finden tatsächlich das Gleiche wie „eine Sprache zu finden" – und zwar die Sprache, „die Differenzen beschreiben kann", die nicht mit der einen oder anderen Sprache beschrieben werden können.[25] Und es bedeutet auch, eine (Art der) Sprache zu entwickeln, die poetisch und gleichzeitig subversiv ist. Werden die Gedichte der deutschen Frauen* *of Color* als alternative Erzählweise betrachtet, wird interessanterweise auch eine andere Präsenz ihrer Mütter in diesem kollektiven Gedächtnis deutlich – was sich in ihrem Umgang mit ihren Muttersprachen widerspiegelt. Die Betonung ihrer Muttersprache, so glaube ich, bezeichnet nicht nur ihre sprachliche Zugehörigkeit, sondern auch ein imaginäres Territorium, das das Spiegelbild ihrer Mütter enthält. In diesem Sinne ist hier die Muttersprache eine strategische Sprache, die in der Verbindung von Affekt, Geschlecht und Verwandtschaft operiert und die Erinnerungen und Geschichten lebendig hält.[26] In ihrem 1994 erschienenen Essay *Meine Muttersprache* in dem Buch *Nach der Shoa geboren: Jüdische Frauen in Deutschland* schreibt Talia Block:

> *[..] Doch mit meiner Muttersprache Geschichte meiner Mutter, meiner Großmutter, und ihres Sohnes, meines Vaters, an mich überliefert; kommt ihr Schweigen und ihr Schreien, kommt ihr Gefühl von Entwurzelung zum Ausdruck.*[27]

24 Ibid. S. 2.
25 Vgl. Tawada, 2009.
26 Für eine ausführliche und weiterführende Diskussion hierzu siehe: Yıldız, 2012.
27 Bloch, 1994, S.52–53.

Diese Art der Erzählungen findet eine eigene strategische Sprache, die ich gerne mit dem Kunstwort der deutsche-türkischen Poetin Emine Sevgi Özdamar benennen würde, nämlich: „Mutterzunge".

Im selben Essay veröffentlichte Talia Block das folgende Gedicht:

‚Heim' ist das Zuhause.
‚Heimisch' ist das Vertraute.
‚Heimlich' ist das Private und Geheime.
‚Unheimlich' ist das Fremde und Ungeheuerliche.
Das Heim trägt das Geheimnis des Selbst.
Das Selbst trägt das Geheimnis des Heimes,
Der Vergangenheit, unbewusst.
Das Heimlichste des Selbst,
Und das Heimlichste des Fremden,
das Unheimliche, begegnen sich im Geheimnis. [28]

Ich komme zurück auf meinen Vortrag im Stadtmuseum Kassel zum Thema Heimat. Nicht nur der tragische Tod von May Ayim und Semra Ertan schockierte das Publikum, sondern in der Tat auch ihre Geschichten und Gedichte, die für ein breites Publikum bis dahin unbekannt und unerzählt geblieben sind.[29] Nach meinem Vortrag kam eine der Zuhörer:innen auf mich zu und stellte eine markante Frage: „Wer hält diese Geschichten vor uns geheim; warum hören wir solche Geschichten nicht?"
Ja, warum bleiben sie eigentlich geheim, oder anders gesagt, warum bleiben sie *sub rosa*? Wie kann man diese Geschichten von *sub rosa* in eine *subversive Prosa* verwandeln?

28 Ibid., S. 55.
29 Beide Dichter:innen begingen Selbstmord. Mai Ayim stirbt am 9. August 1996, zu diesem Zeitpunkt war sie 36 Jahre alt. 1982 hat sich Semra Ertan, am Tag vor ihrem 26. Geburtstag, in Hamburg in Brand gesetzt, um auf den anhaltenden Rassismus und die fremdenfeindliche Behandlung der Migrant:innen in Deutschland aufmerksam zu machen und dagegen zu protestieren. Sie war 25 Jahre alt. Für Semra Ertans Lebensgeschichte siehe: Bilir-Meier, 2013.

Bereits im ersten Teil habe ich erzählt, dass ich, während ich meine Dissertation schrieb, eingenommen davon war, dass die Literatur, die diese Geschichten und die kollektive Erinnerung lebendig hält, so schwer zugänglich war. Ich war auf der Suche nach Texten, die mir die Sprache geben würden, Unterschiede nicht stereotyp und ausgrenzend, sondern konstruktiv beschreiben zu können. Wie oben beschrieben, begann ich, im Internet, in den Bibliotheken und sogar im Archiv der Deutschen Frauenbewegung in Kassel nach ihnen zu suchen. Aber ich fand sie nicht. Etwa 2011 und 2012 stieß ich schließlich beim Graben im Internet und durch persönliche Kontakte auf die Schriften der queeren Feminist:innen *of Color* Natascha Apostolidou, Cathy S. Gelbin, Kader Konuk, Nevâl Gültekin, Umut Erel, Fatima El-Tayeb, Sedef Gümen, Encarnación Gutiérrez Rodríguez, Katharina Oguntoye, May Ayim, Berrin Özlem Otyakmaz, Nora Räthzel, Hito Steyerl, Beldan Sezen, Yasemin Yıldız und Necla Acik. Als ich rückwirkend feststellte, dass viele dieser Wissenschaftler:innen nicht mehr in Deutschland leben, einige von ihnen den deutschen Wissenschaftsbetrieb verlassen hatten oder immer noch darum rangen, ihren Platz darin zu finden, dachte ich, dass offenbar auch ihr Feminismus nie eine Heimat in Deutschland gefunden hatte, ebenso wenig, wie ihre kulturellen Unterschiede.

Aber wie dieser Band zeigt, geht die Geschichte des Migrantischen Feminismus über dieses akademische Umfeld hinaus. Denn sie zeigt auch, dass die Erzähler:innen der migrantischen Feminismen nicht nur Akademiker:innen und Intellektuelle waren, sondern auch Künstler:innen, Gewerkschafter:innen, Hausfrauen, Pädagog:innen etc. Die Interviews, die wir mit diesen Akteur:innen in verschiedenen Städten, Orten und sogar Ländern geführt haben, enthüllten weitere Geschichten über diese Zeitabschnitte. Diese Geschichte lehrt uns auch, wie die Unterschiede, die Individuen und Gemeinschaften ausmachen, produktiv genutzt werden können, um politische Verbindungen statt Trennungen zu schaffen. In der Tat entsteht der Reichtum dieser Bewegung aus ihrer Vielfalt in Bezug auf ‚Race', Klasse, sexuelle Orientierung und Religion. Wie in den Erzählungen der Teilnehmer:innen in diesem Band deutlich wird, werden diese Unterschiede, im Gegensatz zur fremdenfeindlichen Denkweise, nicht als Bedrohung gesehen, sondern meistens als Chance, eine feministische Politik und einen feministischen Diskurs schaffen zu können, der in der Lage ist, sich an den komplexen Forderungen nach sozialer Gerechtigkeit zu beteiligen. Da jedes der Interviews auf einzigartige Weise einen anderen Teil dieser Geschichte wiederherstellt, kann man dennoch ihre gemeinsame Sprache nachvollziehen, die von der Schaffung einer gerechteren Heimat spricht.

Der Grund für die Veröffentlichung dieser Interviews in Form von Prosa war es, diesen Zeitzeug:innen ein vollständiges Recht zu gewähren, ihre Geschichten nachzuerzählen. In diesem Sinne ist jeder dieser Texte subversive Prosa, da sie eine einzigartige Perspektive und gleichzeitig eine kollektive, ‚einstimmige' Erinnerung schaffen. Vielleicht unterscheiden sich ihre Muttersprachen voneinander, aber die politische Sprache des Feminismus, die sie geschaffen haben, kann man vielleicht als „Mutterzunge" bezeichnen.

Feminismus in meiner Mutterzunge

„Mutterzunge spiegelt, in diesem Sinne, die Erinnerungen an die Mütter wider, deren Leben uns als andere muttersprachliche Feminist:innen am meisten geprägt hat. Auch ich habe von meiner alevitischen Mutter, die in der kurdischen Provinz geboren wurde, gelernt, eine starke Frau zu sein/werden. Wenn ich mich über etwas beschwerte oder weinte, sagte sie zu mir: „Wehr dich, du bist ein Mädchen, du musst stark sein!" Sie sagte es mir nicht nur, sondern zeigte mir, wie man sich wehrt und stark ist, als sie darauf bestand, ihre Muttersprache zu sprechen – zu Hause und in der

Öffentlichkeit – obwohl dies damals von der türkischen Regierung verboten war. Sie besiegte eine tödliche Krankheit und überlebte die Assimilation, während sie in einer sunnitisch dominierten Gemeinde lebte und arbeitete und sich gegen die vorherrschenden Vorurteile und Feindseligkeiten gegenüber ihrer Gemeinschaft wehrte. Ich lernte von ihr über Intersektionalität, als die türkische Regierung Frauen* verbot, die Universitäten mit Kopftuch zu betreten. Obwohl nämlich das Tragen eines Kopftuchs nicht Teil ihrer religiösen Überzeugungen als alevitische Frau war, befand meine Mutter, dass die Regierung Frauen* daran hinderte, höhere Bildung zu erhalten. Aber erst als Migrantin konnte ich verstehen, warum es ihr manchmal immer noch schwerfiel, türkische Wörter auszusprechen oder richtig zu schreiben. Denn meine Muttersprache war nicht ihre Muttersprache – war nicht die Sprache ihrer Mutter. Erst als Migrantin konnte ich den diskriminierenden Unterton in der Frage „Woher kommt deine Mutter?" hören und verstand, wie ausgrenzend es war, wenn sie versuchten, ihre Frage zu legitimeren, die sie letztlich ja nur stellten, weil die Hautfarbe, die Haare, der Akzent meiner Mutter anders waren. Vielleicht waren unsere Muttersprachen andere, wir haben aber angefangen in einer Mutterzunge zu sprechen.

Und eines Tages fragte ich sie: „Wo hast du gelernt, so stark zu sein, Mama?" Sie antworte, sie sei von starken Frauen in ihrem Dorf erzogen worden. Ihre Mutter wurde *Belkısa Jihati* (tapfere Belkıs) genannt, da sie ohne Hilfe mit ihren starken Armen schwere Wassereimer zu Häusern trug, deren Haushälter:innen krank wurden, und ohne Angst in der Dunkelheit nach ihnen sah. Ihre Großmutter Heves war auch als „barmherzige Heves" bekannt, da sie jeden Donnerstag die verwaisten Dorfkinder um ihren großen Kessel versammelte, sie wusch und fütterte.

Auch wenn diese Geschichten nie in die Geschichte des Feminismus eingehen würden, auch wenn meine Mutter, ihre Mutter und

Großmutter oder auch Reyhans Mutter sich selbst vielleicht nie als Feminist:innen bezeichneten – oder all die Frauen, die gegen jede Art von Unterdrückung gekämpft haben, vielleicht manchmal auch nur, um überleben zu können und ihre Kinder großzuziehen und ein Zuhause zu schaffen, was den Samen des Feminismus und seiner Geschichte bilden würde, ist das der Ursprung meines Feminismus. Deshalb geht es für mich beim Migrantischen Feminismus nicht um jene Frauen*, die über die Grenzen migriert sind, wie ich, sondern er ist auch für jene und von jenen – egal wo sie leb(t)en –, dessen Lebensaufgabe die Schaffung von Heimaten war/ist, egal wie sehr unterdrückerische Mächte auch versuch(t)en, ihr Leben unheimlich zu machen. Deswegen soll Feminismus immer migrantisch und heimatlos bleiben.

Daher denke ich, wenn Großmutter Heves die in diesem Buch veröffentlichten Geschichten heute lesen würde, würde sie in ihrer Muttersprache sagen: *„Her biji,* Migrantischer Feminismus. *Raya tu akerdî bo!"*[30]

Fazit: Feminismus heimatlos! — Eine poetische Geschichte des Migrantischen Feminismus

die 1990er waren sehr laut
still für diejenigen, die sie nicht hören wollten
aber war es ein Noise – wie
die Kongresse und Tagungen klangen
aus denen kam die *Nozizwe*
eine Community in Berlin für die Frauen*
deren Feminismus heimatlos lebte

30 Bedeutet auf Kurdish/Zazaki: „Weiter los, Migrantischer Feminismus. Ich wünsche Dir eine gute Reise!"

Kämpf für die Veränderung der Ausländergesetze,
gegen rassistische angriffe
in Hoyerswerda und Solingen
da waren damals auch May Ayim und Semra Ertan
die ihre Heimat in eigenen Schuhen trugen
und die Seiltänzerinnen geworden
in ihren Gedichten
die auf marginale Brüche leuchten
wie eine Flamme
kommt unter den Hexenkessel
in dem die *Cadis* vermischten
ihren Feminismus mit ihrer Muttersprache

Koreanische Frauengruppe
kämpfte für die Rechte der Textilarbeiterinnen
gegen Kapitalismus
„Feminismus", sagten sie, „ja, gut"
„aber was ist mit dem deutschen Adler los?!"
Frankfurter Feministische Migrantinnen, FeMigra
sagten 1996 „die MigrantInnen und Flüchtlinge werden nicht
als politische Subjekte wahrgenommen"
so oft mussten Frauen* von agisra
diesen Satz auch wiederholen
„ach schon wieder agisra!"
sagten die *anderen* Deutschen

1986 der Feminismus ein Asyl fand
im Iranischen Frauen Verein
und die jüdischen Feminist:innen in Deutschland
ihre Heimat *Nach der Shoa*
neu entdecken mussten
in 1999 in Berlin mit der Begründung
der *Bet Debora*
aber Moment mal

sind wir uns immer noch fremd?
weil in der sogenannten zweiten und dritten Welle
findet man immer noch nicht
unsere Geschichte
na ja, was soll das aber bedeuten
gibt es im Feminismus eine Fremde?
sie sind vielleicht nur der Wellenbrecher...

„Das Vergangene ist nicht vergangen”
schrieben Roma und Sinti-Frauen in 1995
obwohl beleibten alle Frauen of Color
in dieser Zeit einzig
Migrantischer Feminismus
redeten sie „mit einer Zunge“
die Mutterzunge
ein kollektives Gedächtnis
der Sprache der Mutter, die nie in Deutschland als Feministin gesehen wurde
Die mit der care-arbeit und sexistischem Rassismus immer wieder belastete

die kölnisch-türkische Student:innen Gruppe
fragte 1995 in einem Poster rhetorisch
„Kadin ne yasar ne yasamaz!?“[31]
antwort kam aus Gülistan in Bonn
aus der Theatergruppe entstandener Verein
die Geschichte in der Farbe schreien
„zuhören!“ sagten sie

31 Übersetzung: „Frauen leben weder noch leben sie nicht.“ Dieser Ausdruck bezeichnet, dass sie in solchen Hindernissen leben, dass sie, um zu überleben, ständig Strategien gegen die patriarchalen Lebensformen entwickeln müssen.

doch, ganz gemischte Stimmen hatten sie
auch zu kurdischen Frauen* zu gehören
die sagen ja immer noch „*Jin, Jiyan, Azadi*!"[32]

Literatur

Ayim, May (1997): „Auskunft", in: *Nachtgesang. Gedichte*. Orlanda Verlag.

Barry, Céline (i. E.): „Afrotopischer Feminismus der Grenze. Schwarzer Feminismus im Kontext neokolonialer Grenz- und Arbeitsregime", in: Femina Politika (2).

Bilir-Meier, Canan (2013): Ein Kurzfilm: Unheimlich glücklich. Verfügbar: https://vimeo.com/90241760. Zugang: 21.03.2019.

Schwarz, Carolina (2018): „Die ‚Missy' ist politischer geworden. Interview mit Chefredakteurin über ‚Missy'-Geburtstag". Verfügbar: https://taz.de/Chefredakteurin-ueber-Missy-Geburtstag/!5539582/. Zugang: 12.03.2021

Ebow, Lyriks *Kanak 4 Life*. https://lyricstranslate.com/en/k4l-k4l.html. Zugang: 20.02.2021

Ertan, Semra ([1972] 2020): „Unheimlich Glücklich", in: Mein Name ist Ausländer | Benim

Adım Yabancı, Gedichte / Şiirler. Münster: edition assemblage.

Fischer, Marieke (2019): „Ebow erklärt, was ‚Kanak for Life' für sie und ihre Community bedeutet". Verfügbar: https://i-d.vice.com/de/article/59x78b/ebow-k4l-kanak-for-life-interview-female-rapper. Zugang: 21.03.2021.

Hemmings, Clare (2011): *Why Stories Matter: The Political Grammar of Feminist Theory*. Durham: Duke University Press.

Henry, Astrid (2004): *Not My Mother's Sister: Generational Conflict and Third-Wave Feminism*. Bloomington: Indiana University Press.

Özdamar, Emine Sevgi (1991): *Mutterzunge. Erzählungen*. Berlin: Rotbuch.

Popoola, Olumide und Beldan Sezen (Hrsg.) (1994): *Talking Home: Heimat aus unserer eigenen Feder-Frauen of Color in Deutschland*. Amsterdam: blue moon press.

Snyder, Claire (2008): „What is this Third-Wave Feminism? A New Directions Essay", in: Signs, Autumn 2008, 34:1, S. 175–196.

32 „Frauen, Leben, Freiheit!"

Stitz, Melanie (2008): „Ungleiche Schwestern – Frauenbewegung seit 1989“. Verfügbar: https://www.bpb.de/gesellschaft/gender/frauenbewegung/35296/ungleiche-schwestern. Zugang: 11.03.2021.

Şahin, Reyhan (2019): *Yallah, Feminismus!* Stuttgart: Tropen Sachbuch Verlag.

Tarc, Aparna Mishra (2015): *Literacy of the other: Renarrating Humanity*. NewYork: SUNY Press.

Tawada, Yoko (2009): „Fremd sein ist eine Kunst. Das Interview führte Claire Horst." Verfügbar: https://heimatkunde.boell.de/de/2009/02/18/fremd-sein-ist-eine-kunst-interview-mit-yoko-tawada. Zugang: 11.03.2021.

Thompson, Becky (2002): „Multiracial Feminism: Recasting the Chronology of Second Wave Feminism“, in: Feminist Studies 28:2, S. 337–61.

Tuzcu, Pinar (2017): *Ich bin eine Kanakin: Decolonizing Popfeminism. Transcultural Perspectives on Lady Bitch Ray*. Bielefeld: transcript Verlag.

von Bargen, Henning (2018): Feminismus im Überblick Das Magazin der Heinrich-Böll-Stiftung, Ausgabe 2, 2018. Verfügbar: https://www.boell.de/sites/default/files/boell.thema_feminismus_2018.pdf?dimension1=bt_feminismus. Zugang: 21.03.2021.

Yıldız, Yasemin (2012): *Beyond the mother tongue: Postmonolingual Condition*. New York: Fordham University Press.

EINE BEWEGTE ZEIT: BERLIN

NIVEDITA PRASAD

◆

JENSEITS DER ‚OPFER- ODER EXOTINNENROLLE': WEGE ZU BÜNDNISSEN

Nivedita Prasad hat an der FU Berlin Sozialpädagogik studiert und an der Carl von Ossietzky Universität in Oldenburg promoviert. Von 1997 bis 2013 war sie Projektkoordinatorin bei ›Ban Ying‹ – einer Beratungs- und Koordinationsstelle gegen Menschenhandel. Seit 2010 leitet sie den Masterstudiengang Soziale Arbeit als Menschenrechtsprofession. *2012 wurde ihr der Anne-Klein-Preis der Heinrich-Böll-Stiftung für ihr Engagement gegen Menschenrechtsverletzungen an Migrant:innen verliehen.*

Seit April 2013 ist sie Professorin an der Alice Salomon Hochschule Berlin.

Ich bin eigentlich ein sogenanntes Kofferkind, also ich bin zwei- oder dreimal zwischen Indien und Deutschland hin- und hergeschickt worden. 1981 bin ich endgültig nach Deutschland gekommen, da war ich 13. Da wurde es interessant, denn ich gehörte in Indien der Oberschicht an und weil ich ja noch kein Deutsch konnte, kam ich nicht aufs Gymnasium, sondern musste auf eine Realschule gehen. Und ich weiß noch, wie ich dachte: „Das Deutschland, das man in Indien kennt, ist Goethe, Schiller usw. Alle sind so *well educated young people.*“ Ich saß dann aber unter Leuten, die ich weder ‚*well educated*‘ noch gut fand. Ich fand das Benehmen furchtbar. Und keiner sprach Englisch. Ich weiß noch, dass das die erste Irritation war. In Indien ist es ja so, wenn man kein Englisch spricht, hat man wenig formale Bildung und Deutschland gilt in Indien als Ort, wo alle gebildet sind – aber keiner sprach Englisch, nicht einmal meine Lehrer:innen und das fand ich total irritierend.

Wir waren damals drei *People of Color* in der Klasse und an der Schule gab es insgesamt drei Kinder, die kein Deutsch konnten: ein türkischer Junge, ein israelisches Mädchen und ich. Das war eine ganz spannende Gruppe, denn wir hatten dann zusammen Extradeutschunterricht am Nachmittag. Im Nachhinein würde ich sagen, für mich war die gesellschaftliche Schicht, oder Snobismus durch die Zugehörigkeit zur Oberschicht, wirklich eine Ressource. Die hat mich gerettet; an meiner Schule gab es nämlich Rassismus ohne Ende. Ich weiß noch, dass ich dann irgendwann nach Hause kam und sagte: „Die haben zu mir gesagt: ‚Scheiß Kanacke!‘ und ich wusste weder was „Scheiß“ heißt noch „Kanacke“ bedeutet. Meine Mutter hat es nicht übersetzt, weil sie es, glaube ich, selbst nicht verstanden hat, ehrlich gesagt. „Kanacke“ zumindest, „Scheiß“ vielleicht schon Meine Ressource war dann die, zu sagen: „Okay, euch zeig ich's!" Und das andere war, dass ich in Indien ja auf so ein Eliteinternat gegangen bin, d. h. in den Naturwissenschaften war ich schon viel weiter, und dann saß ich da und habe mich total gelangweilt. Auch das war meine Ressource.

Heute bin ich die Einzige aus der Klasse, die das Abitur gemacht hat. Eigentlich wollten sie mich sogar auf die Sonderschule schicken. Aber es war sozusagen mein Glück, dass mein Stiefvater FDPler war. Und für einen FDPler war klar: meine Tochter und Sonderschule – auf keinen Fall! Ich erinnere mich sogar an ein Gespräch dazu, noch bevor ich eingeschult wurde, bei dem ich ja nicht wirklich etwas verstehen konnte. Ich weiß noch, dass die Wörter „Sonderschule" und „Gymnasium" fielen und mein Vater wollte natürlich immer, dass ich auf ein Gymnasium gehe. Ich dachte aber, Gymnasium kommt von *gymnasium* (Englisch: Sporthalle), also Sportschule. Deshalb dachte ich auch: „Auf keinen Fall will ich aufs Gymnasium!" Er sagte mir nur: *„Shut up! Shut up*!", daraufhin erwiderte ich also: „Ich *shut up*." Ich habe nur diese Worte verstanden. Der Deal war dann: Sie darf erst mal für ein halbes Jahr auf eine Realschule und wenn das nichts wird, geht sie auf die Hauptschule oder eben Sonderschule. So kam ich also auf eine normale Berliner – auf eine Westberliner – Realschule und war entsetzt... Ich war wirklich entsetzt. Also auch in Mathe, da war ich sofort die Beste, weil klar war: Mathe geht auch ohne Sprache. Chemie ging auch ohne Sprache. Das Ganze ging dann vier Jahre hintereinander so und ich fragte mich immer, wie es möglich war, dass der Ruf von indischen Schulen hier so schlecht war, ich aber in den Naturwissenschaften alles konnte. Sobald ich dann Deutsch konnte, ging der Rest auch. Deutsch – und es ist ja so, dass viele Deutsche denken, Deutsch ist so schwer – aus einer indischen Perspektive ist Deutsch total einfach. Also, wenn man Hindi spricht, ist Deutsch banal. Nach einem halben Jahr sprach ich also Deutsch und dann war alles andere auch kein Problem mehr. Dann habe ich die Schule gewechselt und bin aufs Gymnasium.

Gender und Migration: „Für mich biografisch überhaupt nicht trennbar“

Ich glaube, das ist auch etwas typisch Migrantisches. Ich war ja mit großen Hoffnungen nach Deutschland gezogen, weil ich zu meiner Mutter wollte. Meine Mutter und ich kannten uns zu dem Zeitpunkt aber nicht mehr richtig und dann gab es ja noch diesen Stiefvater – auch ein Inder. Und wir sind überhaupt nicht miteinander zurechtgekommen. Als klar war, es gibt Probleme, haben meine Eltern gedacht, sie „entsorgen“ mich wieder nach Indien. Die Idee war, wir fahren nach Indien in den Urlaub und ich habe zufällig mitgekriegt: Für mich gibt es kein Rückflugticket.

Das war wichtig, weil ich dann mit knapp 16 von zu Hause abgehauen bin. Was ich damals aber nicht wusste, war, dass ich eigentlich fünf Jahre hätte mit meiner Familie zusammenleben müssen, um einen eigenständigen Aufenthaltstitel zu bekommen – denn ich war ja über Familienzusammenführung nach Deutschland gekommen. Ich hatte aber nicht mal drei Jahre mit ihnen zusammengelebt. Das heißt, ich bin abgehauen, bin zum Jugendamt, sie haben mich untergebracht und dann haben sie festgestellt, dass ich keine Papiere habe. Meinen Pass hatten nämlich meine Eltern und auf das Visum hatte ich keinen Anspruch, aber trotzdem hat das Jugendamt mich untergebracht. Das wäre heute undenkbar. Damals hat man Minderjährige noch nicht abgeschoben. Dann war klar: Bis sie 18 ist, kommt sie ins Heim und dann gucken wir weiter.

Für mich war diese Zeit bis zum Aufenthaltstitel sehr prägend – und das hat gedauert. Deswegen war es für mich biografisch überhaupt nicht trennbar, Migration und Geschlecht, weil ich einerseits dachte, dass das, was ich zu Hause erlebt hatte, stark mit Gender zusammenhing, aber andererseits das, was ich dann später in der Gesellschaft erlebte, viel mit Migration zu tun hatte.

Es war eine total absurde Situation. Also in der Schule war ich immer noch sehr gut und auf der Gender-Ebene hatte ich das Gefühl, mich von meinen Eltern befreit zu haben. Dann kam am nächsten Tag aber die Erkenntnis, keinen Aufenthalt zu haben. Deswegen war das für mich mit 16 schon sehr verknüpft: Also diese Illegalität und Gender standen für mich immer im Zusammenhang. Und dann hat es nach sehr vielen Komplikationen funktioniert. Ich hatte dann allerdings nicht sofort einen Aufenthaltstitel, sondern erst mal nur eine Duldung, bzw. zunächst kam die ausländerrechtliche Erfassung, dann die Duldung und meinen ersten richtig sicheren Aufenthalt habe ich erst nach elf Jahren bekommen. Ich war also elf Jahre lang mehr oder weniger in so einer prekären Situation. Ich hätte gar nicht in Deutschland bleiben dürfen, denn ich hatte ja nicht lange genug bei meinen Eltern gelebt, aber es gab immer so *loopholes*. Erstmal war klar, ich mache die Schule zu Ende, dann war klar, ich mache das Studium zu Ende. Und ich weiß noch, dass ich zu Beginn meines Studiums für alle Fälle meinen damaligen Partner als meinen Verlobten eintragen lassen habe, weil ich dachte: „Wenn's eng wird, heiraten wir." Aber ich wollte ja nicht deswegen heiraten. Und das hat eben elf Jahre lang gedauert und deswegen war das für mich so unvorstellbar.

„Migrantinnen spielten keine Rolle, außer es ging um die Rolle des Opfers"

Ende der Achtzigerjahre gab es ein Seminar bei einer Dozentin, die als *die* Feministin galt. Nach fünf Minuten habe ich gedacht: „Okay, ich glaube, ich gehe wieder." Sie fragte nämlich alle, wie sie heißen, und nur als Beispiel waren die Antworten: Petra Müller, Lisa Schneider usw. Als ich meinen Namen sagte, meinte sie: „So ein schöner Name!", und dann hat sie den an die Tafel geschrieben und gesagt: „So ein exotischer Name, lassen Sie uns den doch genießen!" Ich saß also da und ich weiß noch, ich dachte, dass ich mich wie eine Ananas fühle. So eine exotische Frucht schreibt man mal auf . Ich war die einzige *Woman of Color* in diesem Seminar. Aber es ging noch weiter. Ich sagte mir: „Okay, mal gucken, was es für Themen gibt“ und dann kam eine Literaturliste mit ausschließlich *weißen* Namen, nur Europäerinnen. Feministisches Seminar. Ich dachte: „Okay, auch gut“, und bin immer noch geblieben. Für mich war da schon klar: Migrantinnen spielten keine Rolle, außer es ging um die Rolle des Opfers. Aber als dann wirklich jedes Fallbeispiel zu Gewalt gegen Frauen einen türkischen Namen trug, kam der Punkt, an dem ich aus dem Seminar ausgestiegen bin. Ich hätte es damals nicht wirklich thematisieren können; jetzt im Nachhinein ist es klar, aber damals fühlte ich mich einfach nur unwohl. Ich dachte: „Offensichtlich sind im Feminismus – im deutschen Feminismus – die einzigen Rollen, die es für mich gibt, die des Opfers oder der Exotin und etwas dazwischen gibt es nicht.“ Also fühlte ich mich ziemlich *lost*.

Es gab damals eine Mitarbeiterin an der Uni, die mit einer Gruppe *weißer* Studentinnen zur Bremer Frauenwoche gefahren ist, um sich Ausländerinnen anzugucken (was sie natürlich so nicht gesagt hat, sondern: „Da ist eine Konferenz, da kommen viele Migrantinnen hin, dann kann man sich die mal angucken.“) Ich dachte nur: „Wir fahren doch nicht in den Zoo.“ Natürlich war auch nicht die Rede von „*weißen* Studentinnen“, sondern dass sich „Studentinnen die Auseinandersetzungen dort mal angucken wollen“. Die Auseinandersetzungen waren dann ziemlich heftig, was damit endete, dass eine große Gruppe von *Women of Color*, Schwarzen Frauen, gesammelt aufgestanden ist und gesagt hat: „Wir verlassen diesen Ort. Das hat einfach nichts mit uns zu tun. Wir gehen.“ Damals dauerte die Zugfahrt von Bremen nach Berlin sehr lange. Wir haben auf der Zugfahrt überlegt, was wir jetzt machen und da ist die Idee entstanden: Wir machen unsere eigenen Konferenzen. Da waren wir schon eine relativ große Gruppe und eine darin konnte super Projektanträge schreiben. So waren wir inzwischen eine größere Gruppe von Schwarzen, jüdischen und migrierten Frauen – damals noch ohne Sternchen oder Doppelpunkt, „FrauenLesben“, so hieß es ja damals – und wir haben uns dann einmal die Woche getroffen, um eben diese Konferenzen zu organisieren, Gelder zu beantragen usw. Und die Gelder kamen dann über die Heinrich-Böll-Stiftung, also damals die „Frauenanstiftung“.

Diese Gruppen waren für mich total wichtig, weil parallel viel passierte wie Rostock-Lichtenhagen, Mölln, Solingen usw. Diese Gruppen waren für mich ein bisschen die Rettung, weil man damals ja nicht wusste, ob es jemals aufhören würde, weil ja wirklich ein Haus nach dem anderen brannte. Ich weiß noch, dass mein leiblicher Vater, der auch Inder war und der in den USA lebte, immer wollte, dass ich eine *Greencard* habe. Ich habe dem schließlich zugestimmt, weil ich dachte: „Wenn es hier schiefgeht, brauche ich noch eine andere Option außer Indien.“ Diese Gruppen waren jedenfalls total wichtig für mich, weil ich wirklich das Gefühl hatte: „Es gibt zwar dieses braune Deutschland, aber es gibt auch dieses andere Deutschland.“ Und das war glaube ich für mich emotional aber auch politisch, also auf beiden Ebenen, die Rettung, also zu wissen, dass da ganz kluge, fitte, nette, warmherzige Menschen sind, die ähnliche Erfahrungen gemacht haben wie ich. So war, glaube ich, der Anfang in der Szene.

Eigene Gruppen, Konferenzen und Orte

Wir waren praktisch immer eine Konferenzvorbereitungsgruppe und haben während der Tagungen alles organisiert. Wir hatten eigentlich keinen Namen, aber es war klar, dass wir ein paar Regeln hatten: keine Homophobie und keine Ausgrenzung von jüdischen Frauen. Damals haben wir uns nicht *Women of Color* genannt, sondern „Schwarze Frauen“, also „Schwarz“ mit großgeschriebenem „S", d. h. „Schwarz" als politischer Begriff. Das war für uns alle sehr befreiend. Das kam ja eher aus England und das fanden wir total spannend. Wir wollten ja genau dieses „teile und herrsche" nicht mitmachen. Wir haben die Konferenzen organisiert für „Schwarze Frauen", „migrierte Frauen", „im Exil lebende Frauen", d. h. da haben wir uns einzeln benannt. Ich weiß auch noch, dass uns zum Beispiel die Südafrikanerinnen deutlich gemacht haben, dass sie keine Migrantinnen, sondern im Exil Lebende sind. Bestimmte Realitäten haben wir daher versucht, zu übernehmen, aber der Arbeitsbegriff war „Schwarz". Die Frauen afrikanischer Herkunft haben sich damals nicht dagegen beschwert, sondern es war einfach klar: „*It unites us.* Es macht uns ja stärker." Gleichzeitig habe ich Sexismus damals immer rassifiziert erlebt. Es ging um Anmache als Frau, aber eben um Anmache als Frau *of Color* und es ging um gegenderten Rassismus. Wir haben damals natürlich alles anders genannt, aber heute würde man sagen: „hochgradig intersektional".

Damals gab es dann in Berlin auch den Ort Schokofabrik und ein Café, das immer in Händen von Frauen war. Eine der Frauen, Rakibe Tolgay[1], ist heute bestimmt mindestens 70. Sie hat damals offen als Lesbe gelebt. Wir haben dort sehr unterschiedliche Sachen organisiert. Es kam vor, dass wir uns dort abends einfach getroffen, also einfach nur gechillt haben, aber ich weiß noch, dass es einmal eine Veranstaltung über alltäglichen Rassismus gab. Es gab Kulturgeschichten, es gab Filme und es gab kurzzeitig einen Selbstverteidigungskurs – zwar nicht in der Schokofabrik, sondern in Schöneberg – und zwar von Ika Hügel-Marshall[2]. Sie hat, meine ich, den einzigen, den ersten Selbstverteidigungskurs für Schwarze Frauen gegeben und ich weiß noch, dass ich den Kurs

1 Vgl. http://www.frauenzentrum-schokofabrik.de/fileadmin/files/PDFs/30JahreSchoko.pdf.
2 Vgl. Hügel-Marshall, 1998.

total spannend fand, weil ich davor schon versucht hatte, Selbstverteidigung zu betreiben. Dieser Kurs war wichtig.

Außerdem waren wir froh, dass es *Nozizwe* gab. Davor hatten wir uns meistens privat, z. B. bei Sonja in der Wohnung getroffen. Die hatte in einer riesigen WG gewohnt. Wir haben uns auch bei Gülşen getroffen, weil sie kleine Kinder, damals ein Kind, hatte. Also wir haben uns wegen der Kinder, aber auch aus Platzmangel immer bei Frauen zu Hause getroffen und als es dann *Nozizwe* gab, haben wir uns dort getroffen. Das fand ich total angenehm, ich weiß nämlich noch, dass es in diesem Kontext auch um sexuelle Gewalterfahrungen ging und bei den meisten *Women of Color*, wie bei allen Frauen, die Täter ja mit ihnen Zuhause gelebt hatten. In dem Moment aber, wo ein Täter auch *of Color* war, wollten wir darüber – jedenfalls mit *Weißen* – nicht sprechen. Solche Gruppen fand ich total empowernd und dazu habe ich auch viel geschrieben, also genau dazu, dass es zu viel von einer *Woman of Color* verlangt ist, einer *weißen* Frau von sexueller Gewalt durch eine *Person of Color* zu erzählen, weil es sofort instrumentalisiert werden kann.

Nozizwe war ein ganz kleiner Ort für Migrantinnen, Schwarze Frauen, im Exil lebende Frauen und jüdische Frauen, den es aber nicht lange gab, weil die Finanzierung fehlte. Das war ja das Bittere in der Zeit – und für mich fiel es biografisch damit zusammen, dass ich meine Tochter bekam und alleine großziehen und Geld verdienen musste. Deswegen hatte ich auch keine Zeit, abends auf politische Veranstaltungen zu gehen, weil ich ja quasi zur Lohnarbeit und Kindererziehung gegangen bin. Parallel hörten diese Sachen aber auf, weil viele zerstritten waren; viele von uns waren aber in einem Alter, wo genau diese nächsten Schritte dran gewesen wären. Viele machten Lohnarbeit, viele – nicht viele – einige haben Kinder gekriegt und so haben wir uns ein bisschen verloren. Wir haben uns dann immer zufällig irgendwo getroffen und da war, glaube ich, nichts übriggeblieben außer informeller Vernetzung: die Freundinnenschaften, die bis heute halten. Das ist schon viel wert, finde ich. Mittlerweile ist das schon 20–25 Jahre her und mit bestimmten Frauen bin ich immer noch befreundet und habe das Gefühl, ich kann mich politisch auf sie verlassen.

„Wege zu Bündnissen“: Differenzen und Privilegien erkennen

Manche Feministinnen meinten sie müssten ein bisschen *„international solidarity“* zeigen und haben dann z. B. die Türkei als einen Ort patriarchaler Unterdrückung dargestellt. Gleichzeitig wollten sie, dass Deutschland Sexualstraftäter abschiebt. Ich habe mich gefragt, ob eine solidarische Haltung dann nicht hätte sein sollen, die Gewalttäter auf jeden Fall hierzubehalten. Denn wenn ich davon ausgehe, dass es in einem Land keine Rechte für Frauen gibt, wie kann ich dann gleichzeitig Sexualstraftäter dort hinschicken wollen? Die Abschiebung von Sexualstraftätern war so eine Diskussion, bei der ich dachte, dass wir uns nicht mehr einig werden. Ich konnte das damals nicht so benennen, aber als die ersten Auftritte und Bücher von Feministinnen mit einer anderen Position kamen, war ich ganz froh und dachte: „Gott sei Dank, rechtzeitig die Kurve gekriegt“, weil das ja hochgradig problematisch war. Das war ja Ende der Achtziger. Anfang der Neunzigerjahre war es einfacher, weil wir als Migrantinnen organisiert waren und ich dachte, dass wir eine gemeinsame Position haben. Ich bin damals davon ausgegangen, dass Migrantin zu sein, heißt, antirassistische Migrantin zu sein. Aus heutiger Perspektive ist das zwar total naiv, aber damals war das meine Sichtweise.

Wir haben die ersten unserer Konferenzen unter dem Titel *Wege zu Bündnissen*[3] dokumentiert, also das war Teil des Konzepts und

3 Vgl. Ayim und Prasad, 1992.

kam nur zustande, weil wir Bündnisse geschaffen hatten. Jedenfalls war klar, dass es um Bündnispolitik geht und das Ziel war, glaube ich, so ein Stück weit herauszufinden, was unsere *issues* sind – wie z. B. genau das Thema, sich nicht ständig erklären zu müssen. Heute würde man sagen, es ging um die Intersektionalität von Race und Gender. Ich weiß noch, dass viele Töchter der Gastarbeiter:innengeneration auch mit eingebracht haben, dass für sie eigentlich auch die Dimension Class relevant war. Genau darum ging es: über solche Differenzen zu sprechen und zu sehen: „Stimmt, es ist auch wichtig, unsere Privilegien zu erkennen."

Ich weiß noch, diese Sache mit dem Migrationsstatus war mir immer ein Anliegen. Ich dachte, man versteht doch als Afrodeutsche, dass man ein super Privileg mit einem deutschen Pass hat. Es ging also auch um Differenzen. Die sind schwerer zu negieren, weil sie zum Teil offensichtlich sind. Über Privilegien haben wir tatsächlich auch viel gesprochen, also über Unterschiede. Mit jüdischen Frauen hatte ich auch Gespräche über das Privileg der Möglichkeit der Unsichtbarkeit – was ja nicht wirklich ein Privileg ist. Dennoch kann ich meine Hautfarbe dagegen nicht zu Hause lassen. Manche jüdischen Frauen können als *Weiße passen*, manche eher nicht. Genau über solche Sachen zu sprechen, fand ich ganz spannend. Damals waren auch *weiße* Norditalienerinnen und *weiße* Spanierinnen Teil unserer Gruppe und hatten solche Überlegungen. Heute sehen sie es vielleicht nochmal anders, vermute ich. Damals fanden wir es total richtig und nachvollziehbar, da das ja häufig genau die sogenannte Gastarbeitergeneration war und ich es damals total absurd fand zu sagen: „Ihr gehört nicht dazu." Wir hatten relativ wenig osteuropäische Frauen in der Gruppe. Das hat aber mit der Migrationsgeschichte Deutschlands zu tun. Die ‚klassischen Gastarbeitertöchter' kamen ja eben nicht aus Osteuropa, sondern Süd(ost)europa.

Ich war in Indien, als die Mauer fiel, und ich hatte mich oft gefragt, ob ich mich in Indien mit Berlin auseinandersetzen müsste – und habe es letztlich ein bisschen ignoriert. Ich bin dann Ende November nach Berlin gekommen und mich hat eine indische Freundin vom Flughafen abgeholt und gesagt: „Jetzt ist alles anders. Es ist nicht mehr unser Berlin." Ich habe erst überhaupt nicht verstanden, was sie meint, aber habe dann sehr schnell verstanden was sie gemeint hat. Ich fand Berlin immer ganz *calm* and *cosy* und es gab zwar irgendwie schon auch Rassismus, aber der war nicht so extrem. Als wir dann in den Osten gegangen sind, haben wir sehr schnell *violent-racist*-Sachen erlebt, sodass ich dachte: „Oha, hier ändert sich wirklich was!" Daran erinnere ich mich noch sehr gut, weil ich ja eine der wenigen war, die noch vor 1989 eigentlich regemäßig in die DDR gefahren ist. Es gab dort einen Verlag, der Bücher auf Hindu publizierte, die ich mir leisten konnte. Vor 1989 hatte ich keine Probleme in die DDR zu fahren. Ich fühlte mich zu der Zeit total sicher dort. Deswegen habe ich es nicht verstanden: Wie kann es sein, dass vorher auf dem Alexanderplatz alles okay war, mich aber nach 1989 dieselbe Bevölkerung angreift? Ich habe das nicht verstanden. Ich durfte nur einmal nicht in die DDR, weil ich pinke Haare hatte und das damals zu viel für den DDR-Grenzbeamten war. Dann habe ich die Haare einfach gefärbt und es ging wieder.

Rassismus und Bündnispolitik nach 1989: „Es gab natürlich auch große Differenzen und der Unterschied Ost-West war eine davon"

Als diese rassistischen Attacken immer mehr wurden und immer mehr Freunde und Freundinnen solche Sachen erlebten, dachte ich, dass es jetzt schwierig wird. Das war auch die Zeit, als ich langsam anfing, dann doch über die *Greencard* nachzudenken und diese dann auch beantragt habe. An diese Phase erinnere ich mich als eine ganz komische und auch ganz bedrohliche Zeit. Ich wusste nicht, wie es weitergehen würde, aber es schien sich ein Deutsches Reich zu entwickeln, wo man uns wieder sonst wohin schicken könnte. Aber vielleicht hatte das auch eher mit meiner Panik um meinen Aufenthaltsstatus zu tun. Diese Panik wurde immer ganz schnell getriggert, obwohl ich zu diesem Zeitpunkt bereits einen Aufenthaltstitel hatte. Gerade zu dieser Zeit waren es dann für mich die Bündniszusammenhänge, in denen ich mich erholen konnte. Also ich weiß noch, dass ich dachte: „Wir machen alle dieselben Erfahrungen."

Einmal gab es eine ganz schön peinliche Situation. Daran kann ich mich noch gut erinnern. Ich weiß noch, dass wir in einer Gruppe zusammensaßen und uns unterhielten und ich als eine westdeutsche *Woman of Color* meinte, dass ich die Mauer zurückwill, und zwar noch höher als vorher. In der Gruppe saßen zwei Schwarze Frauen aus Ostdeutschland, die daraufhin sagten: „Sag mal, was soll das denn heißen? Weißt du eigentlich, wie wir hierhergekommen sind?" Das war für mich ein Aha-Erlebnis. Migrant:innen in der DDR wurden ja zurückgeschickt, viele Vietnames:innen usw. Die Afrodeutschen durften Gott sei Dank bleiben, aber ihre Väter wurden ja auch abgeschoben. Das ist ein sehr trauriger Teil der Geschichte. Das meinten wir jedenfalls mit Bündnispolitik. Wir hatten Gemeinsamkeiten und waren uns in vielem einig, aber es gab natürlich auch große Differenzen und der Unterschied zwischen Ost-West war einer davon.

Von den DDR-Frauen erinnere ich mich eigentlich an keine Migrantinnen, sondern nur an afrodeutsche Frauen. Alle drei, die ich kenne, sind nach Berlin gezogen. Für sie muss es sehr schlimm gewesen sein, weil das ja ihre Heimat war und plötzlich haben ihre Nachbar:innen mit Steinen auf sie geschmissen. Für die war das, glaube ich, total wichtig in diesen Communitys unterzukommen, aber natürlich haben sie sehr viel Snobismus von uns Westdeutschen erlebt, weil sie eine ostdeutsche Sozialisation hatten. Für sie war das aber erstmal die Rettung und sie haben in diesen Zusammenhängen auch andere Schwarze Frauen kennengelernt.

Ich glaube, das war schon sehr prägend, also für beide Seiten, Ost und West. Was uns Westdeutsche betrifft, kann ich nur sagen, dass ich mich damals nicht so um die ostdeutsche Realität gekümmert habe. Ich fühlte mich in meiner Heimat – Westberlin – nämlich richtig bedroht, muss ich ehrlich sagen. Damals hatte ich Deutschland zwar eigentlich nicht als meine Heimat betrachtet, aber es war jedenfalls mein Zuhause. Für mich war Berlin mit Westberlin am Kanal zu Ende. Als die *Weißen* sagten: „Wir fahren jetzt an die See“, dachte ich nur: „Ich fahre bestimmt nicht an die See!“ Anfang der Neunzigerjahre bin ich nicht – also wirklich nicht – in den Osten gefahren, weil ich richtig Angst hatte. Auch das wurde nicht zur Kenntnis genommen. Alle freuten sich über die vielen Seen um Berlin herum. Ich dachte nur: „Ja, schön.“ Das fand ich schon sehr schwierig und ich dachte auch, unsere Realität spielt offensichtlich keine Rolle. Heute fahre ich dort zwar an die See oder mache eine Fahrradtour, aber nie so entspannt wie im Westen. Es gibt ja leider weiterhin Grund dazu.

Literatur

Ayim, May und Nivedita Prasad (1992): *Wege zu Bündnissen: Dokumentation; Tagung von, für Ethnische und Afro-Deutsche Minderheiten 1990 in Bremen; Zweiter bundesweiter Kongreß von und für Immigrantinnen, Schwarze deutsche, jüdische und im Exil lebende Frauen*. Freie Universität Berlin.

Hügel-Marshall, Ika (1998): *Daheim unterwegs: Ein deutsches Leben*. Münster: Unrast.

Webseiten:

http://www.frauenzentrum-schokofabrik.de/fileadmin/files/PDFs/30JahreSchoko.pdf (Zugang: 24.01.2021)

Kongreßdokumentation: Wege zu Bündnissen
Herausgegeben von: May Ayim und Nivedita Prasad
in Kooperation mit der FrauenAnstiftung
Druck: ASTA Druckerei der FU Berlin 1992

Das Copyright für die einzelnen Beiträge verbleibt bei den jeweiligen Autorinnen.

D O K U M E N T A T I O N

Tagung von/für ethnische und afro-deutsche Minderheiten
Bremen 8. - 10. Juni 1990

Zweiter bundesweiter Kongreß von und für Immigrantinnen, Schwarze deutsche, jüdische und im Exil lebende Frauen
Berlin 3. - 6. Oktober 1991

Erstellt von May Ayim und Nivedita Prasad
In Kooperation mit der FrauenAnstiftung

Beiträge vom "Zweiten bundesweiten Kongreß von und für Immigrantinnen, Schwarze Deutsche, jüdische und im Exil lebende Frauen"
Berlin 3. - 6. Oktober 1991

Texte aus der Dokumentation „*Zweiter bundesweiter Kongress von und für Immigrantinnen, schwarze Deutsche, jüdische und im Exil lebende Frauen. Berlin 3.–6. Oktober 1991*" Hrsg. May Ayim und Nivedita Prasad. Beigetragen von Nivedata Prasad.

Autonome Iranische Frauenbewegung im Ausland e.V.

RASSISMUS UND SEXISMUS IN DER FLÜCHTLINGSPOLITIK DER BUNDESREPUBLIK DEUTSCHLAND

Aufgrund unserer Erfahrungen im Exil und auch durch die Erfahrungen, die wir im Rahmen unserer Tätigkeiten in der Beratungsstelle erworben haben, können die spezifischen Probleme der weiblichen Flüchtlinge in der BRD folgendermaßen charakterisiert werden.

a) Rechtliche Probleme:
Frauenspezifische Verfolgungsgründe werden nicht als Asylgrund anerkannt. Dadurch bekommen viele Frauen kein Asyl und sind demzufolge als "de-facto"-Flüchtlinge von der Abschiebung bedroht. Ein normalerweise vom Ehemann abhängiges Aufenthaltsrecht ist ebenfalls für weibliche Flüchtlinge gefährlich. Denn im Falle einer Trennung oder bei Ehekonflikten haben die Frauen in der BRD kein Aufenthaltsrecht. Dieses Problem führt sogar in vielen Fällen dazu, daß die Frauen Angst vor einer Scheidung haben, obwohl sie nicht mehr bei ihren Ehemännern bleiben wollen. In den letzten drei Jahren waren mehrere Frauen, die in unsere Beratung kamen, von diesem Problem betroffen. Es gibt oft Fälle, wo die Frauen von ihren Männern geschlagen und mißhandelt werden. Doch wagten viele von ihnen - wegen der aufenthaltsrechtlichen Abhängigkeit von ihren Ehemännern - nicht, sich zu wehren.
Flüchtlinge haben ohne gesichertes Aufenthaltsrecht auch keine anderen Rechte in der BRD (z.B. keine Arbeitserlaubnis, geringe bzw. keine Ausbildungsmöglichkeit u.v.m.). Auf der einen Seite werden die Flüchtlinge praktisch dazu gezwungen, arbeitslos zu sein. Auf der anderen Seite werden sie aber beschimpft, weil sie hier angeblich auf Kosten der Steuerzahler leben. Dieser Widerspruch ist vielen Menschen in der BRD nicht bewußt. Für die Flüchtlinge heißt dies jedoch Diskriminierung und Verachtung. Depressionen, psychosoziale Probleme und Isolation der Flüchtlinge sind die Konsequenzen dieser

Politik. Unter der Einschränkung der Bewegungsfreiheit durch die räumliche Beschränkung des Aufenthalts und ihre schlechte Unterbringung in den Sammelunterkünften während des Asylverfahrens leiden die weiblichen Flüchtlinge noch mehr als die männlichen. Die Frauen sind beispielsweise häufig sexuellen Übergriffen durch männliche Bewohner oder Angestellte in den Flüchtlingsheimen ausgesetzt. Diese Tatsache ist durch Gespräche mit Sozialarbeiterinnen, die in der Flüchtlingsarbeit tätig sind, bestätigt worden. Die enge räumliche Belegung (z.B. vier Personen in einem Zimmer) und die lange Aufenthaltsdauer in den Flüchtlingsheimen führen oft zu Konflikten und Aggressionen innerhalb der Familien. In den letzten Jahren ist beispielsweise die Anwendung von physischer Gewalt von Männern gegen ihre weiblichen Familienangehörigen stark angestiegen.

b) Die mangelhaften Bildungs- und Berufschancen haben, vor allem auf das Leben der jungen Frauen, einen sehr negativen Einfluß.
Die Ausbildung von vielen iranischen Akademikerinnen wird hier nicht anerkannt. Diese Frauen leiden sehr oft an den Folgen ihres sozialen Abstieges und sind daher sehr depressiv. Sie sehen pessimistisch in die Zukunft und können keine positiven Lebensperspektiven aufbauen.

c) soziale und gesellschaftliche Probleme:
Die weiblichen Flüchtlinge müssen sich neben der Verarbeitung von Problemen, die durch ihre Flucht entstanden sind (negative Fluchterfahrungen, Verfolgung, Heimweh, Verlust der Familie oder Verwandtschaft u.a.) auch in der neuen Umgebung zurechtfinden (neue Sprache, neue Kultur usw.). Die Neuorientierung ist jedoch sehr schwer. Denn auf der einen Seite gibt es kaum frauenspezifische Hilfsangebote, die ihren Bedürfnissen entsprechen. Auf der anderen Seite sind sie oft der sozialen Kontrolle durch die männlichen Familienangehörigen (Ehemänner, Brüder, Väter usw.) ausgesetzt, die ihre Machtposition innerhalb der Familie weiterhin behaupten wollen.

Viele Ehemänner oder Väter bekommen im Ausland beispielsweise Angst, wenn sie ihre traditionelle Männerrolle (in der Regel Ernährerrolle und Machtposition) verlieren. Die Frauen, denen es gelingt, einer außerhäuslichen Arbeit nachzugehen, fordern in der Regel mehr Mitbestimmungsrecht in der Familie. In diesen Fällen reagieren die Männer oft mit physischer und psychischer Gewalt. Einige dieser Frauen, die unter der Gewalt ihrer Ehemänner leiden, sind oft unsicher und denken, daß sie selbst daran schuld sind. Sie haben die patriarchalen Normen selbst verinnerlicht und bekommen daher eine Identitätskrise. Viele andere Frauen versuchen sich dagegen von ihren Ehemännern scheiden zu lassen. In beiden Fällen ist die juristische und psychische Unterstützung durch die Beratung sehr wichtig, um diesen Frauen eine Lösungsmöglichkeit anzubieten.
Erziehungs- und Generationskonflikte zwischen Eltern und ihren Kindern, insbesondere bei Mädchen, sind andere wichtige Problembereiche. Die Eltern sehen oft die Gefahr, daß in der fremden Kultur die für sie vertraute Familienstruktur verändert wird und sie dadurch die Kontrolle über die Erziehung ihrer Kinder verlieren. Es kommt in solchen Fällen öfter zu harten Auseinandersetzungen zwischen jungen Mädchen, die sich in der Regel hier schnell zurechtfinden (sprachlich und kulturell), und ihren Eltern, die das Leben ihrer Töchter weiter entsprechend ihren Vorstellungen bestimmen wollen. Einige dieser Mädchen flüchten von zu Hause und suchen Zufluchtshäuser auf. Es gibt in Berlin allerdings nicht genug Frauen- und Mädchenhäuser. Außerdem mangelt es in den Frauenhäusern an qualifizierten Mitarbeiterinnen aus unterschiedlichen Ländern, die den flüchtenden Frauen oder Mädchen entsprechende Hilfeleistungen anbieten können.
Die Gruppe der älteren Frauen finden sich hier am wenigsten zurecht, da sie die Großfamilienstruktur, die im Iran existiert, am meisten vermissen. Sie kommen mit der anonymen Gesellschaft der BRD nicht zurecht und leiden unter dem sogenannten "Kulturschock".
Zusätzliche Probleme bereitet uns vor allem nach der deutschen Wiedervereinigung das vermehrte Auftreten von Rassis-

45

mus, Sexismus und Fremdenhaß. Das zeigt sich in zunehmenden, gewalttätigen Überfällen, sowohl auf der Straße als auch auf die Sammelunterkünfte von Flüchtlingen. Viele Frauen, die in den letzten Monaten zur Beratung kamen, berichteten uns von solchen Ängsten. Sie befürchten, in der Zukunft noch mehr als bisher Schwierigkeiten zu bekommen. Sie wissen aber auch, daß sie nicht in den Iran zurückgehen können, da sie dort politisch und gesellschaftlich verfolgt würden.

* * *

Gülbahar Kültür

AN MEINE HELFERINNEN

Jedesmal,
wenn ihr mir sagt,
wie schlecht es mir geht,
weiß ich,
wie schlecht
es mir geht.

Eure Ausländerin,
Eure Türkin
bin ich.
Ihr meint es gut.
Ich muß mich offenbaren,
Eure 'neugierigen' Blicke
grapschen nach mir
und suchen
nach Leid,
nach Schmerz,
nach Unzufriedenheit.

Eure Sorge um mich.
Ich mache
mir Sorgen
um Euch.

Kein Kopftuch,
kein Ehemann.
Ihr kommt durcheinander.
Kein Bruder,
der hinterherschnüffelt.
Ihr wollt mir helfen.
ich mache mir
Sorgen
um Euch.

Gülbahar Kültür

Die Bilder
stimmen nicht
aber
es muß doch
etwas sein.

"Geht es Dir
überhaupt gut hier?"
heißt
die gutgemeinte Frage.

Um Euer großes Herz
zu streicheln
müßte ich sagen,
es geht mir
beschissen hier ...

* * *

KOOK-NAM CHO-RUWWE

◆

WER SICH NICHT BEWEGT, SPÜRT IHRE FESSELN NICHT: KOREANISCHE FRAUEN IN DEUTSCHLAND

Kook-Nam Cho-Ruwwe kam 1970 als examinierte Krankenschwester nach Deutschland und war über 40 Jahre lang in verschiedenen medizinischen und pflegerischen Einrichtungen in Deutschland tätig, zuletzt 15 Jahre lang als Pflegedienstleiterin in einem ambulanten Pflegedienst. Von 1984 bis 1987 hat sie über Dienste in Übersee als Entwicklungshelferin in Südkorea gearbeitet. Sie ist eine der Mitgründerinnen der Koreanischen Frauengruppe in Deutschland. Die Gruppe wurde 1978 gegründet, mit der Zielsetzung sich für die politisch-rechtliche, ökonomische und soziale Gleichstellung von Migrantinnen einzusetzen. Seit der Gründung organisiert die Gruppe zweimal jährlich Bildungsseminare und öffentliche Veranstaltungen mit dem Thema Frauen in der Migration. Kook-Nam Cho-Ruwwe verfasste 2006 gemeinsam mit der Koreanischen Frauengruppe im Band Zuhause: Erzählungen von deutschen Koreanerinnen ihre eigene Migrationsgeschichte als Teil der deutschen Geschichte. Die Koreanische Frauengruppe ist eine Mitfrauenorganisation vom Dachverband der Migrantinnenorganisationen (DaMigra). Kook-Nam Cho-Ruwwe ist Vorstandsvorsitzende bei DaMigra. Sie erzählt uns die Geschichte der Koreanischen Frauengruppe in Deutschland.*

Ich bin als Krankenschwester nach Deutschland gekommen. Ich habe bereits 1967 in Korea ein staatliches Examen zur Krankenschwester gemacht und anschließend drei Jahre dort gearbeitet. Dann gab es diese Anwerbung aus Deutschland und ich habe mich beworben. 1970 bin ich dann nach Ratingen in Nordrhein-Westfalen gekommen. Ich war 21 Jahre alt. Ja, ich war jung und sehr mutig. Meine Eltern waren über meine Entscheidung nach Deutschland zu gehen total entsetzt und wollten mich eigentlich überhaupt nicht gehen lassen. Sie waren sehr verzweifelt und ich habe sie mit meinem Versprechen überzeugen müssen, dass ich nach drei Jahren ganz bestimmt nach Hause zurückkommen würde. Aber ich habe dann doch mein Versprechen gebrochen. Nach drei Jahren in Deutschland, bevor ich nach Berlin umgezogen war, besuchte ich meine Eltern in Korea und offenbarte ihnen, dass ich weiterhin in Deutschland bleiben wollte. Ich erklärte ihnen, dass es in Deutschland keine Studiengebühren gab und dass ich die Möglichkeit nutzen wollte, in Deutschland zunächst den entsprechenden Schulabschluss zu machen – und dann zu studieren. Bei meinen Eltern trat ein beklommenes Schweigen ein. Sie konnten nichts dagegen sagen, weil sie mich damals auf die Berufsschule geschickt hatten und nicht auf eine weiterführende Schule, zum Gymnasium und zur Uni, weil sie kein Geld dafür hatten. Meine Eltern fühlten sich dafür verantwortlich und hatten deswegen ein schlechtes Gewissen. Daher konnten sie es mir nicht verbieten.

Die Freiheit, fremd zu sein...

In Ratingen habe ich drei Jahre gearbeitet. Dann bin ich nach Berlin gezogen. In Berlin habe ich im Klinikum Steglitz der FU gearbeitet und nebenbei über den zweiten Bildungsweg mein Abitur nachgeholt. Ich besuchte den Abendkurs des Berlinkollegs. Während der Schulzeit habe ich tagsüber in der Uni-Klinik gearbeitet. In Berlin habe ich geheiratet und ein Kind bekommen. 1981 sind wir nach Karlsruhe gezogen. Mein Mann bekam in Karlsruhe eine Arbeitsstelle. Ich hatte Probleme mit der Anerkennung meines

Krankenschwesterdiploms. Es hieß, aufgrund der unterschiedlichen Landesbestimmungen könne mein koreanisches Diplom in Baden-Württemberg nicht anerkannt werden, obwohl ich bereits zehn Jahre lang als Krankenschwester in Deutschland gearbeitet hatte. Mein Arbeitszeugnis aus Ratingen (Nordrhein-Westfalen) und die Arbeitsbescheinigung aus West-Berlin hatten hierbei keine Bedeutung. Erneut musste ich all meine Schulzeugnisse aus Korea anfordern, übersetzen lassen und beim Regierungspräsidium einreichen. Schließlich wurde mein Diplom staatlich anerkannt.

Nebenbei suchten mein Mann und ich eine Möglichkeit nach Korea zu gehen, um dort zu leben und zu arbeiten. Eines Tages bekamen wir eine Gelegenheit im Rahmen des Entwicklungsdienstes Dienste in Übersee für drei Jahre im Kuokmal Agricultural Workers Council in Korea zu arbeiten. So zogen wir 1984 nach Korea. Ich war aus Korea nach Deutschland gekommen und bin dann nach 14 Jahren als eine deutsche Entwicklungshelferin nach Korea zurückgegangen. Als ich, eine examinierte Krankenschwester mit Berufserfahrung, nach Deutschland gekommen war, wurde ich weder anerkannt noch als Fachkraft akzeptiert. Ich war nur eine „Gastarbeiterin" oder ein „gelber Engel aus Asien". Als diese Gastarbeiterin, ebendiese Person mit derselben Qualifikation, über einen deutschen Entwicklungsdienst nach Korea ging, war ich nun eine „Fachkraft" und eine „Entwicklungshelferin". Wie erklären sich diese unterschiedlichen Bezeichnungen an einer Person: einerseits eine „mandeläugige Gastarbeiterin" und eine „Entwicklungsexpertin" andererseits? Spiegelt sich hier das wirtschaftliche Verhältnis zwischen Korea und Deutschland wider? Ich kam aus der ‚Dritten Welt' in die ‚Erste Welt', um als Krankenschwester zu arbeiten und ich ging im Auftrag eines Industrielandes in ein Entwicklungsland, um als Krankenschwester zu arbeiten. Ich dachte, dass dieser Zusammenhang an meiner Person die Widersprüche und die Einbahnstraße der Entwicklungspolitik offensichtlich macht, und zugleich, dass die Entwicklungshilfe eigentlich eine Fortsetzung des Kolonialismus mit anderem Namen ist.

Die Anwerbung koreanischer Krankenschwestern, geregelt durch ein Anwerbeabkommen zwischen Südkorea und der Bundesrepublik Deutschland, war offiziell eine Entwicklungshilfemaßnahme für Südkorea. Doch wer half hier eigentlich wem? Die asiatischen/koreanischen Pflegefachkräfte leisteten einen Beitrag zur Sicherung und zur Entwicklung der deutschen Gesundheitsversorgung. Das „Korea-Programm" sollte deshalb eher als eine umgekehrte Entwicklungshilfe für das deutsche Gesundheitswesen verstanden werden. Darüber habe ich den Artikel Entwicklungsarbeiterinnen in Deutschland in der Überblick[4] geschrieben.

Gründung der Koreanischen Frauengruppe in Berlin

Die ersten Jahre habe ich gut überstanden. Als die Koreanerinnen in Deutschland gelandet und aus dem Flugzeug ausgestiegen waren, wurden sie noch auf dem Flughafen in die verschiedenen Einrichtungen aufgeteilt. Ich kam zusammen mit sieben anderen Frauen nach Ratingen. Anfangs haben wir uns gegenseitig viel geholfen. Wir haben uns abends immer getroffen, um unseren Unmut zu äußern oder uns gegenseitig über unsere Hilflosigkeit zu beklagen. Auf diese Weise konnten wir täglich unsere Erfahrungen austauschen und unserem Ärger Luft machen.

Es war damals unsagbar schwer mit der Sprache. Wir sind ja ohne Deutschkenntnisse nach Deutschland gekommen und wurden trotzdem drei Tage nach der Ankunft auf der Krankenstation eingesetzt. Es gab dann viele Schwierigkeiten beiderseits, denn die deutschen Kolleginnen und Kollegen waren auch nicht auf die

4 Siehe in diesem Band.

neuen Kolleginnen aus Indien, den Philippinen und Korea vorbereitet. Ich habe erkannt, dass die Sprache wirklich ein Schlüssel ist, um hier in Deutschland überhaupt zu überleben. Deswegen konzentrierte ich mich mit aller Kraft aufs Deutschlernen. Wenn ich abends Zeit hatte, blieb ich in meinem Zimmer, um Vokabeln zu pauken. Ich habe viel gelernt. Anfangs gab es bei der Arbeit durch die Sprachbarrieren unzählige Missverständnisse. Heute können wir darüber lachen. Da wir damals nur wenig Deutsch sprechen konnten, wurden wir auch ungerecht behandelt. Einige von unseren Kolleginnen wurden zum Putzen oder in der Küche eingesetzt. Der Status der Krankenpflegeausbildung in Korea und Deutschland war damals ganz unterschiedlich. In Korea haben wir unseren Beruf mit Stolz ausgeübt. Wir waren selbstbewusste examinierte Krankenschwestern. Aber dann wurden wir in solche fachfremde Arbeit gesteckt. Zudem wurden wir nicht als examinierte Krankenschwestern anerkannt. Das hat uns tief verletzt. Auch ich persönlich hatte sehr viele Schwierigkeiten. Ich habe mir viel Mühe gegeben, die Situation zu überwinden. Und es ist alles gut gegangen. Wenn ich auf all die Jahre zurückblicke, gab es keinen Moment, in dem ich bereut habe, nach Deutschland gekommen zu sein. Ich bin nach Deutschland gekommen, bin geblieben und habe mein Leben hier aufgebaut.

Organisierte Frauen habe ich erst in Berlin kennengelernt. Anfangs waren meine Tage in Berlin voll ausgefüllt, denn tagsüber habe ich in der Klinik gearbeitet und abends ging ich zur Abendschule. In den drei Jahren Schulzeit hatte ich kaum Zeit, mit den koreanischen Frauen Kontakt zu halten. Ich wohnte im Schwesternheim. Eines Tages bekam ich eine Einladung zu einem Seminar von Koreanerinnen für Koreanerinnen in Berlin. Das war 1977. Die Themen des Seminars lauteten „Heirat mit einem Partner aus einer anderen Kultur“ und „Über die Situation der Koreanerinnen in Deutschland“. An diesem Seminar habe ich teilgenommen. Bis dahin hatte ich kaum Kontakt mit Koreanerinnen. Umso mehr war ich erstaunt, auf einmal 50 neue Koreanerinnen kennenzulernen. Es war für mich in vielerlei Hinsicht ein „Aha-Erlebnis". Ich stellte fest, dass mein Koreanisch etwas ins Stocken geraten war. Es tat mir unheimlich gut, mit ihnen Koreanisch zu reden, gemeinsam zu lachen und das koreanische Essen zu genießen. Es wurde mir bewusst, dass ich unterschwellig solch eine Atmosphäre vermisst hatte. So bin ich in dieser Gruppe geblieben – bis heute.

Anfang der 70er-Jahre kam die Ölkrise. Die Arbeitslosenzahl stieg an. Das sogenannte „Krankenversicherungskostendämpfungsgesetz" trat in Kraft. Durch Einsparungsmaßnahmen wurde in den Krankenhäusern die Bettenzahl reduziert und Pflegekräfte verloren ihre Arbeitsstellen. Es wurde laut: „Ausländer nehmen Deutschen die Arbeitsplätze weg!" Wenn Arbeitsplätze vorhanden waren, dann wurde Deutschen der Vorrang gegeben. Dies führte dazu, dass die Arbeitsverträge von Pflegefachkräften aus Nicht-EG (heute EU)-Ländern nicht verlängert wurden. Damit erlosch auch die Aufenthaltserlaubnis. Die betroffene Person musste die Bundesrepublik Deutschland dann verlassen. Damals auf jenem Seminar wurde über die Situation koreanischer Krankenschwestern berichtet. Zahlreiche koreanische Pflegekräfte mussten nach Korea zurückkehren, weil ihre Arbeitsgenehmigung nicht verlängert wurde und sie damit ihre Aufenthaltsgenehmigung verloren. Ohne Arbeitsgenehmigung keine Aufenthaltsgenehmigung, ohne Aufenthaltsgenehmigung keine Arbeitsgenehmigung; das war eine Quälerei. Gegen diese Ausweisung organisierten Koreanerinnen eine bundesweite Unterschriftenaktion. Diese Aktion betrachte ich als den Beginn der koreanischen Frauenbewegung in Deutschland.

Damals wurde über die Frauenemanzipation überwiegend im wissenschaftlichen und akademischen Kontext diskutiert. Wir diskutierten damals, dass wir die Frauenemanzipation auf der praktischen Ebene verwirklichen wollten, indem wir gegen die ungerechte Behandlung gegenüber den Krankenschwestern, die nicht Staatsangehörige der EG waren, protestierten. Denn schließlich arbeiteten (und arbeiten) vorwiegend Frauen in der Krankenpflege. Wir fragten uns, warum wir als Krankenschwestern nach Deutschland gekommen sind oder warum wir überhaupt Krankenschwestern geworden sind. Wir alle hätten auch gern eine weiterführende Schule besucht oder studiert. Aber weil in der koreanischen Sozialstruktur die Söhne bevorzugt wurden, wurden wir, die Töchter, benachteiligt. Deswegen besuchten wir die kostengünstigere Berufsschule. Dennoch haben wir das Beste daraus gemacht. Wir übten unseren Beruf mit Freude und Selbstbewusstsein aus. Aber in Deutschland haben wir die Ungerechtigkeit und die Diskriminierung der Gesellschaft erfahren. Da wir nicht aus den EG-Ländern, sondern aus der sogenannten Dritten Welt gekommen waren, wurden wir einfach wie eine Ware in das Herkunftsland zurückgeschickt. Darauf machten wir, wie gesagt, durch Unterschriftenaktionen aufmerksam. Unser Slogan war: „Wir kamen hierher, weil die deutschen Krankenhäuser uns benötigten. Wir sind Menschen! Wir wollen nicht wie die Handelswaren hin und her geschoben werden!“ Über 11.000 gesammelte Unterschriften, zahlreiche Debatten, Podiumsdiskussionen sowie eine öffentliche Anhörung in Anwesenheit von Vertretern verschiedener Bundes- und Landesministerien führten schließlich zum Erfolg. Im Juni 1978 beschloss der Bundesrat Änderungen der allgemeinen Verwaltungsvorschriften zum Ausländergesetz. Das heißt, nach fünfjährigem Arbeitsaufenthalt wurde eine unbefristete Aufenthaltserlaubnis erteilt, nach acht Jahren Arbeitsaufenthalt eine Aufenthaltsberechtigung. Das ermöglichte asiatischen Pflegekräften ein dauerhaftes Bleiberecht. Damit wurde ein unkündbares Arbeits- und Bleiberecht erkämpft. Durch Unterschriftenaktionen waren wir empowert und politisiert. Die Erfahrung, dass gemeinschaftlicher Kampf und politisches Engagement gesellschaftliche und politische Entwicklungen beeinflussen und verändern können, führte zur Gründung der Koreanischen

Frauengruppe: Wir wollten Politisierungs- und Bewusstseinsbildungsprozesse in einer organisierten Form fortsetzen. Somit haben wir 1978 die Koreanische Frauengruppe in Deutschland gegründet. Seitdem bin ich mit Herz und Seele immer dabei. In der Koreanischen Frauengruppe habe ich zahlreiche mutige Frauen kennengelernt.

Koreanische Migrantinnen gegen kapitalistischen Rassismus

Nach unserer Unterschriftenaktion waren wir sensibilisiert, uns auch mit koreanischen Arbeiterinnen zu solidarisieren. Korea war damals ein Billiglohnland, die Produktionsstätte internationaler Textilindustrien wie Bangladesch oder Sri Lanka heutzutage. 1977 haben wir, die Koreanische Frauengruppe, von den streikenden Arbeiterinnen eines multinationalen Textilkonzerns in Korea erfahren. Die Textilarbeiterinnen klagten über die unmenschlichen Arbeitsbedingungen ohne Arbeitsrechte. Weil sie eine Gewerkschaft gründen wollte, wurden alle Beteiligten entlassen. Nachdem wir diese Nachricht erhalten hatten, fingen wir an, für diese Textilarbeiterinnen in Korea Unterschriften zu sammeln.

Bei dieser Solidaritätsaktion gewannen wir auch für uns neue Erkenntnisse. Der Beruf der Krankenschwester war bzw. ist in Korea ein angesehener Beruf. Als Krankenschwestern hegten wir bis dahin das weitverbreitete Vorurteil, dass Krankenpflegerinnen eine bessere oder höhere gesellschaftliche Position hätten als Textilarbeiterinnen in Korea. Bei dieser Aktion haben wir uns selbst gefragt, wo eigentlich unsere Stellung als Krankenschwestern in der Gesellschaft ist. Dabei definierten wir unseren Standpunkt neu, nämlich, dass wir selbst Arbeiterinnen sind! Denn: Sind wir nicht als Gastarbeiterinnen nach Deutschland gekommen? Wir wollten uns von unseren Vorurteilen frei machen und uns mit den streikenden Arbeiterinnen als Kolleginnen solidarisieren. Ja, das war wieder ein Politisierungsprozess. In verschiedenen Städten haben wir Informationsabende organisiert und sehr viele Unterschriften gesammelt. Wir haben Spendengelder gesammelt und nach Korea geschickt.

Bei der Gründung der Koreanischen Frauengruppe haben wir als unsere Zielsetzung vier Punkte genannt:

- Wir sind Arbeiterinnen und wollen uns mit Arbeiterinnen in Korea solidarisieren.
- Wir kämpfen für die Rechte der in Deutschland lebenden Koreanerinnen.
- Wir kämpfen gegen die Frauenunterdrückung.
- Wir wollen uns mit Gleichgesinnten weltweit vernetzen und solidarisieren.

1986–87 solidarisierten wir uns auch erneut mit den streikenden Textilarbeiterinnen vom deutschen Adlerwerk in Korea. Die Koreanerinnen initiierten eine bundesweite Protestaktion gegen das Adlerwerk in Deutschland. Bei den Informationsabenden wurde über die Situation der koreanischen Wirtschaft diskutiert und darüber informiert, warum die Textilarbeiterinnen im Streik sind. Bei dieser Aktion haben wir umfassende Unterstützung erfahren. Bei den Unterschriftenaktionen gab es zahlreiche deutsche Unterstützerinnen und Unterstützer, Studierende und Gewerkschaften.

Zu dieser Zeit arbeitete ich noch in dem Entwicklungsprojekt in Korea. Eines Tages bekam ich von einer entlassenen Textilarbeiterin aus Iri einen Brief. Darin schrieb sie über ihren Arbeitgeber Flair Fashion, die Produktionsstätte des deutschen Unternehmens Adler Modemärkte AG in Korea. Des Weiteren schilderte sie ihre Arbeitssituation, die Entlassung von Arbeiterinnen, die sich mit der Gründung einer Gewerkschaft engagieren wollten, und die sexuelle Belästigung in ihrem Betrieb. Sie wusste, dass ich aus Deutschland kam und in Korea arbeitete. Sie bat um Unterstützung aus Deutschland, da das Adlerwerk aus Deutschland stammte. Ich informierte die Koreanische Frauengruppe in Deutschland darüber. 1987 kam ich nach Deutschland zurück. Die Protestaktion gegen Adler war bereits gestartet. Wir übersetzten alle Briefe der koreanischen Arbeiterinnen ins Deutsche, um die deutsche Öffentlichkeit über ihre Situation zu informieren. Die Koreanische Frauengruppe verfasste selbst einen offenen Brief. Daraufhin hatte sich die Frauenrechtsorganisation Terre des Femmes unserer Aktion angeschlossen. Die Protestaktion mit dem Slogan „Wir sind keine Ware, wir sind Menschen" wurde von vielen Organisationen unterstützt, u. a. dem Arbeitskreis Frauen aller Herrn Länder, BUKO, CAJ, DGB Konstanz, ÖTV Berlin und noch vielen mehr. Vielfältige Aktionen kamen zusammen, bundesweit. Die linksextreme Frauengruppe Rote Zora bekannte sich zu Brandanschlägen auf mehrere Adler-Textilkonzern-Filialen. Sie brachten mit dem Bekennerschreiben ihre „Solidarität mit streikenden Arbeiterinnen in Südkorea" zum Ausdruck. Im September 1987 hatte der Modekonzern Adler nachgegeben. Die entlassenen Mitarbeiterinnen wurden wiedereingestellt und an der Wahl des Betriebsrates konnten sich freie Gewerkschaften beteiligen.

Uns war die Gruppe Rote Zora bis dahin nicht bekannt. Über ihre Brand- und Sprengstoffanschläge als Solidaritätsaktionen erfuhren wir erst über die Medien. Damals war Korea noch unter Militärdiktatur. Wir, die Koreanische Frauengruppe in Deutschland, standen unter Beobachtung der koreanischen Regierung, weil wir uns mit Textilarbeiterinnen solidarisierten – da dies mit Oppositionsarbeit bzw. Aktivismus gegen die Regierung gleichgesetzt wurde. Das koreanische Anti-Kommunismus-Gesetz war allgegenwärtig. Gerade im geteilten Deutschland hätten Koreanerinnen leicht und schnell bei Kontakt mit Ost-Berlin oder der DDR der Spionage verdächtigt werden können. Nach den Brandanschlägen der Roten Zora wurden wir von den koreanischen Behörden in Deutschland verdächtigt, mit der linken militanten feministischen Gruppe zusammengearbeitet zu haben. Der Verdacht äußerte sich nicht öffentlich, sondern sehr subtil und persönlich. Das Anti-Kommunismus-Gesetz existiert noch immer.

Unsere Protestaktionen in Deutschland haben wir in koreanischer Sprache in einer Dokumentation zusammengefasst. Damit wollten wir koreanischen Arbeiterinnen ermöglichen, mehr über die vielfältige internationale Solidaritätsarbeit in Deutschland zu erfahren. Wir haben die Artikel über Flair-Fashion/das Adlerwerk, die in deutschen Medien von Dezember 1986 bis August 1989 erschienen sind, gesammelt und diese auch ins Koreanische übersetzt. Zum Abschluss unserer Solidaritätsaktion luden wir zwei Arbeiterinnen aus Korea nach Deutschland ein. Wir organisierten eine Vortragsreise durch Deutschland, um uns bei allen Unterstützerinnen und Unterstützern in Deutschland für ihre Solidarität zu bedanken. Unser Aktionsslogan war: „Wir sind keine Ware, wir sind Menschen" – angelehnt an unsere Unterschriftenaktion gegen die Zwangsrückkehr. Für die deutschen Medien wählten wir „unverschämt preiswert" als Aktionsslogan – das war damals ein eigener Werbeslogan vom Adlerwerk. Darüber hinaus gibt es zwei Dokumentationen über diese Aktionen: Die Bescheidenheit ist vorbei und Made in Korea.

Als wir in den 70er-Jahren die Unterschriftenaktionen durchführten, waren damals nicht nur Koreanerinnen, sondern auch andere asiatische Kolleginnen betroffen. Zu dieser Zeit waren auch philippinische und indische Krankenschwestern in deutschen Krankenhäusern beschäftigt. Jahre später fragte mich jemand: „Wieso habt ihr damals nicht mit den Inderinnen und Philippininnen zusammen protestiert?" Diese Frage tauchte plötzlich auf und machte mich nachdenklich. Ja, fragte ich mich, das stimmt, warum haben wir nicht mit ihnen gemeinsam protestiert? Denn auf der Krankenstation hatte ich täglich mit einer indischen und einer philippinischen Kollegin zusammengearbeitet. Ich denke, wir, die Asiatinnen, hatten unter uns kaum Informationen ausgetauscht und wussten sehr wenig voneinander. Wir, die Koreanerinnen, engagierten uns mehr für die Rechte von Koreanerinnen, wie z. B. für die Textilarbeiterinnen in Korea und die gleichberechtigten Arbeitsbedingungen der Koreanerinnen in Deutschland. Diese Themen waren unser politischer Fokus. Zu dieser Zeit konzentrierten wir uns auf unsere herkunftsbezogenen Probleme. Erst später mit den Protesten gegen Sextourismus und Frauenhandel kamen wir mit thailändischen, philippinischen und japanischen Frauen in Deutschland zusammen, um gemeinsame Aktionen zu machen. Unser Arbeitsschwerpunkt war weiterhin das Engagement für Koreanerinnen. Beim Dachverband der Migrantinnenorganisationen (DaMigra) habe ich von anderen Migrantinnengruppen und -vereinen erfahren, dass ihre Arbeitsschwerpunkte auch überwiegend auf ihre jeweilige Herkunft, Nation, Kultur und/oder Ethnie bezogen waren.

Koreanische Migrantinnen gegen den Kolonialismus

Mitte der 1980er-Jahre haben wir begonnen mit einer japanischen Fraueninitiative in Berlin zusammenzuarbeiten. Korea hat eine Kolonialgeschichte: Korea war 36 Jahre lang, bis zum Ende des Zweiten Weltkriegs, von Japan kolonisiert. Diese Geschichte ist für uns alle ein sehr heikles Thema. So ähnlich wie zwischen Deutschen und Juden verläuft es zwischen Korea und Japan. Die meisten Frauen aus der Frauengruppe haben zwar nicht selbst die Kolonialzeit erlebt, dennoch sind sie beeinflusst und vorbelastet durch den Schulunterricht und Erzählungen der älteren Generation. Ein allgemein negatives Bild von Japan als brutalen Kolonisator und feindlichen Unterdrücker war tief in uns eingeprägt. Unsere erste Zusammenarbeit wurde von den japanischen Frauen in Berlin initiiert. Damals, Ende der 1970er-Jahre, wurde in Korea eine freie Handelszone errichtet, in der sich überwiegend japanische Firmen ansiedelten. Der Aufbau der wirtschaftlichen Beziehungen mit dem mächtigen Industrieland Japan ermöglichte den wirtschaftlichen Wiederaufbau in Korea. Mit dem japanischen Kapital kamen japanische Touristen nach Korea. Das wurde auch von der koreanischen Regierung systematisch aufgebaut und gefördert. Es kamen massenhaft Japaner als Sextouristen nach Korea. Jungen Frauen, darunter junge Studentinnen, bedienten japanische Herren. Zu diesem Zeitpunkt kamen Japanerinnen auf uns zu und fragten: „Wollen wir gemeinsam gegen japanischen Sextourismus in Korea etwas unternehmen?“ Mit diesem gemeinsamen Kampf gegen Sextourismus begann unsere Zusammenarbeit mit der Japanischen Fraueninitiative Berlin.

Unsere Zusammenarbeit ging weiter mit einer Solidaritätsaktion für Frauen, die im Zweiten Weltkrieg Sexsklavinnen für japanische Soldaten waren. Diese ehemaligen Zwangsprostituierten klagten die japanische Regierung an und forderten eine Entschuldigung und Entschädigung, die Offenlegung aller Fakten und eine Berichtigung der japanischen Schulbücher. Innerhalb der Koreanischen Frauengruppe wurde eigens dafür eine Arbeitsgruppe organisiert, um die Klägerinnen langfristig zu unterstützen und mit der Solidaritätsgruppe in Korea zusammenzuarbeiten. Für diesen Zweck haben wir seit Anfang der 1990er-Jahre gemeinsam mit der Japanischen Fraueninitiative Berlin zahlreiche Veranstaltungen in Deutschland organisiert. Eine davon war 1992 die internationale Frauenkonferenz ... gebt mir meine Würde zurück! Zwangsprostitution im Asien-Pazifik-Krieg Japans in Berlin und seitdem sind wir eine der Mitveranstalterinnen der Protestaktion Mahnwache in Solidarität mit den ehemaligen Zwangsprostituierten vor der japanischen Botschaft in Berlin.

Viele betroffene Frauen aus verschiedenen Ländern wie Nordkorea, Südkorea, Vietnam und den Niederlanden kamen zur Konferenz nach Deutschland und berichteten. Süd-Ost-Asien war eine niederländische Kolonie im Zweiten Weltkrieg. Japan hatte Süd-Ost-Asien okkupiert und die jungen Frauen in Süd-Ost-Asien als Zwangsprostituierte im Krieg verschleppt. Ähnlich wie in Korea wurden sie mit falschen Versprechungen wie „Ihr könnt in der Fabrik arbeiten und Geld verdienen“ gelockt. Die meisten von ihnen waren 13/14-jährige Mädchen. Eine andere Aktion war die Teilnahme am Women's International War Crimes Tribunal on Japan's Military Sexual Slavery in Tokyo im Jahr 2000. Wir haben unsere Zusammenarbeit mit Japanerinnen kontinuierlich weitergeführt. In Seminaren und in Workshops setzten wir uns mit dem Buch Gender Perspective on Modern and Contemporary History of Korea and Japan[5] intensiv auseinander. Wir machten gemeinsam eine Geschichtsreise zu historischen Orten in Korea und in Japan. Vor dem jeweiligen geschichtsträchtigen Ort führten wir schmerzhafte Diskussionen.

1990 organisierten wir die Veranstaltung 25 Jahre koreanische Krankenschwestern in Deutschland in Berlin. Offiziell kamen 1965 die ersten koreanischen Krankenschwestern nach Deutschland. Ein Vierteljahrhundert in Deutschland war uns ein Anlass ein Resümee von unserem Werdegang, unseren Erfahrungen und unseren Leistungen in dieser Gesellschaft zu ziehen. Das war unsere erste Veranstaltung auf Deutsch. Wir wollten mit unserem Anliegen die deutsche Gesellschaft erreichen. Dieses Jahr feiern wir 40-jähriges Jubiläum. Wir wollen unsere 40 Jahre Geschichte in einem Theaterstück darstellen. In einer Szene singen wir ein Lied zusammen mit Japanerinnen – auf Koreanisch und auf Japanisch. Ich bin gerade dabei, den Liedtext auf Japanisch zu üben.

5 Vgl. Das koreanisch-japanische gemeinsame Kompilationskomitee für Geschichtsunterrichtsmaterial, 2005.

Wir wollen einfach zeigen, dass wir trotz der schmerzhaften Geschichte, Kolonialismus und Sextourismus, es doch geschafft haben, Mitstreiterinnen und Freundinnen zu werden. Die Szene geht weiter: Zwei Japanerinnen und zwei Koreanerinnen werden ihre traditionelle Tracht tragen. Sie treffen sich auf der Bühne und nach der Begrüßung fangen sie an, ihre Tracht auszuziehen. Die ausgezogene Tracht wird weggeworfen. Das soll die Befreiung von den traditionellen Fesseln an Frauen und von unseren eigenen Ressentiments symbolisieren.

Wir haben uns innerhalb der Koreanischen Frauengruppe sehr viel mit der Migrationspolitik Deutschlands beschäftigt und über Ausländerfeindlichkeit und Diskriminierung diskutiert. Mit zunehmendem Alter haben wir auch öfter über „älter werdende Migrantinnen“ gesprochen. Wir überlegten uns, ein Seminar oder einen Workshop mit dem Thema Alt werden in der Fremde zu organisieren. Bei einem diesbezüglichen Gespräch mit japanischen Freundinnen sagte eine von ihnen:

„Wir sehen uns nicht als Migrantinnen.“
„Wie seht ihr euch dann?“
„Wir sind Japanerinnen hier in Deutschland, aber keine Migrantinnen.“

Bei diesem Gespräch wurde mir bewusst, dass wir zwei unterschiedliche Selbstverständnisse hatten. Das gab mir Anlass dazu, über mich selbst nachzudenken. In den 1960/70er-Jahren war ich eine „Gastarbeiterin“, in den 1980er-Jahren eine „ausländische Arbeitnehmerin“, in den 1990er-Jahren eine „Arbeitsmigrantin“. Das waren alles fremdbestimmte Bezeichnungen, die mich nur auf meine Arbeitskraft reduzierten. Danach entwickelte sich der Begriff „Migrantinnen“. Damit konnte ich mich besser identifizieren. Daher verstehe ich „Migrantin“ als einen politischen Begriff. Es wäre interessant, mit japanischen Freundinnen über das Thema In Deutschland Immigrantin/Migrantin sein zu diskutieren. Wir konnten diese Themen leider nicht weiter vertiefen, weil wir zeitlich nicht darauf vorbereitet waren. Später habe ich mir gedacht, dass die Sichtweise meiner japanischen Gesprächspartnerin ein kolonialistisches Denken war. Als sie sagte: „Wir sind keine Migrantinnen“ hatte ich ihre gedankliche Abgrenzung von „Migrantinnen“, damit auch von mir, bemerkt. Plötzlich entstand eine Grenze zwischen ihr und mir: „Ich bin nicht wie du, ich bin eine Andere.“ Diese Auffassung erinnerte mich an die häufige Haltung der deutschen Mehrheitsgesellschaft gegenüber Migrantinnen, auch mir gegenüber, wodurch ich mich jedes Mal ausgegrenzt fühlte.

Literatur

한일여성공동역사교재 편찬위원회 (Hanil Yōsōng gongdong yōksa gyojae pyōnchan wewonhoe) / Das koreanisch-japanische gemeinsame Kompilationskomitee für Geschichtsunterrichtsmaterial (2005): 여성의 눈으로 본 한일 근현대사 *(Yōsōngūi Nunūro bon Hanil gūnhyōndesa) / Gender Perspective on Modern and Contemporary History of Korea and Japan*. Südkorea: 도서출판 한울, 파주 / Verlag Hanul in Paju.

25 Jahre
Koreanische
Krankenschwestern
in Deutschland

Eine Dokumentation
der Koreanischen Frauengruppe
in Deutschland

(1995)
1990

Verschiedene Texte aus der Dokumentation der Koreanischen Frauengruppe in Deutschland „25 Jahre Koreanische Krankenschwestern in Deutschland“ (1995). Dokumentation „Koreanische Frauen“ beigetragen von Kook-Nam Cho-Ruwwe.

25 Jahre danach!
Was ist aus den koreanischen Engeln geworden?

Damee Choi
Frankfurt/Main

1. Warum wurden wir damals nach Deutschland geholt? (Objektive Motivation)

1960 bestand ein großer Pflegenotstand in der BRD, so daß Krankenhäuser, Altenheime und Pflegestationen schließen mußten. Zu dieser Zeit (1965) gab es 30.000 offene Stellen im Pflegebereich.

Da es im wirtschaftlichen Aufschwung bessere und attraktivere Arbeits- und Ausbildungsplätze gab, zog es die Jugendlichen in der BRD in eben diese für sie attraktiveren Berufsgruppen. Da die Pflege vorwiegend durch konfessionelle Institutionen ausgeführt wurde, war die Honorierung dementsprechend gering. Sie stand auch unter einem großen moralischen Druck. Ein Privatleben gab es nicht und war somit auch nicht möglich. Dies war auch ein Grund, warum die jüngere Generation damals den Pflegeberuf nicht ergreifen wollte.

Voraussetzung zur Krankenpflegeausbildung:
- ist ein gültiger Hauptschulabschluß (damals 8 Jahre, heute 9 Jahre)
- und eine 2-jährige Ausbildung zur Krankenschwester (heute 3 Jahre seit 1970).

In den meisten Ländern unterstehen die Krankenpflegeschulen dem Bildungsministerium, in Deutschland dem Sozialministerium. In der Praxis sieht es so aus, daß viele mit höherer Schulbildung (Mittlere Reife oder Abitur) in den Pflegeberuf gegangen sind. Dem höheren Niveau, daß dadurch im Pflegeberuf entstand, wurde jedoch keine Anerkennung zuteil. Deshalb sind viele hochqualifizierte Kräfte aus dem Beruf abgewandert. Anstatt den Pflegenotstand mit Maßnahmen zu beheben, die den Beruf attraktiver machen, holte man ausländische Krankenschwestern in die Krankenhäuser.

Auf der einen Seite ersparte man sich die Ausbildung für einheimische Arbeitskräfte, da ja die ausländischen Krankenschwestern meistens examinierte Kräfte waren; auf der anderen Seite wurde damit das Engagement dieses Berufsstandes für bessere Bedingungen abgeschwächt. Für die ausländischen Mitarbeiterinnen entwickelte sich wegen Sprachschwierigkeiten das Problem, daß sie, obwohl sie oft besser qualifiziert waren als die deutschen Kolleginnen, nur zu einfachen Arbeiten herangezogen wurden (z.B. mußten die koreanischen Krankenschwestern ein 4-jähriges Studium oder eine 3-jährige Fachhochschule in Korea absolvieren).

2. Warum hatte die koreanische Regierung ein Interesse daran, Arbeitskräfte nach Deutschland zu senden?

Nach dem 2.Weltkrieg entsprach die wirtschaftliche und sozialpolitische Situation in Korea im Vergleich zu Japan der vor 50 Jahren. Der Grund dafür war 36 Jahre lange Kolonialisierung durch Japan, danach wieder wirtschaftliche und militärische Abhängigkeit von der Supermacht USA.

Die Hintergründe des Arbeitskräfteexportes Koreas lagen in der Wirtschaftspolitik der 60-er Jahre. Die damalige Regierung Park wollte das Agrarland Korea zu einem Industrieland umstrukturieren. Dazu brauchte sie ausländische Devisen. Auch Deutschland hat Korea in seinem Umstrukturierungsprozeß mit Kapital unterstützt (z.B. 1966 - 1967 mit 53,1 Mill. Dollar). Zwischen 1965 und 1978 sind ca. 10.000 koreanische Krankenschwestern nach Deutschland gekommen. Davon sind 5.532 zurückgegangen und 4.500 sind noch hier. In dieser Zeit sind auch 8.000 koreanische Bergarbeiter nach Deutschland gekommen (1963 - 1975).

Nachdem viele koreanische Arbeitskräfte an einem Arbeitsplatz in der BRD interessiert waren, kam es vor, daß sich Vermittler für einen Arbeitsplatz 300,-- DM bezahlen ließen (sogenanntes Kopfgeld). Während der ersten drei Jahre in Deutschland haben die koreanischen Schwestern einen Beitrag von 80,-- DM monatlich auf ein Privatkonto von einem Dr.Lee bezahlt. Mit diesem Geld sollte ein Krankenhaus in Korea gebaut werden, wo sie nach ihrer Rückkehr arbeiten sollten. Der Vertrag wurde nicht eingehalten, und das Haus wurde nie gebaut.

In den Jahren 1964 - 1972 wurden 312.853 Koreaner in den Vietnamkrieg geschickt. Hiervon sind 4.953 Soldaten gefallen, 8.396 wurden schwer verwundet. In diesem Zusammenhang erhielt Korea 10 Mill. Dollar von den USA. In den 70-er Jahren wurden 70.000 Koreaner nach Saudi-Arabien vermittelt. Diese Arbeitskräfte erwirtschafteten 30 Mill. Dollar für ihr Land.

Die monatlichen Beiträge, die wir (koreanische Krankenschwestern) und die koreanischen Bergarbeiter nach Südkorea überwiesen haben, wurden von der südkoreanischen Regierung als Devisen dazu benutzt, die Auslandsschulden rechtzeitig abzuzahlen.

Obwohl die überwiesenen Summen nicht sehr groß waren, hatten sie für die damalige südkoreanischen Regierung eine große Bedeutung.

3. Wie war die Interessenlage der Koreanerinnen ? (Subjektive Motivation)

Der Beruf der Krankenschwester gilt in Korea als attraktiv, weil man ihn auf lange Sicht ausüben kann. 1965 verdiente eine Krankenschwester in Korea 6.000 Won, was 100,-- DM entspricht. Dieses ließ sich gleichsetzen mit dem Gehalt eines Lehrers oder eines Beamten.

Wenn also eine Schwester in Seoul arbeitete, verdiente sie gerade genug, um ein Studium ihrer Geschwister zu finanzieren. 1965 bekam eine deutsche Krankenschwester 350,-- DM netto, also mehr als das dreifache Gehalt der Kolleginnen in Korea. Bei einer Umfrage von 538 Krankenschwestern in Korea haben 40% ihre Entscheidung in Deutschland zu arbeiten, mit ökonomischen Gesichtspunkten begründet, 60% nannten andere Gründe.

In einer genauen Aufschlüsselung ergab sich, daß die ledigen Frauen Geld für das Studium ihrer Geschwister brauchten und für ihre eigene Mitgift. Die verheirateten Frauen benötigten das Geld für die Ausbildung ihrer Kinder, für die Abzahlung von Darlehen und für die Anhebung ihres Lebensstandards. Außerdem gab es Frauen, die Geld für ihre eigene Weiterbildung brauchten.

In Korea ist es nämlich so, daß Studieren grundsätzlich zuerst den Söhnen vorbehalten ist, auch wenn die Töchter älter sind. Bei vielen steht die Verehrung der europäischen Kultur im Vordergrund. Die restlichen Argumente lassen sich unter Generationskonflikte und Familienprobleme zusammenfassen. Alle oben genannten Motivationen hängen mit der damaligen wirtschaftlichen und sozialen Lage zusammen.

4. Welche Probleme tauchten für koreanische Krankenschwestern in Deutschland auf ?

Seit 1959 haben kirchliche Organisationen junge koreanische Mädchen (ca. 1.300) zur Ausbildung nach Deutschland geholt. Die katholischen Verbände haben versucht, die jungen Koreanerinnen zu geistlichen Krankenschwestern zu erziehen. Die jungen Koreanerinnen waren nicht genau darüber informiert und haben sich verweigert. Daraufhin wurden sie zur Ausbildung weitervermittelt und lernten Krankenschwester, Laborantin oder wurden Sozialarbeiterinnen. Außerdem holten evangelische Verbände junge Koreanerinnen zur Krankenpflegeausbildung nach Deutschland.

Ab 1965 wurden examinierte Krankenschwestern oder Krankenpflegehelferinnen nach Deutschland geholt. In den Jahren 1971 - 1975 wurden aus Korea wesentlich mehr examinierte Krankenschwestern als vorgesehen, die in Korea allein für den deutschen Bedarf ausgebildet wurden, herangezogen, wobei wesentlich weniger Krankenpflegehelferinnen kamen als geplant. Dies führte zu einem Mangel an examinierten Krankenschwestern in Korea und zu einem Überschuß an Krankenpflegehelferinnen. Das Problem verschlimmerte sich noch zusätzlich, da es in Korea den Berufsstand der Krankenpflegehelferinnen nicht gab und diese Frauen in der Heimat keinen Arbeitsplatz fanden.

5. Das Problem der deutschen Sprache, der anderen Arbeitsstruktur in den Krankenhäusern und der fremden Kultur

1965 haben die Koreanerinnen vor der Einreise nach Deutschland einen Schnellkurs von wenigen Wochen in Korea belegt, der überhaupt nicht den Anforderungen gerecht wurde.

Ab 1974 wurde der Vertrag geändert, und die Frauen mußten einen einmonatigen Deutschkurs in Deutschland belegen. Oft aber mußten die Frauen nach der Ankunft mit der Arbeit auf der Station beginnen, ohne diesen Sprachkurs absolviert zu haben. Aufgrund dieser Sprachprobleme wurden die Schwestern für einfache Arbeiten eingeteilt (z.B. Putzarbeiten, Küchenhilfe usw.). Diese Zeit dauerte für einzelne Schwestern relativ lange, mindestens einige Monate und war sowohl für die einzelnen Schwestern aus Korea als auch für die deutschen Kolleginnen belastend und schwierig.

Wegen der Sprachprobleme und des fremden Arbeitsklimas wurden die Schwestern immer unsicherer. Sie wohnten in Schwesternwohnheimen und sie bewegten sich nur zwischen dem Krankenhaus und dem Wohnheim. Sie waren unglücklich aufgrund ihres beschränkten Lebensraumes und der ihnen zugewiesenen Arbeit. Probleme ergaben sich auch durch die anderen Ess- und Lebensgewohnheiten. Die Kollegen beschwerten sich z.B. über Knoblauchgeruch.

Die Koreanerinnen waren entsetzt. Obwohl Korea zur Dritten Welt gehört, war die Arbeit anders aufgegliedert. In Korea haben sie pflegerische Arbeiten verrichtet, hier wurden sie zum Putzen von gebrauchten Betten, Nachtschränken und was noch schlimmer war, zur Küchenarbeit angehalten. Dazu kam, daß die Grundpflege in Korea von Angehörigen verrichtet wurde, z.B. Waschen, Füttern etc. Doch auch dies war hier anders.

Nach 25 Jahren haben wir das deutsche System der Familie, der sozialen Gewohnheiten, der Grundpflege des Patienten und manches andere über die Deutschen begriffen. Aber von der "Putzerei" verstehen wir immer noch nichts.

6. Aufenthaltsgenehmigung und erzwungene Rückreise. Wie wir auf die Barrikaden gegangen sind.

Mit den genannten Problemen kamen die Schwestern auch zurecht, zumindest die meisten.

Ab 1977 ergab sich eine andere Situation: Allen ausländischen Arbeitnehmern, außer wenn sie aus den EG-Ländern kamen, wurde es plötzlich erschwert, eine Arbeits- und Aufenthaltserlaubnis zu bekommen. Die Arbeitsplätze sollten wieder den Deutschen gehören. Damals waren 16.000 ausländische Pflegekräfte in Deutschland. Davon waren 6.000 Koreanerinnen, 5.000 Inderinnen, 2.000 - 3.000 Philippininnen, Indonesierinnen und Thailänderinnen.

Diesen allen drohte die Ausreise. In dieser Zeit der Weltwirtschaftskrise - Deutschland hatte eine Mill. Arbeitslose - wurden vom Arbeitsministerium zwei Strategien erdacht: Zum einen Reduzierung der öffentlichen Arbeitsplätze, zum anderen Bevorzugung der deutschen Arbeitnehmer gegenüber den Ausländern.

Plötzlich war der Beruf der Krankenschwester attraktiv. Lehrstellen waren knapp, Medizinstudenten mußten sich an dem N.C. orientieren.

In den Medien wurde verbreitet, daß die Ausländer den Deutschen die Arbeitsplätze wegnehmen würden. Es wurde so argumentiert, daß der dreijährige Vertrag beendet sei und somit das Arbeitsverhältnis auch.

Die Koreanerinnen hatten sich jedoch hier eingelebt und wollten selbst bestimmen, wann sie in die Heimat zurückgehen. Sie wollten sich nicht einfach zurückschicken lassen, nachdem ihre Arbeitskraft plötzlich nicht mehr gebraucht wurde.

Natürlich war Deutschland vertraglich hier im Vorteil. Durch den dreijährigen Vertrag hatten die Koreanerinnen kaum eine Chance, die genannten Probleme sprachlich zu formulieren und ihre Situation somit zu verbessern.

Z.B. ist das Ausländergesetz so formuliert, daß der Anspruch auf Arbeitslosengeld eine "Kann-Bestimmung" ist. Hieraus wird deutlich, daß die Aufenthaltsgenehmigung in der Regel vom Besitz des Arbeitsplatzes abhängig ist. Beim Verlust des Arbeitsplatzes wurden die Arbeitnehmer zwischen dem Arbeitsamt und der Ausländerbehörde hin- und hergeschoben, ohne eine wesentliche Chance zu haben, ihre Lage zu verbessern.

Aus diesem Dilemma heraus organisierten sich die koreanischen Krankenschwestern ab April 1977 von Bayern aus bundesweit. Sie organisierten eine Unterschriftenaktion gegen die Abschiebungen, die in Bayern ihren Ursprung hatte.

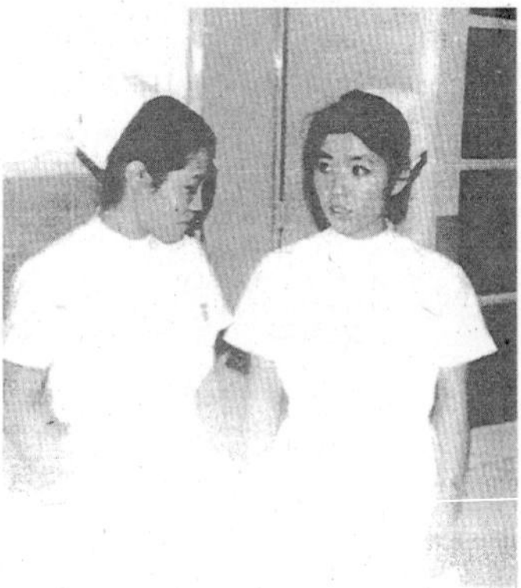

Ausgebildet in der dritten Welt
eingesetzt in der ersten Welt

Am 6.Juni 1977 versammelten sich die Schwestern und formulierten einen Appell an die Öffentlichkeit und verlangten:

- Eine dauerhafte Aufenthaltsgenehmigung wegen Anspruch auf Arbeitslosengeld.
- Anspruch auf eine unbefristete Aufenthaltserlaubnis.
- Forderung einer unbefristeten Arbeitserlaubnis.

Unterstützt wurden die koreanischen Krankenschwestern von den deutschen Frauengruppen, den Menschenrechtsgruppen, von der Gewerkschaft ÖTV, den kirchlichen Verbänden und Journalisten.

Bis Ende Dezember 1977 lagen über 10.000 Unterschriften vor. Die bundesweite koreanischen Frauengruppe richtete ihre Forderung im Dezember 1977

- erstens an die einzelnen Landesregierungen,
- zweitens durch öffentliche Versammlungen und Pressekonferenzen wurden ihre Forderungen an die Öffentlichkeit getragen.

Im März 1978 organisierte man eine öffentliche Großveranstaltung in Münster, der auch eine Gesandschaft des Bundesministeriums und des Sozialministeriums auf Einladung beiwohnte. Eine Stellungnahme unserer Forderungen durch die genannten Herren blieb jedoch aus. Eine Forderung auf Veröffentlichung der Problematik durch die Herren in den Medien ebenfalls. Ein Teilerfolg ist zu verzeichnen.

1. Nach der Versammlung in Münster wurde eine Arbeitsvertragsverlängerung über drei Jahre hinaus geduldet.

2. Nach 5-jährigem Aufenthalt mit Beschäftigung wurde die befristete Aufenthaltserlaubnis in eine unbefristete Aufenthaltserlaubnis mit einschließlicher Arbeitserlaubnis umgewandelt. Eine Ausnahme bildete hier Berlin; dort wurde diese Neuerung schon vorher praktiziert.

Die Kampagne war die Veranlassung zur Gründung der bundesweiten Organisation der Koreanischen Frauengruppe, die sich weiter bis heute verstärkt und engagiert mit verschiedenen sozialen und praktischen Themen beschäftigt (z.B.: Zweite Generation, Rentenabsicherung, Arbeitsbedingungen).

7. Wie sieht die Situation heute aus ?

Ab 1980 ist in Deutschland ein extremer Pflegenotstand zu verzeichnen.

In vielen Krankenhäusern mußten Stationen wegen Pflegekräftemangel geschlossen werden. Das hatte zur Folge, daß die Krankenhäuser teilweise nur bis zu 60% belegt waren.

Um den Krankenpflegeberuf lukrativer zu machen, wurden die Gehälter der Pflegekräfte um eine Stufe erhöht, eine Schichtzulage eingeführt und die Zulagen für die Nachtwache erhöht.

Trotz dieser Verbesserungen - das Verhältnis von Lohn und Arbeit stimmt noch immer nicht - hat sich der Pflegenotstand nicht spürbar geändert. Anstatt eine spürbare Gehaltsverbesserung zu erreichen, wurde von den Tarifpartnern nur Gehaltskosmetik betrieben.

Die Entwicklung des Pflegenotstandes zeichnet sich wie folgt ab.

1. 1977 begann der Personalabbau im Öffentlichen Dienst. Die Belastungen der Pflegekräfte, insbesondere der mit Familie und Beruf steigerten sich zunehmend. Hier zeichnet sich schon eine Berufsabwanderung ab.

2. Durch den Geburtenrückgang der letzten 20 Jahre wurden die Ausbildungsplätze nicht mehr voll besetzt.

3. Die soziale Anerkennung der Pflegekräfte in der Gesellschaft bleibt aus, da der Arbeitnehmer heutzutage nach dem Lohnleistungsprinzip und der Gehaltshöhe gemessen wird. Dadurch ist der Krankenpflegeberuf nicht mehr weiter empfehlbar.

4. Der Krankenpflegeberuf (heute noch vorwiegend von Frauen ausgeführt) ist nicht familiengerecht.
- Es fehlt an Kinderkrippen.
- Wechseldienst, Spätschicht, Frühschicht, Nachtdienst.

8. Heute - 25 Jahre danach, wie geht es weiter - ?

Heute sprechen die koreanischen Krankenschwestern deutsch. Sie unterscheiden sich im Arbeits- und Familienleben nicht mehr von den deutschen Krankenschwestern.

Sie zeichnen sich ebenfalls durch beruflichen Aufstieg aus. Als anerkannte qualifizierte Krankenschwestern sollen sie mit ihren deutschen Kolleginnen eine verbesserte berufliche Zukunft erstreben, um den Nachwuchs der weiteren Krankenversorgung zu sichern.

Heute sind durchschnittlich 80% der koreanischen Krankenschwestern mit einem deutschen Mann verheiratet und haben 2 Kinder im Alter zwischen 10 und 19 Jahren. Die Probleme der Erziehung der 2. Generation wollen die Koreanischen Frauengruppen gemeinsam tragen.
Einige der Krankenschwestern sind nach der Heirat aus dem Beruf geschieden, ein Teil hat Medizin, Zahnmedizin, Pharmazie und andere Fächer studiert und somit ihren Beruf gewechselt. Die ledig gebliebenen müssen trotz erfolgreichem Abschluß ihres Studiums in ihrem alten Beruf als Krankenschwester weiterarbeiten, um ihre Aufenthaltsgenehmigung weiterhin zu erhalten. (Nach dem Ausländergesetz müssen Studienabgänger aus Entwicklungsländern in ihre Heimat zurückkehren). Auch für diesen Personenkreis muß eine gerechte Zukunft gefunden werden.

Vor 2 - 3 Jahren traten die ersten koreanischen Krankenschwestern in das Rentenalter ein. Die Tendenz ist steigend. Die meisten sind in Deutschland eingebürgert, einige haben ihre koreanischen Staatsbürgerschaft behalten. Unsere künftige Aufgabe ist:

1. Eine gesicherte Rente auch bei der Rückkehr in das Heimatland.

2. Bei der Rentenberechnung (ab 16 Jahre) müssen die Ausfallzeiten (Schul- und Ausbildungszeit) im Heimatland auch mitberücksichtigt werden.

Referentin: Lebte von 1975 bis 1994 in Deutschland und arbeitete im Bürgerhospital in Frankfurt/a.M. auf einer Intensivstation.

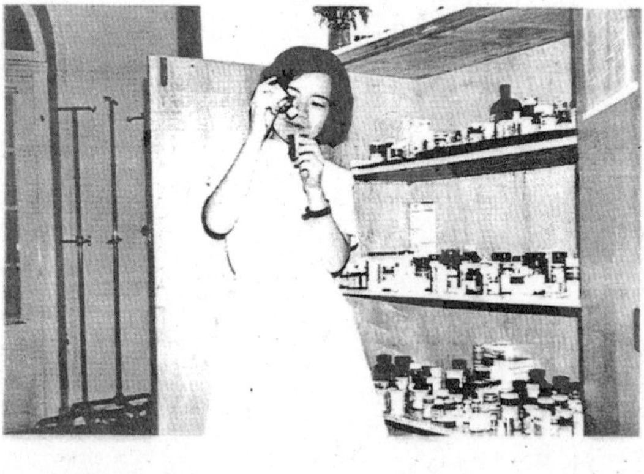

Neben der Putzerei gab es auch andere Arbeiten

Fotoausstellung

Knoblauch

Jae Soon Joo-Schauen
Köln

Früher konnte ich mir ein Gericht ohne Knoblauch nicht vorstellen.

Als ich noch in Korea lebte, aß ich auch mal gerne Knoblauch frisch am Tisch gegrillt im Restaurant. Am nächsten Tag brauchte ich aber keine besondere Mundpflege gegen den Knoblauchgeruch.

Ich nahm gar nicht wahr, daß Knoblauch so einen intensiven Geruch verursacht.

Zur Vorbereitung auf unsere Arbeit in der Bundesrepublik gab es 1974 einen Deutschkurs, in dem uns auch einiges über die deutschen Sitten erzählt wurde.

"Essen Sie nie Knoblauch", wurde uns dabei eingeschärft, "die Deutschen reagieren auf den Geruch sehr empfindlich."

Sogar in den zwei Wochen vor der Abreise nach Deutschland sollten wir kein Gericht mit Knoblauch essen.

Eigentlich hieß das, wir sollten in Deutschland auf alle koreanischen Gerichte verzichten. Vor allem auf unser Kimtschi (eine Art scharf eingelegtes Sauerkraut aus Chinakohl), das wir zu jeder Mahlzeit mit Reis essen.

Wir bemühten uns, die Deutschen nicht zu verärgern. Also folgten wir ganz brav der Empfehlung: kein Knoblauch, kein Kimtschi.

In Deutschland dann bemerkte ich zwar keinen Knoblauchgeruch, dafür aber hatte ich Schwierigkeiten mit anderem Gestank.

Die meisten Deutschen riechen nach Schweiß, manche haben sogar eine sehr durchdringliche, unangenehme Duftmarke. Das war ich aus Korea nicht gewöhnt. Sehr viele Deutsche schwitzen im Vergleich zu Koreanern stark, scheinen sich anschließend aber nicht sauber genug zu waschen. Irgendetwas machen sie wohl verkehrt.

Seltsamerweise werden Deutsche als sauber und ordentlich charakterisiert.
Ordentlich sind sie schon, aber das Prädikat "sauber" muß ihnen aberkannt werden!
Anders als in Deutschland gibt es in Korea nicht in jeder Wohnung ein Bad. Trotzdem sind wir bei der Körperpflege sehr gewissenhaft.

Mittlerweile bin ich es gewöhnt, Mahlzeiten ohne Knoblauch zu essen.

Aber in der deutschen Küche hat sich inzwischen einiges geändert. Heute stören meine empfindliche Nase ab und zu mal die Deutschen

mit einer **Knoblauchfahne.**

Wer stänkert denn hier ?

Jae Soon Joo-Schauen
Köln

Die Geschichte über Knoblauch ist zu der Veranstaltung "25 Jahre koreanische Krankenschwestern in Deutschland" geschrieben, die am 25.September 1990 in Berlin stattfand. Sie hing in der Ausstellung zu der Veranstaltung.

Sie erregte manche Gemüter. Die Deutschen fühlten sich angegriffen von dem Satz "Die meisten Deutschen riechen nach Schweiß, manche haben sogar eine sehr durchdringliche, unangenehme Duftmarke."

Einige Koreanerinnen empfinden auch, daß solche Aussagen eine persönliche Beleidigung für die Deutschen seien. Sie bemühen sich sehr, die anderen, besonders die Deutschen, nicht zu ärgern. Sie versuchten mich umzustimmen, daß ich zumindest den Teil des Textes entfernte. Keine Frau stritt aber die Richtigkeit der Aussage ab.

Der entscheidende Anlaß für die Aufregung war, daß die Leiterin des Hauses, wo die Veranstaltung stattfand, mit der Geschichte nicht einverstanden war.

Sie gab uns Bedenkzeit, ob wir die Geschichte entfernen wollten, angesichts ihres Gefühls von Beleidigung.

Als sie jedoch feststellte, daß die Geschichte nicht entfernt worden war, wurde sie mit ihrer Forderung konkreter. Wenn wir ihrem Wunsch nicht nachkämen, würden wir die Konsequenz in der Zukunft erleben. Das hieß, die Kindertanzgruppe und die Frauengruppe hätten ihre bisherigen Übungsräume in absehbarer Zeit verloren. Mit einem Gefühl von Ohnmacht und Wut habe ich die Geschichte von der Stellwand entfernt, aber nur aus Rücksicht auf die betroffene Gruppe.

Die Geschichte wiederholt sich!
Solange wir, Koreanerinnen und andere Ausländerinnen, den guten Deutschen gefallen, bekommen wir wohlwollende Anerkennung von Deutschen. Aber wehe, wenn eine Ausländerin wagt den liberalen Deutschen anzugreifen!

Der Überblick Dez. 1989

Entwicklungsarbeiterinnen in Deutschland

von Kook-Nam Ruwwe

Mitte der sechziger Jahre erreichte ein hochentwickeltes Industrieland einen »unterentwickelten« Zustand: Der Engpaß des Krankenpflegepersonals drohte vielen Krankenhäusern und Kliniken zur Schließung ihrer Betriebe. Dieser große Mangel an Fachkräften konnte durch herbeigeholte »rettende Engel« aus Indien, Philippinen, Indonesien, vor allem aus Korea, allmählich behoben werden. Sie waren geduldig, still, höflich und anpassungsfähig. Trotz Sprachbarrieren waren sie, von Putzarbeit angefangen bis überall, wo es nötig war, einsatzfähig und funktionstüchtig. Sämtliche Medien lobten sie einstimmig, daß diese »lächelnden Engel«, »sanften Engel«, »mandeläugigen Engel« vor dem Zusammenbruch der medizinischen Versorgung gerettet haben.

Jahre später, als sie vermeintlich nicht mehr zu gebrauchen waren, wurde ihnen die Verlängerung der Aufenthalts- bzw. Arbeitsgenehmigung verweigert. Nun sollten (mußten) sie in ihre Heimat zurückkehren. Gegen diese Maßnahmen organisierten Koreanerinnen bundesweite Protestaktionen, deren erfolgreiches Ergebnis die unbefristete Aufenthaltsgenehmigung bzw. -berechtigung für koreanische Krankenpflegekräfte gewährleistete. Aus dieser Aktionsarbeit entstand die koreanische Frauengruppe in der BRD und in West-Berlin.

Dann wurde es still in der Öffentlichkeit um die »rettenden Engel«.

Ich selbst kam im Zuge jener »Importgeschäfte« aus Korea und konnte in Krankenhäusern und auf einer Sozialstation nützlich sein. Nach 14 Jahren Arbeit hatte ich die Gelegenheit, als von »Dienste in Übersee« vermittelte Fachkraft, Gemeindeschwester, wieder in Korea zu arbeiten.

Damals, als ich in die BRD kam, 1970, fühlte ich mich fachlich sicher und kompetent, trotzdem wurde mir die Möglichkeit vorenthalten, mein Fachwissen und berufliche Erfahrung in die Praxis einzubringen, anfangs wegen der Verständigungsschwierigkeiten und später wegen unzureichendem Vertrauen zu meinem Arbeitsvermögen.

Während ich wieder in Korea arbeitete, mußte ich mir gestehen, daß ich in den 14 Jahren fachlich manches verlernt hatte, und erkannte dementsprechende Unsicherheiten als Krankenschwester. Dort wurde mir jedoch ein gewisser Spielraum gegeben, - meine Fähigkeiten auszuprobieren, folglich mich weiter zu entwickeln. Als eine vollausgebildete Fachkraft mit Berufserfahrung aus Asien in die BRD kam, hieß sie »Engel«. Dieser »Engel« ging wieder in sein Herkunftsland zurück, hieß jetzt »Fachkraft« oder »Entwicklungshelferin«.

Wieder zurück in die BRD. Ich versuche einen Anfang des Knotens zu finden, der die Widersprüche und Komplexität der Entwicklungspolitik am Beispiel meiner Person offensichtlich machen (ent-wickeln) könnte.

Es ist fast 25 Jahre her, als der erste offizielle »Import« der koreanischen Krankenpflegekräfte hier eintraf. Ihr Beitrag an der Aufrechterhaltung dieser Gesellschaft hat über die anfängliche Lobhudelei hinaus keine entsprechende Anerkennung bekommen. Ihre Probleme und unzählige Mißverständnisse aller Betroffenen, welche wegen der sprachlichen und kulturellen Barrieren entstanden waren, sind unter »Gastarbeiterprobleme« pauschalisiert behandelt oder auch als privatisierte Probleme, Versagen des Einzelnen, verschoben worden.

(Zeichnung: Jörg Teichgraeber)

Warum wühle ich die Vergangenheit auf? Die meisten von ihnen sind nach Korea zurückgekehrt. Ein Teil von ihnen wollen hier in der BRD ihre Existenz aufbauen. Ich bin eine davon. Ich fühle mich verpflichtet, die Entwicklungsarbeit der koreanischen Krankenpflegekräfte in der BRD nachträglich zu rehabilitieren, besonders wenn von »Süd-Nord-Kooperation« gesprochen wird.

Bis heute spricht man nicht (kaum) von »Entwicklungsarbeiterinnen« aus Korea bzw. aus Asien. Das kann man doch nicht zulassen, denn mit der Vergabe solcher Bezeichnung an die Frauen aus der sogenannten Dritten Welt und der damit verbundenen Anerkennung ihres Status als Fachkräfte wird letztlich das überhebliche Selbstverständnis der Kolonialherren entwürdigt. Wie wird sich dieses rüttelfeste Selbstverständnis mit dem neu aufkommenden Begriff »Süd-Nord-Austausch« tatsächlich vereinbaren können, ohne die schon seit fast 25 Jahren stattfindende »Entwicklungshilfe« aus Asien als solche wahrzunehmen?

Wird es nicht ein neues für die Entwicklungspolitik maßgebendes Schlagwort sein, wie »Frauenförderung« in der letzten Dekade als ein Schlüsselwort, »Sesam öffne Dich«, gedient hat? Sehr häufig wurde »Frauenförderung« oder »Frauenprojekt« als ein unentbehrlicher Bestandteil eines gelingenden Entwicklungsprojekts mißbraucht. In der Praxis wurden Frauen unter diesem Begriff eher instrumentalisiert statt gefördert.

Ich begreife langsam, daß ich mich durch glänzende Ausdrücke nicht verblenden lassen und vielmehr die mir gegebenen Spielräume nutzen muß, um diese stolze Festung um mich öffnen zu können. Das bedeutet, die Einbahnstruktur der Entwicklungspolitik vor der Landung in einer Sackgasse umzuleiten, das Wechselverhältnis der Ent-

87

Texte von Kook-Nam Cho-Ruwwe: „Entwicklungshelferinnen in Deutschland“ (1989) und „Migrantinnen aus Korea in Deutschland“ (1990). Dokumentation „Koreanische Frauen“ beigetragen von Kook-Nam Cho-Ruwwe.

wicklungshilfe wahrzunehmen und schließlich die dabei entspringenden möglichen Bereicherungschancen aller Beteiligten nicht zu verlieren. Und zwar dies nicht nur in Übersee, in der Dritten Welt oder in einem Entwicklungsland, sondern hier in der BRD.

Aus Deutschland ein Entwicklungsland machen; dieses Land scheint noch nicht fähig zu sein, die verborgenen Schätze, z.B. Kultur- und Gedankengut ausländischer Mitbürger, einzuschätzen und zu erkennen, geschweige denn damit umzugehen. In diesem Land bedarf es dringend Entwicklungsarbeiterinnen und Entwicklungsarbeiter.

Bevor aber das Land aus den »Süd-Ländern« nötige »Experten« hierher holt, im Rahmen des »Süd-Nord-Austauschs« oder der »Süd-Nord-Kooperation«, sollte es zunächst einen eigenen Weg der »Hilfe zur Selbsthilfe« herausfinden, denn inzwischen muß das Land an diesem Konzept unermeßliche Erfahrungen im Ausland gesammelt haben. Jetzt wäre es endlich die Zeit, es hier im Inland zu verwirklichen.

In diesem Zusammenhang möchte ich mein Leiden, verflossene Tränen, Demütigungen, aber auch meine Freude und Lachen, alles was ich als importierte Krankenschwester persönlich erlebt habe, aus meinem einzelnen Schicksal herausholen und zu einem Teil der über 11000 koreanischen Krankenpflegekräfte werden lassen (im Zeitraum von 1965 bis 1976 sind über 11000 Frauen aus Korea gekommen, von denen leben ca. 4000 Frauen hier). Es ist nicht meine Absicht, unserem Dasein in Deutschland rückwirkend nachzutrauern. Ich will gemeinsam mit meinen hier lebenden Landsfrauen unsere Geschichte in der BRD neu entdecken und neu definieren.

Unser Leben an sich gilt als ein Beitrag zur Entwicklungsarbeit Deutschlands.

Der DÜ-Rückkehrerausschuß (RKA) informiert:

»DÜ-Perspektiven«

Während der letzten Ausschußsitzung vom 16.–18. 6. 89 verabschiedeten wir folgende Thesen zur Policy und Arbeit von Dienste in Übersee in der Absicht, unsere Meinung zur zukünftigen Arbeit in den verschiedenen Gremien zu Gehör zu bringen.

Ziele:

DÜ als Arbeitsgemeinschaft evangelischer Kirchen muß versuchen, dem christlichen Anspruch gerecht zu werden. Einfach ausgedrückt bedeutet dies, sich für die Armen in der Welt einzusetzen mit dem Ziel, die Kluft zwischen Armen und Reichen aufzuheben. Der christliche Anspruch ist damit immer auch ein gesellschaftlicher Anspruch. Christlichkeit ist nicht im Sinne von verfaßter Kirchlichkeit zu verstehen, sondern im Sinne von christlichem Verhalten.

DÜ sollte sich innerhalb der Veränderungen in der Welt für die Erhaltung der natürlichen, sozialen und wirtschaftlichen Lebensräume einsetzen. Dies bedeutet auch, der zunehmenden Europäisierung der Welt entgegenzuwirken, z.B. durch Erhaltung der kulturellen Vielfalt.

In diesem Zusammenhang sollte mehr Bewußtsein für »common concerns« entwickelt werden, für die Tatsache, daß Probleme der »Dritten Welt« auch die unseren sind und wir Verantwortung tragen.

Der Einfluß von DÜ und darüber hinaus der AGKED in der Kirche muß mit dem Ziel gestärkt werden, die Einsichten aus der Entwicklungshilfe, der Arbeit und dem Leben mit den Menschen in Übersee, stärker in unsere Gesellschaft zu tragen und das Bewußtsein für die Verantwortung für die Welt in der Bevölkerung zu sensibilisieren.

Konzept:

Die Vermittlung von Entwicklungshelfer(inne)n innerhalb und außerhalb des ökumenischen Netzes nach Anfrage aus Übersee bleibt Aufgabe von DÜ.

Die Vermittlung von Personal als Austausch im ökumenischen Netz sollte angestrebt werden (Süd-Nord, Süd-Süd, Nord-Süd). Die Personalförderung durch Vermittlung/Finanzierung von Ausbildungsprogrammen und Arbeitsstellen für Interessent(inn)en aus Übersee sollte ebenfalls angestrebt werden.

Eine Ausweitung der Inlandsverträge durch Erhöhung der Anzahl und Verlängerung der Vertragszeit wie bei Überseeverträgen sollte ins Auge gefaßt werden. Die Inlandsarbeit, mitgetragen von Rückkehrer(inne)n, Überseeregister und anderen entwicklungspolitisch aktiven Gruppen muß weiterhin ein wichtiger Schwerpunkt der Arbeit von DÜ sein.

Projekten im Bereich der Solidaritäts- und Menschenrechtsarbeit, Bewahrung ökologischer Lebensräume, Förderung kleinbetrieblicher Strukturen von Produktion und Handel, Stärkung der kulturellen Identität kleiner Völker sollte in Übersee und im Inland erhöhte Aufmerksamkeit gegeben werden.

Amtshilfe und Kooperationsvermittlungen ohne die bei den Regelverträgen angelegten Projektkriterien halten wir nicht für sinnvoll.

Generell sollte bei allen Aktivitäten bedacht werden, daß es besser ist »bei Wenigem mitzumachen« als »bei Vielem dabeizusein«.

Umsetzung:

Bei der Auswahl qualifiziert nicht nur die Kirchenzugehörigkeit, sondern vor allem das Eintreten für »Frieden, Gerechtigkeit und Bewahrung der Schöpfung«.

Die Auswahl von geeigneten Projekten, in denen ein Austausch mit Miarbeitern aus Übersee möglich ist, sollte gefördert werden.

Es sollte für ausreichend Personal in der Geschäftsstelle gesorgt sein, damit die professionelle Bearbeitung der Personalvermittlung sichergestellt ist.

Wir regen die Schaffung einer Arbeitseinheit in der Geschäftsstelle mit dem Auftrag an, die entwicklungspolitische Situation laufend zu analysieren und Perspektiven zu entwickeln.

Arbeitsstellen in der Geschäftsstelle sollten auch Interessent(inn)en aus Übersee offen sein.

88

GLOBALE VERBINDUNGEN IN DIASPOREN: KÖLN/BONN

AYŞE TEKIN

◆

UNTERSCHIEDE! – UND WAS EINT UNS? DIE ENTWICKLUNG DER VERSCHIEDENHEIT IM MIGRANTISCHEN FEMINISMUS

Ayşe Tekin ist 1983 aus der Türkei nach Deutschland gekommen. Sie war bereits eine feministische Aktivistin in der Türkei und setzte ihre Ausbildung in Deutschland fort. Sie beteiligte sich an der frühen Entwicklung der Feministischen Migrantin-

nenbewegung, gleichzeitig aber auch an der linken Bewegung in Deutschland. Sie arbeitet seit 1990 bei der Deutschen Welle. Ayse erzählt, wie die Bewegung des Migrantischen Feminismus Ende der 80er- und Anfang der 90er-Jahre in Köln florierte.

Ich kam 1983 nach Deutschland und zwar nach Köln. Ich habe in der Türkei Betriebswirtschaft studiert, hier aber dann mit der Erwachsenenpädagogik angefangen – eigentlich nur wegen des damals angebotenen Seminarprogramms. Darin waren die Themen, die mich interessierten, wie die Geschichte der Arbeiterbewegung in Deutschland oder ein Seminar über Pierre Bourdieu und seinen Habitus-Begriff.

Ich war in der Studentenbewegung aktiv und habe beim AStA mitgemacht. Wir haben ein – damals hieß es noch so – „Ausländerreferat" im AStA gegründet. Palästinenser:innen, Griech:innen, ich und so weiter. Wir haben an bestimmten Wochentagen Student:innen beraten, die mit verschiedenen Problemen zu uns kamen. Wir haben gegen die Kürzung der Deutschkurse Proteste organisiert. Als ich 1983 an der Uni Köln angefangen habe, hatte ich keine Vorkenntnisse und habe innerhalb eines Jahres soweit Deutsch gelernt, dass ich die Sprachprüfung für die Aufnahme absolviert habe. So gut waren die Sprachkurse. Wir hatten für unser Aussprachetraining Theaterschauspieler:innen als Lehrer:innen gehabt. Was für ein – notwendiger – Luxus damals. Dann wurden diese Kurse gekürzt. Dagegen haben wir in Düsseldorf protestiert. Dabei habe ich eine für mich erstaunliche Erfahrung mit Sitzungsgeldern gemacht. Das war für mich so ein Moment, wo meine Kinnlade nicht mehr hochging, weil ich dachte: „Was für Gelder?! Sitzungsgelder, dafür, dass wir hier Politik machen? Das ist jetzt aber sowas von neu!"

Dieses Studium habe ich bis zum Vordiplom fertig gemacht. In dieser Zeit gab es in Köln bzw. in Deutschland eine aktive Frauenbewegung, an der ich beteiligt war. Ende der 90er-Jahre ist sie abgeflaut, wo ich dann sozusagen eine Pause gemacht und in der Türkei meinen Magister nachgeholt habe. Ich wollte auch eine Doktorarbeit schreiben, aber dann hat mich die Gewerkschaftsbewegung eingeholt.

Akademisch fand ich zu dieser Zeit – inspiriert durch viele Veröffentlichungen – die Matriarchatsforschung interessant. Es gab zu dieser Zeit auch Ausstellungen und Konferenzen dazu. Das Thema hatte auch einen starken Bezug zur Türkei, weil James Mellaart, der 1968 Çatalhöyük entdeckt hatte, die Überbleibsel so interpretierte, dass es sich um eine matriarchale Gesellschaft gehandelt haben müsste. Die in Çatalhöyük ausgegrabenen Figuren wurden eigentlich an vielen Orten der Welt gefunden, aber unterschiedlich interpretiert. In den USA gab es unter den Historikerinnen eine Diskussion über die Neuinterpretation der Geschichte. In Europa sind diese Skulpturen – später – als sexuelle Objekte betrachtet worden. In Deutschland gab es eine Beschäftigung mit diesen Objekten eher aus der esoterischen Ecke, die in der Göttinnen-Deutung stecken geblieben ist. Ich wollte einfach meine Sichtweise entwickeln: Was hat es damit auf sich, wie ist die Bedeutungsumwandlung im zeitlichen Kontext abgelaufen? Und: Warum lassen die Frauen sich davon beeinflussen oder suchen sie ihre eigenen Formen vom Leben, von den Feierlichkeiten und von der Erklärung der Welt? Darüber habe ich meine Magisterarbeit geschrieben bzw. dazu habe ich recherchiert, weil es in der Türkei sehr viele Orte gibt, wo diese Figuren gefunden worden sind, insbesondere in Anatolien. Das war meine Neugier und die habe ich gestillt. Das war komplett anders als die Themen, die ich bis dahin im Blick hatte. Diese Arbeit hat mir eine neue Tür geöffnet und einen anderen Blick auf die feministische Archäologie und Geschichtsschreibung beschert.

Ich war schon in der Türkei frauenbewegt und daher hatte ich Interesse an Frauenthemen. In Köln gab es damals (in den 80er-Jahren) auch eine sehr starke Frauenbewegung; darin waren Gewerkschaftsfrauen, autonome Frauen, aber auch Italienerinnen, Griechinnen usw. Sie hatten sich in einem Frauenforum getroffen. Und einmal im Monat kamen etwa dreißig Frauengruppen zusammen und haben über verschiedene Themen diskutiert wie den 8. März, Abtreibung oder gleiche Bezahlung. Probleme der Migrantinnen waren noch kein Thema, aber neben dieser Bewegung gab es auch eine Bewegung der Migrantinnen, wo die Frauen sich bald gefragt haben: „Warum diskutieren wir nicht unsere Themen?"

Eine Bewegung für unsere Themen

Was sind unsere Themen gewesen? Damals gab es eine Aufenthaltserlaubnis für Ehefrauen oder nachgezogene Ehe-Partner, die etliche Probleme verursachte. Dies traf auch Männer, doch es waren überwiegend Frauen, die davon betroffen waren. Dies war auf gesellschaftliche Strukturen zurückzuführen. Es ging um Frauen, die nachgezogen waren und abhängig von der Aufenthaltserlaubnis ihres Mannes waren. Diese Frauen waren dann so lange an den Mann ‚gekoppelt', bis die Frau die Bedingungen für eine unabhängige, eigene Aufenthaltserlaubnis erfüllt hatte. Das war aber fast unmöglich, weil die Frauen meistens als Ehefrauen kamen. Sie hatten also keine Arbeitserlaubnis und egal, ob sie Gewalt in der Familie erlebten oder auch einfach keine Lust mehr hatten, waren sie an diese Ehe gebunden – wegen ihres Aufenthaltsstatus. Das war für uns das dringlichste Thema. Wir haben ein unabhängiges Aufenthaltsrecht für die Ehe-Partner:innen, insbesondere für die Frauen gefordert. Und aus dieser Diskussion sind die Frauengruppen entstanden, die damals „deutsch-ausländische Frauengruppen" genannt wurden. Ich war auch in einer solchen Gruppe in Köln. Darin waren vorwiegend Studentinnen, aber es gab in dieser Frauengruppe auch Sozialarbeiterinnen und eine ältere Feministin, die die Zeiten vom Tomatenwurf der 68er miterlebt hatte. So war unsere Gruppe generationsübergreifend zusammengesetzt. Wir haben diese Gruppe eine Zeit lang, also vier, fünf Jahre denke ich, aufrechterhalten. Wir waren nicht die einzige Frauengruppe dieser Art, sondern es gab in ganz Deutschland ähnliche Frauengruppen, die sich diesen Themen gewidmet haben. Einige dieser Frauen organisierten eine Konferenz im März 1984., die damals fragte: „Sind wir uns denn so fremd?[1]". Das waren die Frauen mit Migrationshintergrund, aber damals haben wir uns noch nicht so genannt.

Das Wörter ‚Migrantinnen' oder ‚Migration' sind lange Zeit negiert worden und erst die Diskussion, die wir geführt haben, hat zu einer Reflexion bei der Aufnahmegesellschaft und allmählichen Akzeptanz in der Gesellschaft geführt. Wir sagen erst jetzt, dass wir eine Einwanderungsgesellschaft sind. Das war in der Politik bisher nicht akzeptiert gewesen. Damals schon gar nicht. Das waren im damaligen Verständnis ‚Ausländer', die kamen, arbeiteten und die dann irgendwann auch wieder auszureisen hatten. So war aber natürlich nicht die Realität der Migrant:innen. Das hat die Politik aber erst viel später verstanden, wenn überhaupt.

Nach zwanzig Jahren, im März 2004, gab es eine zweite Konferenz in Frankfurt. Schließlich hatte diese Bewegung bzw. hatten die folgenden Diskussionen eine Gesetzesänderung bewirkt, die die Zeit der Abhängigkeit, bzw. die Wartezeit auf eine unabhängige Aufenthaltserlaubnis, reduzierte. Heute gelten wieder andere Bedingungen.[2]

1 Vgl. Gültekin, 1984.
2 Vgl. González Gamarra und Ziesemer (Hrsg.), 2005.

Anfang der 90er-Jahre hat sich der Diskurs bedingt durch die deutsche Vereinigung geändert. Plötzlich waren die Frauen aus der DDR erreichbar und sie hatten ein anderes Level als die westdeutschen Frauen. Sie hatten z. B. kein Kita-Problem. Das war für sie staatlich organisiert damals, so wie „gleiche Arbeit mit gleicher Bezahlung". Ich will damit nicht sagen, dass es dort perfekt war, aber sie waren anders sozialisiert und hatten unser Problem nicht auf dem Schirm. Wir organisierten in Köln ein Treffen mit Frauen aus der DDR, westdeutschen Frauen und Migrantinnen und diskutierten über diese Unterschiede.

Die Migrantinnen kamen hauptsächlich aus den westlichen Bundesländern. In der DDR waren auch Migrant:innen, aber nicht so sichtbar und organisiert wie im Westen. In der Diskussion haben wir herausgearbeitet, dass wir neben den Problemen durch die patriarchalische Unterdrückung und Wahrnehmung in der Aufnahmegesellschaft zusätzliche Probleme mit unserem Status, zum Beispiel mit unserem Aufenthaltsstatus, hatten. Ob du jetzt Studentin bist, eine befristete Aufenthaltserlaubnis hast, oder unbefristete, oder die deutsche Staatsangehörigkeit hast, ob du eine Flüchtlingsfrau bist oder eine Schwarze deutsche Frau und entsprechend anders behandelt wirst, oder ob du eine jüdische deutsche Frau bist – all das hat verschiedene Auswirkungen auf dein tägliches Leben. Wir haben unsere Unterschiede bemerkt, das war damals unser zentrales Thema. Und bei all den Differenzen: Was eint uns? Wo sollen wir nach gemeinsamen Lösungen suchen?

Zu der Zeit waren wir in einer neuen Frauengruppe und haben versucht, unsere Unterschiede in unserem Namen zu reflektieren: ELISA. Das setzt sich zusammen aus Emigrantinnen, lesbische, Schwarze Frauen, im Exil lebende Frauen in Aktion. Eigentlich entstand die Gruppe durch die Proteste gegen die rassistischen Anschläge in diesen Jahren. Wir haben in der Kölner Innenstadt Infostände gemacht, mit Passant:innen diskutiert. Dann haben wir angefangen uns zu treffen, um über uns zu diskutieren; am Anfang ziemlich oft, einmal in der Woche, um uns kennenzulernen. In Frankfurt, Bremen und in anderen Städten gab es mehrere solcher Gruppen. Es gab Bedarf, weil wir gesehen haben: Durch die Unterschiede müssen wir mehrere Bedürfnisse ‚bedienen'. ‚Bedienen' heißt: mitnehmen, in unsere Forderungen integrieren. Zum Beispiel Schwarze deutsche Frauen: Die hatten nicht das Problem der Aufenthaltserlaubnis. Oder im Exil lebende Frauen: Diese waren damals viel sicherer als die Emigrantinnen, die eventuell keinen Job hatten und entsprechend keine Aufenthaltserlaubnis bzw. keinen gesicherten Status.

Wir haben über diese Unterschiede diskutiert. Damit handelten wir uns den Vorwurf ein, dass wir spalten und dadurch die Bewegung schwächen. Das ist teilweise richtig, aber ich sage nur teilweise, weil: Ohne sich darüber bewusst zu werden, welche Unterschiede zwischen uns existieren, können wir schlecht gemeinsam agieren. Die Frauen müssen sich dieser Herausforderung stellen. Die Frauen aus dem Osten haben das nicht verstanden, weil sie diese Begegnung nicht hatten. Sie waren gerade im ‚deutschen Einigungsprozess' und plötzlich wollten irgendwelche ‚wildgewordenen' Migrantinnen über die Unterschiede diskutieren. Das war nicht ihr Thema.

Grenzüberschreitungen als Widerstandsformen

Es gab Treffen, die sehr emotional waren. Uns wurde vorgeworfen, dass wir getrennte Wege gehen, weil wir die Unterschiede hervorheben. Bei einem Treffen haben wir zu den deutschen Frauen gesagt: „O. K., dann gebt doch eure Pässe ab! Dann sehen wir mal, wie gleich wir sind?" Kann frau wirklich den Pass abgeben? Du wirst hineingeboren in eine Gesellschaft und du ‚gehörst' zu dieser Gesellschaft. Du kannst dich ausbürgern lassen. Dann bist du staatenlos. Aber du kannst nicht einfach sagen: „Ich gebe mal meinen Pass ab.“ Das hat sie aufgeweckt. Das war eine interessante Diskussion, denn dadurch haben alle erkannt: Es gibt unterschiedliche Bedürfnisse! 1993 hat ELISA in Bonn einen Kongress organisiert. Wir haben über herrschende und marginale Kulturen diskutiert, über Identitätssuche und über Grenzüberschreitungen als Widerstandsformen. Das war ziemlich akademisch geprägt, weil einige von uns mittlerweile im Wissenschaftsbetrieb zumindest als Nachwuchs angekommen waren.

Die Diskussion über Unterschiede ist in den USA viel früher theoretisiert worden. Wir hatten diese Bücher gelesen. In Holland zum Beispiel war diese Diskussion besser angekommen. Auch durch die Bücher von Anja Meulenbelt.[3] Mit ihr haben wir ein Wochenendseminar veranstaltet. Sie kam und hat mit uns diskutiert. Wir hatten all das herausgearbeitet, was in der herrschenden Frauenbewegung in Deutschland bis dato kein Thema war oder von uns bis dahin nicht wahrgenommen wurde. In dieser Zeit war auch die sexuelle Orientierung ein Thema bei Queer-Feminist-Migrantinnen. So gab es noch eine ‚Spaltung‘ oder – um es nicht so negativ darzustellen – eine ‚Verschiedenheit‘. Aber das musste auch so kommen, weil sie ihren Weg gehen mussten, um sich selber und ihre Situation besser zu verstehen. Das hat u. a. dazu beigetragen, dass ELISA auseinanderging. Ich meine das keinesfalls negativ, ich halte diese Selbstfindungsprozesse für sehr wichtig. Und damals waren auch die rassistischen Angriffe ein bisschen zurückgegangen. Es gab in diesem Sinne keine so große persönliche Gefahr mehr und jede Frau entwickelte auch andere Interessen. So endete auch unsere Gruppe wie andere Frauengruppen. Nichts dauert ewig und das ist gut so!

3 Vgl. Meulenbelt, 1988.

Daraus sind andere Formen entstanden und die institutionalisierte Frauenarbeit ist weitergegangen. Agisra ist so ein Fall, worüber wir auch mit den Frauen damals diskutiert haben. Buntes Netzwerk hieß es damals in Köln, Buntes Netzwerk e. V. Schließlich wurde in der Stadt Köln das Amt einer Frauenbeauftragten als Institution eingerichtet. Darunter war auch eine Frau mit Migrationshintergrund, sodass die Bedürfnisse auch in dieser Hinsicht besser abgedeckt waren als früher. Eigentlich ist das der übliche Weg, den die Institutionalisierung des Feminismus genommen hat. Ob das gut war oder schlecht, will ich gar nicht sagen. Aber im Endeffekt haben die Institutionen auch einen Selbsterhaltungszweck und dadurch funktionieren die organisatorischen Sachen anders. Was jetzt der Fall ist, sind tatsächlich diese 8. März-Empfänge der Stadt Köln oder in Bonn. Sie sind institutionalisiert. Frau geht hin, feiert sich und das war's! Im Grunde ein jährliches Wiedersehen ohne Aktionen und Ambitionen.

Was ich dabei vermisse, sind – wie vorher erwähnt – diese sehr stärkenden Demonstrationen/Aktionen auf der Straße. Das machen wir leider nicht mehr. Ich habe mich später stärker in der Gewerkschaftsbewegung engagiert. Die Gewerkschaft ist hierarchisch organisiert, auch in der Frauenarbeit: Es gibt Frauenräte auf örtlicher Ebene, auf Landesebene und auf Bundesebene. Die haben unterschiedliche Aufgaben, aber im Endeffekt mit Blick auf das Arbeitsleben haben sie doch sehr ähnliche Themen.

Was ist aus den Frauen von damals geworden? Einige von uns haben akademische Karrieren gemacht. Ich habe eine gewisse Karriere gemacht und ich sage immer, das ist nicht nur dem Arbeitsplatz zu verdanken, sondern auch meiner politischen feministischen Arbeit in diesen Gruppen, denn diese haben mich bestätigt, mich gestärkt. Ich bin diesen Weg gegangen und wir sind sichtbar geworden. Wir sind nicht mehr ‚Exoten an der Ecke'. Migrant:innen sind überall sichtbarer geworden und sie haben ihren

Weg selber bestritten. In Deutschland sind die zweiten, dritten, vierten Generationen der Migrantinnen viel selbstbewusster. Sie werden von der Mehrheitsgesellschaft jetzt anders wahrgenommen. Sie präsentieren sich anders. Auch wenn sie die Auswirkung der feministisch-migrantischen Bewegung vielleicht persönlich nicht bemerkt haben, hat diese in der Gesellschaft gewirkt und den Weg geebnet. Das ist meine Genugtuung.

Literatur

González Gamarra, María del Carmen und Ziesemer, Gudrun (2005): *2. Kongress internationaler Frauen. Zukunft braucht Vergangenheit – Zukunft braucht uns Frauen, Johann Wolfgang-Goethe-Universität Frankfurt, Frankfurt am Main, 26.–28. März 2004.* Rhombos-Verlag: Berlin.

Gültekin, Nevâl (1984): „Sind wir uns denn so fremd?“, in: Dokumentation des 1. Gemeinsamen Kongresses Ausländischer und Deutscher Frauen, 23.–25. März 1984, Frankfurt/Main: ASH-Druckerei.

Meulenbelt, Anja (1988): *Scheidelinien: Über Sexismus, Rassismus und Klassismus.* Frankfurt am Main: Rowohlt.

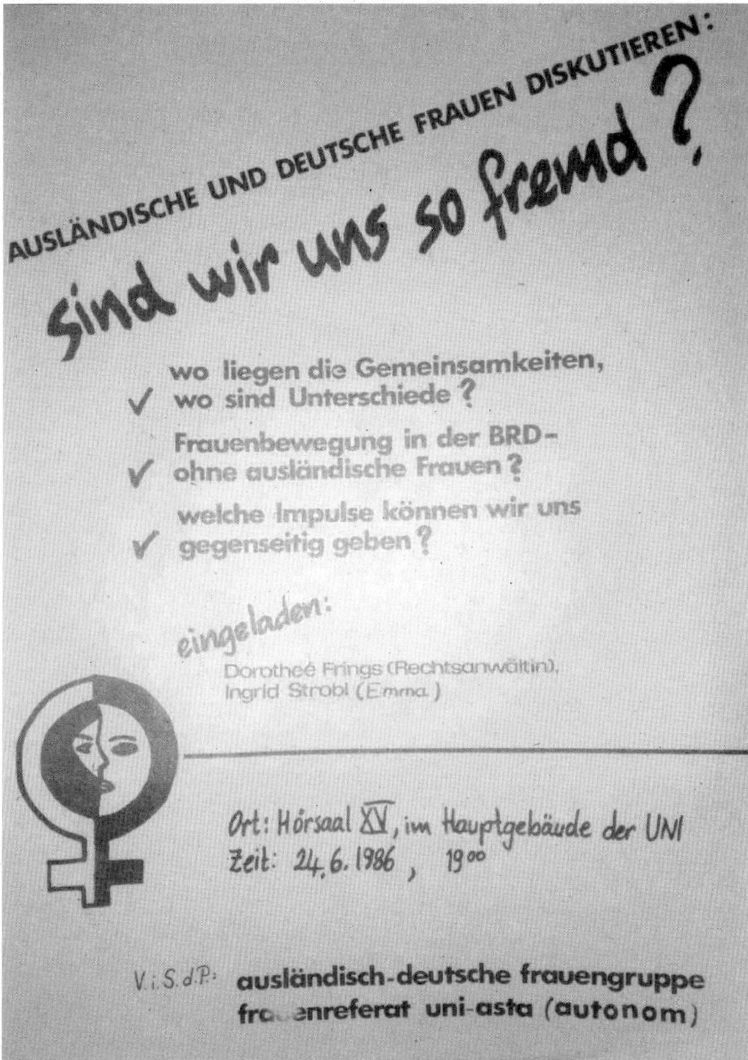

Ausländische und deutsche Frauen diskutieren:
Sind wir uns so fremd? (1986). Beigetragen von Kader Konuk.

Poster und das Programm der Elisa Konferenz.
Unterschiede Nutzen, Unterschiede Netzen. 11.–13. März 1994.
Elisa Konferenz Poster beigetragen von Behshid Najafi.

ZEITRASTER
FÜR DIE ELISA-TAGUNG AM 11.-13.3.94

<u>11.3.94 (Freitag)</u>

18.00 - 19.00 Ankunft, Abendessen

19.00 - 19.30 Begrüßung der Teilnehmerinnen
Vorstellung der Gruppe "ELISA"

19.30 - 21.30 Diskussionsrunde zum Thema "Vernetzung von Migrantinnen, Schwarzen und im Exil lebenden Frauen"

<u>12.3.94 (Samstag)</u>

7.30 - 9.00 Frühstück

9.30 - 9.45 Klärung organisatorischer und inhaltlicher Aspekte der Tagung

9.45 - 10.45 Historischer Abriß"Rassismus und Nationalismus"
(Jaqueline E. Greene, Köln)

11.15 - 13.00 parallele Workshops zu folgenden Themen:

A *Verinnerlichter Rassismus und Kolonialismus - - Sozialisation in der Dominanzgesellschaft*
(Nivedita Prasad, Berlin)

B *Macht Rassismus krank? Psychosoziale Versorgung von Migrantinnen und Schwarzen Frauen*
(Hatice Karahan, Köln)

C *Die zweite Generation der Migrantinnen zwischen Anpassung und Widerstand*
(Selmin Caliskan und Sita Rajasooriya, Bonn)

13.00 - 13.30 Mittagessen
13.30 - 14.30 Pause

14.30 - 16.30 parallele Workshops zu folgenden Themen:

D Differenz als ein Bestandteil anti-rassistischer Politik
(Hürü Kök, Hamburg)

E ~~Türkische Frauen sind wie Schatten - Leben und Arbeiten im Frauenhaus~~ Arbeiten in multikulturellen Zusammenhängen
(Gülsen Aktas, Berlin)

F *Das Bild von der "anderen" Frau*
(Kader Konuk, Köln)

17.00 - 18.30 Plenum / Resultate der Workshops bzgl. Vernetzung

18.30 - 19.30 Abendessen

ab 20.00 Klönen, Tanzen usw. Verstrickt Euch, Frauen!

<u>13.3.94 (Sonntag)</u>

7.30 - 9.00 Frühstück

9.30 - 10.00 Kurztreff: Tagesablauf

10.00 - 12.00 parallele Workshops zu folgenden Themen:

G *Die gekauften Bräute - Heiratsmigrantinnen*
(Agnes Mendoza, Köln)

H *Wie wehren wir uns gegen rassistische und antisemitische Angriffe?*
(Ina Röder-Sissoko, Amsterdam)

I *Unterschiede unter UNS - über den Umgang mit unseren Unterschieden*
(Ayse Tekin und Jae-Soon Joo-Schauen, Köln)

12.00 - 13.00 Mittagessen

13.00 - 15.00 Abschluß-Plenum
Konkrete Schlußfolgerungen für Vernetzung

15.00 Kaffee und Abfahrt

Konferenz Programm beigetragen von Kader Konuk.

beiträge

zur feministischen theorie und praxis

FrauenStreik Streitfragen

36

1. Auflage 1994
Eigenverlag des Vereins Beiträge zur feministischen Theorie und Praxis e. V., Köln
Satz: DTP-SatzService Eul-Gombert, Bergisch Gladbach
Druck: Farbo Druck & Grafik Team, Köln
Titel: Heidi Rautenberg, Köln

Ayse Tekin

Unterschiede wahren, Zusammenarbeit möglich machen

Der Frauenstreik am internationalen Frauentag 1994 in Deutschland wirft Fragen zur Bündnisarbeit unter den Frauen auf. Bevor über neue Formen der Zusammenarbeit diskutiert werden kann, ist es notwendig, bisherige Erfahrungen und Ergebnisse zur Sprache zu bringen. So ist dieser Artikel ein Versuch, die 10jährige Zusammenarbeit zwischen den deutschen Feministinnen und Migrantinnen, Schwarze Deutschen, im Exil lebenden und jüdischen Frauen zu dokumentieren.
Die Neue Frauenbewegung in Deutschland besteht seit über 20 Jahren und ist am Anfang eine ausschließlich weiße deutsche Frauenbewegung gewesen. Das Mitwirken der Migrantinnen in der Frauenbewegung mit ihren Forderungen hat nur eine 10jährige Geschichte.Was waren die Hindernisse bis dahin?
MigrantInnen wurden Anfang der 70er Jahre politisch und gewerkschaftlich aktiv, so daß ein Vertrauensverhältnis zwischen ihnen und der deutschen außerparlamentarischen Oppositionsbewegung entstand. Sie verschafften sich Gehör für ihre Probleme. Trotzdem beschränkte sich die Beziehung zu Nicht-Deutschen auf die Betreuungsebene, höchstens auf den Kulturbereich. Die Migrantinnen wurden zuerst wegen ihrer Gebäreigenschaft als Klientinnen von Medizinern und aufgrund ihrer Sprachschwierigkeiten von den Sozialarbeiterinnen wahrgenommen (siehe die ersten Veröffentlichungen zu diesem Thema – Schulz 1992). Die frauenbewegten deutschen Frauen stellten sich „Migrantinnenarbeit" als Aufgabe. Ob sie Sozialarbeiterinnen waren oder nicht, ihre Haltung entsprach der aus dieser Berufsgruppe. So wurden auch zuerst von diesen Frauen Vorschläge zur Betreuung der Migrantinnen gemacht.

Die ins Land gerufenen Arbeitskräfte sahen mehr und mehr ihre Lebensperspektive in Deutschland. Die Familien kamen nach. Da aber der Arbeitsmarkt zunehmend gesättigt war und für Nachgekommene keine Arbeitserlaubnis erteilt wurde oder dafür eine bestimmte Zeit der Anwesenheit vorgeschrieben war, übertrugen viele der weiblichen Arbeitskräfte ihre Arbeitserlaubnis auf ihren Mann. So waren sie wieder in ihre traditionelle Rolle zurückgekehrt. Dies war ein Ergebnis der Gesetzgebung in Deutschland. Als nachgezogene Migrantinnen bekamen sie keine eigenständige Aufenthaltserlaubnis, seit 1990, mit dem neuen Ausländergesetz, ist diese Frist auf drei Jahre begrenzt.
Neben der Sicherstellung der Reproduktion der Arbeitskraft des Mannes sollen die Migrantinnen besonders für familiäre Harmonie und Kinderbetreuung sorgen. Das machte zumindest minimalen Kontakt mit der deutschen Gesellschaft nötig, z.B. in der Sozialarbeit. Die Konflikte zwischen den MigrantInnen und Behörden setzten die „AusländerInnenarbeit" auf die Tagesordnung.
Die „AusländerInnenarbeit" und die Veröffentlichungen über die Lebensweise der Migrantinnen wurde durch den Staat in Form von Forschungs- und Projektgeldern unterstützt. Diese Veröffentlichungen, Diplom- und Promotionsarbeiten brachten den deutschen Frauen Titel, Karriere und menschliche Zufriedenheit, den Migrantinnen aber zum großen Teil Ärger, weil sie sich benutzt fühlten, an ihrer Lage jedoch nicht viel geändert wurde.

Anfang der 80er Jahre, während der Auseinandersetzungen gegen die geplante Änderung des Ausländergesetzes, merkten die Frauen, daß in den gemischten Gruppen ihre Probleme immer noch nur als Randfragen wahrgenommen wurden. So entstand die Idee, einen „gemeinsamen Kongreß von deutschen und ausländischen Frauen" durch- 103

zuführen. Dies war auch eine Folge der strukturellen Veränderung unter den Migrantinnen. Mittlerweile war die sogenante Zweite Generation aufgewachsen, und dazu kamen die Frauen, die in der Bundesrepublik Deutschland Exil gefunden haben. Die Sprachlosigkeit der nicht-deutschen Frauen war im materiellen und im politischen Sinne überwunden.
Auf dem Kongreß vom 23.-25. März 1984 zeigte sich, daß die Rollen zwischen Migrantinnen und deutschen Frauen gewechselt hatten. Diese Situation wurde von den deutschen Frauen als „Schock" erlebt. Briefe, die in dem Buch zur Dokumentation des Kongresses abgedruckt wurden, spiegeln das wider. Die deutschen Frauen sahen erstaunt, wie ihre „Lehrlinge" sich geändert hatten und sie mit Fragen, aber auch Vorwürfen konfrontierten.
„Durch die emotionale Wucht der Anklagen fühlten wir uns an die Wand gedrängt, einige waren den Tränen nahe. Der Charakter, den das Beisammensein ausländischer und deutscher Frauen sonst wohl oft hat – daß sich alles um die Problematiken der Deutschen dreht, und diese auch durch ihr intellektuelles Reden alles dominieren, während die Ausländerinnen ‚sprachlos' dabeisitzen – hatte sich diesmal umgedreht. Die Ausländerinnen brachten nicht nur ihre gefühlsmäßige Betroffenheit und Wut sehr deutlich zum Ausdruck und eben auch sehr direkt und persönlich gegenüber den Deutschen, sondern sie waren auch die sehr viel Wortgewaltigeren und Redegewandteren. Wir Deutschen waren zu keiner Argumentation in der Lage, dagegen sprudelten aus ihnen die Argumente und inhaltlichen Positionen nur so heraus. Bezeichnend für uns deutsche Frauen ist allerdings wohl auch, daß, zumindest bei mir, an das inhaltlich Vorgebrachte kaum noch eine Errinnerung vorhanden ist. Woran ich mich errinnere ist, daß eine Ausländerin meinte: ‚Immer wurde über mich geredet, immer mußte ich mich entblößen – jetzt will ich, daß auch ihr deutschen Frauen euch endlich einmal nackt auszieht!' ... Ich hatte das Gefühl, in Grund und Boden geredet zu werden, und ich war sehr schockiert, traurig, sauer ... Ich verstand nicht genau, was sie überhaupt von uns verlangten, und bei dem, was ich davon verstand, dachte ich, daß ich das nicht kann. Mir war völlig unklar, was ich denn da auf einmal über ‚meinen Rassismus' sagen sollte" (Ruf 1984, S.162). „Ich hatte als Deutsche, es fällt mir schwer, das so hinzuschreiben, weil ich mich damit nicht identifizieren kann, das Gefühl, daß manche Ausländerinnen von vornherein den Deutschen Ausländerfeindlichkeit oder zumindest Verständnislosigkeit unterstellten" (Kiefer, 1984 S. 170).

Diese langen Zitate sind nötig, um die Situation deutlich zu machen und manche Parallele zu den Anfängen der Frauenbewegung zu ziehen: Deutschen Frauen war ihre Macht des Besserwissens streitig gemacht, die sie bis dahin über die Ausländerinnen ausgeübt hatten; sie waren mit ihrer Nationalität konfrontiert, deren Ablehnung sie gepflegt und dies als fortschrittlich bezeichnet hatten; ihnen wurde ein Spiegel ihrer Moral vorgehalten, der deutlich machte, daß sie sich selbst reserviert verhalten, aber das Gegenteil von „Ausländerinnen" verlangen. Sie wurden mit ihrem latenten Rassismus konfrontiert, den sie bis dahin nicht hinterfragt hatten.
Wenn manche Worte aus diesen Zitaten gewechselt werden, so zum Beispiel: Frauen/Ausländerinnen, deutsche Frauen/Männer, Nationalität/Patriarchat (im Zitat nicht vorhanden, aber das füge ich hinzu, um es klarer zu machen) und Rassismus/Sexismus, dann wird klar, daß deutsche Frauen sich in die Lage der Männer zur Anfang der Frauenbewegung versetzt fühlten und genauso wie sie reagierten. Deutsche Frauen kämpften gegen Sexismus, aber wollten ihre eurozentristische Brille nicht ablegen und den Kampf gegen Sexismus und Rassismus gemeinsam führen, was auch das Hinterfragen des eigenen Rassismus bedeutet hätte. Zu dieser Zeit fanden solche Auseinandersetzungen in den USA bereits statt. Es gab auch Übersetzungen von schwarzen Feministinnen, die weiße Feministinnen in der Rassismusfrage kritisierten. Also

konnte nichts auf einen Mangel an Möglichkeiten zurückgeführt werden, wenn frau sich informieren wollte.
Diese Auseinandersetzungen gingen auf Treffen und Seminaren in den folgenden Jahren weiter (15./16. Mai 1985 Haus Lehrbach – 11./12. Januar 1986 Volmarstein). Sie waren geladen mit gegenseitigen Vorwürfen. Deutsche Frauen sahen nicht ein, daß ihre gutgemeinte Arbeit als Sozialarbeit abgetan wurde, in der sie die rassistischen Strukturen weitergeführt, sogar bestärkt haben sollten. Migrantinnen versuchten klarzumachen, daß sie mit eingeschränkten bzw. ohne Rechte kein gemeinsames Leben entfalten konnten und dies auch so wahrgenommen werden sollte.

Die Migrantinnen in der Frauenbewegung suchten einen Dialog, mit dem sie Wege des Zusammenlebens finden wollten. Als sie merkten, daß dies nicht gelingt, haben sie angefangen, auf Nationalitäten-Basis neue Frauengruppen zu gründen. Sie lehnten gemischt-nationale Frauengruppen nicht grundsätzlich ab, aber fühlten sich in ihren Gruppen wohler, weil sie sich nicht ständig zu „erklären" brauchten und „eine gemeinsame (Verständnis)Sprache" vorhanden war. Sie konnten auf einer gleichberechtigten Basis ihre Diskussionen führen, voneinander lernen, ohne „grammatische" Schwierigkeiten reden.
Bei dem ersten gemeinsamen Kongreß in Frankfurt wurde die Losung „Eigenständiges Aufenthaltsrecht für die ausländischen Frauen" beschlossen. Nach jahrelangen Kampagnen wurde diese Forderung im neuen Ausländergesetz teilweise berücksichtigt, so daß die Migrantinnen, nach einer bestimmten Zeit (drei Jahren) des Zusammenlebens mit dem Ehemann ein eigenständiges Aufenthaltsrecht erhalten. Da diese Zeit aber immer noch ein Hindernis im Leben der Migrantinnen ist, gilt die Forderung weiter und zwar nach einem von der Ehe unabhängigen sofortigen Aufenthaltsrecht. Aber der 1984 während des Frankfurter Kongresses formulierte Anspruch, „Ausländische und deutsche Frauen sind in dieser Gesellschaft nicht gleichberechtigt. Wir wollen unsere Gemeinsamkeiten herausarbeiten, um uns gegen jede Art von Diskriminierung wehren zu können" (Önler, in: Arbeitsgruppe Frauen-Kongreß 1984, S. 22), wurde weder in autonomen feministischen Frauengruppen noch auf anderen Ebenen verwirklicht.

Die 90er Jahre brachten Veränderungen: Die Deutsche Demokratische Republik hat sich aufgelöst und wurde der Bundesrepublik angeschlossen. Es kam eine nationale Welle über das Land und jede/r mußte sich mit ihrem/seinem Deutsch-Sein beschäftigen.
„Der erste Funke ‚Wir müssen unbedingt ein Treffen zwischen Ost- und Westfrauen veranstalten, um uns gemeinsam gegen das Patriarchat zu wehren', entzündete schon bald einen Waldbrand ... Ein Kongreß, der von der deutsch-deutschen Vereinigung handelte, konnte das Thema Nationalismus nicht ausschließen. Aber wie sollte man Nationalismus diskutieren, ohne Rassismus, wie Deutschland, ohne Antisemitismus? ... Jahrelang hatte die mainstream feministische Bewegung diese Themen, von Immigrantinnen, schwarzen und jüdischen Frauen immer wieder vorgebracht, träge und übellaunig ‚verschoben' und damit ein Vakuum geschaffen, das implodieren mußte" (Ghirmazion, Jacobsohn 1991, S. 5).
Dieses Zitat aus der Einleitung der Dokumentation des Kongresses „Frauen gegen Nationalismus, Rassismus/Antisemitismus, Sexismus", 16./18. November 1990 in Köln, gibt sowohl das Ergebnis als auch die Atmosphäre während des Kongresses ganz gut wieder. Der lange nicht wahrgenommene, verborgene und verdrängte Konflikt zwischen weißen deutschen Frauen und Minderheitsfrauen, also Migrantinnen, Schwarze Deutsche, Jüdinnen, im Exil lebende Frauen, hatte eine explosive Kraft und sprengte das Abschlußplenum. Die im politischen Sinne „Schwarzen Frauen"[1)] ver-

ließen den Saal, und die Mehrzahl der weißen deutschen Frauen wollte auch unter sich sein. Westliche weiße deutsche Frauen wollten über ihre Privilegien nicht diskutieren und verwahrten sich gegen die Unterstellungen einer Beteiligung am herrschenden System, bzw. Nutzen davon zu tragen, was ihnen vorgehalten wurde. Die östlichen weißen deutschen Frauen verstanden überhaupt nicht, worum es ging. Die „Schwarzen Frauen" aus Ost und West fanden trotz ihrer Unterschiede eher zu einer gemeinsamen Sprache.

Auch dieser Kongreß war von typischen Vorgängen bestimmt. Die Vorwürfe von Schwarzen Frauen wurden mit Bewertungen wie „Aggression" oder „mangelnde Diskussionsbereitschaft" abgetan. Zur Erklärung des Scheiterns des Dialogs wurde von „Spaltung" gesprochen und dies nicht als das Ergebnis jahrelanger Verweigerung der Diskussion anerkannt. Unter den Teilnehmerinnen herrschte eine kolossale Unwissenheit, aber nicht nur über die Lebensverhältnisse der Migrantinnen. Schockierend für die Schwarzen Frauen war, als eine Teilnehmerin erklärte, „glücklich über die eben gewonnene Erfahrung des eigenen Rassismus" zu sein.

Vergleichbar mit den Männern in den Anfangszeiten der Frauenbewegung, haben die deutschen Frauen es nicht verstanden, warum die nicht-deutschen oder Schwarzen deutschen Frauen keine Lust hatten, sie über ihre Lage zu unterrichten. Und genauso wie manche Männer ihren Sexismus entdeckt hatten und meinten, jetzt erst könnten sie sich korrigieren und profeministisch sein, erhofften sich auch deutschen Frauen, ihren neu entdeckten Rassismus bearbeiten zu können. Warum wurde in so einer Situation nicht erwartet, daß die Schwarzen Frauen genauso reagierten wie vor 20 Jahren die weißen deutschen Frauen? Informiert euch erstmal selber, lest, was wir geschrieben haben, und dann werden wir zu einer Diskussion bereit sein. Genauso war die Reaktion der Schwarzen Frauen! Ihnen wurde daraufhin jedoch vorgehalten, daß sie Frauen wären und sie gegen den einzigen und gemeinsamen Feind zusammen mit den deutschen Frauen kämpfen müßten.

Andererseits hat sich der Prozeß unter den Schwarzen Frauen weiterentwickelt. Nach der Tagung von und für ethnische und afro-deutsche Minderheiten am 8.-10. Juni 1990 in Bremen wurde ein zweiter bundesweiter Kongreß von und für Immigrantinnen, Schwarze Deutsche, jüdische und im Exil lebende Frauen am 3.-6. Oktober 1991 in Berlin organisiert. Aus dem Buch zur Dokumentation beider Kongresse werden die Gemeinsamkeiten und Unterschiede auch unter diesen Gruppen von Frauen deutlich.

So ist zum Beispiel im Vorwort zu lesen: „Viele Auseinandersetzungen haben zum Zeitpunkt der Kongresse erst begonnen und bedürfen der Fortsetzung. Ein Beispiel dafür ist die Diskussion um die politische Namensgebung *unserer* Bewegung: Nachdem wir uns lange intensiv bemühten, eine Bezeichnung zu finden, mit der wir uns alle identifizieren können, merkten wir im Laufe der Zeit, daß dies nicht möglich ist und stellten schließlich den Versuch als solchen in Frage. Wir diskutierten beispielsweise den Vorschlag, den politischen Begriff ‚Schwarz' als Bezeichnung für alle, die unter ethnisch-kultureller Diskriminierung zu leiden haben, zu übernehmen, und stellten dabei fest, daß wir auf diese Weise Unterschiede zwischen uns und die damit verbundenen Privilegien unsichtbar machen würden. Ein einheitlicher Name für eine heterogene Gruppe ist das, was uns letzlich die Dominanzgesellschaft aufzuzwingen versucht, wenn sie *uns* alle unter einem Etikett, vorzugsweise dem Begriff ‚Ausländerin' subsumiert" (Ayim, Prasad, 1992, S. 1). Das bedeutet, „ein neues Verständnis zu etablieren, welches widersprüchliche Identität zuläßt, anstatt Vereinseitigungen und Vereinheitlichungen zu fordern" (Kalpaka, in: Ayim, Prasar 1992, S .15). Durch die Diskussionen auf diesen zwei Kongressen sind folgende Überlegungen in den Vordergrund gerückt:

* daß *wir* (dieses „wir" heißt jetzt: Migrantinnen, im Exil lebende Frauen, Jüdinnen, schwarze Deutsche, zweite-dritte Generation der nicht deuschen Frauen, also politisch Schwarze Frauen) unsere Angelegenheiten in die Hand nehmen müssen;
* daß die vorgeschriebene Ungewißheit unseres gesellschaftlichen Status uns daran hindert, für uns relevante Utopien zu entwickeln und wir damit in die Opferrolle gezwungen sind, die wir aber unbedingt verlassen müssen;
* daß wir auch mit den weißen deutschen Feministinnen Machtkämpfe austragen müssen, weil uns das in dieser Konkurrenzgesellschaft aufgezwungen wird und wir sonst auch in den sogenannten „Ausländerinnenprojekten" ins Abseits gedrängt werden;
* daß die Argumentation „Gegen den gemeinsamen Feind (das Patriarchat) zusammenzuhalten" nicht immer ein zwingender Grund ist;
* daß die Distanz zwischen Feministinnen der Ersten Welt und der Dritten Welt durch das ökonomische Modell (Kapitalismus) beeinflußt wird und wir uns in und mit den Regeln dieses Systems bewegen, mit unseren Privilegien und Nicht-Privilegien;
* daß jede Entwicklung einen Prozeß durchläuft, dessen Form den anderen Frauen nicht vorzugeben ist, sonst wären wir gefangen im Eurozentrismus und definierten alles aus einer Sicht, die wir obendrein als das einzige richtige Muster für alle erklärten;
* daß jeder Versuch, das eigene Verständnis vom Feminismus den anderen Frauen aufzudrängen, auch eine Art Kulturimperialismus ist;
* daß die feministische Sozialisation keine Garantie ist, nicht rassistisch, nationalistisch, anti-semitisch oder klassendiskriminierend zu sein, aber eine Hoffnung bedeutet, daß Frauen gegen diese Verhaltensweisen kämpfen, und das gilt für uns alle.

Soweit die Zusammenfasssung der Ergebnisse der beiden Kongresse. Um die Chronologie zu beenden, sollte noch erwähnt werden, daß nach diesen beiden Kongressen in vielen Orten Frauengruppen von Schwarzen Frauen gegen Rassismus, Sexismus, Antisemitismus und Faschismus gegründet worden sind.
Die jüngste von und für Frauen aus Asien, Afrika und Lateinamerika gegen Gewalt und Diskriminierung initiierte und durchgeführte Kampagne ist „Südströmungen". Sie hat 1992 angefangen und wurde letztes Jahr mit einem Kongreß in Bonn weitergeführt, mit dem Ziel, ein bundesweites Netzwerk aufzubauen, in dem die Schwarzen Frauen ihre Forderungen zur Verbesserung ihrer Lage in der Bundesrepublik Deutschland propagieren. Die Frauen von der Vorbereitungsgruppe mußten noch einmal feststellen, was für Reaktionen ein solches Vorhaben bei den weißen deutschen Frauen auslöst. Sie reichen von der Unterstellung der Spaltung der internationalen Solidaritätsbewegung und Behinderung der Solidarität von weißen deutschen Frauen bis zum Absprechen der Qualifikation, so eine Kampagne durchführen zu können. Auch hier wieder die gleichen Reaktionen, die weiße Frauen bei der Durchsetzung ihrer eigenen Anliegen in vergleichbarer Weise von Männern erfahren. Das bedeutet nichts anderes als einen Reflex darauf, daß ihnen die Macht aus der Hand rutscht, denn nicht unser Getrenntsein behindert uns bei der Solidarität, sondern unser Gekränktsein.

Voraussetzungen für andere Formen des Zusammenarbeitens

„Die feministische Philosophin Iris Marion Young identifiziert im kulturellen Imperialismus eine Form von Unterdrückung, die sich ableitet aus dem gesellschaftlichen

Recht zur Definition ‚Anderer'. Indem die dominanten Gruppen der Gesellschaft die Interpretation dieser ‚Anderen', das heißt auch die Form und den Inhalt der Kommunikation über diese ‚Anderen' weitgehend bestimmen, sozusagen sich selbst und den ‚Anderen' einen Platz zuweisen, schaffen sie gleichzeitig normative Richtlinien und messen die ‚Anderen' an diesen Projektionen" (bei Lutz in: Foitzik u.a. 1992, S. 59).
Aus dieser Sicht hat die Kategorie „Frau" keine Universalität. Die verweigerte Anerkennung der unterschiedlichen „Wirklichkeiten" unter Frauen durch die weißen deutschen Frauen reproduziert die Herrschaftsverhältnisse, indem die Erfahrungen der „Anderen" ignoriert werden. Es reicht nicht, die Solidarität auszuüben. Völlig unzureichend ist eine pädagogisierende „Unterstützung", die bestehende Ungleichheit nur bekräftigt. Es reicht auch nicht, daß die Schwarzen Frauen sich stärker in den Entscheidungspositionen und an den Machtverhältnissen beteiligen, sondern es ist notwendig, eine neue Definition des Feminismus und der Kategorie „Frau" vorzunehmen, die keine zwingenden und harmonisierenden Züge hat. Frauen sind aufgrund ihrer Sozialisation geneigt, Harmonie zu suchen, Unterschiede entweder zu ignorieren oder ihnen zu mißtrauen. Wir sollten sie eher im Sinne von Audre Lorde „als Kräfte für die Veränderungen" begreifen.

Ein gravierender Fehler ist der Ausschluß der Schwarzen Frauen, was leider in manchen feministischen Kreisen als leichtere Alternative vorgenommen wird, anstatt sich einer Auseinandersetzung mit deren Forderungenzu stellen. So wurden bei dem jüngsten Streit um die Zeitschrift „Emma" die Reaktionen der Schwarzen Frauen auf das Heft vom Juli/August 1993 als die „kleiner radikaler Gruppen" abgetan. Oder aber die „unbequemen" Minderheitsfrauen werden gar nicht um Beiträge angefragt, statt dessen aber Frauen, die dem in den Köpfen vorhandenen Bild entsprechen, auch wenn sie nicht unbedingt die feministische Positionen weißer deutschen Frauen teilen.
Auch die Macht und Herrschaftsverhältnisse lassen eine Verallgemeinerung der Situation aller Frauen nicht zu. Die deutschen Feministinnen können den Artikel 116 im GG, der die Voraussetzung für die Bürgerrechte ist, nicht wegzaubern, indem sie ihre Nationalität nicht wichtig nehmen. Migrantinnen sind dem Ausländergesetz, dem Asylgesetz, dem Arbeitsförderungsgesetz untergeordnet. Das geforderte Recht auf Abtreibung entspricht solange nicht unseren Erfahrungen, wie nicht über rassistische Bevölkerungspolitik geredet wird. Die Forderung nach Frauenquotierung für den Arbeitsmarkt ist für uns solange irrelevant, wenn über den Paragraphen 19 des AFG, der den Arbeitsmarkt nach Nationalitäten regelt und für uns den Zugang zum Arbeitsmarkt erschwert, nicht gesprochen wird. Die „Macht den Frauen"-Forderung in der Politik ist für uns solange fragwürdig, wie in diesem Land einem Teil der Bevölkerung das Wahlrecht verweigert wird. Solange diese Einschränkungen vorhanden sind, solange werden im nationalstaalichen Rahmen erkämpfte Vorteile „Andere" ausschließen. Diese „Anderen" gehören aber schon lange zu diesem Rahmen. Solange die Auseinandersetzung über die uns getrennt haltenden Machtverhältnisse fehlt und in den Forderungen nicht beachtet wird, solange werden wir keine gemeinsame Sprache finden. Diese Auseinandersetzung können wir gemeinsam führen, aber auch dort, wo Schwarze Frauen nicht vorhanden sind, muß rassistische und anti-demokratische Politik kritisiert werden. Der Einsatz für die Belange und Interessen der „Anderen" ist der entscheidende Maßstab für unsere Zusammenarbeit.

Die politische Solidarität unter Frauen braucht zuerst die Befreiung von den Bedingungen der dominanten Ideologie in der herrschenden Kultur. Dazu gehört, auch wenn es schmerzhaft ist, uns mit dem eigenen Rassismus auseinanderzusetzen. Dazu gehört, sich über Privilegien bewußt zu werden. Dazu gehört, uns über die Bedürfnisse und Ziele verschiedenster Gruppen von Frauen kundig zu machen. All dies gilt für

Mehrheit- und Minderheitsfrauen. Erst dann werden wir über Koalitionen, Solidarität und Zusammenarbeit reden. Erst dann werden wir miteinander reden können. Wie Dagmar Schultz in „Entfernte Verbindungen" schreibt, es gibt „Kein(en) Ort nur für uns allein". So wie weiße Frauen sind auch Schwarze Frauen zu Koalitionen gezwungen. Koalitionen heißt, Gemeinsamkeiten hervorzuheben, aber nicht durch Vertuschung unserer Unterschiede und auch nicht durch Verbergen unseres Ärgers. „Unser Ärger aufeinander wird uns nicht umbringen, wenn es uns gelingt, ihn genau zu benennen; wenn wir uns dem Inhalt des Gesagten mit mindestens derselben Intensität öffnen, mit der wir uns vor seinem Ausdruck abschirmen. Ärger ist eine Quelle der Stärke, und wir sollten uns nicht scheuen, Kraft aus ihr zu schöpfen statt Schuldgefühle ... Unsere Stärke besteht darin, daß wir Unterschiede zwischen uns Frauen als fruchtbar begreifen und aufrecht zu den Entstellungen stehen, die unserer unschuldiges Erbe sind, aber die nun von uns berichtigt werden müssen. Wenn wir durch unseren Ärger aufeinander zu wirklicher Einsicht in unsere Unterschiede gelangen, kann sich unser Bewußtsein dieser Unterschiede in Machtbewußtsein verwandeln. Denn Ärger unter Gleichgesinnten bewirkt Veränderung, nicht Zerstörung" (Lorde 1983, S. 105).
In diesem Sinne wäre eine Zusammenarbeit wünschbar, nötig und gemeinsam aufzubauen.

Anmerkung

1) *Der Begriff Schwarze Frauen wird im Text als politischer Begriff für nicht alle Priviligierten Frauen in dieser Gesellschaft benutzt und nicht wie von manchen weißen Frauen auf die Hautfarbe reduziert.*

Literatur

AYIM, May/PRASAT, Nivetida (Hrsg.): Vorwort, in May Ayim/Nivedita Prasad (Hrsg.): Wege zu Bündnissen, Dokumentation, Berlin 1992, S. 1

beiträge zur feministischen theorie und praxis, Heft 27, Geteilter Feminismus, Köln 1990

GHIRMAZION, Asgedech/JACOBSOHN, Michelle: Einleitung in: Sozialwissenschaftliche Forschung und Praxis für Frauen e.V. (Hrsg.) Blick zurück im Zorn. Dokumentation des Kongresses: „Frauen gegen Nationalismus – Rassismus/Antisemitismus – Sexismus", 16.-18. November 1990 in Köln, Köln o.J., S. 5

HÜGEL, Ika u.a. (Hrsg.): Entfernte Verbindungen, Rassismus, Antisemitismus, Klassenunterdrückung, Berlin 1993

KAPALKA, Annita: Frauen und Rassismus – Rassismus unter Frauen, in: May Ayim, Niveteda Prasat, a.a.O., S. 15

KIEFER, Doris: Brief aus Freiburg, in: Arbeitsgruppe Frauenkongreß (Hrsg.) Sind wir uns denn so fremd? Dokumentation des 1. gemeinsamen Kongresses ausländischer und deutscher Frauen 23.-25. März 1984, Frankfurt a.M. 1984, S. 170

LORDE, Audre: Vom Nutzen unseres Ärgers, in Arbeitsgruppe Frauenkongreß, a.a.O., S. 180f

LUTZ, Helma: Rassismus und Sexismus, Unterschiede und Gemeinsamkeiten, in: Andreas Foitzik u.a. (Hrsg.) Ein Herrenvolk von Untertanen, DISS-Studien, Duisburg 1992, S. 59

ÖNLER, Berrin: Meine alltägliche Diskriminierung durch die Ausländerpolitik, in: Arbeitsgruppe Frauenkongreß, a.a.O., S.22

PERSPEKTIVEN, Zeitschrift für Immigrantinnen, Nr. 2/1993

RUF, Anja: Was haben ausländische und deutsche Frauen gemeinsam?, in: Arbeitsgruppe Frauenkongreß, a.a.O., S. 162

SCHULZ, Marion (Hrsg.): Fremde Frauen? Fremde Frauen!, Frankfurt a.M. 1992

BEHSHID NAJAFI

◆

„ACH, SCHON WIEDER AGISRA!" WIEDERHOLUNGEN UND WIDERSTAND. EINE POLITISCHE PRAXIS DER VERSCHRÄNKUNG

Behshid Najafi wurde 1956 im Iran geboren. Schon dort hat sie sich für Frauen- und Menschenrechte engagiert. Sie hat im Iran Politikwissenschaften und in den USA Pädagogik studiert. Nach der Islamischen Revolution im Iran musste Behshid mit ihrem Mann und ihrem Sohn 1984 den Iran verlassen. Zunächst lebte die Familie in der Sowjetunion und kam dann 1986 nach Deutschland. Seit 1988 lebt sie in Köln. Dort engagierte sie sich in einem iranischen Frauenverein, den sie mit einer Gruppe iranischer Frauen gegründet hatte. Seit 1993 engagiert sich Behshid bei agisra4 e. V. in Köln, die sie mit aufgebaut hat. Der Verein bietet bis heute Migrantinnen und geflüchteten Frauen kostenlose psychosoziale Beratung, Begleitung und Unterstützung an. Behshid erzählt uns über ihre Flucht in die Sowjetunion und später in die Bundesrepublik und ihren feministischen Kampf gegen Unterdrückung in Deutschland.

Ich war im Iran in der Studentenbewegung gegen den Schah aktiv. Damals wollte ich vor allem etwas gegen die extremen sozialen und wirtschaftlichen Unterschiede im Land tun und gegen die Klassenunterdrückung. Diese Ungerechtigkeit im Iran hat mich sehr bewegt, deswegen war ich auch in einer linken Organisation aktiv. Diese Organisation wurde nach der Islamischen Revolution

4 Vgl. https://agisra.org/.

1979 durch das Khomeini-Regime verfolgt und daher musste ich 1984 aus dem Iran fliehen. Zunächst habe ich zwei Jahre in Baku, in Aserbaidschan – damals noch sowjetisch – gelebt. Schon dort haben wir mit anderen Frauen, die auch aus dem Iran geflüchtet waren, eine Frauengruppe gebildet.

1986 ist ein Teil dieser Gruppe nach Köln gekommen. Wir haben dann gesehen, dass in Deutschland die Vereinskultur sehr ausgeprägt ist. Wir kannten uns, hatten uns schon gegenseitig unterstützt oder miteinander gearbeitet – bzw. taten dies noch. Daher entschieden wir, einen Verein zu gründen. In diesem iranischen Frauenverein waren wir aktiv gegen Sexismus, mit besonderem Fokus auf die Situation der Frauen im Iran. Von Beginn an haben wir uns jede Woche getroffen und über die aktuelle politische Situation im Iran, insbesondere die Benachteiligungen und Menschenrechtsverletzungen gegenüber Frauen, diskutiert und uns ausgetauscht. Es war damals für uns sehr wichtig einen Verein zu gründen, da es uns als einziger Weg erschien, um politisch aktiv zu bleiben. Politischer Aktivismus heißt auch, etwas Geld zu haben, um Treffen und Materialien zu finanzieren. Erst die Vereinsgründung gab uns die Möglichkeit Fördergelder zu beantragen. Damals waren wir alle ohne eigenes Einkommen und mussten zuerst Deutsch lernen. Später haben wir nach und nach Jobs bekommen und gearbeitet.

Gründung der agisra

1983 wurde agisra in Frankfurt gegründet. 1993 wurden für ein neu geplantes Kölner agisra-Büro Mitarbeitende gesucht. Ich habe davon gehört und mich darauf beworben. Wir waren zunächst vier Personen in diesem Büro, davon waren drei Migrantinnen bzw. geflüchtete Frauen: eine *weiße* Deutsche, eine Frau kurdischer Herkunft, eine mit polnischer Herkunft und ich.

Für uns war die soziale Arbeit eine Menschenrechtsprofession, deswegen wollten wir einzelne Frauen unterstützen und die gesellschaftlichen Rahmenbedingungen für alle Frauen verändern. Daher war von Anfang an klar, dass wir sowohl eine Migrantinnen-Organisation als auch eine Beratungsstelle sein wollten. Das heißt, dass Beratung und politische Arbeit für uns nicht voneinander zu trennen waren. Auf diesem Weg war es uns möglich, auch für die Frauen Veränderungen zu erreichen, die den Weg zu uns nicht fanden. Das war wichtig für uns.

Es gibt immer noch viele Beratungsstellen und Frauenhäuser, die Unterstützung suchende Frauen ablehnen und sagen: „Nein, diese Frau spricht kein Deutsch, wir können ihr nicht weiterhelfen." Aufgrund von mangelnden Deutschkenntnissen wird ihnen der Schutz verwehrt. Das haben wir von Anfang an abgelehnt und haben schon in unserem Beratungskonzept festgelegt: „Alle Migrantinnen und geflüchteten Frauen haben Recht auf Schutz, unabhängig von ihrer ethnischen und sozialen Herkunft, ihrem Alter, ihrer sexuellen Orientierung oder familiären Situation, ihrer Religionszugehörigkeit, ihren Sprachkenntnissen und ihrem Aufenthaltsstatus." 2003 hat die Kölner Ausländerbehörde uns angezeigt, weil wir ein Mädchen ohne Papiere unterstützt haben. Sie wollten uns zum Schweigen bringen, haben es aber nicht geschafft! Es steht zwar immer noch im Gesetz, dass Beihilfe zu ‚illegalem' Aufenthalt strafbar ist, trotzdem erhalten wir mittlerweile städtische Mittel, um Frauen ohne Papiere zu unterstützen.

Wir waren im Laufe der Jahre mit mehreren Migrantinnen-Selbstorganisationen vernetzt, dazu zählen u. a. ADEFRA[5], ISD[6], *Ban Ying*[7], *De Colores*, FeMigra und FIZ[8]. Sie alle waren Teil der

5 Vgl. http://www.adefra.de/.
6 Vgl. http://isdonline.de/.
7 Vgl. https://www.ban-ying.de/.
8 Vgl. https://www.fiz-info.ch/de/.

migrantischen Feminismus-Bewegung. Gemeinsam haben wir viele Veranstaltungen organisiert und wurden von der Frauenanstiftung der Grünen sehr unterstützt. Wir haben bundesweite Konferenzen von und für Migrantinnen organisiert. Zum Beispiel wurde vom 11.–13. März 1994 in Bonn eine Tagung unter dem Titel *Unterschiede vernetzen – Unterschiede nutzen* für im Exil Lebende, Immigrantinnen, Schwarze Frauen und Jüdinnen von der Ökologiestiftung in Kooperation mit ELISA organisiert, die wir unterstützt haben. 1995 fand in Hamburg erneut eine bundesweite Konferenz von und für Migrantinnen statt. Auch bei dieser Tagung waren unter den über hundert teilnehmenden Frauen u. a. jüdische, Schwarze, deutsche und im Exil lebende Frauen, die aus ganz Deutschland angereist waren. Finanziert wurde die Konferenz von der Frauenanstiftung der Grünen. 1996 haben wir auch ein Buch herausgegeben. Das Buch wurde verfasst von María do Mar Castro Varela und Modjgan Hamzhei[9] und heißt *Raus aus der Opferrolle. Ein Bildungsansatz zur Überwindung von verinnerlichtem Rassismus.*

Antirassistischer Feminismus: Beiträge zur Frauenbewegung in Deutschland

Wir haben uns stark mit der Frauenbewegung in Deutschland verbunden gefühlt und uns als einen Teil der Frauenbewegung verstanden. Wir waren in der Bewegung sehr aktiv, weil wir kommunal, landesweit und bundesweit auch mit anderen deutschen Frauenorganisationen vernetzt waren. Aufgrund unserer Praxiserfahrung haben wir es als unsere Aufgabe betrachtet, auch innerhalb der Bewegung darüber aufzuklären, dass sich die Situation der Migrantinnen als Frauen nochmals unterscheidet. Unser Fokus lag darauf, alle drei Unterdrückungsmechanismen, d. h. Sexis-

9 Vgl. Castro Varela und Hamzhei, 1996.

mus, Rassismus und Klassismus, zusammen zu betrachten, wenn wir über Frauen sprechen. Es war manchmal eine Herausforderung, da wir nicht genug „intersektionales Vokabular" hatten, um uns deutlich auszudrücken. In den 1980er-Jahren erschien das Buch von Annita Kalpaka und Nora Räthzel[10] *Die Schwierigkeit, nicht rassistisch zu sein*. Es hat uns sehr bewegt und uns die Möglichkeit gegeben, unsere Gedanken gegen Rassismus besser zu formulieren und zu theoretisieren. Wir hatten ja eine ganz andere Realität als der Großteil der deutschen Bevölkerung. Wir sind Geflüchtete und Migrantinnen und haben mit und für Geflüchtete und Migrantinnen gearbeitet. Diese Frauen sind nicht nur von Sexismus, sondern auch von Klassismus und Rassismus betroffen. Wir waren damals die einzige Organisation in feministischen Netzwerken in Köln, die Rassismus thematisiert hat. Unser Feminismus ist antirassistisch.

Wir haben einige Veränderungen in Deutschland mitbewirkt. Zum Beispiel haben wir 1993 eine bundesweite Kampagne gegen den *Paragraphen 19 Ausländergesetz*[11] mitorganisiert. Vor eini-

10 Vgl. Kalpaka und Räthzel (Hrsg.), 1986.

11 Das deutsche Ausländergesetz (AuslG) wurde erstmals 1965 verabschiedet und damit zehn Jahre nach dem ersten Anwerbeabkommen mit Italien und als bereits mit sechs weiteren Ländern Anwerbeabkommen geschlossen worden waren. Es wurde 1990 durch eine Neufassung ersetzt. Nach Paragraph 19 des Gesetzes über die Einreise und den Aufenthalt von Ausländer:innen im Bundesgebiet (AuslG) bekamen nachgezogene Migrant:innen und Geflüchtete erst nach vier Jahren ehelichen Zusammenlebens in Deutschland ein vom Partner/von der Partnerin unabhängiges Aufenthaltsrecht. Waren sie vor Ablauf dieser vier Jahre von Gewalt betroffen und trennten sich von ihrem Partner/von ihrer Partnerin, war ihr Aufenthalt gefährdet. Im Laufe der Zeit gab es verschiedene Veränderungen an dieser „Frist", sie wurde zwischenzeitlich sogar auf zwei Jahre heruntergesetzt. Seit 2011 ist im Paragraph 31 Aufenthaltsgesetz (AufenthG) geregelt, dass nachgezogene Migrant:innen und Geflüchtete erst nach drei Jahren Ehe ein vom Partner/von der Partnerin unabhängiges Aufenthaltsrecht in Deutschland bekommen. Das Amt für Ausländerangelegenheiten entscheidet jeweils individuell über „Härtefälle", etwa im Zusammenhang mit häuslicher Gewalt. Die misshandelte Frau ist in der Beweispflicht. Bei Anerkennung eines Härtefalls wird der Aufenthalt auch bei einer Trennung vor der Dreijahresfrist um ein Jahr verlängert. In dieser Zeit gefährdet der Bezug von Sozialleistungen dann ihren Aufenthalt nicht. Viele Migrantinnen und Flüchtlingsfrauen bleiben aus Angst vor aufenthaltsrechtlichen Folgen bei ihrem gewalttätigen Partner.

ger Zeit habe ich das Buch *Die Geschichte der Frauenbewegung in Deutschland*[12] gelesen, welches hundert Jahre deutsche Frauenbewegung beschreibt. Es hat mich enttäuscht zu sehen, dass kein Name von migrantischen Feministinnen erwähnt wird, obwohl wir uns immer als einen Teil der Frauenbewegung verstanden haben. Wir haben doch dazu beigetragen, einige Gesetze für Frauen in Deutschland zu verändern, z. B. das Gewaltschutzgesetz oder das Gesetz gegen Stalking.

Als wir in verschiedenen Netzwerktreffen mehrfach über unsere Erfahrungen von Rassismus berichteten, wurde oft gesagt: „Ach, schon wieder agisra!“ „Ja, schon wieder“, haben wir gesagt. Wir mussten uns „schon wieder“ wiederholen. „Wenn die Situation sich nicht verändert, müssen wir uns wiederholen.“ Wir haben die *weiße* Frauenbewegung kritisiert, weil sie nur gegen Sexismus war. Es ist egal, ob eine Person eine Frau ist, wenn diese Frau andere Menschen aufgrund ihrer Herkunft, Religion, Klasse oder ihres Geschlechts unterdrückt. Für uns sind alle drei Hauptunterdrückungsmechanismen sehr wichtig – Sexismus ist nur einer davon. Wir haben diesen intersektionalen Kampf in Deutschland gestartet, thematisiert und weiter geprägt. Deswegen ist es für mich wichtig, dass unsere Beiträge anerkannt werden. Wir waren immer vielfältig und das ist gut so; man nennt sich ja ‚Bewegung‘. Es ist keine Organisation, es ist eine Bewegung! Und eine Bewegung kann auch unterschiedliche Meinungen und Ausrichtungen haben. Wir haben voneinander gelernt, sogar innerhalb unserer migrantischen Gruppen haben wir einander manchmal aufgrund von Rassismus konfrontiert.
Ein Beispiel: Wir hatten einen Workshop zum Thema Heiratsmigration und wir haben den Workshop *Die gekaufte Frau!* betitelt. Dann kamen die philippinischen Frauen zu uns und sagten: „Was? Die gekaufte Frau? Ihr reproduziert genau, was die Medien

12 Nave-Herz, 1994.

sagen." Und sie hatten vollkommen recht! In den Medien wurden Immigrantinnen, die als Heiratsmigrantinnen nach Deutschland kamen, als „gekaufte Frauen" bezeichnet. Diese Bezeichnung war eine Abwertung und Diskriminierung der Frauen. Diese Intervention der philippinischen Frauen war sehr gut. Wir haben uns dadurch weiter sensibilisiert. Das war auch ein Lernprozess für uns!

Literatur

Castro Varela, María do Mar und Modjgan Hamzhei (1996): *Handbuch Raus aus der Opferrolle: ein Bildungsansatz zur Überwindung von verinnerlichtem Rassismus.* Agisra-Köln: Arbeitsgemeinschaft gegen Internationale Sexuelle und Rassistische Ausbeutung.

Kalpaka, Annita und Nora Räthzel (Hrsg.) (1986): *Die Schwierigkeit, nicht rassistisch zu sein.* Berlin: Express Edition.

Nave-Herz, Rosmarie (1994): *Die Geschichte der Frauenbewegung in Deutschland.* Opladen: Leske + Budrich Verlag.

Webseiten:

https://agisra.org/ (Zugang: 22.01.2021)

http://www.adefra.de/ (Zugang: 22.01.2021)

http://isdonline.de/ (Zugang: 22.01.2021)

https://www.ban-ying.de/ (Zugang: 22.01.2021)

https://www.fiz-info.ch/de/ (Zugang: 22.01.2021)

agisra

Arbeitsgemeinschaft gegen internationale sexuelle und rassistische Ausbeutung e.V.

Uluslararası cinsiyet ve ırkçı sömürüye karşı işbirliği kuruluşu
Stowarzyszenie do walki z międzynarodowym seksualnym i rasistowskim wyzyskiem

agisra Köln e.V. · Niederichstraße 6 · 50668 Köln · Telefon: 0221/124019 · Telefax: 0221/1390194 · Postgiroamt Köln: Konto 048 92 43-502 · BLZ 370 100 50

Nothilfefonds für Lesbe im Asylverfahren

Da bis heute Lesbischsein nicht als Asylgrund anerkannt wird, erschwert sich nach wie vor das Leben von Lesben, die nach Deutschland aufgrund von heterosexistischer Gewalt geflüchtet sind.

agisra Köln wie auch andere Initiativen unterstützen derzeit eine Frau, die wegen ihrer Verfolgung als Lesbe Asyl begehrt und von Abschiebung bedroht ist, falls sie keine Unterstützung findet. Zur Zeit bemüht sich eine Rechtsanwältin um den erfolgreichen Abschluß des Asylverfahrens. Zur Deckung der dabei entstehenden Kosten und zur Sicherung der Existenz sind dringend Spenden erforderlich. Mit Euren Spenden könnten wir gemeinsam diese laufenden Kosten decken.

Regelmäßige, aber auch einmalige, kleine Spendenbeträge sind willkommen.

Bei Spenden über DM 100,- erhaltet Ihr eine Spendenquittung. Bitte gebt hierfür auf dem Überweisungsträger Eure vollständige Anschrift an. Spenden bis zu DM 100,- sind steuerlich direkt absetzbar. Der Überweisungsträger dient dem Finanzamt als Nachweis.

Bitte überweist die Spenden an agisra Köln Stichtwort: **FLUCHT**.
Postgiroamt Köln: Konto-Nr.: 048 92 43 - 502; BLZ 370 100 50

Nothilfefonds für Lesbe im Asylverfahren (1990)
Agisra Nothilfe Fonds beigetragen von Kader Konuk.

Poster: Ausländergesetz Paragraf 19 (1993) beigetragen von Behshid Najafi.

Behshid Najafi in der Mitte mit weißer Bluse.
Bild beigetragen von Behshid Najafi.

MALIN KUNDI

◆

GE/HÖREN ODER: WO MAN GEHÖRT WIRD, GEHÖRT MAN HIN

Malin Gabriele Kundi wurde 1963 in Wien geboren und ist Künstlerin. Malin war Aktivistin in jüdischen Lesben- und Frauenzusammenhängen und hat viel mit Migrantinnenorganisationen zusammengearbeitet. Sie war außerdem als Anti-Militaristin aktiv. Heute arbeitet Malin als freischaffende Fotografin in Köln. Sie wird uns ihre Erfahrungen in der feministischen Organisierung gegen Antisemitismus und Rassismus schildern.

Ich wurde in Wien geboren. Zu meinem jüdischen Hintergrund: Meine jüdische Oma, Olga Klein, zog mit ihrer Familie im Jahr 1900 von Kroatien nach Österreich, als sie 12 Jahre alt war. Bei Olga Zuhause wurden Deutsch und noch viele andere Sprachen gesprochen. Meine Mutter wurde dann 1922 in Wien geboren und ist dort aufgewachsen. Weil wir jüdisch waren, musste die ganze Familie 1938 aber nach Kroatien fliehen. Meine Mutter und ihre Familie überlebten; später kehrte meine Mutter nach Wien zurück. Einige Geschwister meiner Oma und deren Familien wurden jedoch von den deutschen Nazis und den Ustascha, den kroatischen Faschisten, in Kroatien ermordet.

1981 habe ich mich durch verschiedene Themen in der Frauen:bewegung, der Friedensbewegung, der Anti-AKW-Bewegung und der Hausbesetzer:innenszene politisiert. Ich war auch in Antirassismus-Gruppen und Antifa-Bündnissen aktiv. Das war mein politischer Hintergrund in Österreich. Mit dem Jüdischen – dachte ich – hätte ich nichts weiter zu tun. Meine Mutter, meine ganze Familie hat immer gesagt: „Wir sind nicht jüdisch im religiösen Sinn." Wir wurden verfolgt, weil unsere Oma jüdisch war, aber das hatte, so dachte meine Familie, nichts mit uns zu tun, da mein Großvater mütterlicherseits Christ und meine Oma ja christlich konvertiert war. Wie gesagt, die Familie meiner Mutter überlebte, versteckt in Kroatien. Sie waren vier Jahre lang dort versteckt. In meiner Familie wurde viel von Verfolgung erzählt, aber nicht vom Jüdischsein.

Außerdem habe ich eher einen Arbeiter:innen-Hintergrund. Meine Mutter konnte aufgrund der Flucht keine Ausbildung machen, wollte aber immer etwas ‚Akademisches' tun und deshalb hat sie dann, als sie in Rente gegangen ist, angefangen zu studieren. Davor arbeitete sie aber in Supermärkten oder, noch vor meiner Geburt, als Kellnerin. Für meine Mutter war es neben der Verfolgung ein Trauma, dass ihr der Zugang zu Bildung verwehrt wurde. Sie durfte nicht mehr zur Schule gehen unter den Nazis. Deswegen hat sie auch noch studiert bis zur Promotion, einfach um zu zeigen: „Hey, ich hab's drauf!" Es gibt ja dieses Klischee, dass alle jüdischen Menschen reich waren oder sind. Das stimmt zwar überhaupt nicht, aber trotzdem erfuhren wir eine Deklassierung durch die Verfolgung, denn meine Großeltern waren aus der Mittelschicht oder verfügten über akademische Abschlüsse. Ich habe nur einen Hauptschulabschluss. Ehrlich gesagt habe ich schon eine Zeit lang darunter gelitten, dass ich nicht studiert habe, aber nach meiner Fotograf:innen-Ausbildung entwickelte ich mich autodidaktisch als Künstlerin weiter. Seitdem habe ich sozusagen das Selbstverständnis, dass ich Künstlerin bin.

Aus einem Gerechtigkeitssinn heraus war ich deshalb auch Migrant:innen, deren Bildungsabschlüsse in Deutschland nicht anerkannt wurden, immer solidarisch gegenüber. Es ist einfach inakzeptabel, dass ihre Abschlüsse nicht anerkannt werden. Ich empfand es schon immer als eine unfassbare Arroganz des Staates zu sagen: „Eure Ausbildung zählt hier nicht!" Das war einfach eine systematische Behinderung, die die Entstehung einer migrantischen Bildungs- und Mittelschicht verhinderte. Das ist bis heute noch so. Das war auch ein Grund, warum ich später bei *Gülistan* gearbeitet habe, weil es eine Organisation war, die Frauen Bildung ermöglicht hat. Ihre kleinen Kinder wurden betreut, was ermöglichte, dass sie Deutschkurse besuchen konnten. Danach konnten sie tun, was auch immer sie wollten. Kinderbetreuung war für Deutschkursbesucherinnen damals jedoch nicht die Regel.

Mehrere Coming-outs

Ich hatte eigentlich nicht vor, zum Mauerfall nach Berlin zu gehen. Das hat sich so ergeben. Dann kam es ab 1990 zu vielen rassistischen Angriffen in Berlin und ganz Deutschland. In Berlin gab es die Montagsdemo und dann gab es noch eine jüdische schwul-lesbische Gruppe, die *L'Chaim* hieß. Aus diesen Zusammenhängen ist auch Wendy Zena-Henrys Buch *Nach der Shoah geboren – Jüdische Frauen in Deutschland*[13] hervorgegangen, das sie u. a. mit Jessica Jacobi[14] herausgegeben hat. Das ist wichtige Literatur aus der Zeit und beide waren auch in der Gruppe lesbisch feministischer Schabbeskreis aktiv. Es ging viel um Antisemitismus in der deutschen Frauenbewegung. Sie organisierten verschiedene Veranstaltungen, an denen Mitglieder aus jüdischen und migrantischen Bewegungen teilnahmen. Außerdem positionierten sie sich bei den Montagsdemos gegen den rechten Mob.
Als ich in Wien lebte, habe ich, als jugoslawische Nachkommin, persönlich keinen Rassismus erfahren, weil wir keine jugoslawi-

13 Vgl. Jacoby, Schoppmann und Zena-Henry (Hrsg.), 1994.
14 Vgl. https://www.bpb.de/geschichte/zeitgeschichte/deutschlandarchiv/324440/jessica-jacoby-lebenslanges-engagement-fuer-die-sichtbarkeit-von-juedinnen.

schen Namen hatten bzw. haben. Aber es gab damals und es gibt auch heute einen starken Rassismus gegen Menschen aus dem ehemaligen Jugoslawien. Es gab in Österreich auch viele rassistische Angriffe auf Rom:nja und jugoslawische Arbeitsmigrant:innen. Es gab natürlich auch Schimpfwörter. Doch wir haben uns damals richtig mit den Nazis und denen, die rassistisch waren, angelegt. Ich war solidarisch und wütend, aber dachte damals auch: „Ich selbst bin keine Migrantin. Und wo gehöre ich jetzt hin?" Schon meine Mutter wurde in Wien geboren, Jugoslaw:innen waren wir schon lange nicht mehr. Meine Mutter spricht natürlich die Sprache, ich aber nicht und daher hat mir auch der Bezug zur Kultur gefehlt. Wir waren sehr oft in den Sommerferien dort, weil meine Tante – im Gegensatz zu meiner Mutter – nach der Verfolgung nicht nach Wien zurückgekehrt war. Dadurch haben wir immer einen Teil der Familie in Jugoslawien gehabt und einen anderen in Kroatien.

Dann bin ich 1990 nach Berlin gezogen und schnell mit Migrantinnen sowie Schwarzen und jüdischen Frauen in Kontakt gekommen. Es waren auch viele afrodeutsche Frauen dabei. Ich habe damals auch Peggy Piesche und Ina Röder kennengelernt. Sie waren bei ADEFRA[15] aktiv und mit ihnen verband mich eine enge Freundschaft. Wir haben auch teilweise zusammengewohnt und so habe ich in diesen Bündnissen dann auch jüdische Frauen und Lesben kennengelernt. Fast alle jüdischen Frauen, die ich kennenlernte, hatten ähnliche Biografien. Das war für mich völlig neu. Als Kind dachte ich, dass wir in meiner Familie die einzigen jüdischen Menschen waren, die überlebt hatten. Es gab zu die-

15 ADEFRA e. V. (zunächst Schwarze Deutsche Frauen, später Schwarze Frauen in Deutschland) wurde Mitte der 1980er-Jahre gegründet und gilt als einer der ersten Zusammenschlüsse von Schwarzen Deutschen in der Nachkriegszeit. Parallel entstand die ISD (Initiative Schwarzer Menschen in Deutschland), die aus Männern und Frauen bestehende Organisation afrodeutscher Menschen in Deutschland. Das Kürzel ADEFRA steht für afrodeutsche Frauen.

sem Zeitpunkt überhaupt keine anderen jüdischen Menschen um mich herum. Es wurde auch nicht – außer in der Familie – darüber gesprochen. In Berlin habe ich erst richtig bemerkt, dass es noch andere jüdische Menschen gibt, und die Gemeinsamkeiten in unseren Biografien haben mich stark an sie gebunden. So hatte ich dann auch mein jüdisches Coming-out

Marginales Wissen

Unsere Themen haben sich teilweise mit den Themen der *weißen* deutschen feministischen Bewegung überschnitten, aber gleichzeitig fehlte in dieser Bewegung auch einiges, weil wir mit unseren unterschiedlichen Geschichten nicht gesehen wurden. Im feministischen Kontext ging es um die Frage: „Wie wollen wir etwas gemeinsam machen?" Wir wollten unsere Identität stärken und uns aufeinander verlassen können – und ebenso den Rassismus bekämpfen. Einmal kam es z. B. zu einer Aktion von ADEFRA auf der Lesbenwoche. Einige afrodeutsche Frauen konfrontierten ein mehrheitlich *weißes* Publikum mit ihren täglichen Rassismus-Erfahrungen. Sie hatten Spielzeugpistolen dabei und zielten damit auf die *weißen* Frauen im Plenum und riefen dazu Beleidigungen aus, die sie erlebt hatten. Die *weißen* deutschen Frauen reagierten total aggressiv. Da ist dann sofort klar geworden, dass sich eigentlich niemand von den *weißen* deutschen Frauen mit anti-Schwarzem Rassismus beschäftigt hatte bzw. damit, was es für Schwarze Frauen bedeutete, jeden Tag auf die Straße zu gehen. Das war ein wichtiger Moment der Politisierung. Es hat auch viele *weiße* Frauen politisiert. Es gab ein paar *weiße* deutsche christlich sozialisierte Frauen, die dann gesagt haben: „Jetzt wird uns erst klar, was hier läuft". Diese Debatten kamen auch irgendwann in der Wissenschaft an, vor allem in der Frauen- und Genderforschung.

Die Auseinandersetzung mit Sprache, Begriffen, Identitäten und Geschichte fand in den Gruppen statt. Mein erstes jüdisches Pessachfest erlebte ich in einer Frauengruppe und da gab es Auseinandersetzungen, weil einige jüdische Feministinnen gesagt haben: „Wir können die traditionellen Texte, diese Erzählungen, nicht weiter so übernehmen, wir müssen jetzt auch unser eigenes Input reingeben." Eine afrodeutsche Frau, die eingeladen war und den Text zum Pessachfest las, sagte: „Wenn es hier um die Frauen um Moses geht, wo ist dann Zippora?" Das war eine äthiopische Königin und sie meinte: „Es gab da auch Schwarze Frauen, wieso sind die einfach rausgeflogen aus der *weißen* Geschichtsschreibung?" Und dann saßen alle *weißen* jüdischen Frauen ganz betroffen da. Wir wollten nur feiern, aber dann wurde uns bewusst, dass wir uns auch mit unseren Ausgrenzungsstrukturen beschäftigen mussten.

Ich war ja in den Jahren 1980–1990 in der Lesbenszene aktiv und auch hier war ich mit einigen Aktivistinnen befreundet. Wir haben damals z. B. ein Frauenwiderstandscamp im Hunsrück organisiert. Der antimilitaristische Kampf war mir wichtig. Das waren wirklich sechs Wochen campen mit Aktionen gegen die Stationierung von *Cruise-Missiles* dort in der Nähe. Damals hat die NATO im Hunsrück einen atombombensicheren Bunker, eine Kriegszentrale gebaut, von der aus nachher die Flüge in den Golfkrieg koordiniert worden sind. Sie haben dieses Kommandozentrum in den Goßberg eingebaut und wir haben diese Baustelle besetzt. Das war richtig schlimm, weil wir sehr viel Tränengas abgekriegt haben, obwohl wir natürlich total pazifistisch geblieben sind. Das war eine große Bewegung gegen NATO-Stützpunkte, die von Frauen organisiert wurde. Später entwickelte sich daraus noch das Frauenmusikfestival im Hunsrück. Wir waren damals alle Anfang 20 und haben auf dem lesbischen Campingplatz einfach draußen geschlafen. Es war auch ein Freiheitsgefühl. Danach gab es auch in Holland solche Frauencamps. Da kamen dann auch kurdische

Frauen dazu oder Frauen aus anderen migrantischen Gruppen, die dann ebenfalls versucht haben, ihre politischen Debatten einzubringen. Auf dem Hunsrück war alles schon sehr *weiß*-deutsch dominiert, aber aus meinem Freundinnenkreis kamen iranische, türkische und afrodeutsche Frauen und wir sind dort hingefahren, weil wir da alle einfach mitmachen wollten.

Konferenzen, Kunst und Kultur

1991 gab es in Berlin den Kongress *Frauen unter Druck*[16]. Danach war dieser Kongress für migrantische, afrodeutsche und jüdische Frauen, Flüchtlingsfrauen sowie Romnja und Sintize in Hamburg und Bremen. Ich war immer eine der wenigen jüdischen Frauen in diesen migrantischen Organisationen. Zu den Kongressen kamen meistens um die zweihundert oder dreihundert Frauen, aber jüdische Frauen haben sich selten wirklich dazugehörig gefühlt. Ich weiß nicht, woran das lag. In den 90er-Jahren organisierten sich jüdische Migrantinnen dann in eigenen Gruppen, wobei sie vor allem aus den ehemaligen GUS-Staaten kamen. So entstand auch die Organisation *Bet Debora*[17], die in Berlin gegründet wurde und danach auch in Ungarn, Bulgarien, Polen, Österreich, Großbritannien und zuletzt [2019; Anm. d. Hrsg.] in Serbien Tagungen veranstaltet hat. Bei *Bet Debora* war ich dann auch aktiv. Dort habe ich einige Jahre fotografisch dokumentiert, und zwar die ersten fünf Kongresse.

16 Vgl. Ayim und Prasad, 1992.

17 Bet Debora ist eine Initiative, die 1998 von einer Gruppe jüdischer Frauen in Berlin gegründet wurde. 1999 organisierte sie die erste Konferenz europäischer Rabbinerinnen, Kantorinnen, Rabbinerstudentinnen und anderer interessierter jüdischer Frauen und Männer in Berlin. Ihr Ziel war es, den laufenden Emanzipationsprozess jüdischer Frauen in Europa zu fördern und zu beleuchten. Vgl. https://maedchenmannschaft.net/bet-debora-facetten-juedischer-frauenidentitaeten/#more-61474.

Bei den Frauen-Kongressen in Bremen und in Hamburg war ich auch dabei. Beim Kongress in Bremen habe ich eine Videodokumentation erstellt und dabei viele Aktivistinnen interviewt. Sie heißt: *Grenzenlos mächtig*[18], nach einem Zitat von May Ayim. Es waren sehr interessante Gruppen, weil unter ihnen auch geflüchtete lateinamerikanische und kurdische Frauen waren. Die waren immer sehr gut organisiert und kamen fast alle aus linken Kreisen. Es gab auch viele Frauengruppen, in denen traumatisierte Frauen waren, die aus Kriegsgebieten, z. B. aus Bosnien, kamen. Oder es kamen Frauen von unterschiedlichen Vereinen wie *Gülistan*, aber auch von Organisationen aus Bremen wie *De Colores*[19]. De Colores wurde, glaube ich, von Arfasse Gamada, einer Oromo, gegründet, aber es waren auch viele lateinamerikanische Frauen dabei. Das fand ich so toll daran, das war auch die Chance: Wir waren alle in kleinen Gruppen und wir brauchten uns gegenseitig, um etwas erreichen zu können. Viele haben Migrationssozialarbeit geleistet. Sie haben versucht, den Frauen einen Aufenthaltsstatus zu ermöglichen oder für die Anerkennung ihrer Bildungsabschlüsse gekämpft. Es ging uns um Bürgerinnenrechte. Das war in den Neunzigern noch Thema. Die Meinung der Politiker:innen war da noch: „Deutschland ist kein Einwanderungsland." Es ging um das Recht, hier bleiben zu dürfen. Viele waren aber natürlich manchmal auch einfach mit ihren persönlichen Dingen beschäftigt. Schließlich ist es ja erst möglich, aktiv zu werden, wenn man einen sicheren Status hat...

1995 bin ich nach Bonn gezogen und habe angefangen bei *Gülistan* zu arbeiten. *Gülistan* ist ein Migrantinnenprojekt und existiert immer noch. Daraus war auch eine Theatergruppe entstanden, an der ich beteiligt war. Wir sind dann als Team zu den Kongressen

18 Ausschnitte aus diesem Dokumentationsfilm sind im Rahmen der Ausstellung *Ich sehe was Du nicht siehst. Rassismus, Widerstand und Empowerment* im Frankfurter Historischen Museum von September 2020 bis März 2021 gezeigt worden.

19 De Colores wurde 1988 von Migrant:innen in Bremen gegründet.

gefahren. Bei *Gülistan* arbeiteten kurdische, türkische und iranische Frauen sowie Frauen aus verschiedenen afrikanischen Ländern, der Karibik und Osteuropa. Es war wirklich ein gemischter Verein. Selmin Çalışkan, Serap Asal oder Fetle Seifu haben dort gearbeitet. Wir haben wirklich etwas Internationales aufgebaut in Bonn, denn sonst waren die Frauen eher als iranische, kurdische oder türkische Frauen organisiert, aber dieses ganz Gemischte, das gab es in dieser Zeit sehr selten. Das habe ich ein paar Jahre lang gemacht. Das war alles vor der Einführung von ‚Integrationskursen', da waren wir noch freier in der Migrationsarbeit. So haben wir auch eine Theatergruppe gegründet und politisches Kabarett gemacht. Wir haben Geschichten, die wir tatsächlich im Alltag erlebt hatten, in die Texte gepackt und das aufgeführt. Eine Mischung aus Stand-Up-Comedy und Selbsthilfegruppe. Das war schon eine starke Truppe damals! Wir hießen *Take It or Leave It.*

Drei Jahre lang sind wir aufgetreten, der finale Auftritt war im Jahr 2000. Der war im Frauenabschiebeknast in Neuss, wo wir für die Frauen dort eine Silvesterparty veranstaltet haben. Wir dachten, wir machen eine Party für sie, damit sie nicht so schlechte Erinnerungen an ihre Zeit dort haben, und wenn sie irgendjemand fragt: „Wo warst du im Jahr 2000 an Silvester?", dann könnten sie sagen: „Da waren wir im Knast und da kamen so verrückte Frauen, die für uns eine Party geschmissen haben!" Wir sind auch in Bonn vor tausenden von Leuten aufgetreten. Wir haben einfach Lokalpolitik gemacht. Das war uns sehr wichtig.

Diskriminierungsformen und -erfahrungen

In den 90ern kamen Mölln, Hoyerswerda und Rostock. Wir haben uns gegenseitig unterstützt und geholfen. Es ging teilweise wirklich ums Überleben. Ich glaube schon, dass das der Unterschied im Kampf gegen Rassismus ist: Denn *weiß*-deutsche, christliche

Frauen hatten dieses Problem nie, dass sie sich gegen Rassismus organisieren mussten. Sie haben es gemacht, weil sie es wollten oder weil sie für Menschenrechte gekämpft haben. Aber sie hatten nicht den Druck. Das ist natürlich ein subjektiver Eindruck, aber ich glaube, der Druck derjenigen, die jeden Tag rassistische Angriffe auf der Straße erleben oder derer, die darüber nur in der Zeitung lesen, ist ein anderer. So liefen meine ersten drei Jahre in Berlin. Das war wirklich schlimm, der alltägliche Rassismus im Berlin der 90er-Jahre war extrem. Da sind Leute aus der fahrenden U-Bahn rausgeschmissen worden. Das war auch der Grund für die ersten Kongresse. Da wurde der Drang, sich organisieren zu müssen, immer stärker.

Vieles kam auch durch ADEFRA in Bewegung.[20] Für mich hat es auf alle Fälle viel damit zu tun gehabt, denn das waren deutsch sozialisierte Frauen mit Pass, die eine schwarze Hautfarbe hatten, und nur aufgrund der Hautfarbe diskriminiert wurden und nicht unbedingt aufgrund ihres ökonomischen oder legalen Status. Der ökonomische Status wurde auch in der Bündnisarbeit thematisiert, und zwar ging es um Klassenunterschiede in den Migrantinnenorganisationen. So wurden z. B. die Iranerinnen eher als Akademikerinnen bezeichnet und es hieß, sie würden auf die türkischen Frauen herabschauen, weil diese oft einen Arbeitsmigrationshintergrund hatten. Es ging hier um die Hierarchisierung von Diskriminierung. Bereits in den siebziger Jahren hatten sich viele Migrantenorganisationen aufgrund von Diskriminierung an der Arbeit politisiert. Es ging hier darum, dass sie weniger Lohn als die deutschen Arbeiter:innen bekamen, unter schlechteren Arbeitsbedingungen arbeiteten oder ihnen der Zugang zu Bildung verwehrt wurde.

20 Vgl. Eggers und Mohamed, 2014.

Diese Themen waren immer auf dem Tisch, aber für mich war es auf alle Fälle so, dass ich durch ADEFRA mit dem Rassismus gegenüber Schwarzen deutschen Frauen konfrontiert wurde.[21] Selbst, wenn ich nicht will: Als *Weiße* benutze ich Begriffe, die einen rassistischen Kontext haben. Die Aufklärung darüber, wie Sprache überhaupt mit Rassismus vergiftet ist – das ist ja eigentlich durch die afrodeutsche Frauenbewegung herausgekommen bzw. offengelegt worden. Da waren auch afroamerikanische Jüdinnen dabei, die doppelt diskriminiert wurden: rassistisch und antisemitisch.

Etwas Ähnliches wurde mir auch klar, als ich 1995 bei einer Feier anlässlich der 50-jährigen Befreiung vom Faschismus mitgewirkt hatte. Anlässlich dazu fand im ehemaligen Frauenkonzentrationslager Ravensbrück eine große Gedenkveranstaltung statt. Wir waren eine Gruppe von ca. 20 Frauen, die diese Befreiungsfeier mitgestalten haben. Das war wirklich besonders. Die rot-rot-grüne Landesregierung entschied damals: „Wir laden alle Überlebenden nach Deutschland ein." Das waren über 3000 Menschen und deren Angehörige. Wir haben dann z. B. vorgeschlagen ein großes Festzelt zu mieten und es schön zu gestalten, damit sich die Gäste einigermaßen wohlfühlen können, da wir uns vorgestellt hatten, dass es schon schlimm genug sein musste, überhaupt an diesen Ort (zurück) zu kommen. Es gab ja keine Aufenthaltsräume, nur den Platz im Freien, wo die Gedenkveranstaltung stattfinden sollte. Unter den Gästen war eine überlebende Romni, sie hieß Ceija Stojka und sie war Künstlerin und Schriftstellerin. Sie war als 9-jähriges Mädchen nach Ravensbrück verschleppt worden. Die damalige Leiterin der Mahn- und Gedenkstätte Sigrid Jacobeit hatte Frau Stojka eingeladen und ihr eine Ausstellung organisiert. Ihre Bilder und Zeichnungen wurden also ausgestellt, doch niemand aus dem Vorstand der Lagergemeinschaft Ravensbrück e. V. war im Stande, sich mit Frau Stojka zu unterhalten oder

21 Vgl. Bergold-Caldwell u. a. (Hrsg.), 2015.

sie in diese große Gedenkfeier einzubeziehen. Sie wurde einfach völlig ignoriert. Diese Frau stand während der ganzen Gedenkfeier mit ihren knallroten Haaren vor dem Krematorium. Ich bin anschließend zur Vorsitzenden der Lagergemeinschaft gegangen und habe gesagt: „Diese Frau steht da. Warum fragt ihr sie nicht, ob sie ein paar Worte sagen will?" Und da antwortete sie mir: „Ich habe die Frau nicht gesehen."

So eine Frau wie Ceija Stojka stand da alleine mit ihrem ganzen Schmerz. Sie hat eigentlich über ihre Ausstrahlung viel gesagt, aber ich hätte gerne gehört, was sie genau in diesem Moment gedacht hat. Vielleicht wäre ich auch so geworden, dass ich Ceija „nicht gesehen" hätte. Die Wahrnehmung davon, wie dein Verhalten dasjenige der Dominanzkultur ist – diese Sensibilisierung habe ich auch durch die ADEFRA-Frauen erworben. Was das Thema Rassismus betrifft: Das ist ein strukturelles Problem. Ich meine, ich erlebe da ja auch Ähnliches mit dem Antisemitismus. Die Leute sagen: „Ich bin nicht antisemitisch. Und das hat auch gar nichts mit mir zu tun." Aber gerade das gehört zur Struktur: dass die Leute sich selbst nicht hinterfragen oder damit beschäftigen wollen. Rassismus und Antisemitismus haben eine Struktur, nämlich, dass alle davon profitieren und dass niemand sich dem entziehen kann. Das kommt erst heraus, wenn es auf dem Tisch liegt und ich finde, es gibt eigentlich auch sehr viele Überschneidungen mit dem Sexismus.

Ich habe schon merkwürdige Situationen in Berlin erlebt. Nach der Wende habe ich eine Zeit lang in einem besetzten Haus gewohnt und da standen tatsächlich rechte Mobs davor und haben rumgebrüllt und gewartet, dass jemand herauskommt. Viele Schwarze Deutsche waren zu der Zeit aus der DDR geflüchtet, manche aus den Orten, in denen sie aufgewachsen waren. Das hat mich ziemlich fertiggemacht, dass Schwarze Menschen dort nicht mehr leben konnten. Sie mussten dann wirklich aus ihrem Heimatdorf oder der Stadt, aus der sie kamen, weg. Viele von ihnen sind dann nach Berlin. Mich hat total aufgeregt, dass sie rassistische Übergriffe tagtäglich erleben mussten, sodass sie nicht länger bleiben konnten, wo sie lebten. Da muss ich nicht selber betroffen sein.

In den 90er-Jahren haben wir auch an einer Demonstration teilgenommen, zu der die ADEFRA-Frauen und verschiedene deutsche Schwarze Organisationen aufgerufen haben, nachdem Mareame N´deye Sarr umgebracht wurde. Wir sind bis heute nicht sicher, wer sie getötet hat, aber gehen davon aus, dass es ihr Ehemann oder Ex-Ehemann war. Es war eine sehr große Demo am Rande von Bayern. Es war furchtbar: Die Familie wollte sie in ihrem Heimatland bestatten, aber sie haben den Leichnam nicht bekommen. Was für mich unvergesslich bleibt, ist, dass niemand in der Öffentlichkeit davon mitgekriegt hat, lediglich wir, ein paar afrodeutsche Gruppen und einige Flüchtlingsorganisationen aus verschiedenen afrikanischen Ländern.

Wenn wir heute z. B. das *Missy Magazine* betrachten, dann wird schnell deutlich, dass das Redaktionsteam am Anfang relativ *weiß* war und allmählich immer diverser geworden ist. Insgesamt haben sich in der linken feministischen Szene sowohl die Sprache als auch die Themen sehr verändert. Ich denke, es liegt daran, dass der Einfluss der migrantischen Feminismus-Bewegung größer wurde.

Literatur

Bergold-Caldwell, Denise; Eleonore Weidenroth-Coulibaly, u. a. (2015): *Spiegelblicke: Perspektiven Schwarzer Bewegung in Deutschland.* Berlin: Orlanda Frauenverlag.

Eggers, Maureen und Sabine Mohamed (2014): „Schwarzes Feministisches Denken und Handeln in Deutschland“, in: Franke, Yvonne u. a. (Hrsg.): *Feminismen heute. Positionen in Theorie und Praxis,* S. 57–76. Bielefeld: transcript Verlag.

Jacoby, Jessica, Claudia Schoppmann und Wendy Zena-Henry (1994): *Nach der Shoa geboren. Jüdische Frauen in Deutschland.* Berlin: Elefanten Press.

Jacoby, Jessica (2020): https://www.bpb.de/geschichte/zeitgeschichte/deutschlandarchiv/324440/jessica-jacoby-lebenslanges-engagement-fuer-die-sichtbarkeit-von-juedinnen. (Zugang: 24.01.2021).

Webseiten:

http://www.adefra.de/ (Zugang: 26.04.2021)

Malin Kundi bei der Konferenz „Marginale Brüche" (1997).
Fotos beigetragen von Malin Kundi.

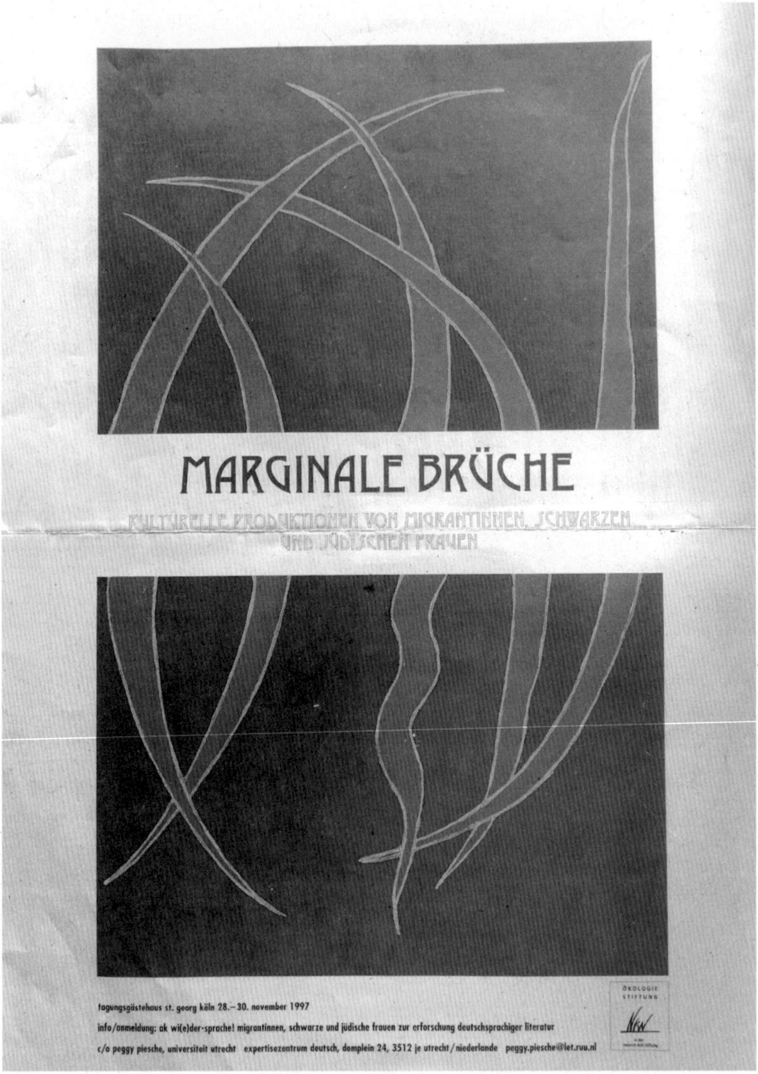

Marginale Brüche: Kulturelle Produktionen von Migrantinnen, Schwarzen und Jüdischen Frauen, 28.–30. November 1997, Köln. Poster und Programm beigetragen von Behshid Najafi.

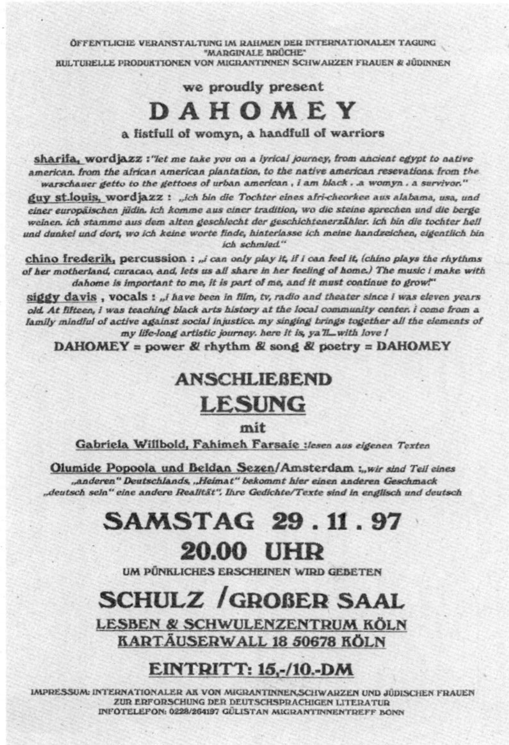

ÖFFENTLICHE VERANSTALTUNG IM RAHMEN DER INTERNATIONALEN TAGUNG "MARGINALE BRÜCHE" KULTURELLE PRODUKTIONEN VON MIGRANTINNEN SCHWARZEN FRAUEN & JÜDINNEN

we proudly present

DAHOMEY

a fistfull of womyn, a handfull of warriors

sharifa, wordjazz : *"let me take you on a lyrical journey, from ancient egypt to native american. from the african american plantation, to the native american resevations. from the warschauer getto to the gettoes of urban american , i am black . .a womyn . a survivor."*

guy st.louis, wordjazz : *„ich bin die Tochter eines afri-cheorkee aus alabama, usa, und einer europäischen jüdin. ich komme aus einer tradition, wo die steine sprechen und die berge weinen. ich stamme aus dem alten geschlecht der geschichtenerzähler. ich bin die tochter hell und dunkel und dort, wo ich keine worte finde, hinterlasse ich meine handzeichen, eigentlich bin ich schmied."*

chino frederik, percussion : *„i can only play it, if i can feel it, (chino plays the rhythms of her motherland, curacao, and, lets us all share in her feeling of home.) The music i make with dahome is important to me, it is part of me, and it must continue to grow!"*

siggy davis , vocals : *„i have been in film, tv, radio and theater since i was eleven years old. At fifteen, i was teaching black arts history at the local community center. i come from a family mindful of active against social injustice. my singing brings together all the elements of my life-long artistic journey. here it is, ya'll...with love !*

DAHOMEY = power & rhythm & song & poetry = DAHOMEY

ANSCHLIEßEND

LESUNG

mit

Gabriela Willbold, Fahimeh Farsaie *:lesen aus eigenen Texten*

Olumide Popoola und Beldan Sezen/Amsterdam *:„wir sind Teil eines „anderen" Deutschlands, „Heimat" bekommt hier einen anderen Geschmack „deutsch sein" eine andere Realität". Ihre Gedichte/Texte sind in englisch und deutsch*

SAMSTAG 29 . 11 . 97

20.00 UHR

UM PÜNKLICHES ERSCHEINEN WIRD GEBETEN

SCHULZ /GROßER SAAL

LESBEN & SCHWULENZENTRUM KÖLN
KARTÄUSERWALL 18 50678 KÖLN

EINTRITT: 15,-/10.-DM

IMPRESSUM: INTERNATIONALER AK VON MIGRANTINNEN,SCHWARZEN UND JÜDISCHEN FRAUEN ZUR ERFORSCHUNG DER DEUTSCHSPRACHIGEN LITERATUR INFOTELEFON: 0228/264197 GÜLISTAN MIGRANTINNENTREFF BONN

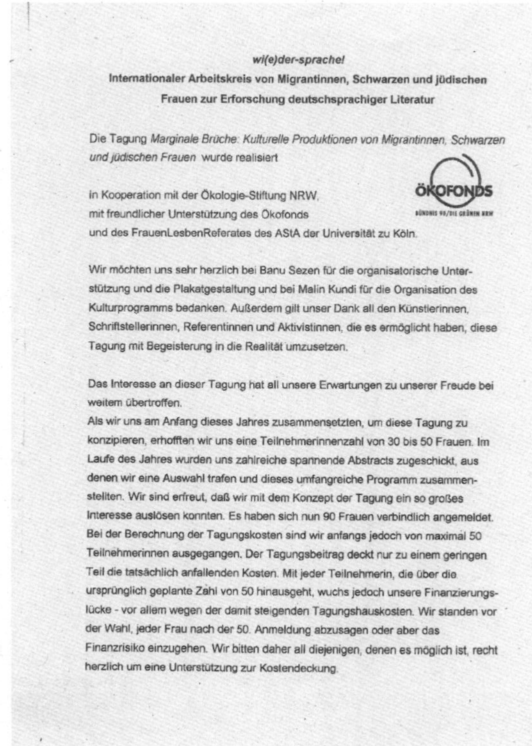

wi(e)der-sprache!

Internationaler Arbeitskreis von Migrantinnen, Schwarzen und jüdischen Frauen zur Erforschung deutschsprachiger Literatur

Die Tagung *Marginale Brüche: Kulturelle Produktionen von Migrantinnen, Schwarzen und jüdischen Frauen* wurde realisiert

in Kooperation mit der Ökologie-Stiftung NRW,
mit freundlicher Unterstützung des Ökofonds
und des FrauenLesbenReferates des AStA der Universität zu Köln.

ÖKOFONDS

Wir möchten uns sehr herzlich bei Banu Sezen für die organisatorische Unterstützung und die Plakatgestaltung und bei Malin Kundi für die Organisation des Kulturprogramms bedanken. Außerdem gilt unser Dank all den Künstlerinnen, Schriftstellerinnen, Referentinnen und Aktivistinnen, die es ermöglicht haben, diese Tagung mit Begeisterung in die Realität umzusetzen.

Das Interesse an dieser Tagung hat all unsere Erwartungen zu unserer Freude bei weitem übertroffen.
Als wir uns am Anfang dieses Jahres zusammensetzten, um diese Tagung zu konzipieren, erhofften wir uns eine Teilnehmerinnenzahl von 30 bis 50 Frauen. Im Laufe des Jahres wurden uns zahlreiche spannende Abstracts zugeschickt, aus denen wir eine Auswahl trafen und dieses umfangreiche Programm zusammenstellten. Wir sind erfreut, daß wir mit dem Konzept der Tagung ein so großes Interesse auslösen konnten. Es haben sich nun 90 Frauen verbindlich angemeldet. Bei der Berechnung der Tagungskosten sind wir anfangs jedoch von maximal 50 Teilnehmerinnen ausgegangen. Der Tagungsbeitrag deckt nur zu einem geringen Teil die tatsächlich anfallenden Kosten. Mit jeder Teilnehmerin, die über die ursprünglich geplante Zahl von 50 hinausgeht, wuchs jedoch unsere Finanzierungslücke - vor allem wegen der damit steigenden Tagungshauskosten. Wir standen vor der Wahl, jeder Frau nach der 50. Anmeldung abzusagen oder aber das Finanzrisiko einzugehen. Wir bitten daher all diejenigen, denen es möglich ist, recht herzlich um eine Unterstützung zur Kostendeckung.

Film- und Videoworkshop

Theorie aus der Praxis. Arbeiten von Şahinaz Akalin, Hito Steyerl und Tanya Ury

1. **Şahinaz Akalin: Blickkonstruktion und Stereotypenbildung**

Anhand des Kurzfilms "Cihaz" (9 min.) werden die Verfahren spezifischer Blickkonstruktion und die Schwierigkeit, mit Stereotypen zu arbeiten, thematisiert. Dabei geht es vor allem um das "nicht wahrgenommen werden". Im Anschluß daran wird mit der Videoperformance "Gardinen" die Praxis filmischer Arbeit mit MigrantInnen und in weiterer Konsequenz die Beleuchtung der eigenen Position als Filmemacherin diskutiert.

2. **Hito Steyerl: Kulturelle Selbstorganisation**

Die Künstlerin zeigt Filmausschnitte und berichtet von deren Rezeption. Sie problematisiert hierbei vor allem das "Terrain der Schwierigkeit", innerhalb dessen minoritäre Filmemacher-Innen zwischen exotischer Zurschaustellung einerseits und der massiven Abwehr anderer Perspektiven andererseits arbeiten. Schließlich geht es um Verfahren der Selbstorganisation kultureller ProduzentInnen.

3. **Tanya Ury: Clash of Symbols**

In dem Diavortrag "Clash of Symbols" (ca. 100 min.) geht die Künstlerin der Frage nach, ob der Holocaust ein angemessener Gegenstand künstlerischer Arbeit sein kann. Obwohl dieses Thema in letzter Zeit häufig diskutiert wurde, scheinen diese Diskussionen doch eher davon bestimmt zu sein, "schlafende Hunde nicht zu wecken". Ist das Thema erschöpft?
Dabei ist es nicht üblich, daß in Deutschland lebende jüdische Künstlerinnen sich dieses Themas annehmen, weil dies für Juden und Jüdinnen ein ebenso großes Tabu ist wie für alle anderen.

Zwischen dem zweiten und dritten Vortrag wird es eine kurze Pause geben.

****

Şahinaz Akalin studierte in Hamburg und ist visuelle Kommunikationsdesignerin.
Filmographie: „Cihaz" und „Flashback"

Hito Steyerl studierte in Tokyo und München Dokumentarfilm und arbeitet nun als Filme-macherin, Filmkuratorin und Kritikerin.
Filmographie: "Deutschland und das Ich" (1994), "Land des Lächelns" (1996), "Babenhausen" (1997), "Die leere Mitte" (1997).
1996 gründete sie die Produktion *discinema*. Nähere Informationen unter http://www.LRZ-münchen.de/~discinema

Tanya Ury ist eine anglo-deutsche jüdische Künstlerin, die vor allem interdisziplinär arbeitet. Sie studierte u.a. in 1st. class BA HONS Fine Art, Exeter (Thesis Tarkowsky) und erhielt 1990 den Master of Fine Art (postgraduate), Distinction, der Reading University.

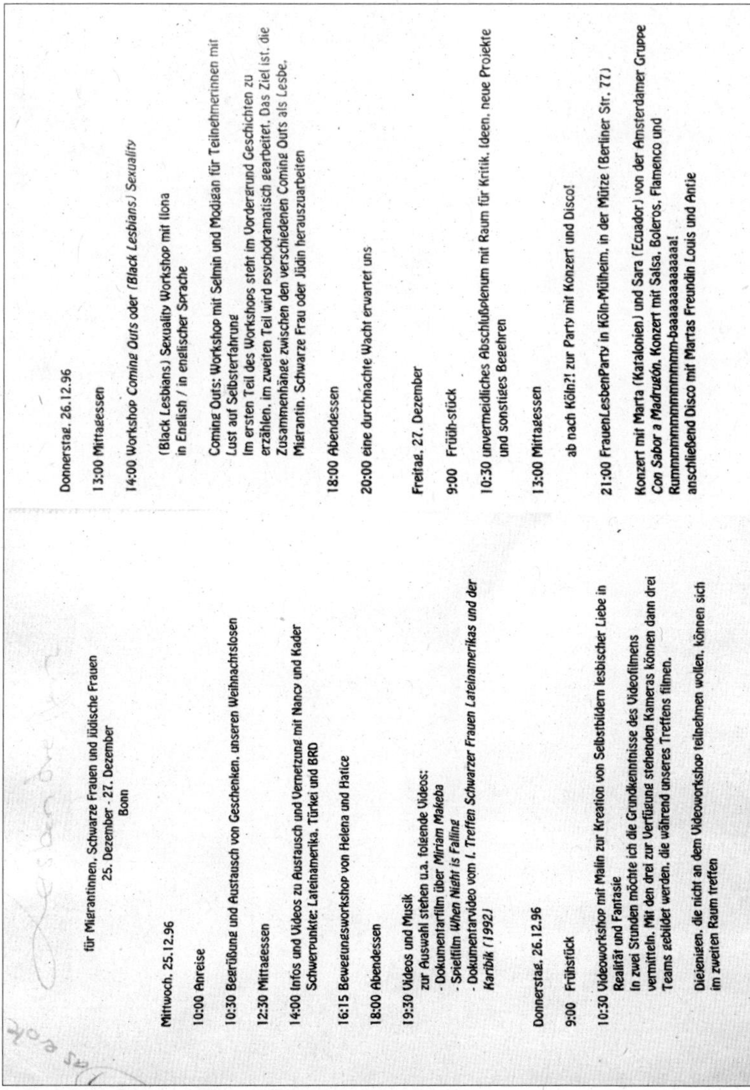

für Migrantinnen, Schwarze Frauen und jüdische Frauen
25. Dezember - 27. Dezember
Bonn

Mittwoch, 25.12.96

10:00 Anreise

10:30 Begrüßung und Austausch von Geschenken, unseren Weihnachtslosen

12:30 Mittagessen

14:00 Infos und Videos zu Austausch und Vernetzung mit Nancy und Kader
Schwerpunkte: Lateinamerika, Türkei und BRD

16:15 Bewegungsworkshop von Helena und Hatice

18:00 Abendessen

19:30 Videos und Musik
zur Auswahl stehen u.a. folgende Videos:
- Dokumentarfilm über *Miriam Makeba*
- Spielfilm *When Night is Falling*
- Dokumentarvideo vom *I. Treffen Schwarzer Frauen Lateinamerikas und der Karibik (1992)*

Donnerstag, 26.12.96

9:00 Frühstück

10:30 Videoworkshop mit Malin zur Kreation von Selbstbildern lesbischer Liebe in Realität und Fantasie
In zwei Stunden möchte ich die Grundkenntnisse des Videofilmens vermitteln. Mit den drei zur Verfügung stehenden Kameras können dann drei Teams gebildet werden, die während unseres Treffens filmen.

Diejenigen, die nicht an dem Videoworkshop teilnehmen wollen, können sich im zweiten Raum treffen

Donnerstag, 26.12.96

13:00 Mittagessen

14:00 Workshop *Coming Outs* oder *(Black Lesbians) Sexuality*

(Black Lesbians) Sexuality Workshop mit Ilona
in English / in englischer Sprache

Coming Outs: Workshop mit Selmin und Modigan für Teilnehmerinnen mit Lust auf Selbsterfahrung
Im ersten Teil des Workshops steht im Vordergrund Geschichten zu erzählen, im zweiten Teil wird psychodramatisch gearbeitet. Das Ziel ist, die Zusammenhänge zwischen den verschiedenen Coming Outs als Lesbe, Migrantin, Schwarze Frau oder Jüdin herauszuarbeiten

18:00 Abendessen

20:00 eine durchnachte Wacht erwartet uns

Freitag, 27. Dezember

9:00 Früüh-stück

10:30 unvermeidliches Abschlußplenum mit Raum für Kritik, Ideen, neue Projekte und sonstiges Begehren

13:00 Mittagessen

ab nach Köln?! zur Party mit Konzert und Disco!

21:00 FrauenLesbenParty in Köln-Mülheim, in der Mütze (Berliner Str. 77)

Konzert mit Marta (Katalonien) und Sara (Ecuador) von der Amsterdamer Gruppe *Con Sabor a Madrugón*. Konzert mit Salsa, Boleros, Flamenco und Rummmmmmmmmmmmm-baaaaaaaaaaaaa!
anschließend Disco mit Martas Freundin Louis und Antje

Das Programm des Lesbentreffens für Migrantinnen, Schwarze Frauen und jüdische Frauen. 25.–27. Dezember 1996, Bonn. Beigetragen von Kader Konuk.

Konferenz „Marginale Brüche" (1997). Fotos beigetragen von Malin Kundi.

Buchumschlag, Inhaltsverzeichnis, Back-Cover und Vorwort zum „Nach der Shoa geboren: Jüdische Frauen in Deutschland“ (1994).

Umschlaggestaltung: Jürgen Holtfreter
Umschlagcollage: Judith Kessler
Gestaltung: Barbara Globig
Satz: Agentur Siegemund
Belichtung: MSP Satz + Grafik GmbH, Berlin
Druck: Druckhaus am Treptower Park GmbH, Berlin
Bindung: Buchbinderei am Treptower Park GmbH, Berlin

Printed in Germany
EP 529
ISBN 3-88520-529-7

ELEFANTEN PRESS
Postfach 66
12414 Berlin

Die Deutsche Bibliothek – CIP-Einheitsaufnahme

Nach der Shoa geboren : jüdische Frauen in Deutschland / Jessica Jacoby … (Hrsg.) – Berlin : Elefanten Press, 1994
(EP ; 529)
ISBN 3-88520-529-7
NE: Jacoby, Jessica [Hrsg.]; GT

Inhalt

Vorwort

Jedes Buch über Jüdinnen und Juden, die »im Hause des Henkers« leben, ist ein Buch über einen Widerspruch, der erklärungs- oder gar rechtfertigungsbedürftig erscheint. Sowohl gegenüber anderswo lebenden Juden als auch gegenüber einheimischen Nichtjuden. Denn es dokumentiert eine Kontinuität, die die Nationalsozialisten unmöglich machen wollten. Und die es, wenn es nach den internationalen jüdischen Organisationen gegangen wäre, auch nicht gegeben hätte. Deren offizielle Politik war bis in die fünfziger Jahre auf Auswanderung aller in Deutschland zurückgebliebenen Juden, meist »Displaced Persons«, ausgerichtet. Nach Auschwitz war dies keine unverständliche Position, ging jedoch an den Lebensumständen und Bedürfnissen etlicher Juden vorbei. Aber auch die Mehrheit der Deutschen hätte es nach dem »Dritten Reich« wohl vorgezogen, die Vergangenheit ohne die personifizierte jüdische Erinnerung ungestört zu vergessen. Denn mit der Kapitulation im Mai 1945 war der Antisemitismus in Deutschland keineswegs verschwunden. Zu oft wird Antisemitismus auf Auschwitz oder Neonazis reduziert und der »gewöhnliche«, kulturell tradierte Antisemitismus im eigenen Bewußtsein ausgeblendet und auf jene projiziert, von denen man sich leicht distanzieren kann – die »Anderen«.

Ist nach dem Völkermord der Nazis je wieder eine deutsch-jüdische Normalität möglich? Oder stehen sich die einstigen Täter und Opfer, Verfolger und Verfolgte auch noch in der zweiten Generation und für immer unversöhnlich gegenüber, in einer »negativen Symbiose« (Hannah Arendt)? Was prägt das Leben der Jüdinnen und Juden in Deutschland – dieser sehr kleinen, aber brisanten Minderheit? Beschränkt sich jüdische Identität auf die Erfahrung von Antisemitismus und der Verfolgung der Elterngeneration? Oder auf religiöses Engagement oder die Identifikation mit Israel?

Was jüdische Frauen der Nachkriegsgeneration, die in Deutschland aufgewachsen sind oder jetzt hier leben, bewegt, ist Gegenstand dieses Sammelbandes. Unsere Beschränkung auf Frauen ist ein Versuch, das patriarchale Prinzip in Frage zu stellen, das als repräsentativ (nicht nur) für Juden und das Judentum angesehen wird und das die spezifischen Erfahrungen von Frauen oftmals ausblendet. Mehr als dreißig ganz unterschiedliche Frauen kommen zu Wort. »Ich habe gelernt, damit zu leben, eine nicht selbstverständliche Existenz zu sein«, charakterisiert eine von ihnen ihr Lebensgefühl, in dem sich sicher viele Jüdinnen wiederfinden. Doch sie warnt davor, Identität in einer doppelten Opferrolle als Jüdin und als Frau zu suchen – beeinflußt von einer Umwelt, die nur in Opfer- oder Täter-Kategorien denkt. Eine andere Autorin wünscht sich manchmal, ein »ganz neutraler Mensch, ohne Nationalität und Geburtsort« zu sein, und verwahrt sich dagegen, als Opfer funktionalisiert zu werden.

Als wir im Sommer 1988 die Idee für diese Anthologie entwickelten, gab es nichts derartiges auf dem Buchmarkt. Zwar existierten mehrere Veröffentlichungen über die ältere Generation, aber kaum etwas über deren Töchter. Ihnen blieb zwar die unmittelbare Lebensbedrohung erspart – hier hat die Redewendung von der »Gnade der späten Geburt« ihre Berechtigung –, und doch müssen sie mit den familiären und gesellschaftlichen Folgen der Shoa leben. Das heißt, daß dieses Land seine jüdischen Bewohner und Bewohnerinnen anders prägt als die nichtjüdischen, Frauen wiederum anders als Männer, und daß keine Jüdin und kein Jude um eine Auseinandersetzung mit Deutschland herumkommt. Dies bedeutet auch eine Auseinandersetzung mit der Shoa. Unser Anliegen war es, Fremdheit und Verankerung aufzuzeigen – diesen grundlegenden Gegensatz, der für Jüdinnen und Juden wohl nirgendwo so spürbar ist wie in Deutschland.

Berlin, im Juni 1994
Die Herausgeberinnen

ELIZABETA JONUZ

◆

ROMNJA – ‚RASSIG' UND ‚RASSISCH MINDERWERTIG'?[22]

Prof'in Dr'in Elizabeta Jonuz, deutsche Romni mit Migrationsbiografie, arbeitet als Professorin für Migration und Internationales, an der Hochschule Hannover, Abteilung Soziale Arbeit. Sie schreibt und forscht zum Thema Rassismus gegen Sinti:ze und Rom:nja. Ihre Dissertation zum Thema Stigma Ethnizität. Wie zugewanderte Romafamilien der Ethnisierungsfalle begegnen, *erschien 2009 beim Verlag Budrich UniPress. Zuletzt hat sie gemeinsam mit Jane Weiß* (Un-)Sichtbare Erfolge. Bildungswege von Romnja und Sintize in Deutschland *veröffentlicht.*

Man hat das Gefühl,
dass sich alle paar Jahre die gleiche
Diskriminierung wiederholt.
(Fatima Hartmann Michollek: 2014)

1995: In der Kölner JekhČhib-Redaktion führen wir eine längere Diskussion zum Thema „Roma-Frauen". Dabei stellen wir fest, dass allgemein verbindliche Aussagen darüber kaum ohne weitere Auseinandersetzungen zu treffen sind. Daher versuchen wir, uns

22 Dies ist eine überarbeitete Wiederveröffentlichung mit Erlaubnis der Autorin. Jonuz, 1996: „Romnja – „rassig" und „rassisch minderwertig?" Anmerkungen zu Geschichte und Realitäten von Romafrauen, in: Fuchs, Brigitte/Habinger, Gabriele (Hrsg.): „Rassismen und Feminismen. Differenzen, Machtverhältnisse und Solidarität zwischen Frauen", S. 171–179. Wien: Promedia.

der Geschichte und den Realitäten von Romnja und Sintize möglichst vielschichtig zu nähern.
Entstanden sind dabei zwei Sonderausgaben der *Jekh Čhib*, in denen Roma-, Sinti- und Gadhe-Frauen über Verfolgung, Widerstand und Überlebensstrategien, über Politik, Alltag und Kunst schreiben. Parallel konzipieren wir eine (antiquarische) Ausstellung zu *Roma-Frauen: Klischees und Realitäten*, die im März 1996 zur 1. Internationalen Tagung von Romnja und Sintize in Köln stattfindet. Auf dieser Tagung beleuchten wir Geschichte(n) als Romnja und Sintize im deutschsprachigen Raum. Das Ziel der Tagung ist die Sammlung und Dokumentation von Geschichte(n) und die Stärkung eines gemeinsamen historischen Bewusstseins. Denn die Geschichte(n) von Romnja und Sintize wurde(n) bislang verschüttet, verschwiegen und verleugnet. Und deswegen hieß auch die Tagung: *Upre Romnja!*

Upre Romnja

Eine authentische Geschichtsschreibung von Romnja und Sintize wurde durch die Ausstellung *Roma-Frauen: Klischees und Realitäten* begonnen. Sexistischer Antiziganismus in Geschichte und Gegenwart offenbart Kontinuitäten, aber auch Brüche in seinem Konstruktionscharakter. Wir erinnerten an sexistische und rassistische Bilder einer ‚großbusigen', ‚rassigen' Frau mit schwarzen wilden Haaren, goldenen Ohrringen, einem tief ausgeschnittenen Kleid, großen Augen und dunkler Haut – ein sexistisch-literarisches Bild, wie man es aus *Carmen*, der Novelle des französischen Schriftstellers Prosper Mérimée, oder von Victor Hugos Filmfigur Esmeralda aus der *Glöckner von Notre-Dame* und dem gleichnamigen Disney-Film auch heute noch kennt.

Neben dem sexistisch-romantisierenden Antiziganismus kriminalisierte die mittelalterliche Dominanzgesellschaft Jahrhunderte vorher Rom:nja und Sinti:ze aber auch. Im 17. und 18. Jahrhundert waren Sinti:ze und Rom:nja ständig davon bedroht, der Zauberei bezichtigt zu werden und somit der Hexenverfolgung zum Opfer zu fallen. Sie wurden beschuldigt, das Wetter zu beeinflussen, sodass die Ernte der Bauern geschädigt wurde. Damit waren und sind Roma-Frauen durch ihr Geschlecht, ihre Klasse und ihre ‚ethnische'Herkunft schon immer mehrfach bedroht gewesen. Die Schriftstellerin und Künstlerin Ceija Stojka erinnerte sich an ihre Kindheit als Romni und berichtete über die Verfolgung im Nationalsozialismus. Als im Januar 1933 die Machtübergabe an die Nazis stattfand, bekamen es Rom:nja und Sinti:ze sofort zu spüren.

Wenige Monate nach der Machtübergabe wurde im Juli 1933 das *Gesetz zur Verhütung erbkranken Nachwuchses* verabschiedet. Dies war die juristische Grundlage für massenhafte Zwangssterilisationen an Frauen und Mädchen. Am 3. Dezember 1934 folgte eine Polizeiverordnung zur Bekämpfung des Wahrsagens. Das Zwangsgeld wurde bei Verstößen auf 150 Reichsmark festgesetzt. Fünf Jahre später, am 20. November 1939, folgte die Verschleppung von Roma-Frauen als Wahrsagerinnen in die Konzentrationslager. Während der Massendeportation vom Mai 1940 wurden den Roma-Frauen Nummern und Ziffern auf die Haut gestempelt; sie wurden kahlgeschoren, bevor sie wie Vieh in die Transporter verfrachtet wurden. Vorher mussten sie noch unterschreiben, dass sie bereit seien, im Falle einer unerlaubten Rückkehr unfruchtbar gemacht und in ein KZ überwiesen zu werden.

Die Verfolgungsmaßnahmen im Nationalsozialismus, dessen ideologische Grundlage der Rassismus war, richteten sich in erster Linie auch gegen Sinti:ze und Rom:nja. In der Umsetzung dieser Vernichtungspolitik waren dann wiederum Frauen anders betroffen als Männer. Gleichzeitig lässt sich feststellen, dass es auf der Täterseite eben nicht nur Männer waren, die das Naziregime aufrechterhielten und dessen vernichtende Politik umsetzten.

Ceija Stojka schreibt in diesem Zusammenhang:

> *„Ich kam mit meiner Mama und meiner Schwester nach Ravensbrück und da waren Frauen die Herrscherinnen und die waren noch schlechter als die Männer in Auschwitz, die Frauen. Da war eine gewisse Binz, ihr Hund hat Prinz geheißen und die war böser als jeder Satan, diese schöne Frau. Die war so schön, blonde Haare, große Augen, wunderbar gekleidet, herrliche Stiefel, aber sie hatte kein Herz. Sie war steinig, wie eine Steinin, wie ein Stein. Aber einen Stein kann man noch wärmen, diese Frau nicht."*[23]

Eine genauere historische Erforschung der Vertreibungs- und Vernichtungspolitik explizit gegenüber Roma-Frauen ist bislang zum größten Teil ausgeblieben.

Kölner Razzia

Mitten in die redaktionelle Arbeit hinein platzte eine Razzia der Kölner Polizei gegen Romnja eines Flüchtlingswohnheims in Köln-Poll. Diese Razzia erinnerte uns und weite Teile der Öffentlichkeit in einem nie für möglich gehaltenen Ausmaß an die rassistischen Methoden der Nationalsozialisten. Hier haben die Rassist:innen mit Schlips und Scheitel am 13. April 1995 mal wieder brutal zugeschlagen. Anlass der Polizei-Razzia, die im Morgengrauen stattfand und an der 100 Polizist:innen beteiligt waren: Im Gebüsch in einem Kölner Stadtteil in der Nähe eines Übergangswohnheims, in dem hauptsächlich Rom:nja lebten, wurde ein Neugeborenes

23 Fings und Jonuz, 1995.

gefunden. Anlass für die Aktion war der Hinweis eines Passanten, der gesehen haben wollte, wie eine dunkelhaarige Frau mit Kinderwagen vom Fundort in Richtung Flüchtlingsheim ging. Der ‚Zeuge' war laut Aussage der Polizei bei der Razzia anwesend, um einige der Frauen als ‚Täterinnen' in die engere Wahl zu ziehen.

Wahllos waren während der Razzia in dem Heim 12-jährige Mädchen, behinderte Frauen, schwangere Frauen und alte Frauen aus dem Schlaf gerissen worden: „Ich habe ihnen erzählt, dass ich behindert bin, aber sie sagten, das ist egal. Ich fragte, warum sie mich denn gebracht haben, ich kann doch nicht gebären. Die sagten, wir müssen Sie bringen. Ich sehe doch, was für Frauen sie gebracht haben, und ich wäre alt genug." Als eine alte Roma-Frau gegen diese Aktion protestierte, wurde der berühmt-berüchtigte Polizeigriff angewendet: „Sie haben mich festgehalten und mir die Hände auf den Rücken gedreht und mich rausgeschleppt." Einer jungen Roma-Frau, die vor einem Monat ihr Kind zur Welt gebracht hatte, riss die Geburtsnarbe, weil ein Polizist sie schubste und sie deshalb hinfiel: „Die Polizisten haben an die Türe geklopft, und als sie reingekommen sind, haben sie mich sofort gestoßen. Ich bin hingefallen, und meine Naht von der Geburt vor einem Monat ist wieder aufgeplatzt."

Kleinstkinder der Roma-Frauen durften nicht mitgenommen werden. Die Kinder schrien nach ihren Müttern, hatten Angst, dass ihre Mütter ins Kriegsgebiet Jugoslawien abgeschoben werden. Keines der Kinder konnte verstehen, weswegen diese unmenschliche Aktion stattfand: „Ich dachte, sie bringen meine Mutter nach Bosnien. Ich habe Angst gehabt und geweint." Frauen, die zu Besuch im Heim waren, wurden ebenfalls mitgeschleppt. Darunter befand sich eine Österreicherin, der damit gedroht wurde, man werde ihren herzkranken Mann festnehmen, wenn sie nicht mitkomme. Die Frauen und Mädchen durften nur unter Polizeibegleitung auf die Toilette, durften sich kaum richtig bekleiden und wurden wie Vieh in die Transporter verfrachtet, wo sie sich nicht einmal unterhalten durften. Mit den Worten „ruhig, ruhig, ihr Zigeunerinnen“ wurden sie ruhiggestellt.

Insgesamt wurden an jenem Morgen mehr als 40 Romnja mit Polizeibussen zur Zwangsblutabnahme ins Polizeipräsidium transportiert. Dort wurden sie wie Verbrecherinnen erkennungsdienstlich behandelt: Sie wurden fotografiert, Fingerabdrücke wurden abgenommen. Die ganze Aktion dauerte vier Stunden, das hieß für die Frauen: vier Stunden im Bus vor dem Polizeipräsidium sitzen, ohne Essen, ohne Trinken, ohne sich unterhalten zu dürfen.

Währenddessen waren drei Romnja, darunter eine 15-Jährige, direkt zur Uni-Frauenklinik gebracht worden. Die 15-Jährige erzählte anschließend: „Sie haben nicht meinen Ausweis gesehen, aber ich habe selber gesagt, dass ich erst 15 Jahre alt bin. Sie haben mir das wohl geglaubt, sagten aber, dass sie mich trotzdem mitnehmen müssen, weil sie einen Befehl haben.“ Für sie, die das erste Mal gynäkologisch untersucht wurde, war es ein schwerer Schock. Alle drei Frauen wurden zwangsweise gynäkologisch untersucht. Sie hatten keine Möglichkeit, sich in dieser Situation gegen den Eingriff zu wehren.

Die Begründung, die von der Staatsanwaltschaft vorgebracht wurde, zeigt, dass da tiefster Rassismus herrschte, wenn es um Rom:nja geht. So hatte der zuständige Oberstaatsanwalt Utermann gesagt: „Das große Polizeiaufgebot, was wir hier gemacht haben, resultiert einfach von den Besonderheiten dieser ethnischen Minderheit her, die gehen uns nämlich alle laufen.“[24] Wie vor fünfzig Jahren wurde auch dieses Mal behauptet, das Vorgehen gegenüber ‚Zigeunern‘ sei nicht rassistisch, sondern liege an den ‚Zigeunern‘ selbst und habe seine Richtigkeit.

24 Kölner Fenster, WDR, 13. April 1995.

Der bei der Stadt Köln angestellte Hausmeister des Flüchtlingsheims erfuhr einen Tag vorher von der Razzia. Er sollte laut des Kripobeamten Aßhauer „aufpassen und Obacht geben, dass am nächsten Tag keine Unbefugten das Gelände betreten". Er wollte am Morgen der Razzia die Bewohner:innen wecken, damit sie nicht im Schlaf von diesem Überfall überrascht würden. Von der Polizei wurden ihm ‚Probleme' angedroht, wenn er dies nicht lasse. Der Überraschungseffekt der Razzia war somit gelungen und konnte ohne jegliche Kritik und Eingriffe von außen durchgeführt werden. Noch am selben Tag informierte der Hausmeister Frau Meurer, die zuständige Sozialarbeiterin vom Wohnungsamt, die dann pflichtbewusst während der Razzia anwesend war, sich jedoch nicht veranlasst sah, irgendetwas zu unternehmen.

Auch die Presse wurde einen Tag vorher informiert und konnte dadurch die ganze Aktion bildlich festhalten. Ein von der Staatsanwaltschaft als relevant eingestufter Ermittlungshinweis kam aus der Kinderklinik, in der das Neugeborene medizinisch betreut wurde: „Von der Klinik haben wir erfahren, dass das Findelkind eine Pigmentierung aufweist, die man verstärkt bei Sinti:ze und Rom:nja findet."[25] Da saßen anscheinend die Enkel:innen der Rassenbiolog:innen Ritter und Justin in dieser Kinderklinik!

Institutioneller Rassismus und Sexismus

Die angeführten Beispiele zeigen deutlich, wie brutal und illegal diese Aktion war. Nachdem das Vorgehen der Polizei sofort scharf kritisiert wurde, versuchte die Polizei noch im Nachhinein, den betroffenen Frauen Unterschriften über ihre angebliche Freiwilligkeit abzupressen. Frau W., eine derjenigen Frauen, die in der Frauenklinik zwangsgynäkologisch untersucht wurden, bekam

25 Kölner Stadtanzeiger, 15. April 1995.

eine Vorladung der Mordkommission, dass sie als Beschuldigte nochmals vernommen werden müsse. Dies geschah, obwohl direkt nach den Zwangsuntersuchungen festgestellt wurde, dass keine der drei Frauen in den letzten Wochen eine Geburt gehabt hatte. Aus Angst leistete Frau W. der Vorladung Folge und unterschrieb, dass sie sich einer „völlig freiwilligen gynäkologischen Untersuchung" unterzogen habe.

Mit Wut, Mut und Entschlossenheit beschlossen die betroffenen Romnja, sich mit Unterstützer:innen gegen diesen unwürdigen, rassistischen und sexistischen Übergriff zu wehren. Am 22. April 1995 fand eine Protest- und Solidaritätskundgebung in Köln statt. Presseerklärungen und Rundschreiben des Rom e. V. lösten eine Welle des öffentlichen Protestes aus. Alle betroffenen Romnja erstatteten gegen die Kölner Staatsanwaltschaft und deren Helfershelfer Anzeige.

Die in der Nazizeit herrschende Ideologie des Rassismus und Sexismus wird hier in erschreckendem Maße deutlich. Konzentriert kam aus diesem Vorfall heraus, dass zwischen ‚Rasse', ‚Klasse'und ‚Geschlecht' sehr deutlich unterschieden wird. Warum sind nicht auch andere Frauen und Mädchen im gebärfähigen Alter im Umkreis des Heimes mitgenommen worden?

Als Krönung dieser unmenschlichen, unwürdigen und zu verabscheuenden Aktion bewahrheiteten sich bei dem Versuch, die Kölner Staatsanwaltschaft zur Rechenschaft zu ziehen, die alten Sprichwörter „Eine Krähe hackt der anderen kein Auge aus" und „Eine Hand wäscht die andere". Die Staatsanwaltschaft Bonn stellte am 14. September 1995 das aufgrund einer Klage des Rom e. V. eingeleitete Ermittlungsverfahren gegen Staatsanwalt Utermann, die Richterin am Amtsgericht und verantwortliche Polizeibedienstete wegen Rechtsbeugung und Volksverhetzung ein. Alle Vorwürfe rassistischer Sonderbehandlung wurden zurückgewiesen. Am 17. Januar 1996 beschäftigte sich dann der Rechtsausschuss des nordrhein-westfälischen Landtages mit der Razzia. Der Petitionsausschuss kam zum Ergebnis, der Polizeieinsatz hätte „behutsamer gestaltet werden können“ und die Presseerklärung von Staatsanwalt Utermann lasse die „gebotene Sensibilität“ vermissen. Der Petitionsausschuss stimmte ausdrücklich dem Generalstaatsanwalt zu, der den leitenden Oberstaatsanwalt in Köln angewiesen hatte, „das insoweit Erforderliche im Wege der Dienstaufsicht zu veranlassen“. Im Bericht des NRW-Justizministeriums an den Rechtsausschuss des Landtages wird „sehr dezidiert der Ansicht“ zugestimmt, dass „das Vorgehen gegen die Bewohnerinnen des Kölner Asylbewerberheimes behutsamer und – etwa mit Blick auf das Polizeiaufgebot – auch einfühlsamer hätte gestaltet werden können“.

Literatur

Fings, Karola und Elizabeta Jonuz (1995): „Ich Atme Es Ein und Aus. Ein Interview mit Ceija Stojka“, in: Jekh Čhib: *Mit einer Zunge reden. Materialien zur Situation der Roma und der BRD*, Nr. 4.

„Zu diesem und dem nächsten Heft" aus Jekh Čhib: Mit einer Zunge reden. Materialien zur Situation der Roma in der BRD (1995).
Beigetragen von Kader Konuk.

Historische Postkarte

Zu diesem und dem nächsten Heft

Auf dem ersten europäischen Roma-Kongreß, der im Mai 1994 in Sevilla stattfand, gab es zwei spontan entstandene Frauenarbeitsgruppen. Die Frauen, die sich dort das erstemal aus allen Ländern Europas zusammenfanden, beschlossen, gegen die bestehende Diskrimierung durch alle Herrenländer, die sie und ihre Kinder in besonderer Weise trifft, in Zukunft gemeinsam vorzugehen. Auf Europa-Ebene gibt es bisher keine Roma-Frauenorganisation, keine Lobby für Roma-Frauen[1]. Die Frauen-Organisationen aus Spanien als dem Gastgeberland des Kongresses, machten Mut mit dem Beispiel ihrer zum Teil schon jahrelangen Arbeit für Erziehung, Bildung und Ausbildung, gegen Diskriminierung, Armut und Unterdrückung ihres Volkes.

Bereits in der ersten Sitzung der Frauenarbeitsgruppen wurde beschlossen, eine Resolution zu erarbeiten, die Inhalte und Ziele der Zusammenarbeit definiert. Am nächsten Tag wurde das »Manifest der Roma-Frauen Europas, versammelt in Sevilla« verabschiedet:

»In Anbetracht der fatalen sozialen, erzieherischen und kulturellen Situation der Roma-Frauen und der Roma-Kinder erklären wir: Es besteht die dringende Notwendigkeit, politische, soziale und ökonomische Maßnahmen zu treffen mit dem Ziel der Beseitigung von Armut, Marginalisierung und ethnischer Diskrimierung. (...) Wir gehen davon aus, daß eines der größten Probleme, an dem die Roma-Frauen leiden, das mangelnde Selbstwertgefühl ist. Aus diesem Grund halten wir es für dringend notwendig, das Bewußtsein über unseren Wert und unsere Kompetenz zu stärken, die Probleme, die wir benannt haben, aus eigener Kraft zu lösen.«

Die gemeinsame Resolution enthält auch den Beschluß, eine europäische Kommunikations- und Koordinationsinfrastruktur zu bilden. Auf einer von den irischen Travellerinnen organisierten Konferenz im November 94 in Dublin wurden weitere Grundsteine gelegt. Konkrete Pläne zu einer Roma-Frauenkonferenz im Herbst 1995 werden wir in der nächsten Ausgabe der Jekh Čhib vorstellen.

Das hier vorliegende Heft will die Ansätze, die in Sevilla entstanden, weiterentwickeln und zur Kommunikation von Roma-Frauen untereinander beitragen. Es soll aber auch einen Dialog zwischen Roma-Frauen und Nicht-Roma-Frauen ermöglichen.

Leider erscheint es nicht parallel auf Romanes, auch unseren ursprünglichen Plan, eine Kassette mit den Texten aufzunehmen und zu vervielfältigen, um auch die Frauen, die keine Möglichkeit hatten, die Schriftsprache zu erlernen, zu erreichen, mußten wir aufgrund fehlender finanzieller Mittel zurückstellen. Kleine Zuschüsse haben uns ansonsten diesmal die Arbeit etwas erleichtert.

Der Plan, ein einziges Heft zum Thema Roma- und Sinti-Frauen herauszubringen, das außerdem Ansätze der Diskussion über Opfer und Täterinnen und rassistische, hierarchische Strukturen innerhalb von Frauenzusammenhängen beinhaltet, erwies sich schnell als vermessen. Das Heft erscheint so als Doppelnummer, mit zeitlichem Abstand zwischen beiden Hälften. Dieser erste Teil enthält die Geschichte und die Gegenwärtigkeit der Geschichte. Der zweite Teil wird dann vor allem die aktuelle Arbeit von Frauen und Frauengruppen und die Gegenwart von Flüchtlingsfrauen, Migrantinnen beschreiben.

Das Vergangene ist nicht vergangen

Die in diesem Heft dokumentierten Beiträge zur Geschichte von Roma- und Sinti-Frauen erheben nicht den Anspruch, Lücken in der historischen Forschung zu füllen – eine Aufarbeitung der Geschichte der Frauen steht trotz der in den letzten Jahren intensiveren Erforschung der Geschichte der Sinti und Roma nach wie vor aus. Bestenfalls können sie Hinweise geben, mögliche Zusammenhänge andeuten und vor allem eins: Fragen aufwerfen und Fragen offenhalten.

Die Quellen, die Aussagen über Sinti und Roma in Mittelalter und Früher Neuzeit enthalten, sind bisher kaum auf die in ihnen möglicherweise enthaltene unterschiedliche Sichtweise von Männern und Frauen untersucht worden. So wissen wir nur sehr wenig darüber, ob Frauen von Diskriminierung und Verfolgung in besonderer Weise betroffen waren, oder inwieweit Roma-Frauen Möglichkeiten fanden, sich der Verfolgung zu entziehen, sich den Verhältnissen anzupassen, Überlebensstrategien zu entwickeln.

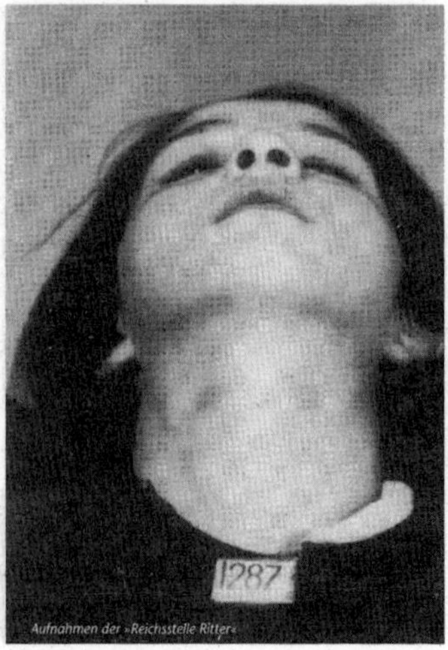

Aufnahmen der »Reichsstelle Ritter«

Die Frauengeschichtsforschung kann hier sicher noch Erhellendes zu Tage fördern.

Im Nationalsozialismus gab es angesichts totaler Erfassung und Kontrolle, die dem Völkermord vorausgingen, nur verschwindend geringe Möglichkeiten Verhaltensweisen zu entwickeln, die ein Entkommen aus der Vernichtungsmaschinerie ermöglichten. Sinti- und Roma-Frauen wurden im Nationalsozialismus doppelt verfolgt als Opfer von Sexismus und Rassismus. Sie wurden verfolgt und ermordet als Angehörige eines Volkes, das der deutschen »Herrenrasse« als minderwertig galt. Und sie wurden verfolgt als Frauen, über deren physische und psychische Existenz Männer verachtend und sadistisch verfügten bis zur Vernichtung.

Sinti- und Roma-Frauen wurden aber nicht nur von Männern verfolgt und gequält. In den letzten Jahren hat es sich die feministische Geschichtsschreibung auch zur Aufgabe gemacht, zu erforschen, welche Rolle Frauen als Täterinnen im Nationalsozialismus spielten. Als Wissenschaftlerinnen, Fürsorgerinnen, Krankenschwestern, Mitglieder der Weiblichen Kriminalpolizei, KZ-Aufseherinnen profitierten Frauen von der Deklassierung anderer Frauen, sie sahen weg oder beteiligten sich aktiv an der Verfol-

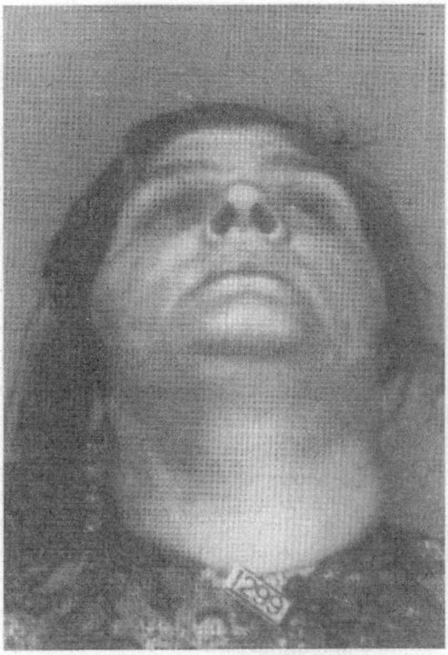

gung. Von dieser Geschichte, können sich weiße deutsche Frauen nicht befreien, in dem sie sich selbst zu Opfern erklären. Einige der Beiträge berichten über den schmerzlichen Prozeß, die Geschichte der eigenen Mütter nicht nur als die Geschichte von Opfern, sondern auch als Geschichte von Täterinnen zu erkennen. Diese Vergangenheit ragt hinein in unsere Gegenwart, auch wenn sie verdrängt, verzerrt, geleugnet wird, ist sie gegenwärtig. Die Aufarbeitung geschieht unendlich langsam.

Roma- und Sintifrauen brauchen keine Fürsprecherinnen

Die Artikel in diesem und dem folgenden Heft wenden sich gegen bewußte und unbewußte Vorurteile und klischeehafte Sichtweisen. Gadžo-Frauen glauben heute wie früher, Roma-Frauen seien unterwürfig, nicht emanzipiert, von ihren Männern unterdrückt, würden zum Betteln geschickt, seien ohne Bildung. Ceija Stojka erklärt zur Entstehung solcher Vorurteile: »Weil sich die Frau der fremden Frau gegenüber anders ihren Mann zurechtgibt. Sie zieht sich zurück wie eine Schnecke in ihr Haus und läßt dem Mann das Spiel. Nach außen ist er der Mann, der Chef des Hauses, das ist ganz klar, und er wird geachtet, d.h. nicht, daß er unterdrückt wird, aber das geschieht alles durch die Kunst der Frau, die sie hervorbringt, das alles zu meistern. Der Mann soll der Mann sein, man läßt ihn den Mann sein.«

Die Frauen, die hier zu Wort kommen, zeigen mit Entschiedenheit auf, daß Roma-Frauen stark und selbstbewußt waren und sind, daß sie ihr Leben bewältigen, obwohl es für viele so unendlich viel schwerer ist als für Frauen, die während langer Jahre ihres Lebens nicht gequält und gefoltert wurden. Roma- Frauen ernährten und ernähren ihre Familien, erziehen ihre Kinder, oft spielen sie in der Familie die wesentliche Rolle.

»Roma-Frauen wissen nicht, was das Wort heißt. Schau, sie sind auf die Welt gekommen und sie waren schon Emanzen«, sagt Ceija Stojka.

Viele der hier vorgestellten Frauen sind bekannt und berühmt geworden durch ihre Arbeit als Schriftstellerinnen, Malerinnen, Filmemacherinnen, politische Vertreterinnen.

Die Geschichte der Roma- und Sintifrauen ist nicht die von Täterinnen. Aber sie ist eine Geschichte von Frauen, die handeln, die zumindest zeitweise vielfältige Überlebensstrategien entwickeln, die Verfolger und Verfolgerinnen immer wieder mit sich selbst konfrontieren, ihre Sichtweisen in Frage stellen, ihre festgefügte Welt erschüttern, auch wenn das immer wieder dazu geführt hat, daß ebendiese Sichtweisen voller Haß und Vernichtungswillen wiederholt und zementiert wurden.

Nichts kann uns die Vergangenheit und die ihr folgende Gegenwart deutlicher vor Augen führen, als die Zeugnisse der Überlebenden und die Berichte der Nachkommen von Opfern. Unser Dank für das Zustandekommen dieses Heftes gilt Ceija Stojka und Melanie Spitta.

Ceija Stojka als Überlebende des Holocaust zeigt durch ihre Gradlinigkeit und ihre Stärke allen Roma-Frauen Wege, den Überlebenskampf nicht aufzugeben, und mit Courage ihre Rechte und die ihrer Kinder durchzusetzen. Durch ihre Arbeit in der Öffentlichkeit brechen Ceija Stojka und Melanie Spitta die klischeehaften Bilder von Roma- und Sinti-Frauen und ihrem Leben auf. ◆

[1] In diesem Heft ist die Sprachregelung noch immer uneinheitlich. Versteht man, mit der Bürgerrechtsbewegung, »Roma« als Oberbegriff und verwendet ihn gleichzeitig als politische Bezeichnung, so ist »Rom« die männliche Form Singular, »Romni« ist die weibliche Form Singular, »Romnja« weiblich Plural. Da diese Bezeichungen noch nicht so etabliert sind, daß sie allgemein verstanden werden, verwenden wir hier daneben das Konstrukt »Roma-Frauen« bzw. »Sinti-Frauen«. Eine Gruppe innerhalb der Sinti ist mit der Subsumtion unter den Namen »Roma« bekanntlich nicht einverstanden, so kam es zur Schreibweise »Roma und Sinti«. Der weibliche Singular ist »Sintezza« (oder Sinteza), der Plural »Sintezze« (Sinteze). Wenn AutorInnen den Begriff »Zigeuner« verwenden, so kann das Ignoranz, aber auch politische Intention im nichtnegativen Sinne zur Begründung haben. Die Sintezza Theresia Seible etwa wendet sich mit der trotzigen Verwendung des Begriffs »Zigeuner« als Eigenbezeichnung gegen die Verleugnung seiner jahrhundertelangen rassistischen Verwendung.

UPRE ROMNJA!

I. Bundesweite Tagung von Romnja und Sintezze

Avguni Konferencija andar e sa Germanijakhe, Romane thaj Sintonege Dzuvlja

22.-24. März 1996 in Köln / khatar kho 22. dzi kho 24. Mart 1996 berš ando Kölno

Auf dieser Tagung beleuchten wir unsere Geschichte(n) als Romni und Sintezza in Deutschland. Das Ziel der Tagung ist die Sammlung und Dokumentation unserer Geschichten und die Stärkung unseres gemeinsamen historischen Bewußtseins. Denn unsere Geschichte wurde bislang verschüttet, verschwiegen und verleugnet. Und deswegen: *Upre Romnja!*

Akhale Konferencijakhe Dzivesende kha Loštinkherelphes amari Istorija, sar Romni thaj sar Sintica, andi Germanija. O Cili akle Konferencijakhe dziveste si, te khidelphes Dokumentacija amare Istorijatar thaj te Suralkheras amari Jumakhoskhi Istrijakhi G,nda. So amari Istorija sasa dzi akhana parhome, chi vakjardi, thaj garavde ikherdovelas, thaj godoleskhe „*Upre Romnja*"!

Praschun 22.03.1996

17:00 Aviphe thaj Vakjariphes
18:00 Pša e Rakjakho habe
19:30 Resiphe thaj Sikhaviphes

Savatone 23.03.1996

8:30 javinakho habe

10:00 **Elizabeta Jonuz**
vakjarel o than e chachimaskho Istorijakho hramome, khatar e Romnja jekhe Istrijakho dikhimos andar amare Paramisja

12:00 Maškhar dziveskho habe

13:15 kha kherenphes trin paralelke Buchakhere gruphe, so kha roden e Paramisja, e Romnjenge thaj Sinticenge

Ceija Stojka
(Lilahramosaribaskhi thaj Mostimali)
o G,ndisarde lakhe Chavoriphastar sar jekh Vordonale Roma, thaj voj vakjarel andar lengo phariphe, sar sasa ando Nacionalsocijalizmus

Melanie Spitta
(Filmjakherimaskhi)
E Paramisi jekhe Sintezakhi, palal o dujto Ljumijakho Mariphe andi Germanija

Fatima Hartmann
(Avguni Šerutni khatar Rom e.V.)
G,nde leiphe thaj G,nde deiphe maškhar amende, sar majmišto šaj ando Jumakho buchi te kheras, thaj o dikhimos maškhar adala Romnja so avile Lilensa buchi te kheren thaj okhola Romnja so našle khatar o khnilo, avile andi Germanija

16:00 kafa thaj gudlo
16:30 leiphe thaj deiphe G,nde ando plenum

18:00 Bife thaj patrinjaki konferencija

20:00 Kulturakho programo, putardo si okolengeda so chi si Roma thaj Sintoi: (VHS am Neumarkt, Forum III)

Drabarimos khatar e Ceija Stojka
Koncerto khatar e Esma Redcepova
jekh Internacionalno Prešundi, thaj Thagari e Romane Gjiljengi thaj e Romane Muzikakhi

Kurkho 24.03.1996

8:30 Javinjakho habe

10:00 e *Fatima Hartmann* vakjare khatar e majnevi situacija khatar e Romnja andar e Germanija thaj soskhe kamel te khidel sa e Romnjen thaj e Sinticen andar e sa Germanija ando Jumakho

12:30 e dziveskho habe

13:30 Agoreskho plenumo

Das Programm der Upre Romnja! I. Bundesweite Tagung von Romnja und Sintezze. 22.–24. März 1996, Köln. Beigetragen von Elizabeta Jonus.

Bilder aus der Konferenz „Upre Romnja!“. Beigetragen von Kader Konuk.

↑ Ceija Sdojka (23. Mai 1933–28. Januar 2013), eine österreichisch-romanische Schriftstellerin, Malerin, Aktivistin, Musikerin und Überlebende des Holocaust, und die Teilnehmer:innen der Konferenz tanzen.

→ Elizabeta Jonus

WIDER-SETZUNGEN – NEUE IMAGINARIEN: HAMBURG

NECLA AÇIK

◆

JINA AZAD DI JIYANÊ DE: TALKING BACK TO THE POWER

... ist ein Kind einer kurdischen Gastarbeiterfamilie aus der Türkei. Sie wurde in der kurdischen Region geboren und zog mit ihrer Familie nach Hamburg, um sich in den 1980er-Jahren ihrem

Arbeitervater anzuschließen. Necla war besonders an der kurdischen Frauenbewegung beteiligt und ihr Interesse motivierte sie, transnationale Politik zu betreiben, die sie von Hamburg nach Berlin und Damaskus und später nach England zog. Necla beteiligte sich an feministisch-migrantischen Organisationen und war eine der Pionierinnen, die politische Migrant:innengruppen an der Universität gründeten.

I grew up in Hamburg, but it has been over 20 years since I moved to the UK. I was born in Kurdistan and we first moved from a village to a town so that my siblings and I could go to school. This was a major move for me, and I consider this my first migration as it also meant adapting to a very different environment and learning a new language i.e. Turkish. At the age of seven, I moved with my family to Germany. This was my second migration where I went to school and also completed my studies at the university. The German language became my 'native' language, or the language I felt most confident speaking. Later after my studies, at the end of my 20's, I moved to the UK which is my third major migration. I have done my PhD here, set up a family here and have my professional life here. Yet, I still don't feel British and I don't feel that this is my last country of residency either. Ironically, like my parents, I still play with the idea of returning one day to my hometown or *memleket* as they say it in Turkish. However, for me, *memleket* is Hamburg, not the Kurdish village I was born in, or the Turkey I know from short trips. My family was a typical immigrant working-class family with low levels of formal education. My mum is illiterate; she didn't go to school at all. She is fluent in Kurdish and has never learned Turkish or German properly. My father received some primary school education in Turkey and could therefore speak and write in Turkish, which helped him to also learn German. He was keen to improve his German and better himself at work. He worked at the *Deutsche Bundesbahn* – the German railway – as a manual worker cleaning the trains. I remember that he did some training at work in order to be promoted to a train driver, which was a great career jump for him and earned him the respect of his fellow migrant workers. At home, we spoke mainly Kurdish and later German, with very little Turkish. I have three brothers, my eldest one stayed behind when we moved to Germany. He had passed the age limit – I think it was 16 – which meant that we could not benefit from the family reunification regulations as he was not considered as a dependent child anymore. My father also didn't want to interrupt his studies as he was preparing to go to the university in Turkey. We always felt guilty for leaving him behind.

Unlike some other Kurdish Alevi families, my parents were not politically engaged, and they even tried to keep their children away from politics. It was through my older brother in Hamburg that I got interested and involved in cultural and political activities. He was in a trade union, and he was quite active in their youth branch. This opened the door for me to get involved in grass-root politics. So, at that time, I started going to the so-called *People's House* (community centres known as *Halkevi/Volkshaus*) primarily for cultural activities. I went there to learn folk dancing at the age of 13 which was my first kind of activity that connected me to other migrants from Turkey outside of my close-knit Kurdish community and outside of school. We used to perform our dances at events and May Day celebrations, for example. I loved it! It opened my mind to different ideas and was intellectually stimulating. Over the years, my network expanded and together with a group of young migrants, mainly young people like me who were spending time at *Halkevi*, we started publishing a bi-lingual youth magazine called *Basamak/Die Stufe* (meaning *The Step*). It was an inhouse print magazine for young migrants by young migrants. This was my first political work as an activist.

I started university in Hamburg but later transferred to Berlin as I wanted to move out and the only way to do this was to move to another city. I had tried to move out in Hamburg, but I felt the presence and social control of my parents and my community, so I decided that I would only be 'free' if I moved far away from them all. Moving out was a big step for me and became a big drama for all of us. It took me several years to make that decision as it meant possibly a total loss of contact with my family and everybody else from my community for years. I feared that they would ostracise me forever, so I had to be very certain that it was the right decision for me. But I had to do it. Living at home became unbearable. It was difficult to study at university, be politically active whilst also feeling I was being treated like a school girl and a little child at home. I wanted to move out because I wanted to be more involved in the kind of politics my friends were involved in. I couldn't join discussions, meetings, weekend-away seminars because my parents wouldn't have any of that nonsense. I desperately needed my freedom to be who I wanted to be. I felt as if I were in a prison and that I was missing out on everything. But I was also too scared to leave my family and my community and lose that connection. So, it was a big move for me to take, and I was waiting for the right moment to do it...

It was a very intense time for me because I was aware that I was taking a life-changing decision. I was very concerned about how my family would react when I left the house. I knew my parents wouldn't harm me and send somebody out to kill me, but it was still a possibility that occupied my mind. I knew that my moving out would bring shame over them, and I was worried that they would disown me, at least for some time. Yet, I was also petrified that I would not be able to make it out there. I feared being alienated from my community and, as my parents articulated it, worried that I would 'become a German' with no connections to my family, culture, and community. So, it was a big step, and, in the end, I made that decision and planned my move very carefully. I sorted out the transfer of my studies from Hamburg to Berlin, kept my passport with me for months before the move, sorted out the stuff I needed to take with me and hid the empty moving boxes under my bed. Then, one morning, when no one was at home for two hours, I quickly packed all my stuff without letting anyone know because I knew that they would physically prevent me from leaving the house. I loaded everything into a small van with the help of my friends, and we set off for Berlin where I would continue with my studies. I will never forget that day and the phone call I made to my parents to tell them that I was now in Berlin. It was a short phone conversation and left them devastated for at least a year. They were mourning my loss; it was very heartbreaking for all of us. It also shocked our whole Kurdish community. I was the first girl moving out and everybody thought that I had gone off to the mountains to join the armed struggle in Kurdistan or that I had become a drug addict and sex worker. It was just unimaginable to them that all I wanted was to be independent and build a life that was meaningful to me.

At the Edge of Diaspora: Being a Kurdish Feminist in Germany

We were the first generation of immigrant children entering German universities in big numbers. We had already started raising issues of racism, sexism, discrimination, and migration in the *People's House* through the publication of *Basamak* and continued doing this at university which brought together a diverse group of young migrant students. We got involved in student politics there bringing in a different perspective to the rather conformist migrant students' organisations prevalent at that time. So, the university became a place for us to get involved in migrant and feminist politics. After moving to Berlin, the political issues that I was interested in shifted a little, mainly because there I had the opportunity to explore my Kurdish identity and get involved in Kurdish students' politics, something which my parents had prevented me from doing when I was living in Hamburg. In Berlin, at the student union *AStA* I met other Kurdish students, which was very exciting for me. They were organising lectures and seminar series inviting international scholars in the field of Kurdish studies. I experimented with lots of different political groups and ended up forming a small group with feminist Kurdish friends because it was important for us to be independent, feminist-oriented, anti-racist, and to do politics in a way that we could enjoy and that was addressing our needs and the problems we were facing in the society we were living in. We didn't want to do politics that felt like a burden.

Berlin became a place for me where I developed my political engagement in Kurdish politics, specifically engaging in Kurdish Feminism. This even shaped my scholarly work because I decided to write my MA thesis on the Kurdish women's movement and the discourses on gender and nation. I wanted to understand how a movement could address issues of ethnicity and nation building, while at the same time addressing problems of gender inequality and 'liberation of women'. I was interested in this contradiction and my thesis looked at the discourses and images that were (re) produced in relation to gender and nation. Through this work I also connected with Kurdish feminists in Turkey, and later I became one of the co-founders of the Kurdish Women's Studies Network (KWSN) which was primarily initiated by Shahrzad Mojab, who herself had been an activist in Iran and later emigrated to Canada to establish herself as a Marxist feminist scholar. The KWSN brought together activists and young academics, and we held three workshops in Berlin, Paris and London at the end of the 1990s and the beginning of 2000 to promote and discuss collaborations and promote Kurdish gender studies. Since the pandemic in 2020, KWSN has regrouped again and with the involvement of many young scholars is organising a series of webinars, thus taking this up again and reaching out to a much wider audience than what was possible two decades ago.[1]

My student years in Berlin were probably my best time. I remember that we were full of energy because we were discovering everything for the first time, like Black Feminism or what it means to be an ethnic minority. We had just discovered identity politics for us, which focused on our lived experiences as migrants, women and being Kurdish, and we were reclaiming greater self-determination and political freedom based on these identities. That also led us to discuss things like: Is it okay to have different identities, can we do political work with Germans, do we have the same lived experiences and interests? Today we would just acknowledge the intersectionality of identities, but back then identity was understood as a much more rigid and fixed concept. For example, we also campaigned for dual citizenship rights in Germany and the key argument against dual citizenship was that you cannot be loyal to two countries at the same time. Besides exploring my migrant identity, I was also discovering my Kurdish identity which brought me into heated debates with Turkish migrants. The conflict in Turkey around the Kurdish issue led to the polarisation of the public into those who sympathised with the Kurdish uprisings during Newroz celebrations that occurred in the first half of 1990s and the majority of the Turkish population who saw these as 'terrorist' incidents. This polarisation didn't allow for much nuanced analysis or approaches. I felt constantly pushed into a position of defending Kurdish resistance, arguing that the systematic oppression Kurds had suffered since the establishment of the Turkish Republic was key to understanding Kurdish armed

1 Editors' note: The Kurdish Women's Studies Network was founded in 1996 and provided a forum for exchange of experience and knowledge among Kurdish activists, intellectuals and artists and beyond until 2008. The KWSN had its come back with a lecture series which took place in fall 2020 which brought prominent Kurdish scholars and intellectual women and Western scholars who made important contributions to Kurdish Studies.

struggle and uprisings. Given the emotionally loaded discussions and the widespread misconception of the nature of the Kurdish conflict, it became difficult to collaborate with Turkish students in general. There was a time in my life where I categorically refused to do politics with them, believing that they didn't have the same lived experiences and hence were not able to understand the position I was taking as a Kurd or the political demands made by the Kurds in general. Thus, just as we rejected working with Germans at *Basamak* or at university when we discussed issues of racism and migration, or just as we feminists excluded men from our discussions, I went through a period where I felt that Turkish people and also friends couldn't understand our political standpoint because they were not exposed to the same levels of discrimination and rejection that we were and therefore we needed to organise separately from each other.

This coincided with my time at the Independent Kurdish Women's Platform. This is an annual gathering of Kurdish women who don't belong to a particular political party or movement and since the mid-1990s have been coming together to share common concerns as Kurdish women. I joined them early on through Sema Latife Güçlü, who is one of the pioneers of Kurdish feminism in Germany. In one of the initial meetings, we discussed the format of the platform and decided to keep it as a forum for Kurdish women only, in order to enjoy spaces where we can share our experience with other Kurdish women without the need to explain ourselves or having to justify ourselves towards non-Kurdish women. The need to create such spaces was a pressing issue back then, and it was appealing to me as I also felt marginalised as Kurdish migrant and didn't feel that I could explore political issues relevant to the Kurdish question in depth with Turkish or German friends, who had different lived experiences. This separatist approach was not unique to us Kurds, but German feminists also defended women-only or queer-only spaces for themselves, as did other migrant groups in Germany.

I saw this as a transitional phase. There was a pressing need to be among women only when it came to be understanding and addressing issues of sexism, for example. I felt the same when exploring my migrant identity; it was liberating, and I had much more fruitful discussions about racism with migrants. When we had these discussions with our German friends, we were almost apologetic when expressing our thoughts and feelings as we were worried about offending them and this inhibited us from being more analytical. So, although this was a very separatist tendency, we felt there was a need for it at that time. Without experiencing these movements and groups I wouldn't have found my own identity and wouldn't be as comfortable with those identities as I am now, as I feel like I have lived through all of them to a full extent. Thus, I find those separatist tendencies and whatever-only spaces very useful. For example, coming back to the Independent Kurdish Women's Platform, when I took part in their meetings for the first time with two of my Kurdish feminist friends from Berlin, it was an amazing experience being surrounded by a group of Kurdish women's activists from all parts of Kurdistan, who lived in various European cities, and seeing them with a proud Kurdish as well as feminist identity. At the same time, they were fascinated by our passion and determination – and they let us lead on the following year's meeting which we did with great enthusiasm. We had more of an academic background than most of the women activists there, who were mainly first-generation Kurdish migrants. We discussed Black Feminism and the Socialist Feminist movement in Turkey and our own positionality in relation to these movements. This all happened at a time when the Kurdish issue was equated with being an extremist, a nationalist or a terrorist. Meeting other Kurdish feminists and positioning as Kurdish Feminists was very rare.

At the beginning of 2000 this started to change slowly, and Turkish Feminists and the Turkish left in general became more inclusive towards the Kurds. Turkish feminists from the left made more efforts to reach out to Kurdish women. For example, I was asked to contribute to an edited book on Feminism in Turkey in the '90s. I sent them the empirical part of my thesis which was about the discourses on gender and nation within Kurdish women's magazines that were published for the first time in the 1990s in Istanbul. They did a great work in translating it from German into Turkish, and I was very happy that I could share my work with Turkish speaking audiences. However, when the book was published, I was added with all the other contributors to an email discussion group, and to my disappointment, while the contributions of all the other chapters were discussed eagerly, there was a widespread silence on my chapter. At that time, I felt really bad about that. Although, Turkish feminists made an attempt to build bridges with the Kurdish feminists or the Kurdish women's movement, they didn't feel comfortable discussing the issue of nationalism and gender in the Kurdish context. For me, it was proof that there was still a long way to go until we could collaborate on an equal footing with Turkish feminists. While my work was rejected by the male dominated Kurdish groups for being too critical of the Kurdish movement, for many Turkish Feminists at that time my article had a 'too nationalistic' and 'less socialist' tone.

Another key episode that shaped my relationship with Turkish scholars and activists occurred in a Turkish Studies class I took in 1991 on the role of women in Turkey since the establishment of the Turkish Republic. The lecturer was a Turkish migrant herself and a junior academic. I decided to explore the role of Kurdish women for my presentation and essay. During my presentation, I was interrupted several times for my use of the word 'Kurdistan' and eventually the seminar ended without me being able to finish my presentation. The other students, mainly German students, were also disturbed by my presentation, and I was disappointed that they had also taken on a Kemalist perspective on social issues regarding the Kurdish population in Turkey. When submitting my essay for marking, the lecturer initially refused to mark it, accusing me of being a nationalist and refusing to accept my use of language. She really struggled with it on an intellectual as well as emotional level, but she had no choice but to mark it, and I passed that course. For me, this was just another example of how difficult it was to talk about issues of Kurdish identity and politics with Turkish people, be they formally educated or not, and how incomprehensible my positionality was for them. Today I don't feel those tensions as strongly as I did back then, and I think there have been a lot of positive developments within the left in Turkey since that time.

As a migrant, I felt intimidated during my entire student life in Germany. I never wanted to speak out in classes because I was nervous about the few grammatical mistakes I would make, and I was aware of Germans picking up on these rather than focusing on the content or on what I had to say. The paradoxical thing was, this made me even more nervous and led me to making more mistakes while speaking. Germans are quite keen on correcting you straight away. So, I was always nervous in seminars. But this changed after I moved to the UK. I felt more confident speaking in English, although my English was nowhere near as good as my German. But in the UK, it felt as if most people just accept the fact that you are a migrant, that English might not be your mother tongue and that it is okay if you don't speak it perfectly. Whereas in Germany not speaking German perfectly or like a native speaker can work to your disadvantage especially at work and at university. Your intellectual contribution also suffers from this, the focus is not on what you have to say, but how you express yourself in German.

Once a professor of mine who was supervising the postgraduate dissertations made a comment about my German language skills. Although she was very pleased with my dissertation and with the presentation, I gave about my research topic, when joining the post-seminar social event, she made the comment that I ought to work on my German. She was surprised when I defended myself and explained to her that given my background as a working-class migrant student, I was actually very pleased with it! This was quite a bold statement as she was generally a very intimidating professor and students generally didn't question her. But I was really furious about her ignorant and unreflective comment. I felt like she had no idea what we were going through and how much work we as migrants had to put in in order to reach the same level as Germans when they start university. Also, I felt she was not aware of class issues. She herself had quite a privileged background and expected me to talk, presumably, in the same way as an upper-class German native speaker, oblivious to the fact that I have a working-class migrant background, that language is fluid and hybrid, and that in the context of my background, I have very good German language skills. During that time, there were not so many working-class Germans studying. The universities were mostly filled with middle-class kids. Imagine that we were competing with these middle-class native speakers, coming from working-class migrant homes where two to three languages were spoken daily. They were just not capable of seeing how much work we had put into getting into university. Such comments infuriated me. We had started in this race very disadvantaged and no matter what we did, it never seemed to be enough, or it was never possible to catch up with Germans. It felt like they were always a step ahead and that we had to do a lot of catching-up in order to become visible and get the recognition we deserved.

I think the language issue is still continuing, albeit perhaps on a much more subtle level. To give you a more recent example, a friend forwarded me an undergraduate dissertation on *Basamak*, the youth magazine I was talking about earlier. It was great work for an undergraduate dissertation, and I was glad that somebody was doing an academic piece of work looking into the work we did as migrants in the 1990s. However, the author kept pointing out the grammatical mistakes and spelling mistakes we had made by inserting *sic* in italic into the quotes. Some quotes were full of *sics*, so that you could not read the quotes. Some of the spelling 'errors' were not the mistakes as such but earlier versions of words that subsequent spelling reforms have changed since then, other were genuine ones, but I found again that this undermined the ideas we wanted to convey. The author could have just made a footnote remarking that this is the original text and leave it as it is. We produced these texts as young migrants without receiving or asking for support of any native German speakers. We were eighteen to nineteen, and it is not so hard to imagine that none of us were professional editors.

Basamak: Stepping Over the Lines

Basamak was like our voice. We started to publish it around 1991 when I was still living in Hamburg. So, it was the first-time young migrants came together and did something to make their voices heard. We talked about issues from our own perspective without German friends being involved, and we desperately needed this at that time. So, that was really liberating because we were just talking about issues that we were really concerned about as second-generation migrants and also the issues of our parents' home countries. While we were doing this, we didn't feel like we had to justify or explain anything to anyone. We went on publishing *Basamak* even after we started university.

Basamak started off with being a local magazine with short contributions about racism and immigration policies. It was not longer than ten to fifteen pages and included a few articles, some drawings and interviews. We would go around and find different migrant associations and groups and interview them about their work. We encouraged young people to contribute with anything they liked. Once, I wrote for example about my everyday life as a girl in a Kurdish family. My tone was satirical, and I was describing how I was doomed to be a servant at home, pleasing my parents and our guests with endless servings of food, fruit, snacks, tea, coffee, and whatever. My friends liked it a lot, especially my female friends as it related to their experiences and was pointing out the tedious jobs we had to do around the house and our personalities being reduced to 'well behaving' daughters. But my family was not particularly pleased with it. Once I read out loud to my father an article about how misleading the virginity test is, and that the hymen can be torn for many other reasons or not exist at all. He became really concerned that I was implying I wasn't a virgin anymore. The slightest thing I did to question our traditions worried my father and talking about feminism or feminist issues concerned him most. So, in other words, anything political was of concern for my parents. Within *Basamak* we did not focus too much on feminism explicitly, but as young female migrants, getting involved in such a magazine meant that we conflicted with our parents and constituted a threat to the moral values of our community. I remember that some relatives prevented their girls meeting up with me fearing that I would have a negative influence on them and that I would spoil their morality. During my time in Hamburg, the topic of feminism was raised a few times only within *Basamak*, but it was after I left in 1993 that they devoted more space to it. *Basamak* later dissolved around 1995 and became *KöXüz meaning* 'without roots'. But that was long after I left. Overall, being active in *Basamak* was very important for my own personal development. It gave me the confidence to go out of the house, meet similar-minded people and learn how to be vocal and express my thoughts. It made us young migrants who were doomed as the lost generation with no future perspective visible. We had a voice through *Basamak*, we were not going to be endlessly grateful for being in Germany. We demanded recognition and equal treatment. We had a lot of fun getting *Basamak* ready for publication and then engaging in discussions.

But we didn't just publish *Basamak*, we also held seminars to discuss theories of nationalism and racism and organised multicultural events for migrant youth. We also got engaged in direct action on campus and once occupied the University's Student Services (*Studentenwerk*) because of their endorsements of discriminatory advertisements by private housing landlords. Some private landlords asked for 'No Foreigners' (*keine Ausländer*) as tenants, and the Student Services didn't see this as their problem since, according to them, it was the private landlord's personal preferences and not their policy! It was probably the first time that Student Services were confronted with accusations of institutional racism, but they would still not change their policy of allowing landlords to use their facilities to engage in racist and discriminatory housing practices. As a response we decided to occupy their offices to express the severity of this issue and raise awareness about it. The University management didn't call the police, although we expected them to, and started engaging with us. They gave in to our demands by the end of the day. This of course earned us the reputation as radical migrant students, and we continued with our work by standing for the student union elections. We were competing for the Office for Foreign Students (*Ausländerreferat*) in order to ensure that such an office would also do advocacy work and challenge institutional racism and not just provide support and advice for international students. My use of the word migrant goes back to those times when we argued that we are 'migrants', not 'foreigners' and not 'immigrants' which had negative connotations for us. The term 'immigrant' for us put too much emphasis on migration being the final destination and on issues of integration. 'Migrant' on the other hand put an emphasis on the fact that we or our parents had migrated in the past and we might migrate in the future and that what connects us all at the moment are the challenges we face as migrants living in Germany.

Our experience of publishing *Basamak* encouraged us to take over one issue of the student union's university magazine called *Unimagazin*. It was around 1993, soon after the Mölln and Sollingen arson attacks against migrants from Turkey. For months everybody was talking about these neo-Nazi attacks that had led to the death of eight migrants including several children. For us it was the first time that we witnessed such intense and widespread public debates about racism. Yet, what was so striking for us was that migrants themselves were hardly visible in these debates. This prompted us to just march into the editorial office of the *Unimagazin* and declare that we as migrant students will take over the next issue. We said, "You're all talking about racism, you're talking about our experiences and none of you are migrants." We didn't even ask them for a permission like "Can we please do this issue on racism?" No. We said, "This is the university's student magazine, and we are also the students of this university, so we are entitled to have our voice heard as well." After some discussions, they accepted our demand and left the office to us for a month. We were a mixed group of women and men and realised after our first discussion – on how to organise the issue – that the majority of us were female students. This felt good because usually it is men who are encouraged to be more active and do all the talking, but in this case, it was us women who were leading the discussions and this felt very empowering.

We did everything from deciding the topics to the layout. In the end, we published a really beautiful issue. We covered a range of topics about anything related to (im)migration and (im)migrants. We also reflected on theoretical debates on racism and institutional racism. We interviewed the women who worked in the student cafeteria and talked about their experiences of discrimination at work. For example, when we interviewed the kitchen staff of whom some were migrant women, we learned that they were given the most mundane jobs back in the kitchen, which surprised many students. And then when the issue came out, we felt really proud of it. We received very positive feedback from all the migrant students who read it, and most of them commented that this was the first issue they had read that really represented how they felt about racism in Germany and the attacks on refugee shelters and immigrants occurring at that time. Most German students on the other hand were a bit taken aback by our uncompromising tone and some even said that they found it "a bit too aggressive." But for us, it showed us how much more creative we could be and that we could dig deeper into issues of racism if we created more such migrant-only initiatives.

Can we describe these activities as a movement? I usually associate with much larger and more organised movements like the Kurdish movement or the Kurdish women's movement. But reflecting on my time at university, in *Basamak*, with Kurdish Feminism etc. we can describe it as a feminist migrant movement. There were many groups like ours, and we had exchanges with them such as *Anti-Faşist Gençler* (Anti-Fascist Youth) in Berlin and *Kanak Attak* (www.kanak-attak.de). Also, meeting other migrants who were active at that time, I realised we had similar issues and engaged in similar discussions. All this shaped us as individuals as well as in the career choices we made. So, to address the question, I think in the 1990s we were part of a youth migrant movement with a very clear feminist outlook. I see it as a movement because it was the beginning of self-recognition, coming together, empowering each other, doing and organizing things to make our voices heard. And it had an impact on our lives and I believe also on the German society, of which, of course, we migrants are a part.

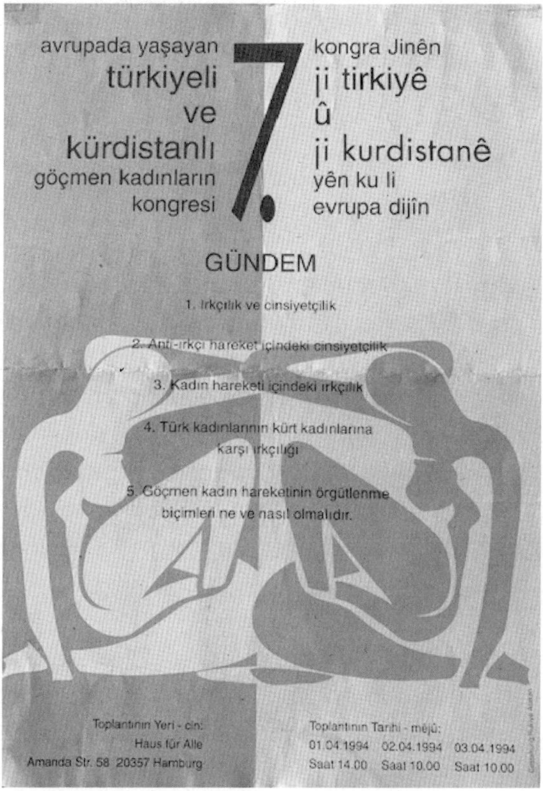

Poster: In Europa lebende Türkische Kurdische Migrantinnen Konferenz. 1.–4. April 1994, Hamburg. Beigetragen von Yasemin Yildiz.

YASEMIN YILDIZ

◆

HEXEN GEGEN RASSISMUS: ÜBER DIE „ZEIT, WO DU ZUM EINEN DIE POLITISCHE AUSEINANDERSETZUNG HATTEST, ZUM ANDEREN ABER AUCH RAUM FÜR ÄSTHETIK, KÖRPER UND MUSIK“

Yasemin Yıldız ist Associate Professor für Germanistik und Komparatistik an der University of California i*n Los Angeles (UCLA). Zuvor unterrichtete sie an der* University of Illinois *und war Gastprofessorin an der* Harvard University. I*n den 1990er-Jahren war sie Teil der migrantischen Frauengruppe* Cadı Kazanı *(Hexenkessel) in Hamburg. Die Gruppe setzte sich für eine antirassistische migrantisch-feministische Politik ein. Yasemin erzählt uns über* die Cadıs *(Hexen) und warum sie Deutschland verlassen hat.*

Ich wurde in der Türkei geboren und war vier Jahre alt, als wir nach Deutschland zogen. Mein Vater kam mit der letzten Welle von Gastarbeiter:innen und holte meine Mutter, meinen Bruder und mich ein Jahr später nach. Wir wohnten zuerst in einem kleinen Ort in der Nähe von Bielefeld, sind aber ziemlich bald nach Bremen umgezogen, wo ich in Gröpelingen, einem klassischen Arbeiterviertel, aufgewachsen bin. Ich habe meine gesamte Schulzeit dort verbracht und am Schulzentrum Rübekamp Abitur gemacht. Mein Vater war Hilfsarbeiter in einer Chemiefabrik und meine Mutter Putzfrau im Krankenhaus. Er war Kurde aus Ağrı im Osten der Türkei und sie türkische Yörük aus dem Westen. Beiden wurde in ihrer Kindheit ein Schulbesuch vorenthalten. Das hat sie ein Leben lang geschmerzt. Daher haben sie Bildung sehr, sehr hochgeschätzt und mich in dieser Hinsicht immer unterstützt.

Mein Vater war Autodidakt, der sich das Lesen und Schreiben selbst beigebracht hat, und sehr politisch eingestellt. Er war jahrelang stolzes SPD-Mitglied und hat uns in den 1980ern jedes Jahr zu den bundesweiten *Newroz*-Feiern mitgenommen. Im Urlaub hat er kurdische Kassetten in die Türkei geschmuggelt, als die Sprache dort noch verboten war. Mein Vater wäre gern Philosoph oder etwas Ähnliches geworden, wenn er die Chance auf Bildung gehabt hätte. Aber er hat mich intellektuell sehr gefördert und sehr viel mit mir über Politik und die Welt diskutiert. Er hat auch immer wieder gesagt: „Eine Frau muss ihre eigene Arbeit und ihr eigenes Einkommen haben, damit sie unabhängig ist und nicht unterdrückt wird." Er hat mich deshalb auch darin bestärkt, auf Frauendemos zu gehen. In der Rhetorik war er prima. In der Praxis aber nicht ganz so. Er hat sich zum Beispiel meiner Mutter gegenüber nicht dementsprechend verhalten. Mir hat er auch immer gesagt, ich solle mich keinem Mann unterwerfen, aber natürlich mit der Ausnahme von ihm.

Ich würde sagen, dass ich aufgrund dessen ziemlich früh eine Art feministisches Bewusstsein entwickelte, das dann auf dem Gymnasium konkrete Formen angenommen hat. In der Oberstufe war ich Teil einer Gruppe von Schülerinnen, ich glaube, wir haben das „Frauen AG" genannt. Gegründet hat das zunächst eine Geschichtslehrerin. Zu dieser Zeit habe ich Simone de Beauvoir und ganz viele Biographien von Frauen gelesen. Alexandra Kollontai ist mir davon im Gedächtnis geblieben. In den Lebenswegen und Taten anderer Frauen habe ich nach Inspiration für meinen eigenen Weg gesucht.

Die Frauen AG führte dann noch weiter zu einer Art *Consciousness-Raising*. Wir haben alles nach dem Geschlechtsprinzip befragt und ganz viele Sachen sind uns plötzlich klar geworden. Zum Beispiel fiel mir erst dann auf, dass wir im gesamten Leistungskurs Deutsch nur eine einzige Autorin gelesen haben. Wir haben also die Lehrinhalte in Frage gestellt. Ich habe aber auch unsere Schule – ein Schulgebäude, das ich geliebt habe – mit neuen Augen gesehen. Wir haben uns z. B. die Toiletten angeguckt und festgestellt, dass alle Mädchentoiletten kleiner waren als die Jungstoiletten, obwohl die Jungs dort viel weniger Zeit verbracht haben als wir. Also wir haben plötzlich für alles ein ganz neues Raster gehabt. Nach unseren Beobachtungen haben wir beschlossen, einen ‚Preis' für Sexismus zu vergeben und ein Poster mit der Vergabe der „Schrumpelrübe am Band" aufgehängt. Es gab einen unglaublichen Backlash dagegen. Auf den Aufruhr und vor allem auf die Sprache, die gegen uns benutzt wurde, haben wir auf einem weiteren Poster geantwortet. Es gab sogar einen kleinen Zeitungsbericht über uns in der Lokalzeitung. Das war 1988.

Ich bin dann mit 18 Jahren gegen den Willen meiner Eltern von Zuhause ausgezogen. Es war für uns als Familie eine sehr schwierige Zeit und wurde erst besser, nachdem ich zum Studium nach Hamburg zog. Ich war zunächst eine der wenigen aus meinem Jahrgang, die überhaupt aus der Stadt weggezogen sind. Das war gerade um die Zeit des Mauerfalls. Ich hatte damals schon eine eigene Wohnung, aber keinen Fernseher und habe daher all die berühmten Bilder im Fernsehen verpasst. Stattdessen bin ich mit Freund:innen eine Woche nach dem Mauerfall nach Berlin gefahren und habe mir das Geschehen vor Ort selbst angeguckt. Ich habe sogar selber ein winziges Stück aus der Mauer herausgebrochen.

Ich weiß noch, da war so ein Moment irgendwo in der Nähe des Reichstags. Eine deutsche Flagge wehte am Nachthimmel und das ganze sah sehr dramatisch aus. Die Leute um mich herum, inklusive einige meiner Freund:innen, waren sehr bewegt. Ich dachte auch: „Das sieht irgendwie beeindruckend aus", hatte aber auch so ein mulmiges Gefühl dabei, was das alles bedeutete. Denn ich war ganz klar antinationalistisch eingestellt. Berlin war mir damals etwas zu chaotisch, deshalb habe ich mich entschieden nach Hamburg zu ziehen.

Cadıs are coming! „Eine Gruppe, wo du ohne Scham alles sagen, sein und mögen konntest“

Es war ein riesiger und einschneidender Zufall, dass ich bei der Wohnungssuche ein WG-Zimmer bei Sevda Akgün gefunden habe und bei ihr eingezogen bin. Sevda war eine ganz wichtige Figur für mich und für viele andere Frauen in Hamburg, die ich gerne betonen würde und die leider später mit 42 an Krebs gestorben ist. Damals war sie Ende 20, hat Sozialpädagogik studiert und im Mädchentreff in Kirchdorf-Süd gearbeitet. Kirchdorf-Süd ist so eine Hochhaussiedlung in Hamburg. Sie hat dort eine Gruppe für migrantische Mädchen geleitet. Sevda war nicht nur hochintelligent, sondern auch sehr pragmatisch veranlagt, *tough* und zugleich unglaublich ordentlich. Sie wollte immer lieber was Konkretes auf die Beine stellen als zu theoretisieren. An dem Tag des eigentlichen Umzugs, kurz nach dem Tag der deutschen Wiedervereinigung, habe ich dann Sevdas Freundinnen kennengelernt, die alle zu zentralen Frauenfiguren in meinem Leben geworden sind. Das waren die ganzen *Cadıs* (ausgesprochen „Dschaddes“) also „Hexen“. Sie hatten damals schon die Gruppe *Cadı Kazanı* (Hexenkessel, ausgesprochen als „Dschadde Kasane“) als eingetragenen Verein gegründet.

Das konkrete Ziel von *Cadı Kazanı* war es, einen Zufluchtsort für junge Mädchen und Frauen aus der Türkei zu schaffen, was wir später auch tatsächlich realisierten. Damit passten wir einerseits perfekt in die Entwicklungslinie der westdeutschen Frauenbewegung, andererseits gingen wir über sie hinaus. Die Frauenbewegung in der BRD hatte sich nach den 1970er-Jahren verändert hin zu einer Frauenprojektebewegung und die meisten Energien sind in diese ‚Projekte' eingeflossen. Frauenhäuser, Frauenläden, Frauengesundheitszentren, Frauenbibliotheken usw. waren die dominante Form, Politik umzusetzen. Auch wir verfolgten feministische Arbeit in der Form eines solchen konkreten Projekts. Wir wollten zuerst ein Konzept schreiben, mit dem wir bei den Behörden Gelder beantragen wollten, und haben dann ein ganzes Jahr lang daran gearbeitet. Das war der eigentliche Kernpunkt unserer Arbeit. Das Konzept basierte auf Sevdas Diplomarbeit in Sozialpädagogik. Wir haben ihr Diplom Satz für Satz, Wort für Wort durchdiskutiert, bis wir alle mit dem überarbeiteten Text komplett einverstanden waren. Das Wichtigste war, dass wir wirklich einstimmig beschlossen, was wir da schrieben. Einstimmig bedeutete in dem Fall, dass jede absolut zufrieden mit der Analyse und der Formulierung sein musste und selbst die geringsten Zweifel ernst genommen wurden. Das war eine Art radikaldemokratischer Anspruch, den wir an uns stellten.

Wir haben uns ein ganzes Jahr lang einmal die Woche abends getroffen. Bei jedem Treffen haben wir Protokoll geführt. Zum Teil mussten wir uns um Sachen wie das Vereinsregister oder die Steuern kümmern. Aber ansonsten ging es darum, wirklich das Konzept durchzudiskutieren: „O. K., was ist die Situation, um die es uns geht? Was sind die Begriffe, die wir benutzen wollen? Wie analysieren wir die Situation? Was genau wollen wir?" Wir haben in dem Prozess sehr viele Erfahrungen reflektiert und verarbeitet. Dieser Prozess war sehr intensiv und wurde von allen sehr ernst genommen. Um eine richtige *Cadı* zu sein, musstest du regelmäßig zu den Treffen kommen und einen sehr wichtigen Grund haben, wenn du gefehlt hast. Die Treffen selbst brachten so viele Facetten zusammen. Zum Beispiel konnten wir am Anfang des Treffens ausgiebig Lippenstifte vergleichen und danach um jedes Wort einer Passage des Konzeptes kämpfen.

Wir wollten durch *Cadı Kazanı* eigentlich einen Ort schaffen, den wir selbst gerne gehabt hätten, aber nie hatten, nämlich einen Ort, wo sich die Mädchen weg vom Druck sowohl der Eltern als auch der deutschen Mehrheitsgesellschaft eigenständig orientieren und definieren konnten. Dieser Ort sollte eine staatlich geförderte Alternative zu den gängigen Mädchenhäusern sein, wo eben vor allem der zweite Teil, der Druck von der deutschen Seite, alles ‚Türkische' abzulegen, sehr stark war.

Ich war nie in einem Mädchenhaus, aber ich habe diesen doppelten Druck selbst immer wieder erlebt. Ich musste mich deutschen Freund:innen und Fremden gegenüber ständig offenbaren und meine Situation erklären. Es schien für alle Seiten ganz klar zu sein, dass die Eltern zu verlassen auch bedeutete, die türkische Kultur komplett aufzugeben, denn es galt als selbstverständlich, dass du als Mädchen nicht selbstbestimmt in der türkischen Kultur leben konntest. Ich hatte das damals auch sehr verinnerlicht und mich tatsächlich von der türkischen Kultur distanziert. Ich habe zu der Zeit zum Beispiel praktisch kein Türkisch mehr gesprochen. Dann habe ich irgendwann angefangen Sezen Aksu zu hören. Eine neue Form von türkischer Popmusik war gerade im Entstehen und hat mir auch sehr gefallen. Aber ich konnte das nicht mit meinen deutschen Freund:innen teilen, weil für sie alle Aspekte türkischer Kultur irgendwie komisch waren und da ich das so verinnerlicht hatte, habe ich mich vor ihnen richtig dafür geschämt, diese Musik zu mögen.

Vor diesem Hintergrund war es ein so unbeschreibliches Gefühl, plötzlich in einer Gruppe zu sein, wo du ohne Scham alles sagen, sein und mögen konntest, was du wolltest. Im Verein waren wir alle türkeistämmige Frauen, aber mit unterschiedlichen Hintergründen und unterschiedlichen Alters. Wir waren damals zwischen 20 und 40 Jahre alt. Hamide ist selbst als Gastarbeiterin nach Deutschland gekommen und gehörte daher der ersten

Generation an. Perihan dagegen kam in den späten 1970ern als Studentin, während wir anderen der zweiten Generation angehörten, wobei einige von uns in Deutschland geboren wurden und andere als Kinder oder Jugendliche herzogen. Eine war wie ich auch halb kurdisch, andere waren Azeri und so weiter. Die meisten von uns bevorzugten Deutsch als Hauptsprache, aber wir alle wechselten ständig zwischen den Sprachen hin und her. Unsere Selbstbezeichnung *Cadıs* war ja auch so eine Mischform aus dem türkischen Wort *cadı* und dem deutschen Plural-s (auf Türkisch müsste es *cadılar* heißen).

Wir hatten also eine teilweise ähnliche Migrationsgeschichte, Bezüge zur Türkei, Sensibilisierung gegenüber unseren Erfahrungen in Deutschland und eine feministische, antinationalistische und politisch linke Einstellung, wobei diese auch sehr unterschiedlich ausgeformt war. Das war auch das, was für mich die *Cadıs* so ausmachte, nämlich, dass wir so vieles gemeinsam hatten und doch alle so unterschiedlich waren – und vor allem so unterschiedlich und einzigartig sein durften, wie wir wollten. Was wir auch teilten, war unser Fokus auf Veränderung in Deutschland. Das war zum Beispiel ein Unterschied zu den türkischen Exilant:innen, die in den siebziger oder achtziger Jahren hergekommen waren. Für die war das nicht so selbstverständlich. Sie hingen noch an ihren Kämpfen in der Türkei. Ich fand alle diese *Cadı*-Frauen vom ersten Tag an so toll. Ich fand sie alle wunderschön. Ich fand sie alle so stark und so beeindruckend.

Hexen gegen Rassismus: „Wir dachten nur: ‚Sie killen uns'"

Nachdem wir ein Jahr lang am Konzept gearbeitet hatten und fast fertig waren, stellten wir fest, dass das Wort „Rassismus" dort nirgendwo auftauchte, obwohl es so zentral war, für das, was wir beschrieben. Das Wort Rassismus war bis dahin einfach nicht in unserem Vokabular gewesen. Es war aber genau der Begriff, der gefehlt hatte. Ich glaube, er hat uns so lange gefehlt, weil die meisten von uns ja sehr deutsch sozialisiert waren und die Grenzen des Diskurses, wo es dieses Wort für die deutsche Gegenwart nicht gab, teilten und wir uns erst mal da herausarbeiten mussten.

Als die rassistischen Übergriffe nach der Wiedervereinigung zunahmen, besonders im Rahmen der sogenannten Asyldebatte und den damit verbundenen Ausschreitungen in Hoyerswerda und anderswo, hat sich dann auch unser Blick weiter verschoben und die meisten von uns *Cadıs* wurden zusätzlich in antirassistischen Kontexten aktiv. In einem Fall bin ich z. B. mit einer Soli-Karawane nach Greifswald mitgefahren. Das muss im Herbst 1991 gewesen sein. Ein Flüchtlingsheim war dort angegriffen worden, die Flüchtlinge konnten nicht raus und wurden bedroht. Eine ganze Reihe von Autos und Bussen sind daraufhin aus Hamburg nach Greifswald losgefahren, um die Menschen rauszuholen. Wir waren so eine Art Begleitschutz. Als wir unterwegs kurz an einer Tankstelle in Ostdeutschland anhalten mussten, haben wir aber selber richtig Angst gehabt.

Dann haben wir dieses Flüchtlingsheim gesehen, die Fensterscheiben waren zerschlagen. Die Steine, die durch die Fenster geworfen worden waren, lagen teilweise noch auf dem Boden. Die Menschen waren total verängstigt. Wir haben sie nach Hamburg geholt, wo einige ins Kirchenasyl gegangen sind. Paradoxerweise hinterließ diese Fahrt bei mir auch einen weiteren Eindruck. Ich weiß noch, dass ich mich unterwegs in der Landschaft umgeschaut und gedacht habe: „Das ist so wunderschön hier." Ich wäre gerne wieder nach Mecklenburg gefahren, aber es war für mich praktisch eine *No-Go-Area*.

Nach den schockierenden Bildern aus Rostock vom Sommer 1992 kam dann der Brandanschlag in Mölln im November. Wir sind noch am selben Abend in der Hamburger Innenstadt demonstrieren gegangen. Das waren also nicht nur Frauen, sondern auch andere Hamburger Aktivisten, Linke, welche vom *Halkevi*, von der Werkstatt 3 und so weiter. Mölln war ein Einschnitt. Solingen war ein noch tieferer Einschnitt. In beiden waren alle Todesopfer türkeistämmige Mädchen und Frauen. Nach Mölln kam ein Gefühl von unglaublicher Wut und auch von Bedrohung und Verletzbarkeit auf. Wir dachten nur: „Sie killen uns". Und als dann noch Solingen im Mai 1993 hinzukam, war das einfach zu viel.

Für uns waren Mölln und Solingen ein Zeitenbruch. Also nicht die Wiedervereinigung, sondern Mölln und Solingen waren der wirkliche Zeitenbruch für uns. Das kann man übrigens auch in der Literatur sehen. Die Literaturwissenschaftlerin Karin Yeşilada hat festgestellt, dass es einen ganzen Korpus an deutschtürkischer Lyrik nach Mölln und Solingen gibt. Sie nennt das „Poesie post Solingen". Dieses Gefühl von absoluter Verletzbarkeit war so stark. Ich habe in dieser Zeit mit vielen *weißen* deutschen Freund:innen gebrochen. Für sie waren diese Ereignisse irgendwas in den Nachrichten. Sie fanden sie natürlich sehr schlimm, aber es hat sie nicht auf die gleiche Art und Weise berührt. Die Tatsache, dass sie nicht sehen konnten, wie existenziell das für uns war, womit wir da konfrontiert waren, war sehr schwer für mich zu verdauen. Ich habe deshalb nur wenige meiner damaligen *weißen* deutschen Freund:innen behalten.

Gleichzeitig habe ich selbst die kurdische Situation in den 1990er-Jahren in der Türkei nur am Rande mitbekommen und erst nach und nach verstanden, wie schlimm dieses Jahrzehnt aus kurdischer Perspektive war, weil ich so fokussiert war auf den deutschen Kontext. Es gab auch einen Punkt – nach Rostock, Hoyerswerda, Mölln, Solingen und den vielen, vielen eigenen Alltagserfahrungen – wo du dich so wütend und bedroht gefühlt hast, dass die Frage aufkam, was du eigentlich tun konntest. Wo du gedacht hast: „O. K., was ist die letzte Konsequenz für uns, so wie wir behandelt werden?" Ich erinnere mich, dass einige Freund:innen an einer Demo teilgenommen haben, die eine Autobahn besetzen wollte. Das war für einige der Wendepunkt. Wie weit gehst du mit dem Einsatz deines Körpers gegen diese Situation?

Migrantin in den USA: „Wie ironisch es war, mich in dem Land, wo ich aufgewachsen bin, als Migrantin zu definieren."

Für mich waren die USA der Weg raus aus dieser Situation. Ich ging Mitte der 1990er mit einem Stipendium für ein Studienjahr nach New York. Nach den Erfahrungen der vorausgegangenen Jahre wollte ich allen in der Welt erzählen, wie rassistisch Deutschland war. Das war für mich ein Herzensanliegen. Es hat sich dann gut getroffen, dass ich jemanden kennengelernt habe, der Holocaust-Forscher war. Wir haben uns gleich wunderbar verstanden.

Meine deutschen Erfahrungen mit anderen in New York zu teilen hat mir sehr, sehr gutgetan. Mein ursprüngliches Ziel für das Studienjahr war es, mehr über Schwarzen Feminismus in den USA zu lernen und das Gelernte wieder nach Deutschland zurückzubringen. Das war inspiriert von dem Band *Schwarzer Feminismus: Theorie und Politik afro-amerikanischer Frauen*, der im Orlanda Verlag 1993 erschien und der damals unter uns migrantischen Frauen in Hamburg von Hand zu Hand gereicht wurde. Afrodeutschen Feminismus lernte ich erst später durch die Lektüre von May Ayim[2] und vor allem den direkten Kontakt mit Schwarzen deutschen Frauen auf der Tagung *Marginale Brüche* 1997 in Köln kennen.

2 Vgl. Ayim, 1997.

Ich hatte in New York dann sogar tatsächlich die Gelegenheit, ein Seminar bei bell hooks über Toni Morrison zu belegen. Aber ich habe sehr schnell festgestellt, dass ich dort nicht als Schwarz gelte. Es war eine ganz neue Erfahrung davon, was Weißsein, was Minderheit sein ausmacht und wie sehr beides vom Kontext abhängt und nicht von irgendeiner Essenz. Meine amerikanischen Erfahrungen sind fundamental davon geprägt, dass ich dort als irgendwie *weiß* gelesen werde. Ich habe damals in New York schon im Rahmen eines feministischen Seminars bei Nancy Miller darüber reflektiert. Was ich vor allem festgestellt und wirklich körperlich erfahren habe, war die Tatsache, dass Privilegien zu haben darin besteht, diese gar nicht erst zu bemerken. Dass du z. B. von Verkäuferinnen in einer Boutique nicht gleich als verdächtig eingestuft und scharf beobachtet wirst. Oder dass Menschen im Bus sich neben dich setzen, ohne dich komisch anzuschauen und abzuschätzen. Das war eine wirkliche Überraschung, zu erleben, dass Privilegien nicht etwas Zusätzliches waren, was man bekam, sondern die Abwesenheit eines ständigen Prozesses des Andersgemachtwerdens und der ständigen Konfrontation mit Barrieren.

Die Zeit in New York hat mir auch ganz stark gezeigt, was es bedeutete, dass ich mich in Deutschland als Migrantin gesehen habe. Ich bin aufgewachsen mit dieser ständigen Polarität deutsch oder türkisch, mit diesem ständigen Druck, alles auf die eine oder andere Art und Weise einzuordnen. Dabei konnte ich mich selbst mit keiner dieser beiden national definierten Kategorien identifizieren. Ich wollte überhaupt nicht deutsch sein. Ich wollte überhaupt nicht türkisch sein. Anfang der 1990er-Jahre tauchte dann ein Begriff auf, der eine Lösung versprach, nämlich ‚Migrantin'. Ich weiß noch, dass mir diese Eigenidentifikation in einem Gespräch mit meiner Kommilitonin Hürü Kök richtig bewusst wurde. ‚Migrantin' war für mich ein positiver Begriff, mit dem ich mich gut identifizieren konnte, weil er dieses Gefühl von immer unterwegs sein so gut wiedergab, aber gleichzeitig selbst ein An-

kommensort, ein Anker, war. Das war damals ein neues und sehr befreiendes Vokabular für viele von uns.
In New York, wohin ich dann tatsächlich zumindest kurzfristig ‚migriert' war, habe ich aber gemerkt, wie ironisch es war, mich in dem Land, wo ich aufgewachsen bin, als Migrantin zu definieren. Dort habe ich das erste Mal so richtig verstanden, wie es meinen Eltern in Deutschland bei ihrer Ankunft gegangen sein muss. Denn es war so schwer für mich am Anfang, weil ich so vieles an meiner Umgebung nicht einordnen konnte, die vielen ungeschriebenen Regeln nicht verstand und mich einsam fühlte. Dabei kam ich selbst ja mit so vielen Privilegien in die USA: eine Studentin mit einem angesehenen Stipendium, die die Sprache beherrschte und schon viel über die Kultur wusste. Dass meine Eltern ohne jegliche Vorkenntnisse und bei so viel Diskriminierung den Alltag in Deutschland bewältigen gelernt haben, hat mir wirklich Respekt eingeflößt und mir gezeigt, wie sehr sich die Migration der ersten Generation von der Form der Lebenserfahrung, die ich als ‚Migrantin' bezeichnen würde, unterschied.

Mir hat auch das Unisystem in den USA besser gefallen, weil es viel transparenter war. In Deutschland war alles sehr mysteriös, und es gab keinen klaren Weg zur Doktorarbeit. In den USA bewirbst du dich darauf. Alle Anforderungen sind ganz klar. In Deutschland musstest du damals darauf warten, dass dich ein Professor antippt. Es war nur etwas für Eingeweihte und es war ganz offensichtlich, dass ich nicht dazu gehören würde. Auch eine sehr interessante Erfahrung war, dass ich in New York das erste Mal zu deutschtürkischer Literatur geforscht habe. Natürlich passierte das in den USA und nicht in Deutschland. Als ich zurückkam, wollte der Hamburger Dekan meine Hausarbeit über Emine Sevgi Özdamar erst gar nicht als eine literaturwissenschaftliche Arbeit in der Germanistik anerkennen, obwohl sie auf Deutsch schreibt und damals schon den Ingeborg-Bachmann-Preis gewonnen hatte. Aber er hatte kein Problem damit, mir einen Schein für eine Filmanalyse von *Forrest Gump* auszustellen.

Ich habe mich so willkommen gefühlt in den USA, weil mich niemand ständig nach meiner Identität gefragt hat, mich niemand in Frage gestellt hat. Es war so wohltuend. In Deutschland musste ich, so wie alle meine Freund:innen, ständig so viel erklären, vor allem den Rassismus. Ich erinnere mich in dieser Hinsicht an eine Situation, die einen starken Eindruck bei mir hinterlassen hat. Ich war mit meinem Mann, der jüdisch-amerikanisch ist, in Hamburg unterwegs und wir haben so ein Poster gesehen. Da ging es darum, dass Drogenhändler aus der Nähe vom Bahnhof Dammtor vertrieben werden sollten. Die Aktion nannte sich tatsächlich *Bunte Geschäfte rein, dunkle Gestalten raus* und war illustriert mit einer schwarzen Figur, die rausgekickt wird. Wir haben einander nur angeguckt. Ich musste nichts weiter dazu sagen. Ich sah das. Er sah das. Als wir das unserer *weißen* deutschen Mitbewohnerin gezeigt haben, hat sie es sich angeschaut, aber überhaupt nicht verstanden, was mit dem Bild nicht stimmte, was daran so anstößig war. Es war so eine Erleichterung, jemanden von außen zu haben, der deine Wahrnehmung teilte und bestätigte, ohne dass du das ausbuchstabieren musstest. Es war auch eine Erleichterung, dass niemand das in Frage stellte, wenn ich in den USA sagte, ich käme aus Deutschland. Ich fühle mich ironischerweise viel mehr deutsch, seit ich in den USA lebe. Aber jedes Mal, wenn ich nach Deutschland komme, schütze ich mich durch das Englische vor dem Alltagsrassismus. Ich schütze mich wirklich durch meinen amerikanischen Kontext, weil manche Situationen sonst schwer zu ertragen sind.

Das andere, was mir beim Hin- und Herfahren auffiel, waren die Unterschiede zwischen den entsprechenden Kreisen, in denen ich jeweils in den USA und in Deutschland verkehrte, obwohl sie politisch z. B. ähnlich ausgerichtet waren. In den USA fand ich, dass die Männer aus diesen Kreisen praktisch eine Generation weiter waren, was Geschlechterrollen angeht. Es gibt natürlich ohne Frage jede Menge Sexismus in den USA, ich will das auf keinen Fall herunterspielen. Aber die Sensibilität in den vergleichbaren

‚linken', ‚progressiven' Kreisen ist komplett anders. Ich habe das z. B. an meinen eigenen Beziehungen und denen um mich herum beobachtet. Es gab wirklich eine ganze Generation Unterschied, weil die amerikanischen Männer, die ich kenne, starke, selbstbewusste, unabhängige Frauen so gewohnt sind. Meine amerikanische Schwiegermutter hat z. B., aus schwierigen Verhältnissen kommend, schon in den 1950ern Physik studiert, als Computerprogrammiererin gearbeitet und zwei Kinder allein großgezogen. Die Familienkonstellationen und Vorstellungen von Geschlechterrollen in den Familien meiner deutschen Freund:innen waren da viel traditioneller. Dass Frauen arbeiten und die Kinder in die Kita gehen, ist hier so selbstverständlich, dass man das gar nicht diskutieren muss.

Ich war auch jedes Mal schockiert, wenn ich nach Deutschland kam, und sah, dass die Diskussionsrunden im Fernsehen oder auf Podien aus lauter *weißen* deutschen Männern bestehen konnten und auch darüber, wie wenige Frauen Schlüsselrollen in der Öffentlichkeit einnahmen. Und dann dachte ich mir, das sind die gleichen Leute, die sich beschweren, dass ‚die Ausländer' ‚ihre Frauen' unterdrücken.

„Wir waren auch ein Teil davon!"

Cadı Kazanı war für mich ein gelebtes Ideal, wo du wirklich zum einen die politische Auseinandersetzung hattest, zum anderen aber auch Raum für Ästhetik, Körper und Musik. Es gab Raum jemand zu sein mit allen verschiedenen Teilen. Leben und Politik waren eins. Einmal ist mir besonders in Erinnerung geblieben. Nach einer intensiven Diskussion mit großen Meinungsverschiedenheiten sind wir alle zusammen in ein türkisches Restaurant in Eimsbüttel gefahren, wo es Live-Musik mit einem *piyanist şantör* (Sänger mit Keyboard) und eine *dansöz* (Bauchtänzerin) gab. Wir haben so ausgiebig getanzt. Wir konnten auch zusammen im Grünspan in St. Pauli abrocken und anschließend frühmorgens auf dem Weg nach Hause laut Lieder wie *Karlı Kayın Ormanında* singen. Wir sind dann zusammen zu einer von uns nach Hause gelaufen und haben auf zwei Matratzen geschlafen und anschließend ewig lange zusammen gefrühstückt.

In unseren Auseinandersetzungen haben wir auch immer wieder neue Ausdrucksformen gesucht. Es gab zum Beispiel diesen unsäglichen Artikel im SPIEGEL vom Herbst 1990 *Knüppel im Kreuz, Kind im Bauch.* Dagegen gab es viele Proteste, ich glaube inklusive einer Demo vor der SPIEGEL-Redaktion. Vier von uns – Sevda, Filiz, Rukiye und ich – haben uns an einem Abend hingesetzt und als Reaktion darauf einen Leserinnenbrief geschrieben. Der Brief wurde dann tatsächlich als Teil einer ganzen Flut von Briefen zu dem Artikel veröffentlicht. Wir haben uns dabei absichtlich für einen satirischen Ton entschieden (*Spieglein, Spieglein in der Hand, wer ist die Mißhandelteste im ganzen Land?*) und unsere Wut dadurch kreativ verarbeitet. Auch das hat gutgetan.

Dies war insgesamt eine Zeit von sehr viel unterschiedlichem und parallelem Aktivismus, sehr vielen Reaktionen auf Ereignisse auf verschiedenen Ebenen und in verschiedenen Lebensbereichen. Dabei gab es eine ständige Verschiebung des Schwerpunktes unserer Kämpfe zwischen Sexismus und Rassismus. Beides war aber, in der einen oder anderen Form, immer gleichzeitig präsent für uns, auch wenn wir damals das Wort „intersektional" nicht kannten. Ein expliziter Fokus auf Sexualität, sichtbare queer-migrantische Selbstorganisation zum Beispiel, war dagegen in unserer Gruppe nicht so präsent, obwohl einige aus dem Freundinnenkreis Beziehungen mit Frauen hatten. Das wurde weder geheim gehalten noch sonderlich thematisiert.
Von den anderen Aktivitäten zu dieser Zeit möchte ich noch den siebten *Kongress der in Europa lebenden Frauen aus der Türkei*

und Kurdistan im Frühjahr 1994 hervorheben. In den 1980er-Jahren begannen Frauen aus der Türkei, die in verschiedenen europäischen Ländern lebten, sich einmal im Jahr zu einem Kongress zu treffen und auszutauschen. Ich habe Anfang der 1990er mit anderen *Cadıs* an so einem Treffen teilgenommen. Ich glaube, das war in Hannover. Und die gemeinsame Sprache war natürlich Türkisch, weil die Frauen ja in unterschiedlichen Ländern lebten und die meisten Teilnehmerinnen damals noch der ersten Generation angehörten. Viele von uns aus der zweiten Generation haben sich sprachlich nicht ganz wohl gefühlt, weil wir uns nicht auf der gleichen Ebene ausdrücken und mithalten konnten. Ich wurde jedenfalls Teil des Organisationskomitees. Das muss im Herbst 1993 gewesen sein.

Wir haben uns ungefähr monatlich getroffen. Das Komitee bestand aus einer Mischung aus Exilfrauen und Frauen der zweiten Generation. Die Exilfrauen kannten ihren Marxismus und waren politisch sehr geschult, was viele von uns in Deutschland Aufgewachsenen überhaupt nicht waren. Wir waren links und aktiv, aber nicht so explizit geschult. Das war der siebte Kongress dieser Art. In dem Jahr wechselte der Kongress von Türkisch zu Deutsch als Hauptsprache. Das hat es der zweiten Generation erlaubt, sich viel aktiver einzubringen. Aber in meiner Erinnerung hatte das auch damit zu tun, dass kurdische Frauen Türkisch nicht einfach so als dominante Sprache hinnehmen wollten. Dieser Kongress hatte dann auch eine andere Fragestellung als die vorhergehenden. Es ging verstärkt um Rassismus in der Frauenbewegung. Darunter verstanden wir zum einen den Rassismus der *weißen* deutschen Frauen gegenüber Migrantinnen und zum anderen den Rassismus der türkischen Frauen gegenüber kurdischen Frauen. Obwohl das ausdrücklich thematisiert werden sollte, kam es zu extrem emotionalen Szenen während des Kongresses, wo viele Vorwürfe gemacht wurden, auch an uns Organisatorinnen. Es gab harte Diskussionen, Tränen und Anklagen. Aber es gab auch einen Tanzabend, der unglaublich schön war. Ich kann mich erinnern, dass Ipek Ipekcioğlu gesungen und auch Musik aufgelegt hat. Das war, bevor sie als DJane berühmt wurde.

Die frühen Neunziger waren eine Zeit der neuen sozialen Bewegungen auf der ganzen Welt. Und wir waren auch ein Teil davon!

Literatur

Ayim, May (1997): *Grenzenlos und unverschämt.* Berlin: Orlanda Verlag.

Verleihung der „Schrumpelrübe am Band" war ein gezielter Stich ins Wespennest

Mädchen am SZ Rübekamp gegen Sexismus an Schulen / Arbeitskreis gegründet

brp. Es war nur eine kleine Notiz in der Frauenzeitschrift „Emma". Sie gab den ersten Anstoß. Dort las Ingrid Davids, Lehrerin am Sekundarstufe-II-Zentrum Rübekamp, einen Aufruf zur Recherche zum Thema „Sexismus an Schulen". Hatte sich nicht selbst im Geschichtsunterricht große Lücken in „Frauengeschichte" entdeckt? Gab es nicht Untersuchungen über Benachteiligung von Mädchen im naturwissenschaftlichen Unterricht? Wie sah die Wirklichkeit an ihrer eigenen Schule aus? Die Lehrerin rief zur Gründung einer Frauen-Arbeitsgemeinschaft auf — und zehn Mädchen kamen zum ersten Treffen.

Dies war zu Beginn dieses Schuljahrs. Die Mädchen ahnten damals noch nicht, welche Folgen ihre AG in der Schule hervorrufen sollte. „Männliche Anmache" wählten sie zum ersten Thema und fanden an der eigenen Schule den Anlaß dafür. Ein Beispiel: Einige Halbwüchsige hatten es wohl „lustig" gefunden, Mädchen im Umkleideraum der Turnhalle zu belästigen. Das erste AG-Protokoll machte diesen Vorfall öffentlich, verlieh den Mini-Chauvis die „Schrumpelrübe am Band".

Die Reaktionen etlicher Schüler auf diese „Auszeichnung" waren heftig: getroffene Hunde bellen. „Männer, wollen wir uns von diesem Feministinnenpack unterjochen lassen?" fragte eine „Männer-Initiative" per Plakat und zeigte auch gleich eine Lösung auf: In Zukunft könnten Mädchen und Jungen ja zusammen duschen, um solche Vorfälle zu vermeiden. Aber: Es kamen auch positive, unterstützenden Briefe von Mitschülern. Enttäuscht war die Gruppe mit Antje, Sylvia, Claudia, Ulrike, Yasemin, Nuray, Christina und Marita ein wenig über ihre eigenen Geschlechtsgenossinnen. Die hätten zum Teil privat zugestimmt, meint Yasemin, „aber öffentlich äußerten sie sich kaum".

Trotzdem: Die Diskussion an der Schule begann. Es sprach sich schnell herum, wer in der Frauen-AG mitmacht. Die Mädchen hatten einiges zu ertragen, sie mußten sich in ihren Gruppensitzungen regelrechte Strategien überlegen, wie sie auf diese Anmache reagieren sollten. Mit ihrem „Protokoll 2" wehrten sie sich vor allem gegen die verbalen Belästigungen, dumme Sprüche wie „ja, ja, unsere prüden Mädchen". Sie kritisierten die anreißerische Werbung für ein Schulfest in der Langen Reihe. Die Initiatoren hatten über das Schulmikrophon zu ihrer Fete eingeladen und den holpernden Spruch abgelassen: „Wollt ihr geile Mädchen sehen, müßt ihr zu unserer Schulfete gehen." „Das", so Sylvia, „wirkte auf alle peinlich."

Die Frauen der AG wurden ein wenig in die Ecke „Männerhasserinnen" gestellt, erzählt Ingrid Davids. Um da wieder herauszukommen, wechselte die Gruppe bewußt das Thema. Sie untersuchte nun die Geschlechterverteilung im naturwissenschaftlichen Unterricht. Wieder stieß man in ein Wespennest. Im Durchschnitt besuchen nur 18 Prozent der Schülerinnen in der Oberstufe einen Leistungskurs in Mathematik, Physik oder einen Grundkurs in Informatik. Dies entspricht übrigens dem bundesdeutschen Durchschnitt. Auch das Protokoll löste heftige schulinterne Diskussionen aus. Die Frauen-AG und ihre Arbeit wurde zum Thema des Unterrichts. An der pädagogischen Diskussion ging die Frauenproblematik bisher fast völlig vorbei", meint Ingrid Davids und sieht als Grund auch die Überalterung der Kollegien.

Das Sek.-II-Zentrum Rübekamp ist inzwischen von der Frauen-Thematik „infiziert". Ingrid Davids initiierte eine Lehrerinnen-Runde und das Thema der Entmutigung von Mädchen in den Naturwissenschaften macht weiterhin die Runde. Daran möchte die AG im kommenden Halbjahr weiterarbeiten. Mit einer Informatikerin soll darüber öffentlich diskutiert werden. Kontakte zu ähnlichen Gruppen an anderen Bremer Schulen sind erwünscht und am Schulzentrum Rübekamp werden noch Mitstreiterinnen gesucht. Wer Kontakt zu der Gruppe aufnehmen möchte, kann unter der Nummer 6 18 33 00 Ingrid Davids erreichen.

Die Gesten sind unmißverständlich: Lehrerin Ingrid Davids (Mitte) und diese Mädchen ziehen mit ihrer Frauen-Arbeitsgemeinschaft gegen Sexismus und „Anmache" am Gymnasium im Schulzentrum Rübekamp zu Felde. (eb) Foto: Jochen Stoss

Zeitungsartikel zum Frauen AG Artikel Weser Kurier. 20. Dezember 1988. Beigetragen von Yasemin Yildiz.

EMINE ŞAHINAZ AKALIN & HAMIDE SCHEER

◆

CADI KAZANI (HEXENKESSEL) – VOM GEFÜHL, DASS WAS NICHT STIMMT, ZUM BERAUSCHENDEN GEFÜHL VON DEFINITIONSMACHT UND SELBSTWIRKSAMKEIT

Emine Şahinaz Akalın ist Dipl.-Designerin und arbeitet als Künstlerin, Kuratorin, Herausgeberin und Cutterin. In ihren zeichnerischen Werkgruppen befasst sie sich mit der Überlagerung von realen und imaginären, geografischen und psychischen Räumen. Dabei geht es ihr um das Beziehungsverhältnis von Identität und Wahrnehmung. 1996 schloss sie ihr Studium an der HAW (Hochschule für Angewandte Wissenschaften) Hamburg mit dem Thema Wahrnehmungskonventionen und Rezeptionslenkung im Film *ab. Im Philosophiestudium waren ihre Schwerpunkte Erkenntnistheorie sowie die Geschichte und Konzepte der Ästhetik. Seit 1996 ist sie als freischaffende Künstlerin tätig mit Ausstellungen u. a. in Berlin, Hamburg, Amsterdam, Helsinki, Istanbul, Tokio und Marseille.*

Hamide Scheer wurde 1950 in der Türkei geboren und kam 1969 als Gastarbeiterin nach Deutschland. Sie hat zehn Jahre lang als Fabrikarbeiterin gearbeitet – ohne Berufsausbildung. Sie studierte von 1984 bis 1988 an der HWP (Hamburger Universität für Wirtschaft und Politik) und schloss als Diplom-Sozialwirtin ab. Von 1981 bis 1993 arbeitete sie als Sozialarbeiterin. Hamide war außerdem von 1981 bis 1989 Mitglied bei den GRÜNEN, seit 2008 ist sie bei den LINKEN. Sie hat zwei Mal geheiratet und ist Mutter von zwei Söhnen. Darüber hinaus ist sie Mitbegründerin *folgender Vereine: I*NCI e. V., Cadi Kazani e. V., Sehrazat – T*ranskultureller Frauen- und Kunstverein e. V.*

Hamide: Wie ich die deutsche Frauenbewegung kennengelernt habe – dazu gibt es eine Vorgeschichte. Ich bin ja 1969 nach Deutschland gekommen, als Gastarbeiterin. Erst war ich in Kiel und dann bin ich nach Hamburg gezogen. Und dann habe ich einen deutschen Mann kennengelernt. Meinen ersten Ehemann hatte ich verlassen bzw. wir hatten uns getrennt. Und dann habe ich angefangen, mit Walter Scheer zusammenzuleben.
Zu der Zeit hat mein älterer Sohn, aus meiner ersten Ehe, mit der Schule angefangen. Von der ersten Klasse an kam aus der Schule, der Schule Rothestraße in Altona, eine Elternratseinladung. Und die habe ich natürlich gleich angenommen. Dort haben sie dann gesagt: „Oh, wie schön, eine türkische Mutter ist da! Wir freuen uns. Du wirst gleich für unseren Elternrat kandidieren. Wir brauchen Leute wie dich..." Ich hatte ihnen zwar gesagt, dass ich von sowas doch gar keine Ahnung hatte, aber sie antworteten: „Das lernst du noch." Daraufhin habe ich nicht mehr nein gesagt, sondern bin nach Hause und habe Walter erzählt, was passiert ist. Und dann hat er gesagt: „O Hamide, das sind alles Kommunisten in der Schule Rothestraße. Pass auf, dass du nicht auch Kommunistin wirst!" Beim nächsten Treffen habe ich daher meine Ohren etwas mehr aufgemacht und dem mehr Aufmerksamkeit geschenkt, was Kommunismus ist. Ich wusste ja nichts davon, keine Ahnung von irgendwas. Sozialismus und Kommunismus: keine Ahnung. Ich wollte aber wissen, was das ist und habe genau zugehört. Und dann bin ich nach dieser Sitzung nach Hause gekommen und habe Walter gesagt: „Hallo Walter, ich glaube ich war schon Kommunistin. Ich wusste nur nicht, was Kommunismus ist. Ich denke genau, wie diese Kommunisten und sie denken genau wie ich. Also bin ich Kommunistin. Das war ich schon. Du hast also eine Kommunistin zur Frau!" Da hat er dann ganz still dagesessen und gar nichts mehr gesagt. So war ich erst mal Kommunistin.

Und dann kam eins zum anderen: Erst die Elternratsarbeit und -sitzungen und dann, nach zwei Jahren, saß ich auf dem Elternratspodium einer solchen Sitzung. Alle Eltern waren eingeladen. Die Hälfte der Aula war türkisch, die andere Hälfte war deutsch. Vom Elternratspodium aus konnte man alle Gesichter der Eltern sehen. Und vorher hatte man sich noch groß beschwert und gesagt: „Die türkischen Eltern kümmern sich nicht um ihre Kinder, weder um Schulangelegenheiten noch um irgendwas." Und jetzt nach meiner zweijährigen Arbeit saßen sie alle da. Es kamen auch ein paar Nachbarinnen von mir, die alleinerziehend waren. Die waren zusammen in einer Gruppe organisiert, was ich damals aber noch nicht wusste. Und dann, an diesem Abend, haben sie mitgekriegt, wie ich mich aufgeregt habe, weil einer der Väter aufgestanden ist und gesagt hat: „Das dauert mir zu lange mit der Übersetzung vom Deutschen ins Türkische und umgekehrt. Die sind schon so lange hier und haben immer noch nicht Deutsch gelernt! Ich muss morgen zur Arbeit!" Und dann soll ich aufgestanden sein, also nicht mal sitzengeblieben, sondern aufgestanden sein und angefangen haben zu sagen: „Vor zwei Jahren habt ihr gesagt: „Die kommen nicht, die kümmern sich nicht, die machen nichts, die wollen nichts." Und jetzt sind sie da! Und jetzt, wo sie da sind, jetzt wollt ihr sie auch nicht haben!" Und dann soll der Schulleiter an meinem Rock gezogen und gesagt haben: „Frau Yilmaz, Sie zetteln hier einen deutsch-türkischen Krieg an ..., woraufhin ich gesagt habe: „Wenn es sein muss!" Das haben meine Nachbarinnen gesehen und so hat mich die deutsche Frauengruppe Rote Rübe dann zu ihrer nächsten Sitzung eingeladen. Das war, glaube ich, 77/ 78, in der Zeit. So bin ich dann im Verein Rote Rübe Mitglied geworden. Und was sie da gelesen und wie sie diskutiert haben! Von „Frauenbewegung" hatte ich noch nie gehört. Und zuerst dachte ich auch irgendwie: „Wovon reden die da eigentlich?" Nach einer bestimmten Zeit habe ich aber gedacht: „Moment mal, so denke ich doch auch! Wieso habe ich das alles nicht gewusst?!"

„Ich habe immer gearbeitet. Meine Kinder habe ich selber ernährt. Das war für mich Frauenbewegung“

Für mich war es in der Türkei verboten, Bücher oder Zeitung zu lesen. Selbst in die Schule zu gehen, geschweige denn Zuhause Schulaufgaben zu machen, war verboten. Wie soll ein Mensch dann überhaupt irgendetwas lernen und schlau werden? Die Familie hat mir alles verboten. Und als ich dann nach Deutschland kam, hat mein erster Mann mir alles verboten. Aber irgendwann habe ich, glaube ich, verstanden, dass mir alles als Frau verboten wird. Und dann habe ich erst angefangen daran zu glauben, dass ich mich selbst und sogar mein Kind ernähren und von meinem eigenen Einkommen leben kann. Also habe ich angefangen, auf den Tisch zu hauen.

Damit habe ich zuerst mit meinem ersten Ehemann angefangen und mit dem zweiten habe ich es dann genauso gemacht. Ich habe meine Konten nie mit meinen Ehemännern geteilt, ich habe immer getrennte Konten gehalten. Das heißt aber nicht, dass ich nichts in die Familie miteingebracht habe. Ich habe immer gearbeitet. Meine Kinder habe ich selber ernährt. Das war für mich Frauenbewegung. Das war für mich Aufstand, also erst mal sich selbst finden. Und in dieser Frauengruppe habe ich mich selbst gefunden – zumindest nach außen als Frau zu agieren. Ich hatte in der Schule meines Sohnes schon angefangen, mich als Frau um bestimmte Rechte zu kümmern, also um die Rechte der Kinder und die Rechte der Migrant:innen. Und in der Frauengruppe habe ich mich dann um die Rechte der Frauen gekümmert. Und was Feminismus ist, habe ich später ja auch kennengelernt. Da habe ich dann gedacht, dass ich auf dem richtigen Weg bin, dass mein Leben auch so laufen soll.

„Ich wollte in einer ausländischen Frauengruppe arbeiten" – Gründung von INCI

Ich war in der Roten Rübe, als der Verein mit zwei weiteren Gruppen zusammenkam und daraus eine Initiative gegründet wurde. Da wurde mir klar, was die alles machen wollen. Und ich hatte auch Pläne: Ich wollte in einer ausländischen Frauengruppe arbeiten. Aber das war erstmal nicht drin. Die ganze Zeit hieß es: „Wo willst du denn da rein? Wo willst du denn damit hin?" Als mal wieder gefragt wurde, in welchem Bereich ich arbeiten will, habe ich ganz leise gesagt: „Ausländische Frauengruppe ..., und dadurch ist schließlich „ausländische Frauen-Arbeitsgruppe"als Aufgabe notiert worden. So kam dann Anke dazu und dann Magret. Wir drei haben angefangen. Die eine war meine Nachbarin aus der Frauengruppe und die andere war eine Lehrerin aus der Schule. Und dann haben wir nach einem Jahr gesehen, dass ohne Geld keine ausländische Frauengruppe zu machen ist. Weil es einfach zu zeitaufwendig war und jemand richtig angestellt sein musste, um diese ganze Arbeit bewältigen zu können. Dann haben wir das in die große Gruppe eingebracht und gesagt, dass wir Gelder beantragen wollen: für Deutschkurse oder teilweise auch erst mal Alphabetisierungskurse. Dagegen haben manche eingewandt, dass wir eine politische Frauengruppe seien und deshalb keine Staatsgelder nehmen könnten, da sie uns sonst verbieten würden, Politik zu machen. Aber dann haben alle überlegt und wir gründeten die ausländische Frauengruppe als Verein! So ist also INCI[3] (InterNationale Cultur und Information für Frauen *e. V.*) entstanden. Das war 1981, die Fraueninitiative aus den drei Frauengruppen (AFI) war 1979 gegründet worden.

Şahinaz: INCI war nachher für uns wichtig, da sie uns ihre Räume zur Verfügung gestellt und wir unsere ersten Sitzungen dort abgehalten haben.

3 Vgl. https://www.inci-hamburg.de/.

Hamide: Bis 86 bin ich bei INCI geblieben. Vorher hatte der Verein immer EU-Gelder für Projekte beantragt, aber es gab keine feste Finanzierung. Aber irgendwann hat der Hamburger Senat uns als fest finanzierbaren Verein angenommen, mit einem Jahresbudget, drei Stellen usw. Und dann fing es unter den Frauen mit den Stellenkämpfen an.

Ich war ja die Ursache, dass INCI überhaupt gegründet worden war, weil ich in der Frauenbewegung ausländische Frauenarbeit machen wollte und hatte darin ja auch sechs Jahre lang gearbeitet. Ich habe Beratung gemacht. Ich habe eine ganze Menge Sachen gemacht. Wir haben über die EU-Gelder bspw. auch Krankenschwester-Ausbildungen unterstützt. Also wir haben für die Mädchen Ausbildungsplätze gesucht. Und wir haben für sie Unterstützungskurse im INCI angeboten, damit sie erfolgreich ihre Ausbildung abschließen können. Wir haben sie beraten, uns um familiäre Probleme gekümmert oder auch Familienbesuche gemacht, wo wir bei den Eltern z. B. für Verständnis für die Ausbildung geworben haben. Da hatte ich schon eine halbe Stelle. Aber natürlich nur, solange das Projekt ging. Daneben hatte ich 1984 auch angefangen, an der HWP (Hamburger Universität für Wirtschaft und Politik) zu studieren. Bis dahin hatte ich nur Berufsschule vorzuweisen. Nun hatte ich aber schon fünf Jahre Beratungsarbeit geleistet, ohne irgendeine Uni besucht zu haben. Als es dann jedenfalls um die Besetzung der Stellen ging, wollte ich natürlich eine dieser festen Stellen haben.

Und dann hat eine der Frauen gesagt: „Du und deine Semester und immer wieder wechselst du jedes Jahr die Termine. Wie willst du das denn machen? Du studierst ja noch.“ Also sie wollte mir meinen Stellenwunsch absprechen. Und dann habe ich gesagt: „Weißt du was? Ich habe die ganzen Jahre hier gearbeitet. Ich habe hier nie um irgendetwas gebettelt. Und ich habe den Verein auch nicht dafür gegründet, um mit dir um irgendwas zu streiten! Du kannst die Stelle haben. Ich gehe!“ Und dann bin ich gegangen. So habe ich INCI und damit auch die Frauengruppe verlassen. Wenn es um Geld und Macht geht, dann sind die Frauen nämlich genauso wie die Männer. Die meisten jedenfalls. Nicht alle.

„Wir wurden nicht angesprochen, nicht adressiert und somit auch kein Teil der deutschen Gesellschaft, also auch nicht der hiesigen Frauenbewegung“

Şahinaz: Hättest du mich damals gefragt, hätte ich gesagt: „Nein, ich bin nicht Teil der deutschen Frauenbewegung.“ Die Zeit war damals hart, beschwerlich, oft schmerzhaft und hatte in dem Moment zwar eine energiegeladene, aber auch stagnierende Note. Im Nachhinein kann ich sehr wohl sagen, dass wir die deutsche Frauenbewegung ganz schön aufgemischt und in einigen Bereichen sogar neu erfunden haben, weil wir Bereiche definiert, Phänomene benannt und uns als Frauen öffentlich gezeigt haben – was an sich schon ein Statement war. Damals bestand unsere Motivation u. a. darin, dass wir der Meinung waren, einerseits nicht repräsentiert zu werden und dass die Welt, in der wir lebten, andererseits nicht für uns da war. Wir wurden nicht angesprochen, nicht adressiert und somit auch kein Teil der deutschen Gesellschaft, also auch nicht der hiesigen Frauenbewegung. Das wollte ich verändern.

Ich bin das jüngste von sechs Kindern. Meine Eltern sind mit meinen beiden älteren Geschwistern im Oktober 1962 als Gastarbeiter:innen nach Hamburg gekommen. Meine Mutter war kaum alphabetisiert und hatte eine Ausbildung als Schneiderin. Mein Vater hatte einen höheren Schulabschluss, war leidenschaftlicher Musiker und spielte – auch in Deutschland – mit namhaften türkischen Künstler:innen zusammen. Meine Kindheit war geprägt von einem vielfältigen Alltagsrassismus. Subtil oder ganz offen war ich Demütigungen oder Misshandlungen ausgeliefert. Ent-

weder direkt oder indirekt über meine Eltern oder Geschwister. Meine schulischen Leistungen schwankten zwischen denen einer Einser- und jenen einer versetzungsgefährdeten Schülerin. In der Klasse wurde ich neben den einzigen türkischen Mitschüler gesetzt, weil damals niemand neben Ausländer:innen sitzen wollte. In den Pausen allein zu stehen oder schikaniert, gewürgt oder nach der Schule verfolgt und bedroht zu werden, war für mich zu erwarten. Später fand ich in der Schule zum Glück vereinzelt deutsche Freund:innen, die zu mir hielten.
Ich sprach die ersten Jahre in der Schule kaum Deutsch und war in fast allen Fächern schlecht, außer in Kunst. Mein Vater, der sehr autoritär, dem meine Bildung aber sehr wichtig war, schickte mich nach dem regulären Unterricht in den Förderunterricht. Damals kostete so etwas noch Geld, welches wir eigentlich bei einer achtköpfigen Familie nicht übrig hatten. Die Zeit schien im Förderunterricht elend lang zu vergehen, denn ich lernte dort nicht besser als sonst in der Schule. Für meinen damaligen Klassenlehrer war klar, dass eine Sonderschulempfehlung zu einer kleinen Türkin passt. Zum Glück machte man damals noch IQ-Tests, sodass ich zeigen konnte, dass ich, zusammen mit einem Mitschüler, Klassenbeste war. Mein Klassenlehrer kam daraufhin beleidigt auf mich zu und fragte mich, ob ich ihn „auf den Arm nehmen“ wolle. Ich verstand natürlich nicht, was er meinte. Später kam er mit einem Kasten Buntstifte zu uns und entschuldigte sich für die falsche Einschätzung.

Mein Vater, den ich abends meistens lesend in Erinnerung habe, hatte mich irgendwann in die Bücherhalle mitgenommen, denn er war regelmäßig dort. Ich hatte plötzlich Zugang zu Bilder- und Kinderbüchern sowie Romanen. Zum Glück wechselte ich die Schule und meine Leistungen stiegen. Ich verstand schon damals, dass mein Vater diesen Druck bei uns Kindern erzeugte, weil er auf keinen Fall wollte, dass wir später als Hilfsarbeiter:innen enden und wie der letzte Dreck behandelt werden.

Gleichzeitig wuchs ich in einer Zeit in Deutschland auf, in der eine permanente Angst vor Skinheads mit Baseballschlägern die Wege im öffentlichen Raum begleitete. Zweimal wurde ich als Jugendliche tätlich bedroht und einmal verprügelt. Hamburg-Bergedorf, wo ich aufwuchs, war eine Bomberjacken-Hochburg. Es gab verschiedene polizeibekannte Gangs. Es war normal, dass man als Ausländer:in z. B. das Grüne Zentrum – einen Park – nicht betrat. Das war kalkuliertes Risiko. Einmal ging auf einer Party in einer Privatwohnung in der Nähe des Parks das Licht an und es standen plötzlich Jungs mit Springerstiefeln und Baseballschlägern in der Wohnung. Sie bedrohten alle und klauten Jacken. Ich verließ die Wohnung so schnell ich konnte, nicht ohne dass man mir „Türkenfotze" hinterherrief. Diese allgemeine Bedrohung, das Wissen, sich in der Bahn nicht überall hinsetzen zu können, das Gefühl, nicht erwünscht zu sein, war Alltag.

Mein Studium begann ich 1987 mit 19 Jahren an der Fachhochschule für Gestaltung – Fachbereich Illustration. Ich war im Fachschaftsrat (das Pendant zum AStA an den Hochschulen), wirkte bei künstlerischen Aktionen mit und meine Studieninhalte hatten zum Teil einen politischen oder gesellschaftskritischen Ansatz. Mein Tutor Tommaso hat mich gleich dafür begeistern können, den internationalen Kalender, der von drei weiteren ausländischen Student:innen entwickelt wurde, mitzugestalten. Außerdem schloss ich mich gleich im ersten Semester der Gruppe Internationale Studentengemeinschaft (ISG) an. Es trafen sich dort hauptsächlich Menschen aller Fachbereiche aus dem Iran und der Türkei. Die politische Ausrichtung war eigentlich nicht ganz klar, aber man war froh, überhaupt Menschen mit Migrationshintergrund kennenzulernen. Es war quasi der kleinste gemeinsame Nenner. Das hat mich fürs Erste zufrieden gestellt und ich hatte bei den Veranstaltungen zumindest zeitweise das Gefühl, angekommen zu sein. Wir sprachen über Themen, die uns alle sehr beschäftigten, weniger über Gesellschaftskritik. Es waren rein praktische Probleme wie die Aufenthaltserlaubnis, konkrete Probleme beim Studium oder Referate mit Themen der kulturellen Diversität. Es mutete für mich so an, als sei da eine Gemeinschaft, die sich für mich interessiert. Mir reichte das dennoch nicht. Ich hatte nämlich das Gefühl, ich würde brennen!

1988 wechselte ich den Fachbereich, um vom angewandten Arbeiten in die Freie Kunst zu wechseln. Außerdem interessierten mich Medien und Film. Später verstand ich erst, dass dieser Weg mir die Möglichkeit bot, das, worum es mir in allen Bereichen meines Lebens ging, auszudrücken und zu verstehen – was mich auch bis heute immer wieder antreibt. Das dringende Bedürfnis nach Sichtbarkeit und die Forderung nach Raum waren das, was wichtige Entscheidungen in meinem Leben beeinflussten. Deswegen traf ich später auch die Frauen von *Cadı Kazanı e. V.*, bzw. sie mich.

Die ISG unternahm Ausflüge mit Übernachtungen und abendlichen Partys, die, muss man sagen, sehr lustig waren. Ein solcher Ausflug fand im Sommer 1989 statt. Eine mitgereiste Studentin hatte meine aufgestaute Energie bemerkt und sagte: „Na, du könntest zu uns passen!“ Ich bin dann ihrer Einladung zu einem Treffen einer Gruppe von Frauen gefolgt, welches in einer großen WG in Altona stattfand. Da habe ich dann Hamide und die anderen Frauen kennengelernt. Sevda Akün war die Erste, die mich geradewegs fragte: „Was willst du von uns?“ Ich fand das so frech und cool und war total aufgeregt. Es ging unmittelbar los und ich hatte das Gefühl, die Frauen dort suchten nach einer Möglichkeit des Aufbruchs.

Cadı Kazanı – „Keine Einzige in dieser Konstellation hätte fehlen dürfen. Jede war auf ihre Art unersetzlich“

Sevda hatte Sozialpädagogik studiert und u. a. mit Hamide den Verein *Cadı Kazanı* (auf Deutsch: Hexenkessel) am 05.05.1989 gegründet. In das Vereinsregister wurde er dann am 15.11.1989 eingetragen. Im selben Jahr trat ich dem Verein schon bei. Ein Jahr später sah die Teilnehmerinnenliste bereits anders aus. Von den damaligen Gründerinnen waren Sevda, Hamide und Perihan geblieben. 1990 zog Yasemin zu Sevda in die Wohnung und konnte für uns begeistert werden. Es gab noch die eine oder andere, die kam und ging, aber dann blieb die Gruppenkonstellation bestehen. Sevdas Diplomarbeit war das Gerüst für die kommende schwierige Aufgabe, ein Konzept für die Ämter, Behörden und ggf. die Öffentlichkeit zu schreiben. Denn wir brauchten finanzielle Mittel, um unsere Ideen umzusetzen. Die spannende Frage war, was wir eigentlich genau wollten – Frauenhäuser gab es ja schließlich schon. Aber wir wussten z. B., dass es kein spezifisches Angebot für junge Frauen aus der Türkei gab.

Hamide: Frauenhäuser waren außerdem erst ab 18 eine Option. Mit 15 oder 16 Jahren konnten sie nicht ins Frauenhaus. Sie kamen höchstens über die Behörde in den Jugendschutz.

Şahinaz: Die Besonderheit unserer Gruppe war außerdem die Tatsache, dass wir alle in unterschiedlichen Lebensabschnitten und aus unterschiedlichen Gründen bzw. Umständen in Deutschland waren. Hamide war z. B. Diplom-Sozialwirtin und Mutter aus der sogenannten ersten Generation. Ich war noch am Anfang meines Studiums und in Deutschland geboren, also die zweite Generation. Sevda war mit ihrem Studium als Sozialpädagogin fast fertig. Und Yasemin begann ihres erst.

Wir waren also alle in unterschiedlichen Lebenssituationen. Aber genau das machte auch die Qualität aus. Mein starkes Gefühl, angekommen zu sein, gab mir viel Kraft, denn es war nicht immer einfach miteinander. Es zeigte sich aber später, dass diese Gruppe eine Dynamik hervorbrachte, die es ermöglichte, dass jede ihre besonderen Fähigkeiten herausbilden konnte. Gerade beim Schreiben oder Analysieren der Texte. Die Eine war sehr analytisch, die Andere kritisch und wieder eine Andere fasste so gut zusammen, dass uns Widersprüche auffielen. Ich hatte den Eindruck, dass damals keine Einzige in dieser Konstellation hätte fehlen dürfen. Jede war auf ihre Art unersetzlich.

Inhaltlich ging es um die Zielgruppe, also die jungen Frauen aus der Türkei. Mit anderen Worten: Yasemin und ich waren die Zielgruppe, d. h. diejenigen im Verein, für die diese Idee gedacht war. Wir redeten also über eine Einrichtung, von der zu profitieren wir uns damals selbst gewünscht hätten. Denn wir hatten Probleme und Situationen in unseren Biografien, die sich stark ähnelten. Wir kamen aus Arbeiterfamilien, sind abgehauen oder haben es probiert, brachen mit der Familie und/oder konnten genau das nicht, kannten die ganzen ambivalenten Gefühle, die Vorurteile und den Druck, beiden Gesellschaften ausgesetzt zu sein und unter diesen Umständen Entscheidungen für unser Leben treffen zu müssen. Wir hatten auch viele bittere rassistische Erfahrungen machen müssen, in allen Lebensphasen. Wir hätten gerne einen Ort gehabt, wo andere Frauen gewesen wären, die uns verstanden hätten, ohne Rechtfertigungszwang für vermeintlich widersprüchliche Gefühle oder Haltungen. Eben mit diesem Verständnis und Blick angesprochen, beschützt bzw. angenommen zu werden, hatte uns gefehlt. Und mit diesem Wunsch, tatsächlich beachtet, angesprochen und gehört zu werden und nach einem Raum, in dem dies realisiert werden könnte, brach eine Wucht los. Das Bedürfnis nach Akzeptanz unserer besonderen Situation als Frauen mit Migrationshintergrund war eine ganz wichtige Position in der breiten Landschaft der deutschen Frauenbewegung, die wir darstellen wollten. Das war der Konsens für unsere gemeinsame feministische und antirassistische Arbeit.

Hamide: Als wir *Cadı Kazanı* gegründet und den Namen gemeinsam entwickelt hatten, war das Ziel also, ein Mädchenhaus zu errichten. „Cadı Kazanı" heißt Hexenkessel. Wir wollten ein Hexenkessel sein und wir wollten auch Hexen sein. Wir haben gewusst, dass es negativ betrachtet wird, aber wir wussten auch: „Wenn wir immer nur lieb und friedlich sind, dann kriegen wir gar nichts. Wir müssen erst mal frech werden – sogar Hexen werden, damit irgendjemand uns ernst nimmt." So habe ich das jedenfalls gedacht. Und dadurch ist der Name Hexenkessel entstanden. Und wir haben dann das Konzept entwickelt. Also das Konzept stand eigentlich schon.

Şahinaz: Nee Hamide, da war noch nicht viel mit Konzept.

Hamide: Also das ist verbessert worden.

Şahinaz: Ja, mit Blut, Schweiß und Tränen. Es gab schon etwas schriftlich. Sevdas Diplomarbeit war zwar schon eine gute Vorlage, aber daraus musste noch ein Konzept für die Öffentlichkeit und für die Behörden entwickelt werden. Das war sprachlich schon eine große Herausforderung. Mit diesem Konzept mussten Gelder beantragt werden, für Gehälter und andere Kosten. Außerdem ging es auch darum, Unterstützer:innen zu finden. Es musste überlegt werden, welchem Dachverband man sich anschloss und unter welchen Bedingungen. Denn um alles in der Welt wollten wir autonom arbeiten. Selbstverständlich hatten wir dann als Verein auch einen Vorstand und haben vorschriftsmäßig jede Sitzung protokolliert.

Grundsätzlich trafen wir uns einmal die Woche in privaten Wohnungen. Dann konnten wir uns eine Zeit lang bei INCI in Altona treffen. Aber wir sind dann doch wieder in die privaten Räume zurückgegangen und haben monatelang aufs Intensivste an diesem Konzept in deutscher und türkischer Sprache gearbeitet. Wir haben jedes Wort, jeden Satz, jeden Subtext mehrmals diskutiert. Und in dieser sehr produktiven Phase zeigten sich die Qualitäten jeder Frau mit all ihren Erfahrungen, speziellen Bedürfnissen und individuellen Kompetenzen. Vor allem aber der Ehrgeiz, endlich die Dinge beim Namen nennen zu wollen, und zwar sehr präzise, bewirkte, dass wirklich jeder Einwand, jeder Zweifel, jede Wortwahl im Türkischen sowie im Deutschen besprochen und dann zu Papier gebracht wurden. „Kann man das so sagen und übersetzen oder meint man damit nicht ...?“ Also, es war sehr komplex und hat sehr lange gedauert, bis es ein Satz geschafft hatte, uns allesamt zufrieden zu stellen. Das war sehr berauschend, da wir das erste Mal ein Gefühl von Definitionsmacht erfahren haben. Wir hatten uns einen Raum geschaffen, der uns ermöglichte, Formulierungen für etwas zu finden, das unsere Situationen und Zustände in Worten sichtbar machte und festhielt.

„Es war wirklich gnadenlos, bis wir uns darauf geeinigt hatten, ob ein Satz so oder so bleiben darf. Das war wirklich knallhart“

Hamide: Und da kommt auch die Genauigkeit wegen der Behörden ins Spiel.

Şahinaz: Aber doch nicht nur wegen der Behörden.

Hamide: Doch, wegen der Anträge.

Şahinaz: Aber doch nicht nur wegen der Behörden!

Hamide: Doch, du musstest eine gesellschaftliche Akzeptanz finden.

Şahinaz: Aber das musste doch auch erst mal uns gefallen.

Hamide: Und auch staatliche Akzeptanz finden. Auch ein Projekt musste irgendwie funktionsfähig sein. Im INCI hatte ich ja jahrelang die Erfahrung gesammelt, wofür wir Gelder gekriegt und wofür wir keine Gelder gekriegt haben. Und so ist mein Wissen da immer miteingeflossen.

Şahinaz: Ja, bei Hamide war das so. Bei anderen waren das andere Anliegen, die wichtig waren. Wie eine bestimmte Wortwahl oder Adressierungen, also die waren z. B. Yasemin und mir sehr wichtig: Inwieweit sind die Bedürfnisse der Mädchen richtig formuliert? Ist die Sprache richtig? Natürlich ging es nachher um Gelder, aber wir wollten erst mal feststellen: Wen meinen wir überhaupt und warum eigentlich? Und das hat ewig gedauert, weil man sich gestritten hat und es gab kein Entkommen. Es war wirklich gnadenlos, bis wir uns darauf geeinigt hatten, ob ein Satz so oder so bleiben darf. Das war wirklich knallhart.

Es blieb außerdem nicht nur bei den Sitzungen einmal in der Woche, sondern wir trafen uns auch oft privat. Wir haben Frauen kennengelernt und uns gefragt: „Ist das wohl eine *Cadı*?" Der Verein war sozusagen eine Schablone. Wir hatten auch Ehrenmitglieder wie z. B. Anette Ponnath von den Dollen Deerns e. V., die sich im Besonderen für uns eingesetzt hatte. Als geschlossene Gruppe traten wir auf Veranstaltungen auf und mischten in Diskussionen mit, was dafür sorgte, dass wir in Hamburg einen Namen bzw. Ruf hatten. In der Frauenszene wusste man, dass wir persönlich *Cadı Kazanı* sind. Einrichtungen und Behörden wurden auf uns aufmerksam. Wir haben uns natürlich auch in die Medien eingemischt und mitgeredet. So schrieben wir z. B. einen Leser:innenbrief an den SPIEGEL zu einem Artikel (*Knüppel im Kreuz, Kind im Bauch*, Rubrik *Ausländer*, DER SPIEGEL 44/1990), wo wir unsere Haltung in einem ironischen Brief darstellten. Wir hatten die Position, dass sich die Mehrheitsgesellschaft ein enges Bild über die Frauen aus der Türkei machte, welche unter diesem Korsett eben auch litten (siehe Leserinnenbrief: DER SPIEGEL 48/1990). Aber es dauerte noch einige Zeit, bis wir wirklich einen Dachverband gefunden und tatsächlich Geld bekommen haben, um das Projekt zu realisieren.

Hamide: Die Dachverbandsgeschichte kam dadurch zustande, da wir als *Cadı Kazanı e. V.* keine Finanzierung bekommen hatten. Deswegen haben wir einen Dachverband gesucht, weil wir erstens Migrantinnen waren und wir zweitens bestimmte Mädchen aus ihrem familiären Umfeld rausholen wollten. Das wollte uns niemand so richtig zutrauen. Daher haben sie uns dann vorgeschlagen, die Woge e. V. als Dachverband zu nehmen, aber ohne deren Einmischung, d. h. nur zur finanziellen Kontrolle. Also über die Woge haben wir dann immer abgerechnet, deswegen dieser Dachverband. Wir waren eigentlich nicht so radikal, aber vertrauenswürdig waren wir für die Stadt offenbar auch nicht, weil wir schließlich keine direkte, eigenständige Finanzierung bekommen hatten.

„Es lag eine Bedrohung in der Luft und man hatte Angst“

Şahinaz: Es war damals wirklich sehr aufregend, denn diese ganze Zeit war hochbrisant. Allein durch die Golfkriege im August 1990 und Januar 1991. In mehreren Städten kam es zu sehr großen Demonstrationen, wie ich sie später kaum erlebt habe. In Hamburg war gefühlt die ganze Stadt auf der Straße, alle Altersgruppen. An der Hochschule haben wir viel diskutiert und an den Demonstrationen teilgenommen. Ich selbst bin mit dem Megafon durch die Steinstraße gezogen. Wir haben eine riesige Papprakete in der Mönckebergstraße angezündet. Auf dem Rathausmarkt haben wir Bimssteine, die mit allen deutschen Waffenlieferanten beschriftet waren, aufgestellt und den Boden des Platzes mit Parolen bemalt. Es lag eine Bedrohung in der Luft und man hatte Angst. An der Hochschule interessierte ich mich für den Aufbruch, die Diversität und setzte mich für deren Sichtbarmachung ein. So habe ich 1991 ein *internationales Tagebuch* herausgebracht und verkauft. Ich arbeitete an der Zeitung *PERSPEKTIVEN: Die internationale StudentInnenzeitung* der Uni Frankfurt mit, die alle Artikel zweisprachig herausbrachte.

Ich war nach wie vor auch noch in der ISG aktiv. Im November 1993 hatten wir wieder einen gemeinsamen Ausflug in eine Herberge gemacht, nicht unweit von Mölln. Am nächsten Morgen erfuhren wir von dem schrecklichen Brandanschlag. Der Anschlag war ein real gewordener Alptraum. Es hätte auch uns treffen können. Wir waren wütend, schockiert, ohnmächtig und hatten Angst. Diese Gefühle durchzogen all unsere Lebensbereiche.

Einige Zeit zuvor lud mich Sevda, die ich ja von *Cadı Kazanı* kannte, ein, im Mädchentreff der Dollen Deerns den Alltag der Mädchen fotografisch zu dokumentieren. So bekam ich einen Einblick in die feministische und antirassistische Mädchenarbeit im Mädchentreff der Dolle Deerns e. V. in Wilhelmsburg. Im Rahmen des Jungendhilfetages kam es dann 1992 in den Hamburger Messehallen zu einer Ausstellung mit einer Broschüre. Sevda und mir ging es besonders darum, eine Sichtbarkeit jenseits eines voyeuristischen oder stigmatisierenden Blicks zu schaffen. Vor allem war es uns wichtig, dass die Mädchen bemerken, dass sie gesehen werden und Raum einnehmen können. Wir wollten die Mädchen in Würde zeigen und ihnen ein Gesicht geben. Zum einen als Spiegel ihres Selbstbewusstseins, zum anderen, um zu zeigen, dass sie gesehen werden müssen.

Neben dem Fotografieren betreute ich die Mädchen auch zweimal die Woche. Ich hatte ein bisschen die Funktion der großen

Schwester, habe mit den Kleinen gebastelt, ab und zu gekocht, ein wenig mit ihnen getanzt und gemalt. Da ich, wie gesagt, keine pädagogische Ausbildung hatte, habe ich brisante Informationen wie Gewalt, Drogenmissbrauch, Übergriffe usw. an Sevda und ihre Mitarbeiterin Anette weitergegeben. Dabei waren Vertrauen und Parteilichkeit sehr wichtig. Ich weiß, dass wir schon viele Mädchen dazu bewegen konnten, ihre eigenen Entscheidungen zu treffen, wie z. B. ein Studium zu beginnen, unverheiratet eine gemeinsame Wohnung zu beziehen oder ihre Homosexualität zu leben. Wir wollten den Mädchen einen Handlungsspielraum ermöglichen, ihnen eine Plattform bieten, damit sich ein Bouquet an Möglichkeiten eröffnet, mit dem Ziel, dass sie sich so entscheiden können, wie sie gerne wollen. Selbst wenn es nachher das Gleiche sein sollte, aber dann hätten sie sich wenigstens frei dafür entschieden und nicht, weil sie es mussten. Mit Sevda war mir klar: Das möchten wir auch mit *Cadı Kazanı* für junge Frauen aus der Türkei erreichen.

Hamide: Und da bin ich auch Feministin. Ich stehe immer zu Frauen, weil die Welt einfach immer noch vom Patriarchat regiert wird. Die Männer haben immer noch die Macht. Frauen mögen ab und zu mal auftauchen, wie Merkel oder Çiller, aber das ist auch männliches Gedankengut, was sie tragen. Nur durch die Unterstützung von Männern können sie dort existieren. Aber bis jetzt ist wirkliche Macht niemals mit Frauen geteilt worden. Egal wo, ob in der Politik oder Religion. Und egal, welche Religion, ob Christentum, Judentum, Hinduismus oder Buddhismus. Sie sind alle von Männern geführt. Das sind alles von Männern produzierte Ideologien. Auch der Islam ist eine männliche Ideologie. Und da werde ich immer für Frauen einstehen.

Viel mehr als ein Verein: „Es war berauschend, (…) nicht merkwürdig oder widersprüchlich zu wirken“

Şahinaz: Ich habe viel mit Yasemin darüber geredet. Für uns war der Verein teilweise wie eine Gruppentherapie. Wir haben intensiv über private Erlebnisse, Wunden, Ängste aber auch Identitäten in der Gruppe gesprochen. Das hat auch unsere Identität ganz klar geprägt, dass wir uns auf diese Art und Weise ausgetauscht und zugehört haben. Wir haben uns aber auch außerhalb der Vereinssitzungen getroffen, waren essen, mit unseren Partner:innen tanzen, sangen lauthals auf den Straßen in St. Pauli, haben für uns Workshops veranstaltet, in denen es um ‚angewandte‘ feministische Fragen und internalisierten Rassismus ging. Wir waren teilweise tagelang ununterbrochen zusammen. Es war berauschend, türkische und englischsprachige Musik zu hören, Türkisch und Deutsch zu sprechen und nicht merkwürdig oder widersprüchlich zu wirken. Wir haben uns gegenseitig enorm potenziert.

Gleichzeitig haben wir auch außerhalb des Vereins Einfluss auf Diskurse genommen, indem wir uns eingemischt und gemerkt haben, dass wir etwas bewirken können. Wir haben uns positioniert und Präsenz gezeigt – als Frauen, die eine Stimme und was zu sagen haben. Wir nahmen unsere Rechte selbst wahr, schrieben ein Konzept, stellten uns bei Behörden und Einrichtungen vor und mischten uns ein, bis man uns beachten und respektieren musste. Wir traten in der Öffentlichkeit anders auf, als man es bisher gewohnt war.

Wir haben z. B. auch sprachlich etwas verändert, da wir Jahre lang an unserem Konzept gearbeitet haben. Das einfachste Beispiel ist: Man hat damals von „türkischen Frauen“ gesprochen. Wir haben angefangen, das zu hinterfragen und haben festgestellt, dass es eine Vereinfachung und Stigmatisierung ist. Wir sind nicht alle „türkische Frauen“, sondern Kurdinnen, Armenierinnen, Christinnen etc. Wir haben dann entschieden, dass die Formulierung „Frauen aus der Türkei“ heißen muss. Diese kleine Änderung war damals absolut neu und ist heute so normal wie „-innen“, hat aber eine enorme Bedeutungsmacht. Das ist ein simples Beispiel, wie wir sprachlich interveniert haben. Immer, wenn wir eine Pressekonferenz gegeben haben, bei Behörden vorstellig wurden oder unseren Verein vorgestellt haben, haben wir darauf bestanden und hingewiesen, dass wir nicht für „türkische Frauen“, sondern für „Frauen aus der Türkei“ arbeiten. Es ging auch um solche Fragen wie: „Wie drückt man aus, dass jemand nicht heterosexuell ist?“ Und: „Sollte man das überhaupt extra erwähnen?“

Ein anderes Bewusstsein durch Sprache und Positionierung – ein Selbstverständnis der Autonomie haben wir stark gelebt. All das, was heute so normal klingt und ist, wurde damals hervorgebracht. Ich möchte nicht behaupten, dass es nicht woanders auch Frauen gab, die eingewendet haben: „Moment mal, das müsste aber eigentlich ... heißen.“ Es ging eben darum: Wie adressiert man, wie benennt man etwas überhaupt? Und da haben wir uns aktiv Gedanken gemacht und die auch festgehalten und aufgeschrieben, es also schwarz auf weiß gebracht und es für uns definiert bzw. verstanden – und so auch nach außen getragen. Wir haben das ja nicht alles für uns in unserer Gruppe behalten, sondern wir haben das auch massiv nach außen transportiert. Insofern haben wir da schon stark Einfluss genommen. Und wir haben damals auch betont, dass Frauen mehr Frauen zitieren sollten. Wenn wir wollen, dass wir mehr gehört werden, müssen wir uns auch gegenseitig mehr in den Mittelpunkt rücken und uns mehr Beachtung schenken.

„(I)n dieser Zeit hatten wir das Gefühl einer Gleichzeitigkeit von Ereignissen bekommen – das, was man dann eine Bewegung nennen könnte“

In den 90ern besuchte ich noch ein Antirassismus-Seminar bei

Prof. Dr. Annita Kalpaka an der Uni Hamburg und ein Seminar zur feministischen Filmtheorie. Ich suchte nach Antworten, die meine Ohnmacht und Sprachlosigkeit aufbrachen und mir sagten: „Hey, mit deinem Gefühl, dass hier was nicht stimmt, ist alles in Ordnung!" Es gab ja noch nicht einmal einen Studiengang für Gendertheorie. Ich weiß noch, als ich dann später das erste Vorlesungsverzeichnis der Uni Hamburg in der Hand hielt, in dem stand: *Gender Studies*! Das war so wie der heilige Gral. Ich bin damit zu Yasemin gegangen und habe gesagt: „Guck mal, das kann man jetzt studieren!" Da dachte ich, ich müsste noch mal von vorn anfangen. Sevda schenkte mir von bell hooks *Black Looks*, mit Yasemin schaute ich im Programmkino 3001 im Schanzenviertel *She's gotta have it* und *Girls Town* an. Wir waren geflasht von so viel Power und starken Frauen und der Möglichkeit, endlich den männlichen Blick als Standard zu entlarven und zu sehen, dass es auch anders geht. Infolgedessen wollten wir auch, dass die Interessen und Umstände von Frauen aus der Türkei sich nicht mehr an der Situation der Mehrheitsgesellschaft orientieren und abarbeiten müssen.

1996 arbeite ich für ein Frauenmagazin als Online-Ressortleiterin, was damals ungewöhnlich war, da es kaum Frauen gab, die in diesem Bereich in Schlüsselfunktionen waren. Ich wurde damals mehrmals interviewt und habe Vorträge gehalten und konnte zumindest auch auf diese Weise einiges bewirken und mit Klischees aufräumen.

Ich war mit den Frauen von *Cadı Kazanı* e. V. auf Tagungen und Konferenzen zu verschiedensten Themen außerhalb von Hamburg, wo wir andere beeindruckende Frauen mit Migrationshintergrund kennengelernt haben. Beispielweise 1994 der Kongress in Hamburg von Frauen aus der Türkei. Dort lernte ich viele aktive Frauen kennen. Es ging um Veränderung, Umsetzung und Selbstkritik. Frauen weinten beim Vortragen oder es wurde dramatisch interveniert. Es lag eine Spannung in der Luft, weil es um viel ging; gleichzeitig redeten die Frauen zum ersten Mal sehr offen. Ich erinnere mich, wie ich während eines Vortrags mit einer mir damals fremden Frau aus dem Publikum umschlungen heulte. Das war Kader Konuk, die heute Professorin ist. Ich traf sie in Köln bei der Tagung *Marginale Brüche* wieder. Dort ging es um Marginalisierung, Migration und Identität in den unterschiedlichsten Bereichen. Ich hörte den bewegenden Vortrag von Umut Erel, die heute ebenfalls Professorin ist, die es schaffte, ihr hochkomplexes Thema den nicht akademisierten Frauen so verständlich zu machen, dass sie alle am Ende jubelten. Das mag jetzt vielleicht alles putzig klingen. Aber damals waren es wichtige Funken im Strohfeuer des Migrantischen Feminismus, auch Fragen der Klasse aufzunehmen und in die Praxis umzusetzen. Oder die Veranstaltung vom AK Wi(e)dersprache 2002 in Berlin von und für minorisierte Frauen. Auch bei dieser Veranstaltung ging es sehr emotional zu. Denn es waren die ersten Male, wo marginalisierte Frauen endlich frei sprechen konnten und vor allem gehört wurden. Die Redezeiten wurden oft überschritten. Die meisten Rednerinnen haben eine akademische Karriere eingeschlagen. Einige Andere, wie ich, arbeiteten im Bereich der Kunst oder Kultur.

Neben den wertvollen Kontakten in dieser Zeit hatten wir das Gefühl einer Gleichzeitigkeit von Ereignissen bekommen – das, was man dann eine Bewegung nennen könnte, die innerhalb der mehrheitsgesellschaftlichen Frauenbewegung stattfand. Diese Bewegung hatte genau jene Dynamik zur Folge, die wir damals verspürten: Durch die Aufmerksamkeit, die wir bekamen und anderen Frauen geben konnten, hatten wir ein hohes Vertrauen in unsere Selbstwirksamkeit erzeugt. Und wenn man das erst einmal verspürt hat, gibt man es so leicht nicht wieder her.

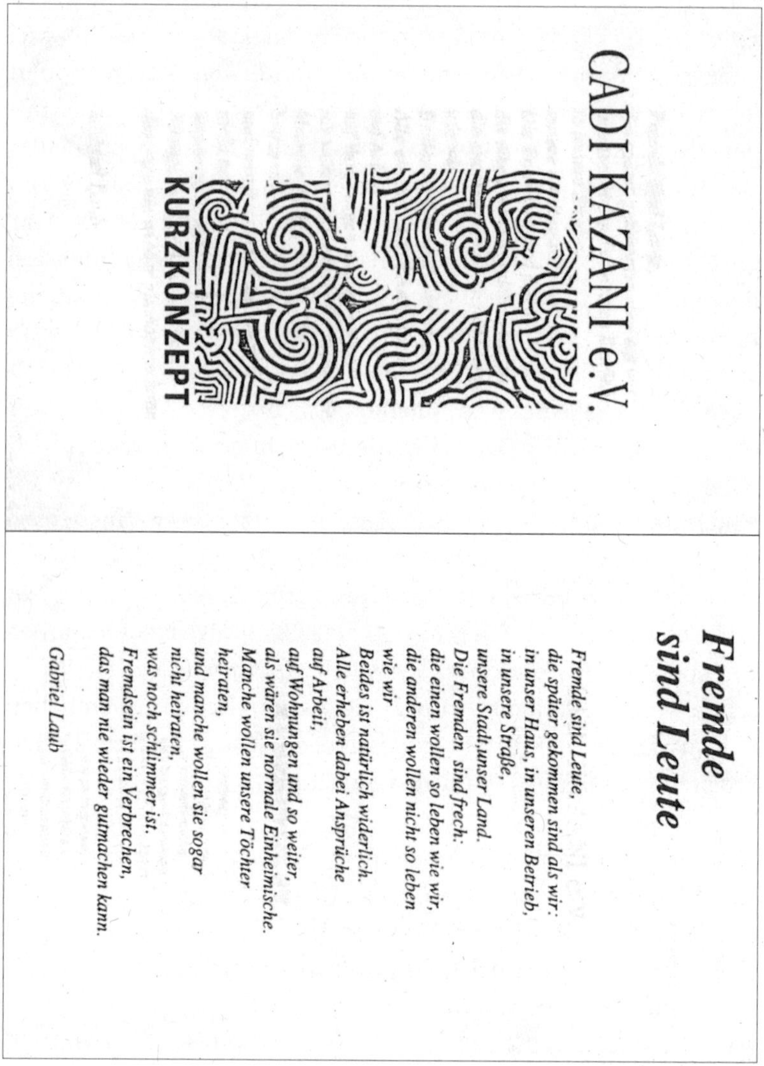

CADI KAZANI e.V.

KURZKONZEPT

Fremde sind Leute

Fremde sind Leute,
die später gekommen sind als wir:
in unser Haus, in unseren Betrieb,
in unsere Straße,
unsere Stadt,unser Land.
Die Fremden sind frech:
die einen wollen so leben wie wir,
die anderen wollen nicht so leben
wie wir
Beides ist natürlich widerlich.
Alle erheben dabei Ansprüche
auf Arbeit,
auf Wohnungen und so weiter,
als wären sie normale Einheimische.
Manche wollen unsere Töchter
heiraten,
und manche wollen sie sogar
nicht heiraten,
was noch schlimmer ist.
Fremdsein ist ein Verbrechen,
das man nie wieder gutmachen kann.

Gabriel Laub

Cadi Kazani e. V. Kurzkonzept (1989).
Beigetragen von Hamide Scheer und Emine Şahinaz Akalın.

CADI KAZANI e.V.

KURZKONZEPT

Impressum:
CADI KAZANI e.V.
Bankverbindung
Hamburger Sparkasse
Konto Nr.: 1281/122471
BLZ:200 505 50

Kontaktadresse:
CADI KAZANI e.V.
c/o Mädchentreff
Erlerring 7
2102 HH 93
Tel:040/7542198

I N H A L T

I N H A L T

WER WIR SIND
UND WAS WIR WOLLEN

Wir sind ein Verein, der feministische Mädchenarbeit fördert und selbst leisten will.
Unser Verein besteht aus Frauen der ersten und zweiten Generation von Migrantinnen, die aus der Türkei stammen. Einige von uns arbeiten als Sozialberaterin.
Unser Ziel ist es, Jugendwohngemeinschaften für Mädchen und junge Frauen, die aus der Türkei stammen, einzurichten.
Viele von uns haben während ihrer Tätigkeit als Sozialberaterin und / oder aus der eigenen Betroffenheit erkannt, daß ein eigener Raum für Mädchen und junge Frauen aus der Türkei geschaffen werden muß.
Dieser Raum ist notwendig,damit sie konfliktfähig werden und ihr Selbsbewußtsein stärken können ohne Ansprüche anderer an sie.
Wir wollen:

- **partelisch für Mädchen arbeiten.**
- **für sie Freiräume schaffen.**
- **die Interessen und Fähigkeiten der Mädchen in den Vordergrund stellen.**
- **unsere eigene Widersprüchlichkeit transparent machen.**

ZIELGRUPPE

Zielgruppe des Vereins sind Migrantinnen der zweiten Generation, die aus der Türkei stammen und im sogenannten Kulturkonflikt stecken.
Nicht alle sind Türkinnen im engeren Sinne. Dazu kommen Kurdinnen, Aserbaidschanerinnen, Armenierinnen u.a. im Alter von 16-21 Jahren. Wenn wir im folgenden von türkischen Familien reden, so sind damit Familien aus der Türkei gemeint.

KULTUR

Kultur ist als ein Prozeß zu begreifen, sie befindet sich permanent im Wandel. Sie umfaßt eine Menge Lebensbereiche einer oder mehrerer Gesellschaften. In der Regel ist mit Kultur gemeint: Normen und Wertvorstellungen, bestimmte Lebensgewohnheiten, Mentalität und Lebensart einer Gesellschaft, wobei sich die Lebensgewohnheiten innerhalb einer Gesellschaft stark voneinander unterscheiden können.
Dennoch sind bestimmte Elemente einer Kultur vorhanden, die weitervermittelt werden können. Somit ist Kultur für uns ein Begriff, der sich nicht als etwas Feststehendes definieren läßt.

SPRACHE

Eine Kultur läßt sich am besten über die Sprache vermitteln. Um eine Kultur einigermaßen zu verstehen, muß die Sprache erlernt werden. Migrantenkinder erlernen zu Hause zunächst ihre Muttersprache. Bevor sich das Sprachvermögen einigermaßen ausgebildet hat, erleben sie einen Bruch, denn sobald sie ihr Elternhaus verlassen, müssen sie sich in der deutschen Sprache verständigen, die sie ebenfalls nur wenig beherrschen.

Das kann zur Folge haben:

- daß die Muttersprache nicht vollständig erlernt wird.
- daß die deutsche Sprache ebenfalls nicht vollständig erlernt wird.
- daß sie halbsprachig bleiben.
- daß sie unter Kommunikationsschwierigkeiten leiden.
- daß sie sich von den Eltern entfremden.
- daß ihr Denken und Fühlen sich in türkisch / deutsch spaltet.
- daß sich das Kind selbst nicht akzeptiert fühlt, dadurch daß seine Muttersprache abgelehnt wird.

Diese Lebenssituation hat nicht nur Auswirkungen auf die schulischen und beruflichen Chancen, sondern sie wirkt sich auch auf die Persönlichkeits- und Identitätsentwicklung aus. Viele Migrantenkinder bekommen dadurch Minderwertigkeitsgefühle. Sie werden isoliert und isolieren sich selbst. Die Muttersprache hat deshalb eine besondere Bedeutung für die Identität.

DER SOGENANNTE KULTURKONFLIKT

Die in der Bundesrepublik lebenden türkischen Mädchen und jungen Frauen werden von der deutschen und von ihrer Herkunftsgesellschaft diskriminiert. Eine Form der Diskriminierung ist die Forderung an die jungen Frauen, sich entweder der deutschen oder der Herkunftsgesellschaft total anzupassen.
Das Erziehungsziel in der türkischen Familie orientiert sich in erster Linie auf das Familienleben. Schon als Kinder bekommen die jungen Frauen mit, daß sie nicht nur Verantwortung für sich selbst tragen, sondern auch für ihre Eltern und für ihre Geschwister. Jede/r begreift sich eher als Mitglied der Familie und nicht so sehr als

k o n f l i k t b e s c h r e i b u n g

Einzelperson.
Grundlegende Erfahrungen der jungen Frauen sind das enge Familienleben mit mehreren Familienmitgliedern, sowohl räumlich wie auch emotional und sozial. Das Alleinleben ohne Familie ist aus ihrer Sicht ein trauriger, isolierter und bemitleidenswerter Zustand und keineswegs ein Zeichen von Unabhängigkeit und Selbständigkeit.
Im Gegensatz dazu steht der ausgeprägte Individualismus der Deutschen, der ihnen schon früh über Freunde und Schulkameraden vermittelt wird.
Für die Mädchen und jungen Frauen aus der Türkei ist das Familienleben und die individuelle Gestaltung ihrer Freizeit oftmals nicht zu vereinbaren. Beide - sowohl Eltern als auch Freunde erwarten, daß sie ihre Freizeit mit ihnen verbringen. Die jungen Frauen möchten es beiden Seiten recht machen. Dies gelingt ihnen nicht. Sie haben die Wahl zwischen Vorwürfen der Eltern und Isolation von den Freunden.
Die Folge ist in jedem Fall Zwiespalt und ein schlechtes Gewissen. Sie befinden sich unter einem dauernden Entscheidungszwang, welchen Werten und Normen sie entsprechen wollen. Auf

7 k u r z k o n z e p t

k o n f l i k t b e s c h r e i b u n g

diesen Entscheidungszwang reagieren zahlreiche von ihnen im schlimmsten Fall sogar mit Selbstmordversuchen.
Einige junge Frauen nehmen auch den Bruch mit ihren Eltern in Kauf und ziehen aus. Für die Eltern bedeutet der Auszug der Tochter, daß sie ihr Kind an die hiesige Gesellschaft verlieren. Dieser läßt sich mit ihrem Familienverständnis nicht vereinbaren. Die Tochter gilt als egoistisch, wenn sie die Familie verlässt. Die Identifikation der Familienmitglieder untereinander geht soweit, daß der Auszug als genauso schlimm wie der Tod eines Kindes erlebt wird.
Die Eltern verlieren unter ihren Freunden, Verwandten und und Bekannten das Gesicht, d.h. sie verlieren an Respekt, Achtung und Würde und werden belächelt. Diese Werte sind in der türkischen Gesellschaft außerordentlich wichtig. Eine junge Frau, die auszieht, beraubt in ihrem Selbstverständnis die Eltern der Würde.
Der innere Widerspruch der jungen Frauen besteht zwischen den verinnerlichten Wertvorstellungen der Eltern und dem Wunsch nach Eigenständigkeit.
Aufgrund der starken Identifikation mit ihrer Familie, insbesondere mit ihrer Mutter, dauert der

k u r z k o n z e p t 8

Ablösungsprozeß der jungen Frau sehr lange an. In der türkischen Familie hat die Mutter eine Monopolstellung, besonders bei der Erziehung der Mädchen. Die jungen Frauen haben eine starke Bindung zu ihr.
Nicht ausreichendes Interresse an ihrer Situation, mangelnde Unterstützung und fehlender emotionaler Rückhalt ihres Umfeldes können die Mädchen daran hindern, auszuziehen.
Die Situation, permanent gegen zwei Welten kämpfen zu müssen, kann zur Folge haben:

- Entscheidungszwang („türkisch" oder „deutsch" leben zu müssen)
- Überforderung
- depressive Zustände
- Resignation und Verzweiflung
- gegen sich selbst gerichtete Aggressionen
- Minderwertigkeitskomplexe
- psychosomatische Beschwerden
- Isolation
- Suizidgefahr

Diese Symptome können gleichzeitig und/oder unabhängig voneinander erscheinen.
Die Orientierungslosigkeit, den inneren Zwiespalt, Isolation und das schlechte Gewissen bekommen jedoch weder die Eltern, noch die deutschen Freunde mit. Die deutschen Freunde und Lehrer bestätigen zwar das Verhalten der jungen Migrantinnnen, haben aber kein Verständnis für ihre Situation.
Die jungen Frauen können in der Regel nicht über ihren Konflikt reflektieren, da sie ständig dabei sind, ihr Verhalten nach beiden Seiten zu erklären. Ihren deutschen Freunden gegenüber müssen sie immer wieder ihre eine Hälfte - ihre Herkunftskultur - erklären, die sie mit dem Auszug aus dem Elternhaus aufgeben müssten.
Um wenigstens von einer Seite akzeptiert zu werden, passen sie sich häufig der einen oder der anderen Seite an.
Ausziehen bedeutet für die meisten jungen Frauen, einen Teil aufzugeben, den sie nicht verlieren wollen. Gleichzeitig wird ihnen bewußt, daß beide Gesellschaften sie nicht akzeptieren, wie sie sind. Welchen Weg sie auch immer wählen, die Zweifel über die getroffene Entscheidung bleiben.
Beide Gesellschaften verweigern den jungen Frauen die Möglichkeit, sich zu orientieren. Sie unterstützen sie nicht dabei, in der Gesellschaft handlungsfähig zu werden.

k o n f l i k t b e s c h r e i b u n g

Falsch ist jedoch der Ansatz, den sogenannten Kulturkonflikt auf die zweite Generation zu reduzieren. Oft haben die jungen Frauen einen Weg gefunden, beide Kulturen miteinander zu vereinbaren. Nur die Herkunftsgesellschaft und die hiesige Gesellschaft halten hartnäckig an den ihnen eigenen Normen und Werten fest, die jedoch im herkömmlichen Sinn für beide Gesellschaften nicht mehr existieren. Beide Gesellschaften vermeiden die direkte Auseinandersetzung mit der jeweils anderen Kultur. Sie tragen sie stattdessen auf dem Rücken der zweiten Generation, insbesondere auf dem der jungen Frauen, aus.

Beide sind nicht bereit, den Kulturprozeß anzunehmen, obwohl es seit mindestens 15 Jahren nicht mehr die türkische oder die deutsche Kultur in der Bundesrepublik gibt. Dennoch erleiden die Mädchen und jungen Frauen den Konflikt, zum einen durch den Anspruch beider Gesellschaften an sie, sich ausschließlich einer Gesellschaft anzupassen.

Zum anderen erleiden sie ihn dadurch, daß sie sich mit dem sogenannten Kulturkonflikt identifizieren. Sie fangen mit der Zeit selber an zu glauben, daß sie sich für die Werte und Normen

11 k u r z k o n z e p t

k o n f l i k t b e s c h r e i b u n g

einer der beiden Gesellschaften entscheiden und danach leben müssen.

Der sogenannte „Kulturkonflikt" ist eine verschleiernde Bezeichnung, wie etwa „Ausländerin". Obwohl wir uns sehr gut in den Strukturen der Bundesrepublik auskennen, gelten wir als „Ausländerinnen". Aber eigentlich sind wir Inländerinnen mit einer anderen Herkunftskultur. Nicht wir haben ein Kulturkonflikt, sondern die hiesige und die Herkunftsgesellschaft.

Wir begreifen die Möglichkeit, zwei Kulturen kennenzulernen und zu vergleichen durchaus als Bereicherung für die Bildung der Identität. Wir schließen uns G. Auernheimer an, der zu den Vorteilen bikultureller Identitätsentwicklung anmerkt *:

„ Das Erlebnis der Diskrepanz von Werten, Normen, etc. ... mag sogar unter günstigen sozialen Bedingungen (...) der Persönlichkeitsentwicklung förderlich sein, weil es zu Reflexion anregt und zu Stellungnahme herausfordert..."

* Georg Auernheimer, „Der sogenannte Kulturkonflikt - Orientierungsprobleme ausländischer Jungendlicher", Campus Verlag, 1988

k u r z k o n z e p t 12

SCHULE UND AUSBILDUNG

Die Eltern haben zwar großes Interesse daran, daß die jungen Frauen einen Beruf erlernen, jedoch sollen sie gleichzeitig die Aufgaben im Familienbereich erfüllen. Diese beiden Erwartungen - Leistungserwartung der Lehrer und die familiären Pflichten - führen bei den jungen Frauen zu einer Doppelbelastung und Überforderung. Sie erfahren keinerlei Anerkennung. Dadurch bekommen sie Minderwerigkeitsgefühle und fühlen sich alleingelassen. Die jungen Frauen befinden sich in einem Widerspruch der Erwartungen.

Diese wiederholen sich bei einer geplanten Klassenreise, Kinobesuch oder Klassenfesten usw. Leider wird der Konflikt nur darauf beschränkt, daß die Schülerinnen nicht daran teilnehmen dürfen. Die meisten LehrerInnen beschäftigen sich nicht ausreichend mit der Herkunftskultur und deren Normen und Wertvorstellungen. Sie vermitteln ihr angeeignetes Wissen nicht angemessen an das Umfeld des Mädchens weiter. Die Deutschen aus der Klasse bekommen somit nur die negativen Seiten der Herkunftskultur der Mädchen mit. Dies sind nur

einige Gründe, weshalb die meisten der jungen Frauen immer wieder in Konflikt geraten.

Es sind nicht nur die Verbote vom Elternhaus, die zu Minderwerigkeitsgefühlen, Angst vor Ablehnung und der Unterbewertung und Unterschätzung der eigenen Werte führen. Es sind die subtilen Formen der „Ausländerfeindlichkeit", die den Türkinnen in der Gesellschaft entgegenschlagen.

Sie müsen zum Beispiel nicht nur in eigener Sache Behördengänge erledigen, sondern sie müssen oft auch mit ihrer Familie und deren Bekannten als Dolmetscherinnen mitgehen, weil die Behörde keine stellt.

Daraus ergibt sich ein vielfältiger Konflikt:

- Versäumnisse in der Schule/Leistungserwartung seitens der Lehrer bleibt bestehen
- Schulsituation wird von den Behörden und den Eltern nicht berücksichtigt
- Kind wird zum Werkzeug gemacht
- Überforderung des Kindes durch die übergestülpte Verantwortung
- Kind wird in Erwachsenenrolle gezwängt
- Abwertende Umgangsformen (Körperhaltung und Sprache) der Behörden gegenüber Kind und Eltern

- Eltern werden oft als Menschen zweiter Klasse behandelt
- Erniedrigung der eigenen Person über die Identifikation mit den Eltern
- Abwertung und Ablehnung der eigenen Familie
- Verlust des Respekts für die Eltern
- psychische Belastung, Schmerz und Ohnmachtsgefühle
- soziales Verhalten des Kindes wird weder registriert, anerkannt noch belohnt, sondern eher noch bestraft

Inder Regel sind es die Mädchen und jungen Frauen, die diese Pflichten übernehmen müssen.

Außer der Tatsache, daß die LehrerInnen wenig Verständnis für diese Situation aufbringen, setzen sie ihrerseits die Schülerinnen unter Druck.

Dabei wäre die Vorbereitung auf die geschilderten Situationen im Unterricht genauso notwendig wie die Vorbereitung auf Bewerbungsgespräche. Spätestens wenn sich die Schülerinnen um einen Ausbildungsplatz bemühen, wird ihnen klar vor Augen geführt, daß sie „Ausländerinnen" sind.

Arbeitserlaubnis, Aufenthaltserlaubnis, gesetzlich vorgeschriebene Bevorzugung von Deutschen und EG-Bürgern bei Ausbildungs- und Arbeitsplatzvergabe usw. werden im Unterricht nicht erörtert.

INHALTLICHE ZIELE

Die Mädchen und jungen Frauen sollen während ihres Aufenthaltes in der Wohngemeinschaft die Möglichkeit haben,
-Konfliktsituationen zu erkennen und zu bewältigen.
-zu eigener Identität und zu Stabilität zu finden.
-zu sozialer Reife zu gelangen (die ihnen gegebenenfalls die Rückkehr in die Familie und gleichzeitige Kontakte zum deutschen Umfeld ermöglicht)
-soziale und ökonomische Unabhängigkeit zu erlangen.
-handlungsfähig zu werden.
-eine selbständige und positive bikulturelle weibliche Identität zu entwickeln.

Die Zielgruppe soll zur Förderung dieser Ziele sozialpädagogisch betreut werden. Es sollen Veranstaltungen stattfinden, die mit den jungen Frauen gemeinsam geplant, organisiert und durchgeführt werden. In der Wohngemeinschaft sollen Feste u.ä. aus beiden Kulturen stattfinden.

AUFNAHMEKRITERIEN

Die Mädchen und jungen Frauen müssen dazu bereit sein, eine Schul- oder Berufsausbildung abzuschließen. Sie müssen freiwillig zu uns kommen und sie müssen den Willen haben, für ihre eigenen Ziele einzustehen.
Um dies festzustellen, sollen vorab mehrere Gespräche mit der Betreffenden geführt werden.

KONTAKTAUFNAHME

Wir wollen unser Angebot in der Öffentlichkeit bekanntmachen und eine Kontakttelefonnummer angeben.
Die erste Kontaktaufnahme mit den jungen Frauen, die an einem Einzug in die Wohngemeinschaft interessiert sind, soll immer von ihnen selbst ausgehen.

BETREUUNG DER JUNGEN FRAUEN

Das pädagogische Angebot für die jungen Frauen soll verschiedene Arten umfassen:
- Gruppenarbeit
- Einzelgespräche

- Wohnungsgespräche
- Freizeitangebote
- Gemeinsames Lesen von Büchern
- Besuche von Veranstaltungen (z.B. Konzerte)

Diese Angebote sollen Mittel sein, die Kulturen zu pflegen. Die verschiedenen Feste (z.B. Newroz, Şeker Bayramı, Weinachten) sollen gemeinsam gefeiert werden, wobei wir darauf achten wollen, die Geschichte der Feste mit einzubeziehen.
Durch eigene Aktivitäten soll den jungen Frauen die Möglichkeit gegeben werden, ihre eigenen Interessen und Fähigkeiten kennenzulernen, das heißt, sich selbst einschätzen zu lernen.

Als besonders wichtig erachten wir die Berufsentscheidung der jungen Frauen. Wir wollen sie dabei nach ihren Neigungen und Fähigkeiten unterstützen.

AUFENTHALTSDAUER

Wir haben vorgesehen, daß der Aufenthalt der jungen Frauen in einer von uns betreuten Wohngemeinschaft von einem bis zu vier Jahren rei-

chen soll. Im allgemeinen sollten drei Jahre nicht überschritten werden. Die Verweildauer hängt vom Einzelfall ab.
Die Grenze bis zu drei Jahren hängt mit der Ausbildung zusammen. In der Regel dauert eine Ausbildung drei Jahre. Danach müßten die jungen Frauen in der Lage sein, selbständig, eigenverantwortlich und ökonomisch unabhängig ihr Leben zu gestalten.

NACHBETREUUNG

Die jungen Frauen werden nach dem Auszug aus der Wohngemeinschaft Ablösungsschwierigkeiten haben. Um ihre psychische Stabilität aufrecht zu erhalten, werden wir sie regelmäßig in ihrer neuen Umgebung betreuen müssen. Die Nachbetreuung ist außerordentlich wichtig.

WOHNSITUATION

Die jungen Frauen dürfen die Adresse der Wohnung nicht weitergeben.
Dies wird sicherlich eine der schwierigsten Bedingungen sein, die die Betreuerinnen und die

Bewohnerinnen einzuhalten haben. Dies geschieht aus Schutzgründen für die Betroffenen, die Mitbewohnerinnen und uns. In jeder Wohnung sollen drei bis fünf junge Frauen wohnen. Jede der Bewohnerinnen soll ein eigenes Zimmer haben, das sie nach ihren eigenen Vorstellungen einrichten und gestalten kann. Küche, Bad und Flur sollen gemeinsam genutzt werden. Außerdem muß ein Gruppenraum vorhanden sein, wo z.B. die Gruppenarbeit stattfindet.

ELTERNARBEIT

Wir halten Elternarbeit, parallel zur Betreuung der jungen Frauen, für notwendig. Trotzdem wollen wir sie nicht selbst leisten, denn das würde unserem Konzept feministischer Mädchenarbeit widersprechen.
Wir sind parteiisch für die Mädchen und jungen Frauen und müssen daher auch gegen die Eltern und deren Bedürfnisse arbeiten. Wenn wir gleichzeitig die jungen Frauen <u>und</u> deren Eltern betreuen, würde uns das in einen Rollenkonflikt bringen.

ARBEITSORGANISATION

Die Betreuerinnen sollen zeitlich begrenzt arbeiten. Die Jugendwohngemeinschaften sollen nicht, wie etwa im Heim, rund um die Uhr beaufsichtigt werden.
Dies würde dem Ziel, daß die jungen Frauen eine eigene Lebensperspektive entwickeln und selbsändig Entscheidungen treffen, entgegenstehen.
Eine Wohnung soll von zwei Sozialpädagoginnen mit jeweils 38,5 Wochenstunden betreut werden.

KONTAKT ZU ANDEREN INSTITUTIONEN

Wir wollen Kontakt zu Schulen, Behörden und Institutionen aufnehmen, die mit den Belangen der jungen Frauen zu tun haben. Damit wollen wir erreichen, daß diese für die Situation der jungen Frauen sensibilisiert werden.
Dies kann nur durch regelmäßige Zusammenarbeit und durch Austausch zwischen den Mitarbeiterinnen und den zuständigen Personen gelingen.

Bewohnerinnen einzuhalten haben. Dies geschieht aus Schutzgründen für die Betroffenen, die Mitbewohnerinnen und uns. In jeder Wohnung sollen drei bis fünf junge Frauen wohnen. Jede der Bewohnerinnen soll ein eigenes Zimmer haben, das sie nach ihren eigenen Vorstellungen einrichten und gestalten kann. Küche, Bad und Flur sollen gemeinsam genutzt werden. Außerdem muß ein Gruppenraum vorhanden sein, wo z.B. die Gruppenarbeit stattfindet.

ELTERNARBEIT

Wir halten Elternarbeit, parallel zur Betreuung der jungen Frauen, für notwendig. Trotzdem wollen wir sie nicht selbst leisten, denn das würde unserem Konzept feministischer Mädchenarbeit widersprechen.
Wir sind parteiisch für die Mädchen und jungen Frauen und müssen daher auch gegen die Eltern und deren Bedürfnisse arbeiten. Wenn wir gleichzeitig die jungen Frauen und deren Eltern betreuen, würde uns das in einen Rollenkonflikt bringen.

ARBEITSORGANISATION

Die Betreuerinnen sollen zeitlich begrenzt arbeiten. Die Jugendwohngemeinschaften sollen nicht, wie etwa im Heim, rund um die Uhr beaufsichtigt werden.
Dies würde dem Ziel, daß die jungen Frauen eine eigene Lebensperspektive entwickeln und selbsändig Entscheidungen treffen, entgegenstehen.
Eine Wohnung soll von zwei Sozialpädagoginnen mit jeweils 38,5 Wochenstunden betreut werden.

KONTAKT ZU ANDEREN INSTITUTIONEN

Wir wollen Kontakt zu Schulen, Behörden und Institutionen aufnehmen, die mit den Belangen der jungen Frauen zu tun haben. Damit wollen wir erreichen, daß diese für die Situation der jungen Frauen sensibilisiert werden.
Dies kann nur durch regelmäßige Zusammenarbeit und durch Austausch zwischen den Mitarbeiterinnen und den zuständigen Personen gelingen.

Wie lernt frau in Deutschland eine merkwürdige Türkin kennen?

Wo kommst du her?
Du siehst aber nicht so aus.
Du siehst aus wie wir?
Bist du in Deutschland aufgewachsen?
Aha...
Das ist ja eine ganz andere Kultur.
Gibt es auch andere Türkinnen wie dich?
Du bist ja auch nicht typisch türkisch.
Kommst du aus der oberen Schicht?
Ich meine...
Hast du Kontakte mit anderen Türkinnen hier?
Du sitzt ja zwischen zwei Stühlen.
Zwischen zwei Welten,
Kannst du wieder in der Türkei leben?
Du bist bestimmt freier hier?
Warum denn nicht Wovon lebst du?
Wie hast du die Sprache gelernt?
Ich bin wirklich erstaunt,
Ich konnte es mir gar nicht vorstellen.

MIGRANTINNEN – EINE POLITISCHE STRATEGIE: FRANKFURT

ENCARNACIÓN GUTIÉRREZ RODRÍGUEZ & SELÇUK YURTSEVER-KNEER

◆

SEILTÄNZER:INNEN: FEMIGRA (FEMINISTISCHE MIGRANT:INNEN) IN FRANKFURT

Die Gruppe Feministische Migrantinnen, auch bezeichnet als FeMigra, wurde 1991 in Frankfurt gegründet. Als selbstorganisierte Gruppe von Migrant:innen und Menschen auf der Flucht zentralisierte FeMigra die feministischen rassismuskritischen Perspektiven und Strategien in ihrer bündnispolitischen Arbeit. Besonders nach den bundesweiten rassistischen Angriffen, die 1992 und 1993 in Deutschland stattfanden, nahm FeMigra aktiv an deutschlandweiten Bündnistreffen von Schwarzen, Roma- und Sinti-, jüdischen, migrierten und exilierten Frauen* teil und wurde zu einem wichtigen Teil dieses Austausch- und Interventionsnetzwerks, das die antirassistischen Feminist:innen zusammenbrachte. Ihr berühmter Text *Wir, die Seiltänzerinnen. Politische Strategien von Migrantinnen gegen Ethnisierung und Assimilation* wurde im Rahmen eines dieser Treffen verfasst. Zwei wichtige Zeug:innen, die in der FeMigra organisiert waren, Encarnación Gutiérrez Rodríguez und Selçuk Yurtsever-Kneer, erzählen uns über ihre Zeit in der FeMigra.

Selçuk: Ich komme ja eigentlich aus einer Kleinstadt und studiert habe ich in Frankfurt. In dieser Kleinstadt organisierten damals einige Frauen ein Frauencafé. Das war besonders interessant für mich, weil es gleichzeitig in einem Zentrum stattfand, das von linken Gruppen verwaltet wurde. Ich freute mich, mit den Frauen, die sich als Feministinnen bezeichneten, zusammenzuarbeiten. Aber ich fühlte mich in der Gruppe auch als ‚die Andere'. Und auch das war für mich das Interessante an diesen ganzen Gruppen im linken Spektrum. Obwohl ich mich persönlich nie anders gefühlt habe, haben sie mich jedenfalls immer in dieser anderen Ecke verortet und das war für mich später auch das Spannende bei FeMigra, auf einmal so ein Gefühl zu haben, sich nicht mehr erklären zu müssen, dass alles cool ist und du einfach wirklich vollwertig bist. Kein Mensch fragt dich: „Wo kommst du her?", oder du musst irgendwas erklären. Nein, es geht einfach um die Sache und du bist wirklich ein vollwertiges Mitglied. Das kann man vielleicht gar nicht so erklären, weil es eventuell nicht so plausibel klingt, schließlich ist das für viele ja die Normalität. Aber für mich war es keine Normalität. Für mich war eher die Normalität, dass ich irgendwie anders war – und das war immer präsent.

Zur Gruppe Internationaler StudentInnen bin ich während meiner Tätigkeit beim AStA im Referat für ausländische Studierende gestoßen. Ich wollte aber nicht die Referentin für ‚ausländische' Studierende sein, weil das für mich so eine unpassende Begrifflichkeit war. Und deswegen bestand ich damals darauf, dass es vielmehr „Referat für nicht-deutsche Studierende" heißen sollte. Ich wusste damals aber noch nicht richtig, wie ich es nennen sollte. Ich wusste nur eins: Referat für ‚ausländische Studierende' fand ich unpassend. Ja, das war eben dieser Begriff: ‚Ausländer'. Das war ja damals auch unser Thema, das wir mit der Begrifflichkeit ‚Ausländer' verbunden haben: Dieser Begriff implizierte nicht dazuzugehören. Es beinhaltete gleichzeitig ‚aus dem Ausland zu kommen' und wir kamen nicht alle aus dem Ausland. Wir wurden z. T. hier geboren und wir fanden uns im Begriff ‚Ausländer'nicht inbegriffen. Deswegen haben wir diesen Begriff kritisiert und versucht ihn zu dekonstruieren. Es war damals gar nicht so gängig, dass von ‚Migration' gesprochen wurde.

An meine Zeit beim AStA kann ich mich noch genau erinnern. In Magdeburg wurde damals ein Punk von Neonazis getötet. Wir hatten dazu Flugblätter geschrieben: „Toter in Magdeburg ist ein Punk." Ich weiß noch, wie ich die Flugblätter verteilt habe. Das war Anfang der 90er-Jahre, als diese rassistische Gewalt wieder entflammt war und die rechte Gewalt meist nicht sanktioniert wurde. Der Tod von diesem Punk in Magdeburg hat mich besonders getroffen, und zwar in Hinblick auf die Gesellschaft. Es war beängstigend, einfach, weil es nicht nur um Migranten:innen ging, sondern auch Linke von rechter Gewalt betroffen waren. Die Leute verstehen das ja meistens erst viel später, dass so eine Form der Diskriminierung nicht immer nur Rassismus ist, sondern viele Facetten hat, und dass sie sich für sich selbst und für eine freiheitlich-demokratische Gesellschaft einsetzen sollten – also nicht ‚für uns', sondern im Sinne von: „Wehret den Anfängen!" Und damals beim AStA fing es eben mit dem Punk an. Die ganze Atmosphäre war aufgeheizt deswegen.

Encarnación: Dann können wir nochmal darüber sprechen, wie Selçuk und ich uns kennengelernt haben. Ich war als Erstes bei einer spanischen Gruppe organisiert, als ich noch Schülerin war. Die hat zusammen mit einer türkischen Gruppe gearbeitet. Eigentlich traf sich diese spanische Gruppe in der *Casa Democrática de España*, die der spanischen Sozialdemokratie nahestand. Ich selber bewegte mich jedoch eher in den Kreisen des *Circulo Cultural*[1] (Spanisches Kulturzentrum), wo sich die Sympathisant:innen der Kommunistischen Partei trafen. Sie nannten sich jedoch ‚Kulturzentrum', weil du dich damals als ‚Ausländer' nicht parteipolitisch organisieren durftest. Ich bin nachmittags in die spanische Schule, die *Casa de España*[2] hieß und von der spanischen Regierung subventioniert wurde, gegangen. Eine Klassenkameradin aus der spanischen Schule, nämlich die Tochter des Geschäftsführers der *Casa Democrática*, lud uns ein, eine Jugendgruppe zu bilden. Wir bildeten dann eine Jugendgruppe, die sich mit Fragen von Rassismus und Ausländerpolitik beschäftigte. Da haben wir z. B. zum ersten Mal das Papier vom CSU-Politiker Friedrich Zimmermann, der in den 1980er-Jahren Innenminister der Kohl-Regierung war, zur Ausländergesetzreform diskutiert. Dieses Papier war exemplarisch für die restriktive ‚Ausländerpolitik' der Koalition aus CDU/CSU und FDP. Sie führten die Unterscheidung zwischen ‚EU-Ausländer', ‚Drittstaaten-Ausländer' und ‚Flüchtlingen' ein. Außerdem führten sie Verhandlungen mit der türkischen Regierung und auch mit der spanischen Regierung, um Rückkehrprogramme zu organisieren. Im November 1983

1 Beide Organisationen, *Casa Democrática und Centro Cultural*, waren sehr aktiv in der antifranquistischen Bewegung Ende der 1960er- und 1970er-Jahre, aber auch in der Demokratisierungsphase der 1980er-Jahre.

2 Die spanische Regierung richtete in Deutschland seit 1970 Anlaufstellen für spanische Staatsbürger:innen, die Casas de España, ein. Dies waren Beratungsstellen der Spanischen Konsulate für Erziehungs-, Schulfragen und Arbeitsrecht. In der *Casas de España* in Frankfurt am Main konnte die Oberstufe für das Spanische Abitur (Bachiller), parallel zum deutschen Abitur besucht werden. Dies war ein Angebot der spanischen Regierung für die Kinder der spanischen Arbeitsmigrant:innen.

wurde Zimmermanns *Gesetzentwurf zur Förderung der Rückkehrbereitschaft von Ausländern* eingeführt, womit Arbeitsmigrant:innen Rückkehrprämien angeboten wurden. Viele spanische Arbeitsmigrant:innen kehrten dann zurück nach Spanien, welches sich nach dem Ende der Franco-Diktatur 1975, Anfang der 1980er Jahre in einer Demokratisierungsphase befand.

Ich habe u. a. Lateinamerikanistik und Frankophonie studiert. Mich haben die spanische Kolonialgeschichte, aber auch die Diktaturen in Spanien und in einigen Länder Lateinamerikas sowie das Exil beschäftigt, daher mein Interesse für Lateinamerika. Meine politische Arbeit war daher von Anfang an sehr stark durch die kritische Auseinandersetzung mit der europäischen Kolonialgeschichte, den antikolonialen Kämpfen, aber auch der Auseinandersetzung mit Diktatur, Exil und Migration geprägt. An der Uni war ich später in der Gruppe Internationaler StudentInnen (GIS) organisiert. In der GIS haben sich die internationalen Studierenden zusammengefunden, wobei ich, wie Selçuk sagt, eigentlich keine internationale Studentin war, sondern eine ‚Bildungsinländerin'. Es gab auch die Frauenprofessur in Frankfurt, für die die Student:innen gekämpft hatten und die 1987 eingerichtet wurde. Mir fiel auf, dass in den Frauenseminaren ‚Ausländerinnen' immer nur als Unterdrückte oder Opfer von patriarchaler Gewalt auftauchten. Ich erinnere mich, wie ich immer wieder intervenierte und auf das Handeln und den Widerstand von migrierten Frauen verwies.

Dann gab es 1987 den Studierendenstreik in Frankfurt und die Frauenvollversammlungen. Während des Unistreiks war ich so halbwegs in der Fachschaft aktiv, obwohl Personen mit Migration- oder Diaspora-Erfahrung, Schwarze oder *People of Colour* hier kaum repräsentiert waren. Es gab auch Connections zu der Linken Liste, einer linken Gruppe, die aber nicht unbedingt rassismuskritisch im Sinne der politischen Selbstorganisierung migrantisierter und rassifizierte oder feministisch oder queer zu diesem Zeitpunkt arbeitete. Wir gründeten daher die Gruppe Internationaler Studierender (GIS). Die GIS hatte in diesen linken Zusammenhängen eher eine Außenseiter:innenposition. Mit dem Studi-Streik bekam die politische Organisierung, insbesondere unsere migrantisierte, jedoch irgendwie Aufwind. Das war sozusagen eine Revolution an der Uni. Es gab den Uni-Turm in Bockenheim, wo u. a. der Fachbereich Gesellschaftswissenschaften war, und den haben die Studierenden wochenlang bestreikt. Wir blockierten die Zugänge, richteten uns ein und organisierten Vollversammlungen, Arbeitsgruppen und alle möglichen politischen Veranstaltungen. Es konnten keine Seminare mehr stattfinden, weil der Studierendenstreik stattfand. Alles war zu. In dieser Zeit fing ich an rassismuskritisch, migrantisch und feministisch Interessierte zu treffen und in diesen Zusammenhängen gründeten wir dann auch die GIS. Die GIS setzte sich mehrheitlich aus Töchtern aus migrierten Familien und einigen wenigen Deutschen zusammen. Dann stand plötzlich zur Debatte das Ausländer:innen-Referat zu besetzen. Bis dahin hatten das nur einzelne deutsche Referent:innen gemacht. Aber die GIS stellte sich auf und übernahm das Ausländer:innen-Referat. Wir sind einfach in das Büro rein und haben gesagt: „So, das machen wir jetzt!"

Am Anfang hat der AStA, wo es kaum eine Vertretung von Migrant:innen, Schwarzen und *People of Colour* zu dem Zeitpunkt gab, uns nicht wirklich ernst genommen. Wir, also eine Gruppe von mehrheitlich jungen migrantisierten Frauen, passte gar nicht in ihr Bild. Heute denke ich, dass sie uns wahrscheinlich als „diese jungen Migrantinnen, die nichts wissen" wahrgenommen haben. Sie haben uns jedenfalls immer so behandelt, als wüssten wir nichts, als müssten wir erst belehrt werden. Ich erinnere mich daran, dass Neville Alexander, ein südafrikanischer Linguist und Anti-Apartheid Mitkämpfer von Nelson Mandela, eingeladen wurde, einen Vortrag über Rassismus in Südafrika – bzw. Apartheid in Südafrika – zu halten. Im Anschluss zum Vortrag hat die GIS gesagt: „Ja, wir müssen Rassismus in Deutschland diskutieren!"und dann wurden wir aber ‚belehrt', dass das nicht richtig sei, „dass Rassismus nach Südafrika gehört" und dass das, was wir in Deutschland erfahren, vielleicht Fremdenfeindlichkeit oder so sei, aber man das wirklich nicht Rassismus nennen könne. Was ich daran auch noch sehr interessant fand, war die Tatsache, dass alles so ganz ‚freundschaftlich' gehalten wurde: „Ja, wir verstehen, was ihr meint, aber ihr müsst euch ja darüber klar werden, dass das nicht so ist."

Irgendwann benötigten wir für unsere Arbeit im Ausländer:innen-Referat natürlich auch die Finanzierung vom AStA. Dann sind immer einige von uns zu den AStA-Sitzungen hingegangen und haben ein Statement zur Begründung unserer Finanzanträge abgegeben. Da gab es einmal eine interessante Auseinandersetzung, weil die nicht richtig verstanden hatten, was wir in diesem Referat machen, glaube ich. Uns ging es um migrantische Selbstorganisierung und wir sagten ihnen: „Wir sind die Migrantinnen, es ist unser Referat und wir organisieren uns!" Das war möglich in dieser Phase des Umbruchs, wo so vieles geschah und in Bewegung war. Wir sagten außerdem einfach: „Wir haben keine Einzelvertretung, wir sind eine Gruppe und wir organisieren das Referat kollektiv als Gruppe Internationaler StudentInnen." Wir waren mehrheitlich Frauen und Feministinnen. Wir haben auch zum Teil mit dem Frauen-Lesben-Referat zusammengearbeitet, aber eine wirklich große Zusammenarbeit gab es eigentlich nicht, da sie uns nicht so richtig einordnen konnten und die Anfragen eher von uns kamen. Das war schon ganz interessant. Die Gruppe Internationaler StudentInnen hat ständig irgendwas organisiert.

Zu dem Zeitpunkt wurden wir von der Mehrheitsgesellschaft nicht als politische Subjekte mit einer eigenen Bewegungsgeschichte wahrgenommen. Im Zusammenhang mit den internationalen

Studierenden erinnere ich mich auch an die iranischen oder z. B. lateinamerikanischen Studierenden aus Kolumbien oder Puerto Rico usw. Das waren alles hochpolitisierte Menschen und ihre politische Arbeit und Kampagnen zu ihren Ländern waren auch immer sichtbar, doch auch sie spielten in der hochschulpolitischen Auseinandersetzung eine untergestellte Rolle und waren nur als Länderreferent*innen gefragt, aber nicht als politische Akteur:innen deutscher Verhältnisse. Aber wenn du eine migrantisierte Frau warst, dann wurdest du von der deutschen Linken so wahrgenommen, als hättest du keine Geschichte, nicht mal eine bezogen auf das Herkunftsland deiner Eltern. Das hatten wir, die GIS, zu dem Zeitpunkt noch nicht begriffen, glaube ich, dass wir so wahrgenommen wurden. Aber wir haben gesehen, dass wir irgendwie nie richtig ernst genommen und ständig belehrt wurden. Wir mussten dann immer wieder argumentieren, warum unsere Arbeit finanziert werden sollte, und wir wussten, dass sie nicht damit gerechnet hatten, dass wir jetzt im AStA sind bzw. dass wir das ‚AusländerInnenreferat' vertraten.

Ich hatte auch mal eine Auseinandersetzung mit einer Frau, die einen Aufsatz in der Linken-Liste-Zeitschrift zu Migrant:innen geschrieben hatte, und zwar zu ‚Gastarbeitern'. Ich fragte sie: „Warum hast du nicht mit uns geredet?" Ich glaube, es war ihr einfach nicht in den Sinn gekommen. Sie waren es eher gewohnt ‚über' uns zu schreiben als mit uns gemeinsam zu schreiben. Sie haben uns nicht als Akteur:innen unserer Geschichte und als Wissensproduzent:innen gesehen. Irgendwann bei einer AStA-Sitzung sagte einer zu uns: „Ihr seid ja so emotional." Sie haben auch unsere politische Arbeit ins Lächerliche gezogen. Wie Selçuk sagt, zu der Zeit war auch die Wiedervereinigung Deutschlands. An der Uni gab es eine linke deutsche Gruppe, die zu Flüchtlingen gearbeitet hat. Sie haben unsere politische Arbeit ignoriert. Sie taten so, als gäbe es die Selbstorganisierung von Migrant:innen und Geflüchteten nicht. Wir hatten den Eindruck, dass sie die

Geflüchteten romantisierten, während sie uns – die nebendran saßen – politisch nicht ernst nahmen. Tatsächlich haben wir, die GIS, zu diesem Zeitpunkt viele Vollversammlungen anlässlich der rassistischen Angriffe auf Flüchtlingsheime oder auf offener Straße auf Schwarze, migrantisierte und geflüchtete Menschen organisiert und einberufen. Es war die Zeit des Mauerfalls 1989 und die Jahre danach, Anfang der 1990er-Jahre, die uns physisch, emotional und psychisch mitnahmen. Das Leben in Deutschland gestaltete sich für Schwarze, jüdische, exilierte, migrantisierte und geflüchtete Menschen bedrohlich und unerträglich. Die politische Selbstorganisierung beschäftigte uns.

FeMigra

Selçuk: Als ich Referentin für nicht-deutsche Studierende war, habe ich von der Gruppe Internationaler StudentInnen gehört und bin zu einer Veranstaltung an der Uni gegangen. Dort lernte ich einige Frauen aus der GIS kennen und hörte dort zum ersten Mal von der FeMigra. Und so habe ich dann auch einige Frauen, die in der FeMigra engagiert waren, kennengelernt. In dieser Zeit war auch das Amt für multikulturelle Angelegenheiten noch in den Anfängen. Es war ein von den GRÜNEN initiiertes Projekt. Einerseits ein Erfolg, andererseits aber eben auch wieder dieses ‚Multikulti-Denken', das wir kritisierten und zu dekonstruieren versuchten. Die Frage der Sprechpositionen wurde zum Thema: „Wer spricht von wo über wen?" Sogar mein Projektstudium im Studiengang Sozialpädagogik nannte sich zum damaligen Zeitpunkt: *Multikulturelle Sozialarbeit*. Das war eigentlich etwas, zu dem man zu jener Zeit sagen würde: „Oh, sehr fortschrittlich!" Für bestimmte Kreise war das früher auch sehr fortschrittlich, aber durch diese multikulturalistische Perspektive wurde darin ‚die Andere' sozusagen immer eher erdacht – und fremd gemacht. Es wurde nicht diskutiert, welche Prozesse Migranten fremd machen, sondern nur, dass sie ein Teil der Gesellschaft sind und diese bereichern. Es ging darum, Toleranz für das Andere/Fremde zu entwickeln, um eine Toleranz für ‚andere' Kulturen[3] sozusagen. Wir wollten aber keine Toleranz, sondern politische Anerkennung, also wirkliche Anerkennung auf allen Ebenen[4]. Das war eigentlich unser Kampf als FeMigra. Wir wollten nicht nur ‚toleriert' werden – als Gnadenakt.

Der Diskurs über die unterschiedlichen Kulturen und Toleranz war damals wie heute das übergeordnete Thema, wenn es um Migration und Migranten ging. Dass man das nicht zur Diskussion stellt – das war genau unser Punkt, denn wir haben das Thema Kultur ziemlich kritisch gesehen. Wir haben immer gesagt: „Es gibt nicht diesen Menschen mit einer feststehenden Kultur und mit einer festen Identität." Das war unser Gegenentwurf zur gängigen Debatte beim Multikulturalismus.

Encarnación: Unsere politische Arbeit bei FeMigra fing so an, dass wir eine Gruppe aus Feministinnen gründen wollten, die alle sozusagen im Bereich Migration und Rassismuskritik unterwegs waren. Und dann haben wir die Frauen aus der GIS und Kolleginnen eingeladen, die wir von unterschiedlichen Veranstaltungen kannten. Beim ersten Treffen waren wir schon an die fünfzehn sehr unterschiedliche Frauen mit verschiedenen Hintergründen. Da war z. B. eine Frau aus Finnland dabei, die in der evangelischen Kirche im Bereich Migration und Frauen gearbeitet hat. Einige von denen, die dann später die Gruppe auch bilden würden, hatten einen spanischen Pass, andere hatten einen türkischen, griechischen oder peruanischen Pass. In der Endphase der FeMigra kamen auch ein paar deutsche Kameradinnen zu unseren Sitzungen. Und Simin Jampoolad aus der Autonomen Iranischen Frau-

3 Vgl. Yurtsever-Kneer, 2004.
4 Vgl. Yurtsever-Kneer, 2004.

enbewegung im Ausland *e. V.* war auch dabei. Das war sozusagen der Kern der FeMigra, der sich regelmäßig getroffen hat. Dann wurde der Radius von FeMigra immer größer, weil wir auch mit anderen Gruppen wie der iranischen Frauengruppe zusammengearbeitet haben oder auch mit einer Antira-Frauengruppe, in der die Frauen mehrheitlich *weiß*-deutsch waren. Aber es gab auch viele Begegnungen mit anderen Gruppen, z. B. mit agisra e. V. oder auch mit dem Bunten Frauenbündnis und mit Elisa in Bonn/Köln, mit *De Colores* in Bremen oder *Antifaşist Gençlik* in Berlin, aber auch mit Café Morgenland in Frankfurt am Main.

Als wir FeMigra gegründet hatten, kam es zu einer Auseinandersetzung mit einem Frauenzentrum in Bockenheim, in dem wir uns anfänglich trafen. Es war ein Frauenbegegnungszentrum, das mit migrantisierten Frauen arbeitete. Sie waren eine Begegnungsstätte und führten Beratungsarbeit mit migrantisierten Frauen durch. Eine von uns aus der FeMigra arbeitete damals dort und ermöglichte uns in Absprache mit den Frauen des Zentrums, uns dort zu treffen. Nach wenigen Wochen kamen von der Leitung des Zentrums Beschwerden über uns. Wir bemühten uns daraufhin, die Hausordnung genauestens zu befolgen, um keine weiteren Unannehmlichkeiten zu verursachen. Doch die Beschwerden hörten nicht auf, obwohl wir keinen Anlass dazu gaben. Irgendwann wurde uns bewusst, dass unsere Anwesenheit das Problem war. Wir waren nicht die Klientel, die Migrant:innen, die in Hinblick auf ihre Bildungs- oder Berufsorientierung betreut und unterstützt werden sollten. Wir waren politisch selbstorganisierte Feministinnen und nutzten das Begegnungszentrum für unsere Arbeit. Wir benötigten keine Betreuung oder Orientierung, sondern forderten von der Leitung und dem Vorstand ein gemeinsames Gespräch ein. Wir begegneten den Frauen im Vorstand auf Augenhöhe. Die Leitung und der Vorstand dieses Frauenprojekts waren nicht auf uns vorbereitet. Plötzlich tauchte FeMigra auf, eine Gruppe migrantisierter politischer Intellektueller, die gleichberechtigtes Stimmrecht verlangte. Wir waren natürlich jünger als die Frauen in der Leitung und im Vorstand. Sie sahen das Frauenbegegnungszentrum als ihr Projekt an. Eine der Frauen sagte sogar zu uns: „Das hier ist mein Kind, das ihr mir sozusagen wegnehmen wollt!" Dabei wollten wir nur einen Raum. Sie haben sich über unsere Raumnutzung beschwert und gesagt, wenn wir uns dort treffen wollten, dann sollten wir doch auch ein Teil des Projekts werden. Dann haben wir gesagt: „O. K., dann werden wir ein Teil des Projekts und kommen auch zu den Vollversammlungen oder zu den Teammeetings." Dann tauchten wir als Gleichberechtigte auf. Wir waren aber keine Gleichberechtigten. Sie fanden uns stattdessen invasiv und aufmüpfig, nach dem Motto, was wir uns das Recht nehmen würden, da jetzt mitbestimmen zu wollen.

Selçuk: Dann haben wir einen offenen Brief an die Stadt Frankfurt geschrieben. Wir haben dieses Frauenzentrum dann auch verlassen und öffentlich angeprangert, dass wir Frauen von einem Frauenzentrum sozusagen rausgeschmissen wurden! Das war unfassbar.

Encarnación: Das war unsere erste Aktion! Wir haben uns dann im Gallus in der Lehrerkooperative getroffen.

Selçuk: Eleonore Wiedenroth-Coulibaly vom ISD (Initiative Schwarze Menschen in Deutschland) hat uns dort einen Raum angeboten. Sie hat sofort gesagt: „Klar, natürlich könnt ihr euch hier treffen." So hatten wir dann einen Raum, in dem wir uns regelmäßig treffen konnten. Außerdem erhielten wir so auch große Aufmerksamkeit: FeMigra wurde wahrgenommen.

Encarnación: Nachdem wir den Aufsatz und den offenen Brief geschrieben hatten, gab es noch eine wichtige Aktion, die wir durchgeführt haben: Wir haben die Kriminalisierung von nordafrikanischen jungen Männern auf der Konstablerwache öffentlich angeprangert. Es gab damals vom Frauenreferat der Stadt Frankfurt eine Kampagne zu Frauenräumen in der Stadt, wo es auch um das Thema Sicherheit ging. Die Konstablerwache wurde dabei als ein unsicherer Ort für Frauen thematisiert. Wir fragten uns, warum gerade dieser Ort, an dem sich migrantisierte junge Männer trafen, zu einem der unsichersten Orte für Frauen ausgemacht wurde. „Um welche Frauen geht es hier?", fragten wir. Das fragten wir in einer Konferenz, die zum gleichen Thema vom Frauenreferat organisiert wurde. Wir diskutierten das Verhältnis zwischen Rassismus und Sexismus und ließen uns von Texten wie denen von Annita Kalpaka und Nora Räthzel inspirieren.

Selçuk: Und es gab einen Migrantinnen-AK, in den Frauen aus unterschiedlichen Gruppen eingeladen waren. Wir von FeMigra waren auch dabei und haben darin auch oft interveniert. Es gab diese Konferenz vom Frauenreferat zum Thema *Frauen erkunden die Stadt* bzw. *Gewalt in der Öffentlichkeit*. Das war eine große Konferenz. Wir, die FeMigra, haben dann das Mikro genommen und haben das Konzept kritisiert. Wir haben gefragt, warum hauptsächlich migrantisierte Männer als Täter thematisiert werden und was für Vorstellungen von Weiblichkeit oder über Frauen vorherrschten, ob damit auch Migrantinnen gemeint wären usw. Das haben wir auch als offenen Brief formuliert. Wir mussten etwas machen, weil es ja immer so war, dass man nicht gehört wurde. Also musste das auch immer in Form von bestimmten Protesten oder eben in Form von offenen Briefen an Frauenprojekte oder je nachdem, an wen es gegangen ist, geschehen. Das war das Mittel, zu dem wir greifen mussten. Das war zu dem Zeitpunkt unser zweiter offener Brief gewesen. So wusste man auch: Da gibt es ein paar Frauen, die Wind machen, die irgendwie was machen.

Intersektionale feministische Politik

Encarnación: Wie gesagt, im AK Migrantinnen waren einige von uns aktiv. Der AK war ein Arbeitskreis, der aus Vertreterinnen der unterschiedlichen Vereine und Organisationen bestand, die Gelder von der Stadt bekamen, um vor allem Betreuungs- und Beratungsarbeit zu leisten. Und wir tauchten da im AK Migrantinnen als lose, autonome Gruppe auf und haben das eigentlich kritisiert. Wir haben alles kritisiert. Wir waren diese jungen Frauen, diese autonomen, jungen Frauen, die sehr radikal versucht haben, alles zu analysieren. Und wir fanden es nicht gut, dass wir uns darauf einließen, irgendwie da mitzuspielen. Wir haben deshalb auch die Ausländerbeiräte kritisiert, weil wir dachten, dass wir politisch gleichberechtig sein sollten – also die gleichen politischen Rechte wie die deutschen Staatsbürger:innen haben sollten. Deshalb sollten wir uns nicht damit zufriedengeben, beratend tätig zu sein, sondern wir wollten gleiche politische Partizipation. Kurzfristig konnte man sich da drin bewegen, aber längerfristig sollten wir immer eine klare Position haben, dass es hier um gleiche Rechte geht. Es durfte nicht angehen, dass wir eingebunden werden, ohne als Gleichberechtigte behandelt zu werden. Wir hatten eigentlich auch immer schon sozusagen intersektional gearbeitet und dadurch auch einige der Diskurse über Migrantinnen, die Gewalt erfahren, verkompliziert. Das heißt nicht, dass wir dachten, dass Migrantinnen keine Gewalt erfahren. Doch es störte uns, dass sie zum Paradebeispiel gemacht werden als diejenigen, die in ‚diesen schlimmen Ehen' seien, mit ‚diesen schlimmen Männern', mit den vielen Kindern usw. Das haben wir kritisiert, besonders dann, wenn Organisationen öffentlich finanziert wurden, die diese Vorurteile beförderten und migrantisierte Frauen wieder zur betreuendem Klientel machten. Unsere politische Arbeit und Selbstorganisation war jedoch in der finanziellen Förderung von migrantisierten Frauen nicht vorgesehen.

Selçuk: In meiner Diplomarbeit[5] habe ich die Definition von Gewalt in den Konzeptionen einiger Autonomer Frauenhäuser analysiert. Darin habe ich mich mit der einseitigen Definition von Gewalt gegen Migrantinnen in der Frauenbewegung beschäftigt. Ich habe selbst auch schon in einem Autonomen Frauenhaus gearbeitet. Die Analyse der Konzeptionen unterschiedlicher Häuser hat dann gezeigt, dass die autonome Frauenbewegung nur mit dem patriarchalen Gewaltbegriff operiert. Mit der einseitigen Definition des Gewaltbegriffs werden aber die Spezifika der Situation der Migrantinnen in diesen Häusern nicht erfasst. Und das war für mich sehr wichtig, weil ich genau gespürt habe, dass sie sich im Grunde genommen einfach nur auf die Diskriminierungsform Sexismus beschränkt haben. Dass *weiße* Frauen genauso in rassistische Strukturen involviert sind und dass Rassismus auch die Beziehungen unter Frauen strukturiert, ist in der autonomen Frauenbewegung nicht das Thema gewesen.

Dass muslimische Frauen Opfer vor allem von brutaler muslimischer, männlicher Gewalt seien, ist ein immer wiederkehrendes Lied, das wir schon seit Jahren hören – DIE muslimischen gewalttätigen Männer, DIE unterdrückte muslimische Frau. Wir wollten die Bilder einfach zurechtrücken, dekonstruieren. Viele Frauen, die heute an den Universitäten Professorinnen sind, haben sich damals in ihren Studienarbeiten, Doktorarbeiten usw. genau diesem Thema zugewendet und in dieser Zeit versucht, das Bild der Frau in irgendeiner Form zurechtzurücken. Das war die Zeit.

Encarnación: Und deswegen waren in dem Zusammenhang auch die Arbeiten von Thürmer-Rohr, *Mittäterschaft von Frauen*, oder von Birgit Rommelspacher für uns sehr wichtig, weil wir daran angeknüpft und gesagt haben: „Ja genau, wir müssen hier sozusagen die Komplizenschaft oder die Dynamiken noch mal

5 Vgl. Yurtsever-Kneer, 1996.

thematisieren." Aber ich glaube, was wir und andere zu dem Zeitpunkt eben gemacht haben, war auch über die Dekonstruktion der Muslima oder der ‚Dritte-Welt-Frau' zu sprechen, d. h. Bilder und Diskurse über Migrant:innen in der Literatur, Wissenschaft und den Medien zu kritisieren, die sie als wehrlose Opfer darstellten, welche keine Handlungsperspektive hatten oder keinen Widerstand leisteten. Es war auch wichtig für uns, da wir auch immer wieder eingebunden waren in Auseinandersetzungen, die mit unseren Herkunftsländern und unseren Eltern zu tun hatten. Einige von uns kamen aus Ländern, die gerade aus der Diktatur herausgekommen waren. Wie z. B. Natascha Apostolidou[6], die auch sehr viel zu Griechenland und zur Diktatur in Griechenland gearbeitet hat. Es gab auch Auseinandersetzungen zu meiner Geschichte, aber auch zu Peru, zur Türkei oder zu Kurdistan.
Wir hatten auch Auseinandersetzungen mit den Schwarzen Frauen. Ihre Kritik an der unkritischen Übernahme des politischen Begriffs Schwarz hat uns berührt und überzeugt. Da die meisten von uns nicht der afrikanischen Diaspora angehörten, haben wir einen anderen politischen Begriff gebraucht.

Selçuk: Ich bin eigentlich jemand, die ‚hergebracht' wurde, ich habe diese Migration also nur physisch mitgemacht. Bei dieser ganzen Begrifflichkeit um Migration und allem, was das ausdrückt, gab es für uns eben eine politische Komponente. Diese politische Komponente wollten wir hervorheben. Damals war es wirklich ein politischer Begriff, der Begriff ‚Migrantin' war der entgegengesetzte zu ‚Ausländerin'. ‚Ausländer' war die gängige Bezeichnung – kein Mensch sprach von ‚Migranten'. Damals war das ein hochpolitischer Begriff: Migrantin.

Encarnación: Wir haben das als politischen Begriff einfach so eingeführt. Es geht ja nicht darum, dass wir faktisch migriert sind,

6 Vgl. Apostolidou, 1994.

sondern es geht um eine gesellschaftliche Position. Deswegen geht es nicht darum, ob wir Migrierte waren oder nicht, sondern es ging um diese Position und was damit einherging. Und dann kam ja auch dieses Buchprojekt.

Encarnación: Dann haben wir sehr viel gemacht. Zum Beispiel haben die GIS und FeMigra zusammen mit anderen Gruppen eine Veranstaltung zu Rassismus und Staatbürger:innenrechten in Europa durchgeführt. Zu dieser Veranstaltung kamen auch Cornelia Eichhorn und Sabine Grimm, die in der Linken Liste und im diskus aktiv waren und das Buch *Gender Killer* herausgegeben haben. Und dann ist dieser Aufsatz entstanden: *Wir, die Seiltänzerinnen.*[7]

Selçuk: Eine Seiltänzerin hat ihren Weg, d. h. sie muss ja diesen Weg gehen, kann aber sozusagen die Balance darin verlieren und runterfallen. Das ist prekär, gleichzeitig tanzt sie aber auch. Sie hat auch Lebensfreude. Sie ist keine, die auf das Seil gestellt worden ist. Sie will auf dem Seil tanzen. Und das bedeutet immer, dass sie womöglich sozusagen die Balance verlieren kann, was auch durch externe Faktoren passieren kann. Deswegen muss sie sich bei diesem Seiltanz auch so konzentrieren. Und so haben wir es empfunden, weil wir ja einen neuen Weg gewählt hatten. Wir sind ja einen neuen Weg gegangen, es war eine neue Begehung. Es war eine neue Erfindung und deswegen waren wir auf dem Seil.

Wie eine Seiltänzerin, die ständig aufpassen muss, wo sie hintritt und dass sie nicht runterfällt, sie muss immer in Balance bleiben und sie hat es echt super, super schwer, finde ich. Andererseits ist sie eben aber auch eine Tänzerin, die einfach eine Technik entwickelt, sich durchzutanzen.

7 Vgl. FeMigra, 1994.

Literatur

Apostolidou, Natascha (1994): „Quotierung für Migrantinnen“, in: *Gender Killer. Texte zu Feminismus und Politik*, Cornelia Eichhorn und Sabine Grimm (Hrsg.). Berlin-Amsterdam: ID-Archiv, S. 65–67.

FeMigra (1994): „Wir, die Seiltänzerinnen. Politische Strategien von Migrantinnen gegen Ethnisierung und Assimilation“. *Gender Killer. Texte zu Feminismus und Politik*, Cornelia Eichhorn und Sabine Grimm (Hrsg.). Berlin-Amsterdam: ID-Archiv, S. 49–63.

Yurtsever-Kneer, Selçuk (1996): *Analyse der Frauenhauskonzeptionen im Hinblick auf die feministische Frauenbewegung und die Kritik der Migrantinnen.* Fachbereich Sozialpädagogik, Frankfurt University of Applied Sciences. Frankfurt am Main.

Yurtsever-Kneer, Selçuk (2004): *Strategien feministischer Migrantinnenpolitik.* Verfügbar: http://www.trend.infopartisan.net/trd0104/t110104.html. (Zugang: 23.01.2021).

Sicher ist nicht sicher, daß Sicherheit sicher ist

Anfang Dezember war für kurze Zeit Empörung auf dem Campus: StudentInnen solidarisierten sich spontan mit einem Afrikaner, der von einem seit neuestem von der Uni-Leitung eingesetzten privaten Sicherheitsdienst, den "Schwarzen Sheriffs", kontrolliert wurde. Hiermit paßt sich die Universität der "Sicherheitspolitik" der Stadt n. Diese "Politik der Sicherheit" schöpft ihr Existenzrecht us der vermeintlichen und postulierten Bedrohung durch "Gewalt", "Drogen" und "Kriminalität". Diese, der Definitionsfrage unterstellten und sich jeweils sozial verchieden herausbildenden Phänomene, müssen, um berhaupt populistisch bekämft werden zu können, individualisiert und personifiziert werden. So ist die Belegschaft der Mensen, mit ihrer vom Personalrat inszenierten Aktion Mitte Dezember, dem Phantom des subjektiven Sicherheitsbedürfnisses aufgesessen, hat sich für einen privaten Sicherheitsdienst eingesetzt und die zu bekämpfenden "Elemente" sogleich in ihrem Flugblatt benannt: Die Universität sei kein "Tummelplatz für Kriminelle, Jugendbanden, Obdachlose, 'Junkies', Dealer und Asylbewerber!". Nicht nur, daß die Universität als der Gesellschaft außerhalbstehender Raum gedacht wird (was völlig absurd ist), auch entsprechen die aufgezählten "Kollektive" so ziemlich genau dem Bild des Objektes eines Rassismus, der seinen Ausdruck in der Kopplung der als "fremd" Definierten und sich "asozial" Verhaltenden findet. Alles in Einem stellt es die verhaßten Elemente einer Gesellschaft dar, die es dem braven Bürger, der braven Bürgerin erlauben, sich überhaupt zu konstituieren natürlich in Abgrenzung zu diesen "Kollektiven".

Eben diese Logik produziert und fördert die Stadt Frankfurt in ihrem "Sicherheitskonzept", in dem schließlich genau

definiert ist, für wen die Sicherheit bestimmt ist, wer also in die Gemeinschaft eingeschlossen ist, und wer bekämpft, also ausgeschlossen wird.

Dabei spielt das Vokabular um die "Gewalt" eine zentrale Rolle. Gewalt wird abstrahiert und formiert sich somit zum Symbol diffuser Projektionen. Gleichzeitig werden gewaltförmige Verhältnisse individualisiert. Somit bedarf es nicht mehr einer effektiven Sozialpolitik, sondern einer repressiven Ordnungspolitik. Diese Maßnahmen haben eine herrschaftsstabilisierende Funktion.

Seit fast zwei Jahren patroulliert neben den neuerdings eingesetzten "privaten" Sicherheitskräften auch die vom "Flughafen-Sicherheitsdienst" freigesetzte Bereitschaftspolizei (deren Aufgaben der BGS übernommen hat) in der Frankfurter Innenstadt. OB v. Schoeler feiert die enge Kooperartion zwischen den einzelnen Behörden der Stadt, des Landes und des Bundes als einen Erfolg. Was früher staatliche Aufgabe war - die "gesellschaftliche Ordnung" zu wahren - gerät immer mehr in den Aufgabenbereich kommunaler Politik. Hierbei stellt das Bemühen um das internationale "Ansehen" der Stadt Frankfurt eine nicht unerhebliche Motivation solcher Propaganda dar.

Es geht um Frankfurt als Bankenmetropole, es geht überhaupt darum, Frankfurt zur Metropole zu stilisieren. Diese pissige 600.000 EinwohnerInnen-Stadt möchte einen günstigen Platz als Finanzstadt einnehmen, am Besten gleich nach New York und Tokio, schließlich soll die Europäische Zentralbank hier aufgenommen werden. Da kann das schon passieren, daß man sich aufplustert.

Und zu einer Metropole gehören eben auch die Schattenseiten: Sex und Gewalt und Drogen und Kriminalität.

Die Medien, und allen voran die Frankfurter Rundschau als Sprachrohr der Frankfurter Politik, schaffen Aufklärung darüber. Seit fast zwei Jahren, etwa zeitgleich mit dem Einsetzen der neuen "Sicherheitspolitik", sind im Lokalteil die neuesten Nachrichten über die organisierte Kriminalität in Frankfurt zu lesen. Die Drahtzieher sind bestimmt! Und was noch wichtiger ist, sie haben eine Nationalität.

In regelmäßigen Serien werden die neuesten "Recherchen" präsentiert. In jeder Serie geht es um einen spezifischen kriminellen Bereich, der explizit einer Nationalität zugeordnet wird. Am 29. Januar letzten Jahres ging es um den Heroinmarkt, der Untertitel lautete: "Jugoslawen und Türken/Streit um den Heroinmarkt". Am 31. Januar hieß es: "Marokkaner-Clans beherrschen den Markt - Haschisch vom Bahnhof bis zum Zoo". Oder kolumbianische Prostituierte sind "die Kokainhändlerinnen", Polen sind "die Autoschieber" und Jugoslawen "die Waffenhändler" und "die Hütchenspieler".

Diese Stigmatisierungen sind Ausdruck eines Rassismus, der sich nicht mehr gegen den "Araber" oder den "Schwarzen" richtet, sondern gegen den Ausländer als Drogendealer oder als Gewalttäter.

In diese Kerbe schlägt auch die "offizielle" Frauenpolitik

Flyer GIS, 1993
Beigetragen von Encarnación Gutiérrez Rodríguez.

und bestätigt diese Denkmuster, indem die Abschlußkundgebung der im letzten Sommer organisierten Kampagne gegen sexistische Gewalt in der Stadt, an die Konstablerwache gelegt wurde. Die Konstablerwache als den Ort, der am meisten von Frauen gemieden werde. Die systematische Hetze gegen die sich dort aufhaltenden Ausländer von Seiten der Polizei und der Medien wurde auch hier nicht gebrochen. Zudem wurde die rassistische Gewalt, die "nichtdeutsche" Frauen im multikulturellen Frankfurt erleiden müssen, verschwiegen und somit diese Frauen ausgeschlossen.
Bevorzugt für rassistische Stigmatisierungen werden Asylbewerber, als diejenigen nämlich, die "den Deutschen auf der Tasche liegen und eh kriminell sind".
Dieser rassistische Diskurs, der sich durch die in den letzten Jahren geführte Debatte um das Grundrecht auf Asyl etabliert hat, begünstigt nicht nur eine rassistische Asylpolitik auf bundesweiter Ebene, in der die "störenden Elemente für einen gesunden Volkskörper" entfernt werden sollen, sondern er steht auch im Zusammenhang mit einer Politik der "Stadtsäuberung" auf kommunaler Ebene. Das meint wohl OB v. Schoeler mit "enger Kooperation". Der Oberbürgermeister erklärt, daß die Ausländerabteilung im Ordnungsamt (diese Unterbringung spricht schon für sich) personell verstärkt wurde, so "daß mögliche ausländerrechtliche Entscheidungen zeitnah getroffen werden können". Sobald ein Asylbewerber straffällig geworden ist, soll sein Antrag vom Bund beschleunigt geprüft werden - zwecks Abschiebung. Die Frankfurter Ausländerbehörde arbeitet, seitdem diese Weisung aus dem Innenministerium bekannt ist, dem Bundesamt für die Anerkennung von Flüchtlingen mit regelmäßigen Berichten über Straftaten der in Frage kommenden Personen zu. Dies begreift OB v. Schoeler als weiteren Schritt zur Bekämpfung der Kriminalität, schließlich sei "der Anteil von Ausländern an bestimmten Straftaten in dieser Stadt (...) signifikant.".
Dabei wird bewußt der Faktor des Anzeigeverhaltens von Seiten der Bevölkerung oder der Polizei bei der Auswertung der Statistiken ausgeblendet. Durch die Veräußerlichung "bestimmter Straftaten" in den "Ausländer" und die damit einhergehende Stigmatisierung, vollzieht sich der Prozess der Kriminalisierung. Sowohl die Bevölkerung als auch die Polizei kontrollieren die "Straftäter" selektiv, in rassistischen Denkmustern.
Der Rassismus zeigt an dieser Stelle eine Facette seiner deutschen Prägung, die Zusammenarbeit zwischen den Kontrollinstitutionen, der Sozialarbeit und dem breiten gesellschaftlichen Konsens.
Kontrolle, Repression und Ausschluß scheinen legitimiert.
Ausländer in der Stadt sind nicht sicher vor Personenkontrollen, Mißhandlungen und Abschiebungen von Seiten der Polizei, die die teilweise rechtlosen, sich illegal aufhaltenden Ausländer foltern. Die Hunde sind wie die Besitzer abgerichtet, auf dunkelhaarige junge Männer. Denn schließlich kontrolliert keiner die Bullen, und die Hunde auch nicht. Im Gegenteil!
Ausländer werden unterschieden in legale und illegale Ausländer. Während die "Illegalen" zur Abschiebung freigegeben sind, sollen die "Legalen" integriert sprich assimiliert werden. Deutsche Norm ist Gesetz. Wer davon abweicht, hat mit Sanktionen zu rechnen. Diese unterscheiden sich qualitativ, je nach juristischem Status. Die strenge Maßregelung wirkt nicht nur gnadenlos nach außen, sondern auch nach innen.
Den Ausschluß und die Diskriminierung haben die, durch die Vertreibungspolitik ausgemachten Gruppen, gemeinsam, doch die Ausschlußmechanismen wirken sich verschieden aus.
Es ist nicht das gleiche, wenn Frauen in der Ausübung ihres Berufes durch Restriktionen behindert und aus dem Stadtbild verdrängt werden. Oder Menschen nicht in warme Orte reingelassen werden, wenn sie frieren. Oder Menschen an einem stressfreien Gebrauch der von ihnen gewählten Drogen gehindert werden. Oder "Kriminelle" entweder in Strafvollzugsanstalten oder ins Ausland abgeschoben werden.

Mit unserer Veranstaltung bezwecken wir den Versuch eine oppositionelle Politik dieser Repression entgegenzusetzen.
Wir haben mehrere Personen, die zu/mit den betroffenen Gruppen arbeiten aus der Stadt eingeladen, um Raum für einen Dialog und einer möglichen Praxis zu lassen.
Wir möchten jedoch betonen, daß wir die Aneinanderreihung und somit gedachten Stigmatisierung dieser Gruppen nicht reproduzieren wollen. Wir wissen, daß die partikularen Interessen der Betroffenen nicht nur zusammengehen, sondern im Gegenteil auch konträr zueinander stehen können. Dennoch denken wir, daß die Möglichkeit einer gemeinsamen Praxis einen Versuch wert ist. Sowohl in den Vorträgen wie auch in der Diskussion sollen Gemeinsamkeiten und Differenzen zur Sprache kommen, aber auch die verschiedenen Auswirkungen dieser rassistischen Politik.

Eingeladen sind: Helga Cremer-Schäfer, Soziologin.
VertreterInnen von: agisra, Lobby für Wohnsitzlose und Arme, Spritzenbus und Schwalbachgruppe.

Veranstaltung zu Sicherheit und Rassismus

Mittwoch, 27. Januar 1993
19.00 Uhr
KOZ im Uni-Campus

VeranstalterInnen:
GIS (Gruppe internationaler StudentInnen) im Autonomen AusländerInnen Referat, KOZ-Kollektiv.

OFFENER BRIEF AN DEN MAGISTRAT UND AN DAS FRAUENDEZERNAT DER STADT FRANKFURT, AN MIGRANTiNNEN- UND FRAUENPROJEKTE

Der nachfolgende offene Brief wurde Ende Juli 92 außer an die direkt angesprochenen Institutionen, noch an das Amt für multikulturelle Angelegenheiten in Frankfurt, an die Kommunale AusländerInnenvertretung, an das Frauenressort im Landtag und an ca. 60 verschiedene Frauen- bzw. MigrantInnenprojekte verschickt. Bisher haben die KAV-Frauen uns für Anfang Oktober zu einer Diskussion um die Inhalte des Briefes eingeladen, das Frauenreferat der Stadt hat eine Einladung angekündigt und die erste Vorsitzende des Bockenheimer Frauenzentrums hat sich mit uns abgesprochen und uns aufgefordert zur nächsten für Oktober geplanten Mitfrauenversammlung zu kommen. Wir glauben, daß wir langfristig eine Auseinandersetzung mit den angesprochenen Themen weiterhin suchen müssen. Aus diesem Grund haben wir uns entschieden, diesen Brief nochmal in *diyalog* abdrucken zu lassen. Der Brief wurde in Diskussionen mit der Redaktion etwas abgeändert und aktualisiert.

SEIT EINEM JAHR treffen wir - eine Gruppe von Migrantinnen - uns regelmäßig. Wir haben uns zusammengefunden, um unsere Erfahrungen und individuelle Auseinandersetzung mit Rassismus in Deutschland zusammenzutragen und um politische Widerstandsformen gegen rassistische Angriffe und Diskriminierung zu entwickeln. Der Grund, warum wir ausschließlich Migrantinnen in der Gruppe sind, ist auf unsere Erfahrungen in der westdeutschen Frauenbewegung zurückzuführen. Dort wurden wir als Migrantinnen unsichtbar gemacht. Die Wahrnehmung der gesellschaftlichen Realität reicht kaum über den eigenen Erfahrungshintergrund der Frauen hinaus, die die Mehrheit der Frauenbewegung stellen. Sie sind weiße Deutsche und gehören der Mittelschicht an.

Folgende Gesichtpunkte sind in diesem Zusammenhang zu erwähnen:

- Wir können es uns nicht leisten, den Umgang mit Rassismus und Antisemitismus nur als *mögliche* Inhalte politischen Engagements zu betrachten, wie das die meisten weißen, deutschen Frauen tun. Wobei zu bemerken wäre, daß wir Rassismus nicht grundsätzlich als einzigen Schwerpunkt eines politischen Engagements erachten, unsere Forderungen zielen jedoch darauf ab, eine Auseinandersetzung damit und eine Sensibilisierung darüber, stark zu machen.

- Die große Kluft zwischen den Erfahrungswelten und die ungleiche gesellschaftliche Position, erschweren eine Zusammenarbeit. Der spezifische Erfahrungshintergrund von MigrantInnen, nämlich der der Ausgrenzung aus der deutschen Gesellschaft, wird verkannt. Diese Erfahrung haben wir in unterschiedlichen "gemischten" Projekten und in den Institutionen gemacht. Deutsche (Frauen) sind in der Regel Geldgeberinnen und bestimmen den Rahmen, in dem wir uns als Migrantinnen bewegen sollen.

- Hinzu kommt, daß in der daraus resultierenden Hierarchie ein Kampf um Macht entsteht. Dieser Kampf stört die Erkenntnis von Gemeinsamkeiten unter MigrantInnen und somit die Schaffung einer Kohäsion unter uns (Elias 1990), die eine alternative zu den gebotenen Möglichkeiten darstellen könnte.

- Mit unserer "Betroffenheit" wird in zweifacher Weise verfahren: Entweder werden wir in die Rolle der Einklagenden bzw. der Fachfrau für Rassismus und Antisemitismus gedrängt, was umgekehrt bewirkt, daß "Nicht--Betroffene" meinen sich nicht mehr damit auseinandersetzen zu müssen. Oder Betroffenheit wird von denen, die die

Definitionsmacht innehaben, und sie unkritisch ausüben, als irrelevanter Faktor für eine theoretische(!) Auseinandersetzung (v)erachtet.

Uns kann es weder um das Eine noch um das Andere gehen; Betroffenheit ist fremdbestimmt und setzt somit eine gesellschaftliche Marginalisierung voraus, oder sie wird dadurch produziert. Sich politisch zu artikulieren und sich dabei auf die eigene "Betroffenheit" zu beziehen, birgt den Versuch aus der gesellschaftlichen AußenseiterInnenposition auszubrechen und sich als politische Subjekte zu setzen.

- Die weißen deutschen christlich sozialisierten Frauen reagieren auf die Konfrontation mit Rassismus und/oder Antisemitismus mit Schuldgefühlen und/oder Abwehr, was unseres Erachtens ein Ausdruck der Nicht-Auseinandersetzung ist, und die zugeteilten Rollen festigt.

Im Mai '92 sind wir aus dem Frauenzentrum Bockenheim, unserem bis dato Treffpunkt, ausgetreten. Wie kamen wir zu dieser Entscheidung?

Wir verstehen uns als Feministinnen. Feministische Politik ist Bestandteil unseres Lebens. Aus diesem Grund ist es eine Selbstverständlichkeit für uns, politische Räume mit Frauen zu schaffen, die mit unserer politischen Orientierung übereinstimmen. Wir gingen von einer Grundlage für eine mögliche Zusammenarbeit mit den Frauen aus dem Bockenheimer Zentrum aus. Diese Frauen betonen: "In unserem Zentrum treffen sich Frauen aus allen Ländern und Kulturen, allen Schichten und jeden Alters, um das Fremde untereinander abzubauen und um Freundschaften zu schließen. Es ist ein Ort, wo Frauen miteinander reden und lachen, sich gegenseitig helfen und Mut machen, sich näher kommen und gemeinsam nach neuen Wegen suchen."...u.s.w. (Werbeanzeige in *diyalog*, Nr.1, 1992).

In diesen Prämissen sahen wir, Anknüpfungspunkte für gemeinsame Diskussionen, die zu einer gesellschaftsverändernden Praxis führen sollten. Diese Praxis geht explizit gegen Rassismus vor, als konstituierender Bestandteil von gesellschaftlichen Machtstrukturen. Aber unsere Erfahrun-

gen mit den Frauen aus dem Vorstand und dem Arbeitsausschuß, belehrten uns sehr bald, daß wir uns falsche Hoffnungen gemacht hatten. Sie wollten das Zentrum konfliktfrei nach ihrem Willen führen. Im Gegensatz zu dem vielversprechenden Angebot in ihrer Selbstdarstellung (siehe oben), bewiesen sie Scheu vor Konflikten. Dies bedeutet, daß sie Frauen, die ihnen gegenüber Kritik ausüben, ausgrenzen, und keine neuen Frauen aufzunehmen bereit sind, die sie kritisieren könnten, bzw. andere Auffassungen bezüglich Frauenpolitik vertreten. Zynischerweise wiesen sie uns penetrant auf die angebliche Wichtigkeit der Zusammenarbeit mit deutschen Frauen hin. Dies zeugt von Ignoranz, denn wir setzen uns jeden Tag (gezwungenermaßen) mit deutschen Frauen und Männern auseinander.

Es ist für uns inzwischen klar, daß die Zentrumsfrauen über unsere Mündigkeit Selbstständigkeit und Kompetenz stolperten. Betonten sie doch, daß wir keine Zielgruppe seien, schließlich würden wir studieren und seien Intellektuelle, was implizierte, daß wir nicht der Unterschicht, ihrer angeblichen Zielgruppe, angehören. Während für sie der Zugang zu Bildung selbstverständlich ist, gestehen sie MigrantInnen dieses Recht nicht zu.

Diese Erfahrungen sind uns bekannt. Ausländerinnen werden entweder "gleich" oder "anders" gemacht. Diese Konstruktionen spielen eine wichtige Rolle bei der Selbstdefinition, denn das ist ihre Funktion: 1) Ist die Ausländerin "gleich", weil angepaßt, weil sie gut deutsch spricht, weil sie studiert statt putzt, ist sie nicht mehr exotisch und somit uninteressant, sie hat nichts was einem/r selbst fehlt.

2) Ist die Ausländerin "anders", weil sie ein Kopftuch trägt, schlecht deutsch spricht, zur "Unterschicht" gehört, kurz unterdrückt wird (frau selber ist ja emanzipiert), ist sie entweder beneidenswert weil sie so "emotional" ist oder bemitleidenswert, weil sie heimatlos und isoliert ist (Kalpaka, 1991). Die Fremdbilder bzw. Selbstbilder sagen etwas über die Wirkungsweisen des Rassismus aus.

Unsere lokalen und überlokalen Initiativen als Migrantinnen scheitern immer wieder am Fehlen von Räumlichkeiten und finanziellen Mitteln, an der Mißachtung unserer spezifischen Problemlagen sowie Bedürfnissen. Aber auch an rassistischen Strukturen. Aus diesem Grund kann unsere Kritik, die wir an dem Bockenheimer Frauenzentrum formuliert haben, nicht dort stehen bleiben. Denn diese Vorgehensweise geht einher mit den gebotenen Möglichkeiten einer bestimmten Stadt- und Finanzierungspolitik.

An diesem Punkt wollen wir unsere Kritik am Frauendezernat einleiten:

- Politische Konzepte des Frauendezernats ignorieren in gleicher Weise das Dasein von Migrantinnen als mündige Subjekte. Unter "Ausländerinnenarbeit" innerhalb der Frauenprojekte wird ausschließlich die Organisierung von Alphabetisierungs-, Näh- und Deutschkursen verstanden. Dies ist insofern verheerend, da es in der Tendenz zu einer Stigmatisierung der "Ausländerin" führt. Migrantinnen werden zu Analphabetinnen, Putzfrauen, Müttern und/oder Sklavinnen ihrer Männer stilisiert und werden somit dazu gemacht. Diese stigmatisierenden Klischees dienen der sozialen Grenzsetzung zwischen oben und unten. Ausländischen Frauen werden wenig Möglichkeiten eingeräumt, dieses Schema zu sprengen. Sie werden, den Interessen der deutschen Mehrheit entsprechend, unten gehalten.

Praktische Hilfestellungen für Migrantinnen im Rahmen von Frauenprojekten, sind notwendig und wichtig, jedoch ersetzen sie nicht eine offensive Politik gegen die staatliche und gesellschaftliche Diskriminierung von Migrantinnen. Diese Möglichkeit wird uns noch nicht einmal zugestanden. Z.B. auch durch das faktische Verbot der politischen Betätigung für AusländerInnen in der BRD.

- Wenn über die Sicherheit und dem Schutz von Frauen gegen männliche Angriffe nachgedacht wird, wird so getan als ob alle Frauen ausschließlich aufgrund ihres Geschlechts zum Opfer werden. Sind Migrantinnen, schwarze und jüdische Frauen etwa keine Frauen?

In der zur Zeit laufenden Kampagne des Frauendezernats unter dem Motto: "Frauen nehmen sich die Stadt" wird ausschließlich sexistische Gewalt thematisiert. Es zeigt sich in diesem Bild der Frau in der deutschen Gesellschaft, daß Schwarze und Migrantinnen (die immer noch Ausländerinnen in Deutschland sind) keinen Platz haben, weder rechtlich noch imaginär. Entschuldigte sich doch eine Vertreterin des Frauendezernats bei einer Mitarbeiterin der HR-AusländerInnenredaktion nur den Frauenfunk zur Eröffnungsveranstaltung der Kampagne eingeladen zu haben.

- Gesellschaftsveränderung hinsichtlich sexistischer Unterdrückung kann nur tatsächlich emanzipatorisch sein, wenn sie nationale Bezüge sprengt. Der institutionalisierte Feminismus jedoch, erkämpft Vorteile für Frauen im staatlichen Rahmen, wobei ihrer Herkunft wegen Ausgegrenzte von vorneherein von einem Profitieren dieser Vorteile ausgeschlossen sind. Dabei gäbe es genügend Bereiche für eine feministische Praxis, die Migrantinnen einschließt: Z.B. Forderung nach Anerkennung sexistischer Verfolgung als Asylgrund oder Forderung nach einer vom Ehemann unabhängigen Aufenthaltserlaubnis für Migrantinnen oder Streichung der im AusländerInnengesetz verankerten Ausweisungsandrohung für ausländische Prostituierte, u.v.m. All diese Bestimmungen bedeuten Gewalt! Die rassistischen Angriffe sind nur eine logische Konsequenz solcher Politik.

- In der Nichtbeachtung der spezifischen Diskriminierung von Migrantinnen, schwarzen Frauen und Jüdinnen wird Rassismus und Antisemitismus in gewohnter Weise verdrängt. Diese Verdrängung ist nicht ungefährlich. Empirische Studien bestätigen immer wieder (siehe Frankfurter Rundschau 2.01.92) die klassische Analyse des Frankfurter Instituts für Sozialforschung zum "Autoritären Charakter", der keine geschlechtsspezifisch differenzierten Anfälligkeit für Rassismus bzw. Faschismus aufweisen kann. Der Frauenanteil bei den WählerInnen der rechtsextremistischen Parteien ist zwar deutlich geringer als der der Männer, dies muß aber nicht unbedingt daher rühren, daß Frauen für dieses Gedankengut nicht genauso anfällig sind. Der geringe Frauenanteil täuscht über die Tatsache hinweg, daß Rassismus und Rechtsextremismus für viele deutsche Frauen bei ihrer Konfliktbewältigung und bei der Aufrechterhaltung ihrer Privilegien konstitutiv sind. Diese Privilegien existieren insbesondere gegenüber Menschen aus der sog. 3. Welt, und es ist von daher kein Zufall, daß der Rassismus ihnen gegenüber besonders stark ist. Die rassistische Sigmatisierung der Medien trifft vor allem die Flüchtlinge aus den Trikontländern. Die Virulenz des Rassismus diesen Menschen gegenüber, besonders gegenüber dunkelhäutigen Menschen, macht es so leicht - eben *auch* für deutsche Frauen - Flüchtlinge zu Sündenböcken für real existierende soziale Mißstände zu machen.

- Hinzu kommt noch die gefährliche Verquickung von dem Problem der Gewalt gegen Frauen und dem sog. "Ausländerproblem". Männer nicht-deutscher Herkunft werden im Zuge der sich zuspitzenden Kriminalisierung von Ausländern immer als der Prototyp des Vergewaltigers schlechthin dargestellt. Hier tauchen rassistische Denkstrukturen nachweislich auf, die geschlechtsspezifisch verschieden ausgeprägt sind. Während für die meisten weißen deutschen Männer die "Gefahr" darin besteht ihr Besitztum "Frau" könnte von den "ausländischen" Konkurrenten beschmutzt werden, der Begriff der Vergewaltigung nur also als moralische Akzentsetzung mißbraucht wird, verlagern weiße deutsche Frauen, als potentielle Opfer von Vergewaltigung, die Gefahr meist nach außen, d.h. die Rolle des sexuellen Gewalttäters wird oft dem "Schwarzen" Mann zugeschrieben.

In diese Kerbe schlägt das Frauendezernat und bestätigt diese Denkmuster, indem die Abschlußkundgebung der oben erwähnten Kampagne an die Konstabler Wache[1] gelegt wird, als dem Ort, der am meisten von Frauen gemieden wird. Die systematische Hetze gegen die sich dort aufhaltenden Migranten von Seiten der Polizei und der Medien wird auch von den weißen deutschen Frauen nicht gebrochen.

Innere Sicherheit wird über das Produzieren und Reproduzieren von rassistischen Bildern "hergestellt". Dieser Prozeß dient wohlgemerkt nicht nur dazu, von der Schuld der weißen Männer abzulenken, sondern auch rassistische Angriffe zu legitimieren. Wir sehen dies konkret anhand der Ereignisse im Mannheimer Stadtteil Schönau: dort wurde wochenlang ein Flüchtlingswohnheim von der ansässigen Bevölkerung belagert und die dort lebenden Flüchtlinge bedroht und angegriffen. Als Vorwand diente eine Vergewaltigung einer deutschen Frau. Der Täter wurde von der ansässigen Bevölkerung als "Asylant" "identifiziert".

- Nicht zuletzt trägt auch die Stadtpolitik dieses rot-grünen Magistrates zu einer Steigerung und Zuspitzung des Rassismus in der Bevölkerung. Durch alltäglichen Polizeieinsätze, -razzien und -kontrollen gegen ausländische Jugendliche oder Prostituierte in der Stadt werden diese nicht nur gedemütigt und erniedrigt. Es wird eine Stimmung geschaffen, in der Ausländerinnen und vor allem Ausländer als *die* Bedrohung hingestellt werden. Die Frankfurter Rundschau dient als Sprachrohr dieser Politik. Unverhülltes Ziel, ist es MigrantInnen, ob sie nun als Dealer oder als Prostituierte zum Koka-Business stigmatisiert werden, und diese aufgrund ihres entrechtlichen Statuses, gegen die diskriminierende Gesetzgebung verstoßen müssen (Isbilir 1992), aus der Stadt zu vertreiben.

Wir fordern eine öffentliche Diskussion unter den deutschen Frauen, welche pädagogische und politische Konzepte für die Aufarbeitung des Rassismus von deutschen Frauen entwickelt. Wenn sie die Zuständigkeit und Verantwortung für ihren Rassismus in die Hand nehmen würden, wäre uns sehr geholfen. Die weißen deutschen Frauen sind Mittäterinnen und Profiteurinnen der rassistischen Machtstrukturen. Unsere Diskriminierung und Benachteiligung sind nicht nur institutionell festgeschrieben, sie werden auch von unseren deutschen Mitmenschen umgesetzt.

Wir fordern eine öffentliche Debatte über politische Macht für Migrantinnen. Über unsere Angelegenheiten wollen wir selber entscheiden. Wir fühlen uns berechtigt als Sprachrohr für unsere Eltern und für uns selbst einzutreten.

Das Amt für multikulturelle Angelegenheiten regiert unseres Erachtens an den MigrantInnen vorbei. So wird von Cohn-Bendit und anderen Grünen als Errungenschaft verkündet, daß EG-MigrantInnen das kommunale Wahlrecht eingestanden werden soll. Dabei ist dies im Maastrichter Abkommen verbrieft! Daß MigrantInnen aus Nicht-EG-Staaten, außen vorgelassen werden, findet nicht einmal Erwähnung.

Das Frankfurter Frauendezernat könnte beispielhaft damit beginnen, politische Macht mit Migrantinnen zu teilen bzw. abzugeben. Wir wollen dem Rassismus und der alltäglichen Diskriminierung ein Ende setzen. Dafür brauchen wir politische Macht und Einfluß. Das Fehlen von Autonomie, vom Recht für sich selber zu sprechen und einzutreten ist eine Auswirkung von rassistischen

Strukuren - und wirkt so auf Menschen, daß eben diese Strukturen fortgesetzt werden. Zum Beispiel ist das Bild der passiven AusländerIn, die nicht zurückschlagen kann, entscheidend für die Hemmungslosigkeit des neu auflebenden Rassismus. Dieses Bild geht paradoxerweise, jedoch selbstverständlich, gemäß der Psycho-Logik des Rassismus, Hand in Hand mit der Angst vor "Nicht-Deutschen", die sich wehren - sie werden als aufmüpfig und unverschämt empfunden.

Es gilt den Teufelskreis der rassistischen Feindbilder, die rassistische Strukturen hervorrufen, und umgekehrt, zu durchbrechen. Wir sind entschlossen unsere Stimme zu erheben.

Es sind genug Foren geboten, um diese Diskussion öffentlich zu führen. Wir wollen die nächsten Stadtgespräche gestalten.

FeMigra

(Feministische Migrantinnen Ffm)

c/o Frauenprojekt Gallus

Kölnerstr. 58

6000 Frankfurt/M. 1

Frankfurt, Juni-September 1992

Literaturangaben:

Elias, Norbert *Etablierte und Außenseiter*, 1990, Ffm.

FR, 2.01.92, Ffm.;

Isbilir, Kemal *Überlegungen zu Migranten und Kriminalität*, in: diyalog 1, 1992, Ffm.;

Kalpaka, Annita *Die Hälfte des (geteilten) Himmels: Die AusländerIn*, in: Widerspruch 21, 1991, Zürich.

FRAUENZENTRUM BOCKENHEIM

Kommunikations- und Beratungszentrum
für Frauen aus verschiedenen Kulturen e.V.
Falkstraße 28 – Tel. 069-708528
6000 Frankfurt a.M. 90

Liebe Frauen,
in unserem Zentrum treffen sich Frauen aus allen Ländern, Kulturen, allen Schichten und jeden Alters, um das Fremde untereinander abzubauen und um Freundschaften zu schließen. Es ist ein Ort, wo Frauen miteinander reden und lachen, sich gegenseitig helfen und Mut machen, sich näher kommen und gemeinsam nach neuen Wegen suchen.
Ein grundlegender Gedanke unseres Konzeptes ist das interkulturelle Lernen, die Förderung und Festigung der multikulturellen Gesellschaft in Bockenheim.
Durch Bildungs- und Informationsveranstaltungen und den Austausch in verschiedenen Gruppen können eingewanderte und eingeborene Frauen voneinander lernen.

FRAUENCAFE

Bei uns gibt es Kuchen, Kaffee, Tee, Drinks, Säfte, Mittagessen, kleine Speisen und nette Frauen. Schauen Sie bei uns vorbei, machen Sie mal Pause:

Mittwoch 12.00–18.00 Uhr
Donnerstag 9.00–18.00 Uhr (Frühstück)
Freitag 12.00–23.00 Uhr (Kneipe)
Sonntag 10.00–15.00 Uhr

EINZELBERATUNG

In persönlicher und vertraulicher Atmosphäre werden Frauen bei persönlichen Problemen und Schwierigkeiten in der Familie oder im Beruf beraten.
Beratungszeiten: nach telefonischer Vereinbarung (069-708528) oder Anfrage bei Doris/Sari

Spendenkonto Nr. 27455
Frankfurter Sparkasse BLZ 500 502 01

diyalog 2 · November 1992 13

Offener Brief FeMigra, November 1992
Beigetragen von Encarnación Gutiérrez Rodríguez.

FeMigra / ↓ Encarnación Gutiérrez Rodríguez und ↑ Selçuk Yurtsever-Kneer

Wahrhaftigkeit und Sehnsucht – Ein Gespräch mit Rosa Liccardo.
Interview-Heft beigetragen von Rosa Liccardo.

Inhaltsverzeichnis

Das Gespräch mit Rosa Liccardo
führte Max Cappabianca am
30. Januar und 2. Februar 2009 in Frankfurt am Main

2. Als Gastarbeiterin in Deutschland

Warum seid ihr eigentlich gerade Deutschland gegangen?

Das hatte allein rationale Gründe. In der Zeit – also wir sprechen jetzt von 1968 – wussten wir vom Hörensagen, dass Deutschland Arbeit zu vergeben hat, und dann haben wir Deutschland gewählt.

Und wie war das? Ihr habt zunächst geheiratet…

Mein Ex-Mann und ich haben sehr auf die Schnelle entschieden zu heiraten und auszuwandern, weil der Ennio gemustert wurde und am 4. Januar 1968 zur Armee gehen sollte. Wir haben dann am 3. Januar geheiratet und sind gleich nach Deutschland gefahren. Und die Entscheidung zu heiraten, fiel auch deswegen – ich war nicht unbedingt der Meinung, dass ich heiraten muss –, weil ich minderjährig war. Und ohne zu heiraten hätten meine Eltern niemals die Zustimmung gegeben, dass ich auswandere. Heiraten und abhauen: Das haben wir getan!

Du warst mit 19 minderjährig?

Ja, damals wurden die Menschen mit 21 volljährig, nicht mit 18 wie jetzt. Ich war 19. Das muss man sich mal vorstellen: In so einem Milieu aufgewachsen, dann ausbrechen mit Heiraten, Auswandern, nach Deutschland kommen… Das war schon aufregend (lacht).

Hast Du keine Angst gehabt?

Nein! Das ist im Nachhinein betrachtet erstaunlich für mich selber. Aber ich kann mich erinnern: Angst hatten wir nicht! Und ich vielleicht noch weniger als

Ennio. Ich war hoffnungsfroh, auf alle Fälle war es ein Gefühl… der Befreiung! Zumal Ennio – das möchte ich doch erwähnen – schon ein besonderer Mensch war und ist. Er ist nicht wie die Masse gewesen, das war schon bei ihm zu Hause so. Seine Familie war nicht die typische Familie von damals: Der Mann kommandiert und die anderen haben stramm zu stehen. Im Gegenteil: Dort erlebte ich, dass der Mann die Wäsche wusch und der Sohn einkaufen ging und die Teller spülte und solche Dinge… Das war sehr ungewöhnlich.

Das heißt, diese Geschlechterhierarchien waren in Ennios Familie ziemlich über den Haufen geworfen. Ich staunte jeden Tag, wenn ich bei ihnen war, und das war auch einer der Gründe, warum ich diesen jungen Mann gern gehabt habe! Und wir haben ja sehr intensiv und gut miteinander reden können, uns austauschen können. Wir hatten sehr viele Ähnlichkeiten in unseren Erwartungen. Es gab keinen Streit oder so, ja… Wir waren beide auf der Suche – gleichberechtigt! Unsere Positionen waren klar: Jeder von uns hat das Recht, etwas zu erwarten, ohne dass das den anderen einschränkt.

Und was hat euch in Deutschland erwartet?

Tja… Erstens wussten wir gar nichts! Ich war bis dahin nur bis nach Neapel gekommen vom Reisen her – das sind 12 Kilometer. Ich kannte gar nichts! Plötzlich fahre ich 1.500 Kilometer weiter! Wir hatten keine Ahnung!

Und was habt Ihr hier vorgefunden?

Was wir dann hier vorfanden… ja… das war eine andere Welt! Ich war nicht mal im Stande, irgendeinen Vergleich zu ziehen oder mir Gedanken zu machen, ob es besser oder schlechter ist als in Neapel. Es war eine andere Welt! Ganz einfach!

Was hattet ihr dabei?

Nichts! (lacht) Man kann sagen im Grunde genommen nichts! Wir hatten so viel dabei, so wie wenn man heute eine Woche Urlaub macht: einen Koffer mit persönlichen Sachen zum Anziehen; aber nicht einmal genug, denn ich hatte nicht einmal eine schöne dicke Jacke für den Schnee, den wir hier vorfanden. Ich hatte nur einen Übergangsmantel an, den man anziehen kann, wenn es so etwa 20 Grad warm ist, aber nicht bei den Minus 10 Grad, die wir in Deutschland vorfanden, als wir im Januar ankamen. Frankfurt lag im Schnee, der blieb lange liegen, immer Frost, und wie gesagt, nicht einmal richtige Klamotten! Aber – keine Sekunde habe ich das Gefühl gehabt: ‚Ne was soll das, was mache ich hier?' Es gab nur nach vorwärts schauen. Das Gefühl war: Jetzt kommt's! Jetzt kannst Du leben! Und das war auch so! Es gab niemanden, der ständig sagt: ‚No! Du darfst das nicht!' Wir machten einfach!

Aber ihr konntet doch gar kein Deutsch?

Ne (lacht) eben nicht! Ich kann mich erinnern – so was kann man nicht vergessen: „Farmacia" heißt auf Deutsch „Apotheke". „Apotheke" im Neapolitanischen bedeutet „Salumeria" (Lebensmittelladen). Ich sah überall diese „Apotheken" und dachte, ich könnte Brot dort kaufen. Aber irgendwie sah das komisch aus. Ja es war schon schwer, ohne die Sprache zu kennen und alles neu. Da wo wir gewohnt haben, war es auch sehr primitiv: Ein Zimmer in einer Wohnung mit drei Parteien, fremde Leute mit Toilette auf dem Flur, also kein Bad. Nicht, dass ich gewöhnt war, ein Bad zu haben, aber wir hatten in Marano schon ein bisschen mehr Platz als nur ein Zimmer in einer Drei-Zimmer-Wohnung in der Nähe des Bahnhofs mit fremden Menschen. Das war schon anstrengend!

Was habt ihr dann am Anfang gemacht? Seid ihr arbeiten gegangen?

Wir haben natürlich gleich Arbeit gesucht, weil wir nur 80.000 Lire von Neapel mitgenommen hatten. Das waren vielleicht 150 Mark. Aber wir haben die Hälfte davon schon in der Schweiz ausgegeben, indem wir uns eine kleine Hochzeitsreihe gegönnt haben. Wir sind in Lugano ausgestiegen, haben ein schönes Hotelzimmer genommen, sind abends ausgegangen in ein Lokal, in dem es Kabarett gab, haben schön gegessen und haben die Hälfte des Geldes ausgegeben: Wunderbar! Das war wunderbar, nicht zu bereuen, ehrlich! (lacht) Der Ennio und ich waren uns da einig in solchen Sachen: Wenn Geld da war, wir haben es verprasst, und wenn keines da war, dann haben wir Pech gehabt, macht doch nichts. Das war nie ein Grund für Streit.

Das heißt die Hochzeitsreise war ein Tag, auf der Strecke mal ausgestiegen?

Genau! In der Schweiz in Lugano ausgestiegen und ein Tag extra für die Hochzeit eingerichtet, und das war toll! Ich kann mich noch erinnern, in diesem Lokal, wo es noch Revuen gab – was es heute kaum noch gibt – mit Akrobaten, wir haben da gesessen, schön was gegessen…

In Frankfurt war dann nur noch die Hälfte des Geldes da…

Ja! Aber in Frankfurt war auch schon meine Schwester Maria da, die uns ein wenig helfen konnte. Beispielsweise das Zimmer zu mieten, in dem wir dann gewohnt haben. Sie hat im gleichen Haus ein Stockwerk höher gelebt. Ennio ist als Kellner mit meinem Schwager in das gleiche Restaurant arbeiten gegangen und ich bin in der Fabrik eingestellt worden, in der meine Schwester bereits war. Da fingen ein wenig die Probleme an für mich. Das war alles ziemlich grauenvoll. Für mich selbst diese Fabrik: das war eine riesige Halle mit riesigen Maschinen, die sehr laut waren. Ich hatte keinerlei Erfahrungen in diesem Bereich gehabt, ich hatte noch nie eine Fabrik gesehen, noch nie arbeitende Menschen außer in der Landwirtschaft auf den Feldern! Das war schon ein bisschen schrecklich: Morgens um fünf Uhr – für mich mitten in der Nacht – aufzustehen. Am Bahnhof wurden wir dann von einem Bus aufgesammelt und in diese Fabrik gebracht, wo ich dann arbeitete. Das war schon… Ich war wie benebelt, ich kapierte gar nichts. Es war alles so laut, alles so groß, trotzdem habe ich versucht zu arbeiten. An diesen Maschinen war das damals Akkordarbeit. Ich war das wohl nicht gewohnt, denn die anderen haben da einiges verdient, wenn ich mich recht erinnere 700 bis 900 Mark. Ich habe allerhöchstens 450 Mark gekriegt, weil ich immer eingeschlafen bin an den Maschinen, das war zuviel! Ein weiterer Grund, weswegen ich einschlief: Ennio arbeitete als Kellner, daher kam er erst gegen Mitternacht nach Hause, manchmal auch etwas später, wenn extra Gäste im Restaurant waren. Das bedeutet, ich habe auf ihn gewartet, das wollte ich, dann kam er und dann bin ich irgendwann eingeschlafen, und um fünf musste ich aufstehen.

Eines steht fest: Durch diesen Stress in den ersten Monaten, ohne die Sprache, ohne die Leute zu verstehen und wenig Verdienst – er hat genauso wenig verdient wie ich – waren wir beide dermaßen abgemagert, dass man die Knochen sah (lacht). Das war nicht so ganz schön anzusehen, aber wir – hoffnungsfroh – machten uns keine Gedanken, wir machten weiter. Zu dem allen kam noch, dass ich ungewollt schwanger wurde, ziemlich schnell. Eigentlich muss es schon passiert sein, bevor wir in die Schweiz gefahren sind, denn es waren keine neun Monate, bis das Kind kam. Und das ist ein Erlebnis gewesen, das ich nur wie einen Traum durchgemacht habe. Ich war nicht bei der Sache, es ist mit mir geschehen.

Es war wohl zuviel, irgendetwas musste ich ausblenden, und ich habe meine Schwangerschaft ausgeblendet. Punkt, basta! Und es war auch so, dass das Kind bei der Geburt gestorben ist. Ich denke, die Umstände haben es nicht erlaubt, dass es weiter gelebt hätte. Ich weiß nur, dass ich es nicht wirklich wahrgenommen habe. Das war zu viel – auch noch schwanger zu sein!

War das nicht aber doch dramatisch?

Dramatisch war es auf alle Fälle. Die Dramatik war von vorneherein da durch die ganzen Umstände. Mir wurde peu à peu die Einschränkung, sich nicht verständigen zu können, schmerzhaft bewusst. Ich habe versucht, so schnell es geht die Sprache zu lernen. Aber Deutsch kann man nicht so schnell lernen...

Und dann kam das Bewusstsein, dass wir hier waren – fern von der Heimat. Die Zeit verging und die Familie war weit weg. Dann kamen dann doch ein bisschen Sehnsüchte hoch und der Mangel bestimmter Dinge, die dann eben nicht mehr da waren. Eines weiß ich noch: Dieses Wohnen in einer Wohnung im zweiten oder dritten Stock, eingeschlossen, wo man gar nichts sieht, gar nichts hört. Das war ich nicht gewohnt, das hat mir ganz schön zugesetzt, es war sehr traurig. Und dann kam der Tod des Kindes, dann erfuhr ich, dass mein Bruder Salvatore in Neapel bei einem Motorradunfall gestorben war… Das war insgesamt ein dramatisches Jahr! Ich kam nicht heraus aus diesem Ausnahmezustand.

Aber Du konntest Dich später wieder fangen…

Ja, so peu à peu. Ich glaube im Nachhinein, dass es sich umso mehr gebessert hat, je mehr ich die Sprache gelernt habe. Ich fing also an, das aktiv zu gestalten und nicht mehr nur zu schauen, wer mir helfen kann. Und da habe ich eine andere Arbeit gesucht und gefunden, wieder in einer Fabrik. Aber das habe ich sozusagen selber gesucht und gefunden, und dort konnte ich mich auch verständigen mit den KollegInnen. Die Teilnahme am hiesigen Leben fing damit an. Bis dahin war es nur wie ein sich Durchschlängeln durch ein Labyrinth. Langsam mit dem Lernen der Sprache fing ich an, hier anzukommen.

Es war weiterhin schwierig, aber die Erkenntnis war doch da, dass es trotz allem eine gute Entscheidung war; und für mich allemal: Ja, lieber hier als in Neapel! Ja, dieses Gefühl, über sich selbst entscheiden zu können, das eigene Leben leben zu können und nicht, dass dir die anderen sagen, du musst das machen oder jenes. Das nahm ich sehr schnell wahr in Deutschland, dass hier die individuelle Entfaltung größer geschrieben wird als in Italien. Das ist heute noch so!

Natürlich kann mich so hier über das Pro und Contra unterhalten, aber mir hat es zugesagt: Ich fand's toll; ich fand's toll! Ich war zwar verheiratet, ich habe zwar in einer Fabrik geheiratet, das war wirklich nicht das Tollste, aber es war mein Leben und ich entschied, außer wenn ich natürlich arbeiten gehen musste, wann ich aufstehe! Wenn ich zum Beispiel erst um zehn Uhr aufstand wenn ich frei hatte, dann hat niemand etwas gesagt! Denn ich habe nie verstanden, warum meine Mutter immer behauptet, man müsse früh aufstehen, auch wenn es nicht nötig ist! Ich verstehe denn Sinn bis heute nicht, warum manche Menschen früh aufstehen *müssen*. Wenn die wollen, weil es ihnen Spaß macht, bitte schön! Aber aus Prinzip…! Diese Prinzipienreiterei in jegliche Richtung finde ich schrecklich! Und das habe ich genossen.

Und auch von der Arbeit her: Nach und nach hatte ich das Gefühl: Ok, du machst das jetzt, aber vielleicht findest du später etwas besseres. Vielleicht kannst du auch noch besser Deutsch lernen… Es war das Gefühl, selbst den eigenen Fortschritt bestimmen zu können. Das Gefühl war da!

Welche Bedeutung hatten eigentlich Deine Schwester Maria und ihr Mann Mario, die ja schon in Deutschland waren? Habt ihr viel zusammen gemacht?

Zumindest das erste Jahr waren wir viel zusammen. Ich würde im Nachhinein sagen gezwungenermaßen, denn wir hatten niemanden – die hatten niemanden. Die Sprache war sowieso nicht unsere Stärke, sodass wir uns unter uns bewegt haben. Sie war meine Schwester, ich habe sie gerne gehabt, und als sie entschieden hatte, nach Frankfurt zu gehen, war ich von der Familie die einzige, die ihr Beistand geleistet hat: Wir konnten miteinander darüber reden, ich habe ihr ein wenig geholfen… Die anderen haben sie links liegen lassen – warum auch immer. Ich schätze im Nachhinein, weil sie Angst hatten – wovor weiß ich nicht. Und das hat sie damals, als sie von Marano weggehen wollte, ein bisschen mitgenommen, weil sie sich allein gelassen gefühlt hat. Ich war die einzige, mit der sie reden konnte. Und das hat uns zusammengeschweißt.

Aber als ich dann auch in Deutschland war, und wir gezwungen waren, miteinander zu leben – wir waren im gleichen Haus – da stellte sich sehr schnell heraus, dass wir überhaupt nicht zusammen passen vom Charakter her. Das hat auch zu Reibereien geführt. Ich habe allerdings versucht – und ich glaube, das ist ein angenehmer Charakterzug von mir – nicht zu streiten, sondern bestimmt Grenzen zu setzen. Ich sage dann: ‚Nein, ich mach' das nicht!', und die können dann toben, wie sie wollen: Ich bleib dabei!

Diese Art „Machtkampf" mit meiner Schwester hat mich natürlich dann einiges an Kraft gekostet. Scheinbar war sie als ältere Schwester davon überzeugt, dass ich das zu machen habe, was sie will. Und das wäre die Wiederholung dessen gewesen, was in Neapel war, nur mit meiner Schwester! Und da habe ich gedacht: ‚Ne Mädchen, vergiss es! Ja?!' Und manchmal habe ich es dann auch übertrieben mit meinem Verhalten, nur um mir klar zu machen: ‚Du kannst schreien, soviel Du willst – Ich stehe nicht um zehn Uhr auf, ich stehe erst am Mittag auf! Und Du hast nichts zu sagen!' Und das hat ihr natürlich nicht gefallen… Ich sagte mir damals: Das kann doch nicht wahr sein. Ich komm' hierher, und dann habe ich wieder jemand, der mir sagt, was ich machen soll.

Aber es ist mir mit meiner Schwester gelungen, die Grenzen zu ziehen. Sie war dann zwar sauer und auf mich böse. Aber das war mir egal! Sie hat sogar ein paar Mal meine Mutter aus der Ferne gegen mich aufgehetzt, weil sie behauptete, ich wäre faul, ich würde nur schlafen. Ich habe dann gesagt: Hör mal. Der einzige, mit dem ich bei mir zu Hause verhandeln will, ist mein Mann. Sonst hat bei mir niemand etwas zu suchen! Und so ist es dann auch gewesen. Aber es war nicht einfach.

Nichtsdestotrotz, auf der geschwisterlichen Ebene war ich immer offen und bereit, etwas für sie zu tun. Habe ich auch getan: Sie hat eine Tochter gehabt und brauchte eine Aufpasserin, was ich dann auch gemacht habe! Abends gerne! Du willst arbeiten, ich pass' auf Dein Kind auf. Aber morgens schau, wie Du zurecht kommst. Ich will nicht auch morgens zur Verfügung stehen. Also immer dieses Grenzen ziehen, und trotzdem helfen.

14

4. Die Zeit der Frauenbewegung

Wie war das eigentlich in den siebziger Jahren mit den Frauenrechtlerinnen, was war denn da so los?

Was ich eigentlich immer gespürt habe, fand seinen Ausdruck in der Realität. Hier in Deutschland sind die Frauen auf die Straße gegangen, um für die Gleichberechtigung zu kämpfen, sprich damit die Frau nicht vom Mann abhängig ist, sondern dass sie eigenständig handeln kann, ohne das irgendwelche Gesetze das verbieten! Denn damals war es so – und das muss man sich mal vorstellen! – die Männer durften beispielsweise entscheiden, ob die Frau arbeiten darf oder nicht! Die Frau musste um die Erlaubnis des Mannes bitten, wenn sie berufstätig sein wollte. So gesehen, war das also auch nicht viel besser als in Italien! Es war zwar etwas fortschrittlicher als in Italien, aber in Wirklichkeit gab es auch in Deutschland die Abhängigkeit der Frauen.

Die siebziger Jahre waren die Zeit, in der die Frauen dagegen auf die Straße gegangen sind. Frankfurt ist berühmt für die größten Demonstrationen der Frauen, zum Beispiel gegen den Abtreibungsparagraphen, wo die Frauen lauthals riefen ‚Mein Bauch gehört mir!' Das war für mich der Aufbruch in eine neue Ära, denn genau das meinte ich. Das habe ich die ganze Zeit gespürt: Moment mal! Ich will entscheiden!

Obwohl Du selber in Deutschland gar nicht mehr unter diesen Zwängen gelitten hast…

Ja, schon – die unmittelbaren individuellen Zwänge waren nicht mehr da. Denn hier konnte ich machen was ich wollte, dadurch dass die Familie auch nicht mehr da war, die mich einschränken konnte. Ennio war sozusagen sowieso ein „Liberaler". Im Nachhinein füge ich hinzu: ein Bequemer!

Aber, peu à peu wie ich in die Gesellschaft hier hineinging, und wahrnahm, wie die lebten, stellte ich fest: Im Grunde genommen war es hier von den patriarchalischen Strukturen her auch nicht anders, nur ein klein wenig besser. Individuell vielleicht, aber gesellschaftlich-sozial war es überhaupt nicht anders! Sprich am Arbeitsplatz! Das habe ich an der eigenen Haut erlebt: Die Vorarbeiter waren immer Männer, die Chefs waren immer Männer! Und wer mich angeschimpft hat, weil ich etwas nicht richtig gemacht habe, waren immer Männer! Und wir Frauen haben immer nur die Hälfte dessen verdient, was die Männer verdient haben, obwohl die nicht mehr gearbeitet haben als wir! Im Gegenteil oftmals weniger! Und so hat sich das Problem der Selbstbestimmung verlagert! Nicht nur individuell-emotional wie in Italien, sondern es hat eine sozial-politische Dimension angenommen.

Durch die Frauenbewegung habe ich das verbalisieren und eingrenzen können, worum es ging. Das war mein Ding – da habe ich gespürt, das ist, wofür ich kämpfen will; dann wusste ich, woher diese Wut im Bauch kommt, es ist eben nicht nur individuell, sondern insgesamt sozial. Und das hat mich dann angezogen wie ein Magnet! Ich habe dann angefangen mit Frauengruppen, da war vor allem die Frauenschule in Frankfurt, wo die radikalsten Feministinnen sich getroffen haben und es Frauengruppen zu allen Themen gab. Da bin ich dann immer öfters hingegangen. Am Anfang einmal die Woche, dann zweimal, dann dreimal und so fort.

Mitte der achtziger Jahre habe ich dann eine Ausbildung hier gemacht – in Deutsch. Das heißt, mein Bildungsniveau hat sich so sehr erhöht, dass ich auch in der Lage war, deutsche Bücher zu lesen, die mich interessiert haben. Da habe ich dann die feministische Literatur entdeckt – angefangen mit *dem* Werk, das für mich bis heute das Werk schlechthin ist: „Das andere Geschlecht" von Simone de Beauvoir. Es war also zweigleisig: Praktisch mit den Demos und den Frauengruppen zur Selbsterkenntnis, und andererseits intellektuell mit entsprechender Literatur!

Gab es aber nicht auch manche Übertreibung in der Frauenbewegung?

Meine These ist immer gewesen bei meiner theoretischen Auseinandersetzung bei der Frauenbewegung: Niemals hätte ich mich wirklich entwickeln können, indem ich meine Vergangenheit oder meinen Status verleugnet oder abgelehnt hätte. Zum Beispiel im Verhältnis zur eigenen Mutter. Ich bin eine Tochter und ich kann meine Mutter nicht verwerfen! Davon mit ich weiterhin überzeugt! Oder dass ich einen Sohn bekommen habe, das ist ein soziale Realität, eine Gemeinschaft, aus der du nicht so ohne weiteres austreten kannst. Dass die Menschen – besser gesagt die Männer – es verstanden haben, es bescheuert einzurichten, bedeutet nicht, dass es nicht auch schön sein kann. Dass das Leben an sich so gut ist, auch mit der Familie!

Du willst also sagen: Die Familie ist an sich nicht schlecht…

Genau. An sich nicht. Aber sie ist schlecht gemacht worden!

Gab es Personen aus der Zeit, die dir sehr im Gedächtnis geblieben sind?

Du weißt ja, wie schlecht mein Namensgedächtnis ist. Zwei Namen kann ich auf Anhieb nennen: Die Alice Schwarzer, die war oft in Frankfurt. Und von Frankfurt aus war es die Barbara Köster. Sie war dann jahrelang die Leiterin der Frauenschule.

8. Der Kampf um Gleichberechtigung

Sprechen wir noch einmal von diesem Kampf, von dem Du sprachst. Was meint das? Denn Du musstest doch niemals gegen konkrete Personen kämpfen, oder?

Nein! Aber es war ein gesellschaftlicher Kampf! Ich hole ein wenig aus: Ich bin 1968 hierher gekommen. Und es hat Jahrzehnte gedauert, bis die Deutschen gelernt haben, dass die Ausländer hier sind und das zu akzeptieren – oder besser zu tolerieren, denn akzeptieren ist schon zu viel gesagt. Und es war nicht so einfach, mit dem Gefühl hier zu leben, nicht gewollt zu sein. Das führt bis heute oft dazu, dass wir haben betteln müssen, um einen Platz zu kriegen – sprich eine Wohnung zu haben!

Heute ist das nicht mehr so offen, aber früher war es so: Ich habe bei der Wohnungssuche erlebt, dass mir dann gesagt wurde: Ausländer wollen wir nicht! Punkt. Und das ist das, was ich mit Kämpfen meine. Oder Arbeit zu suchen. Ja, so lange wir bereit waren, die Toiletten zu putzen und die Arbeiten zu machen, die sonst niemand machen wollte und die uns brauchten, dann war es ok. Aber wenn einer von uns sich angeschickt hat, selbstständig einen Beruf ausüben zu wollen, da gab es ja Probleme…

Hast Du das am eigenen Leib erlebt?

Ja! Zum Beispiel: Ich habe ja später – nach der Krebserkrankung als Rehabilitationsmaßnahme – an einer Handelsschule eine Ausbildung zur Bürokauffrau gemacht. Danach habe ich mich natürlich für Büroberufe beworben. Ich habe – obwohl in den achtziger Jahren genug Arbeit da war 80 Bewerbungen geschickt und nur Absagen gekriegt. Und manche Absage hat zu verstehen gegeben: Was willst Du als Ausländerin? Wir haben noch Arbeit als Putzfrau da, wenn du willst! Mir wurde eine höherwertige Arbeit nicht zugestanden. Ich war eine der ersten, die sich so etwas angemaßt hat, denn damals gab es noch nicht viele Ausländer / Ausländerinnen, die eine Ausbildung machten. Aber das ist eine Wahrheit. Und es hat gedauert, bis ich eine Stelle gekriegt habe; und die erste Stelle war auch nicht so, wie ich es mir gewünscht hätte, aber ich habe sie dann angenommen. Das war halb Büro, halb „Mädchen für alles" sozusagen. Obwohl die dann gesehen habe, dass ich viel besser war, als die meisten anderen und für alles einsetzbar gewesen wäre. Aber ich war eben Ausländerin!

Aber Du hast gesagt, dass Du in der Arbeitswelt auch gute Erfahrungen gemacht hast.

Das bezog sich auf etwas anderes. Gute Erfahrungen bei der Arbeit im Vergleich zu Italien. Wie die Arbeit hier organisiert ist, das Verhältnis zwischen KollegInnen, das Verhältnis zwischen MitarbeiteriInnen und Geschäftsführung! Sagen wir allgemein ist die Arbeitsethik hier in Deutschland viel besser als in Italien, weil in Italien alles viel hierarchischer ist. Jeder hat hier sein Bereich, der / die ArbeitnehmerIn zählt hier mehr. Und das ist für mich positiv. Das habe ich gemeint! Und dann muss ich sagen, mit den Jahren haben sich auch die Rechte der AusländerInnen einigermaßen verbessert. Allerdings nicht, weil Deutschland so „großzügig" geworden wäre, sondern die Europäische Union wurde immer stärker. Und aus ItalienerInnen wurden plötzlich EU-BürgerInnen. Es gab von der Seite her keine Diskriminierung mehr.

9. Vielfältig engagiert

Kommen wir auf Deine Engagements zu sprechen. Was war da wichtig?

Dieses Engagements hatten für mich eine große Bedeutung. Das fing wie gesagt an mit der Frauenbewegung. In Frankfurt ist dann die Frauenschule praktisch mein Zuhause geworden. Dort wurde intensiv gearbeitet mit Selbsterkenntnisgruppen und politischen Gruppen, die auch nach außen gehen. Ich war wenn nicht täglich, so doch mehrere Mal die Woche da. Es war einfach toll! Die vielen Frauen, die ich da kennengelernt habe und die vielen Gedanken und der Austausch, den ich dort erlebt habe. Dadurch lernte ich auch die Welt und das Geschlechterverhältnis besser verstehen.

Wie schon gesagt, ich habe als Kind und Jugendlicher schon immer Probleme gehabt mit diesen Geschlechterdifferenzen, die immer zugunsten der Männer ausgefallen sind, die ich aber nie kapiert habe. Und da hatte ich die Möglichkeit, mit anderen Frauen in Aufbruchsstimmung besser zu formulieren und zu erleben, dass ich nicht allein war. Ich war keine Ausnahme, die das so gesehen oder erlebt hat. Das war die Gesellschaft! Das war eigentlich meine schönste Zeit – etwa zehn Jahre mit dieser Frauenschule in Frankfurt! Die tollsten Frauen! Wir hatten auch Kontakt mit Italienerinnen gehabt, die immer wieder mal zu Vorträgen und Seminaren kamen. Da habe ich auch einige kennengelernt wie Luisa Muraro, eine italienische Philosophin. Und da wurden Themen wie Geschlechterdifferenz, Matriarchat und Patriarchat behandelt. Es war einfach toll. Daraus erwuchs dann in mir das Interesse am Politischen im Allgemeinen, also nicht nur feministisch, sondern gesellschaftspolitisch, sodass ich dann in die Gewerkschaftsarbeit eingetreten bin. Das heißt, auch da habe ich mitgemacht.

Ich erinnere mich, da war ich anfangs bei der DAG. Diese Erfahrung mit Basisarbeit mit Arbeitnehmerinnen und Arbeitnehmern war auch sehr interessant. Mein Wissens- und Engagementsdurst wuchs und wuchs, sodass ich dann in die Politik eingestiegen bin.

Ich bin erst in Stadtteilparlamente gegangen und schaute mir das an. Dann trat ich in die SPD ein und arbeitete aktiv im Stadtteilparlament. Anfangs war ich im

Gallus-Viertel aktiv, wo ich gewohnt habe. Diese politische Arbeit, angefangen von der Frauenbewegung, dann die Gewerkschaftspolitik war etwas, das mir viel gegeben hat. Denn ich habe wirklich daran geglaubt, dass wir etwas verändern können. Umso mehr engagierte ich mich. Inzwischen weiß ich, ich kann die Welt nicht verändern. Kann ich nicht! Aber nichtsdestotrotz ist es wichtig, dass die Menschen sich engagieren.

Sehr toll war auch, während meiner politischen Arbeit auf kommunaler Ebene die Wahl der ersten kommunalen AusländerInnen-Vertretung Deutschlands, die hier in Frankfurt entstanden ist. Und ich war von Anfang an dabei! Daniel Cohn-Bendit hat das initiiert mit einem runden Tisch, und ich war dabei. Das war schon ein tolles Gefühl, wir können was machen, ich kann was machen. Dann habe ich mich aufstellen lassen, wurde auch in die Kommunale AusländerInnen-Vertretung gewählt.

Allerdings bin ich nicht lange geblieben, ich glaube ich war drei Jahre dabei. Die Erfahrungen mit der offiziellen Politik waren für mich nicht positiv. Am schlimmsten war die Erfahrung, dass jeder Mensch korrumpierbar ist. Das hatte ich nicht erwartet. Sobald es um Macht ging und vielleicht noch mit Geldverdienen verbunden war, knickten die meisten ein. Und die Machenschaften hinter den Kulissen, die waren für mich unerträglich. Sodass ich dann sogar frühzeitig von meinem Mandat zurückgetreten bin. Und da sagten einige meiner politischen Weggefährtinnen: Ja warum gehst Du? Auch wenn Du nicht viel machst - Das ist doch Geld, dass Du da jeden Monat als Aufwandsentschädigung kriegst… Ja gut, das bin ich! Ich bin aufrichtig – an erster Stelle mir gegenüber. Wobei ich muss sagen, dass da schon eine Wandlung angefangen hat: Weg vom Handeln, mehr zum nichthandelnden Handeln.

Eine Wandlung zum Sein?

Nein. Das ist eine Aussage von Simone Weil. Nichthandelndes Handeln (vgl. *Simone Weil*; Schwerkraft und Gnade, München 1989) Das ist ein Motto, das ich aufgenommen habe. Dazu ein Exkurs: Ich habe damals angefangen, in einer

Philosophiegruppe mitzumachen. Wir haben dort philosophische Texte in Angriff genommen. Und bei mir veränderte sich etwas – und zwar in dem Sinne: Was ist wichtiger? Das Tun im üblichen Sinn oder die Frage, wer bist du und in welchem Verhältnis stehst du zu der Welt. Diese Aussage von Simone Weil ist für mich zum Motto geworden. Ich hatte ja erlebt, dass Politik Handeln ist. Aber in der Folge habe ich gesehen: Es wird gemacht, ohne wirklich zu überlegen, ob es wirklich gut ist, was gemacht wird.

Das andere in Sachen „Nichthandelndes Handeln" ist: Gucken, ob du etwas bewegen kannst, ohne – wie soll ich sagen - Aufruhr. Und an erster Stelle kam dann für mich selbst der Gedanke: Du kannst nur dich selber verändern. Ich kann die anderen nicht verändern! Und trotzdem durch das „mich Verändern" kann ich die Welt verändern. Und das ist dann mein Motto geworden, so dass ich peu à peu mich entfernt habe von diesem Aktivsein, von dem „Auf die Straße gehen" – was ich nicht unwichtig finde und gut –, aber für mich hat sich etwas verändert.

Worin hat sich das gezeigt?

Darin, dass ich anfing, nicht mehr nach außen aktiv zu sein, sondern nach innen. Und mein Verhältnis zu den anderen zu revidieren und zu hinterfragen. Zum Beispiel lasse ich mich nicht mehr so von Vorurteilen lenken wie früher („Der ist blöd, denn der ist in der CDU"), sondern ich schaue erst einmal: Wer ist dieser Mensch. Also mehr auf die Erfahrung zu vertrauen oder wenn man so will „unideologischer" zu sein.

Waren die 70er Jahre in diesem Sinne ideologischer?

Ja, was aber wichtig war! Denn du weißt, dass es Zeiten gibt, da muss man auf die Pauke hauen. Sonst tut sich nichts. Das zeigen nicht nur die Siebziger, das war früher schon so. Es hat immer wieder gesellschaftliche Revolutionen gegeben. Sie sind nötig, um manche Dinge in Gang zu bringen. Aber es ist nicht der einzige Weg.

Du hast über diesen Philosophiekreis gesprochen. Du hast aber auch noch in anderen Initiativen mitgemacht.

Ja klar! Zum Beispiel „Jamil“ – das sind jüdisch-afro-deutsch migrierte Lesben. Das ist eine sehr schöne politische Gruppe gewesen, die wir zusammen mit einigen politischen Gefährtinnen gegründet haben. Vielleicht waren wir sieben oder acht Jahre in Frankfurt tätig. Unser Anliegen war, diese Lesbengruppen sichtbar zu machen. Wir haben auch viel Spaß gehabt, haben viel gemacht (lacht)…

Dann die Playback-Gruppe, das ist eine Theatergruppe. Die habe ich auch mit Freundinnen zusammen gegründet. Wir hatten irgendwann durch politische Zusammenhänge Kontakt mit südamerikanischen Frauen gehabt. Einige aus Chile (oder Peru? Ich bin mir nicht sicher) waren bei einer Tagung an der Uni in Frankfurt dabei, die in der Zeit bei mir übernachtet haben. Und die haben bei sich in Südamerika Theatergruppen geleitet. Anders als man denken könnte, handelt es sich ist nicht um „Playback“, sondern um Improvisationstheater. Und die haben das dann mit uns in Frankfurt gemacht. Wir fanden das toll, sodass wir die noch ein paar Mal eingeladen haben – auch durch finanzielle Hilfen der Stadt. Eine unserer Gruppe hat dann sozusagen Unterricht bei den beiden genommen und die Gruppe dann weitergeführt. Das war am Anfang Tanztheater, erst später ist das dann zu Improvisationstheater geworden.

Und was war daran so gut?

Och, das war ganz toll! Diese Form von Theater macht man an erster Stelle für sich selbst. Wir haben uns alle zwei Wochen getroffen und einige Stunden Theater gespielt. Es ist grob angelehnt am Psychodrama. Das heißt, dass wir bei diesem Spielen unsere eigenen Erfahrungen und Geschichten aufgearbeitet haben. Aber wir sind auch öffentlich aufgetreten, wir wurden angefragt, haben auch ein bisschen Geld damit verdient – aber das stand nicht an erster Stelle. Das war eine tolle Sache an sich.

Dann noch „Safia“ – das ist ein Lesbenverein mit dem Untertitel „Leben im Alter“. Da bin ich auch Mitfrau, da kann frau ab vierzig eintreten. Unser Anliegen ist es, uns Gedanken machen über das Leben im Alter, wenn man also nicht mehr im Arbeitsleben steht. Da gibt’s schon viele Wohngemeinschaften, die daraus entstanden ist. Safia hat auch eine Stiftung „Sappho“, die schon an die zehn Häuser in Deutschland hat, also ein großes Kapital. Das sind praktisch Immobilien, die von den Frauen selbst der Stiftung vermacht werden, und wenn die sterben, dann verbleibt deren Kapital in der Stiftung für die anderen. Denn „unser“ Kapital, also das von den Lesben, soll an Lesben weitergegeben werden und nicht verloren gehen. Das ist auch eine tolle Sache, wenn ich überlege, dass wir in ganz Deutschland 540 Mitfrauen sind, und wir sind sehr stark vernetzt.

Man muss dann offenbar aber nicht dahin ziehen, denn du ziehst ja jetzt nach Italien...

Nein, müssen muss gar nichts. Frau kann!

Du ziehst ja jetzt die Lebensgemeinschaft mit Männern vor…

Ja – aber das musst du nicht schreiben (lacht)

41

12. Arbeitswelt im Wandel

Ich kann mich aber erinnern, dass Du in den letzten Jahren immer wieder über den Verfall der Unternehmenskultur in Deutschland geklagt hast.

Ja, das hat aber jetzt nichts mit Deutschland und Italien zu tun. Es gibt diesen Wandel. Ich war vierzig Jahre lang berufstätig. Meiner Meinung nach begann der Wandel spürbar vor etwa zwanzig Jahren, langsam aber stetig; und dann wurde er immer schneller. Ich komme aus den sechziger / siebziger Jahren. Eigentlich bin ich vom Wesen her Kommunistin, bin stark in Gewerkschaften und politisch engagiert gewesen; und ich kann mich erinnern, in den ersten zehn Jahren meines Arbeitslebens war die Ethik: Die ArbeitgeberInnen sind verantwortlich für die ArbeitnehmerInnen. Die ArbeitnehmerInnen sind nicht nur da, um Geld für die Firma anzuschaffen, sondern die haben ein Anrecht auf Arbeit, weil die leben müssen. Und irgendwann veränderte sich das.

In welche Richtung?

Nur noch das Kapital zählt! Für mich war bezeichnend, dass das Personal nicht mehr als Personal oder ArbeitnehmerIn bezeichnet wurde, sondern als Humanressourcen. Das ist für mich bezeichnend! Eine Ressource ist für mich Kupfer oder Gold. Öl ist eine Ressource. Hier reden wir von „human“ und das soll eine Ressource sein? Das ist für mich sehr gravierend. Mir hat dieser Wandel wehgetan.

Woran zeigt sich dieser Wandel? Nur in der Sprache?

Nein. Es zeigt sich im Verhältnis ArbeitgeberIn - ArbeitnehmerIn. Die ArbeitnehmerIn hat keinen Stellenwert mehr als Mensch, sondern es zählt nur noch die Leistung. Die hat zwar immer gezählt, aber anders.

Beispielsweise war das Motto der Gewerkschaften damals: „Papi gehört mir am Wochenende“, denn der / die ArbeitnehmerIn muss auch das Privatleben pflegen können, die Kinder genießen können, die Familie, einen Ausflug machen können. Das gilt alles nicht mehr. Die Arbeitnehmer müssen jetzt – und ich habe die Anfänge erlebt – immer disponibel sein. Das heißt jede/r ArbeitnehmerIn hat ein Handy und wird auch im Urlaub angerufen, wenn die Firma das für nötig hält. Das war früher nicht.

Und auch die Art zu arbeiten! Es ist schwer, das zu erklären. Es gibt immer mehr die Tendenz zur Selbstausbeutung, bis dahin dass ein Arbeitnehmer umworben wird, man lockt ihn vielleicht mit einem Firmenwagen, aber letztlich macht man ihn so nur gefügig. Und dann ist der auch dazu bereit, zwölf Stunden am Tag zu schuften! Das appelliert an Kräfte, die ihn letztlich von seinem eigenen Leben entfremden. Denn er könnte ohne Firmenwagen genauso gut auskommen. Eigentlich müsste man über dieses Thema ein Buch schreiben. Ich kann nur sagen, dass bei uns in der Firma Merloni, wo ich zuletzt gearbeitet habe, vor etwa sieben Jahren der Hammer kam.

Was passierte da?

Ich war in der Krise. Mein Gefühl war, dass ich meine Arbeit gut mache, ich bewegte täglich hohe Geldsummen hin und her. 1000 Waschmaschinen, 2000 Kühlschränke. Aber: Ich sah gar nix. Am Ende des Tages sah ich auf meinem Schreibtisch gar nichts. Denn mit den Computern ist sowieso alles „da drin“. Die KundInnen habe ich eigentlich nie gesehen, nur am Telefon mit irgendwelchen Stimmen gesprochen und Vereinbarungen getroffen. Und dann irgendwann habe ich das Gefühl gehabt: Das ist alles so leer… So eine aufgeblasene Größe, so virtuell und zwar in jeder Hinsicht! Und damit soll ein Mensch zurechtkommen… Ich habe eine Krise gekriegt. Dann habe ich mich damit abgefunden, aber es ist eigentlich nur schlimmer geworden. Ich hatte dann das Gefühl: ‚Was mache ich eigentlich hier?’

Diese so genannten Dienstleistungsfirmen, das sind Ausbeuter ohne Ende! Geldmacherei für einige wenige, die eigentlich gar nichts tun. Die Geschäfte könnten genauso gut beim Produzenten kaufen, hätten keine Zwischenhändler, der eigentlich das meiste Geld verdient. Ich habe im Büro eigentlich nicht viel gemacht, ein paar Telefonate geführt, ein paar LKW's oder ein paar Wagons organisiert, und habe dafür eigentlich nicht schlecht verdient. Die Verkäuferin oder der Verkäufer, der bei Saturn oder Mediamarkt dieses Gerät verkauft, hat wahrscheinlich die Hälfte dessen verdient von dem, was ich bekomme. Und das scheint mir nicht in einem rechten Verhältnis zu stehen.

13. Und plötzlich fidele Rentnerin...

Wie war es dann, als Du Dich dazu entschlossen hast, in Rente zu gehen?

Entschlossen? Ich war auch ein wenig dazu gezwungen, das wissen wir. Gut es lag schon in der Luft, und ich hatte schon einige Zeit mit dem Gedanken gespielt, in Rente zu gehen, weil ich es kaum noch ausgehalten habe unter diesen neuen Umständen am Arbeitsplatz – so haben beispielsweise die KollegInnen, die in den letzten paar Jahren eingestellt worden waren, nur noch etwas mehr als die Hälfte von dem bekommen wie ich vor zehn Jahren. Aber die haben die gleiche Arbeit gemacht. Natürlich hätte ich nie gesagt, ich geb' Dir etwas von mir. So altruistisch bin ich auch nicht. Aber das tut weh – das tut mir nicht gut.

Der Gedanke war also da, ich hatte das Gefühl, ich muss da raus aus diesem unmenschlichen Chaos. Und dann wurde ich entlassen! Ja. Und nach einer anfänglichen Krise habe ich überlegt, was machst du jetzt. Und für mich war klar, ich gehe jetzt in Rente. Und jetzt bin ich froh, dass es ist wie es ist. Denn alles andere ist für mich nicht zu ertragen – was man jetzt so mitkriegt: Menschen, die arbeiten für vier Euro die Stunde! Und ich spreche von qualifizierten Menschen! Die schaffen 42 Stunden die Woche und müssen dann Hartz IV beantragen, weil sie von dem, was sie verdienen, nicht ihre grundlegenden Bedürfnisse befriedigen können. Das muss man sich mal vorstellen! Wobei ich auch sagen muss: Die Rente, die ich kriege, im Vergleich zu den vierzig Jahren, die ich geschuftet habe... Ich will die Summe nicht nennen, denn ich schäme mich dafür, was die mir jetzt geben. Das ist ungerecht! Ich habe eingezahlt – vierzig Jahre lang voll eingezahlt. Jetzt ziehen die die Krankenkasse ab, die Pflegebeiträge, dann nehmen die mir 17 Prozent ab, weil ich mit sechzig in Rente gehe – nach vierzig Jahren Arbeit! Vierzig Jahre bitte schön! Das stimmt was nicht.

DEUTSCHE FRAUEN: BEWEGUNG UND (POST)-MIGRATION

NATASCHA APOSTOLIDOU

DIFFERENZ UND GLEICHHEIT – MIGRANTINNEN IN DER BRD UND IHRE POSITIONEN IN DER FRAUENBEWEGUNG[11]

Die Frauenbewegung in der Bundesrepublik ist bis Ende der 80er Jahre der Ort meiner Politik gewesen. Die Kämpfe im universitären Bereich für die Institutionalisierung von Frauenforschung, für die Quotierung, für die Durchsetzung der „Frauenprofessur", d. h. der Professur für Frauenforschung, damit die Frauenforschung an der Universität nicht politischer Willkür, tagespolitischen Erfordernissen oder fachbereichsinternen Interessen zum Opfer fallen kann, eine Professur, die Ergebnis jahrelanger Bemühungen von Frauen an der Universität war, das waren Kämpfe für uns alle, dachte ich.

Als wir vom Frauenplenum den Landtag besetzen wollten, sagten mir die Frauen im Plenum, daß es für mich gefährlich werden könnte, wenn die Polizei benachrichtigt werden würde, denn ich sei Ausländerin, und schlugen mir solidarisch vor, die Aktion nicht mitzumachen. Was kann mir denn schon passieren, sagte ich und wunderte mich in den langen Diskussionen über die möglichen Folgen der Aktion und über die Vorsichtsmaßnahmen der Frauen. War es die latente Angst, dieser Teil der deutschen Geschichte, der seinen Ursprung auch in der mit Terror und Vernichtung von Minderheiten und jüdischen Bürgern verbundenen Faschismusvergangenheit hat, der überall eine Rolle mitspielt; so dachte ich, denn ich hatte keine Angst. In meinem Herkunftsland sind Demonstrationen und andere politische Aktionen und Kämpfe etwas Selbstverständliches, es ist auch ein Teil unserer Geschichte, sich zu wehren und die Konsequenzen zu tragen. Und mir ist nichts anderes passiert als den deutschen Frauen, als die Polizei angekommen war und wir uns ausweisen mußten. Es folgte die Klage und der Prozeß. Wir gehörten alle zur Frauenbewegung; so habe ich mich auch gefühlt. Eine Frauenbewegung, die einiges erreicht hat durch Forderungen und Institutionalisierung: sie ermöglichte die Gleichberechtigungsregelungen und viele Frauenprojekte und Fraueninstitutionen.

Einerseits hat die Frauenbewegung ihre Trägerinnen und ein bestimmtes soziales Umfeld gravierend verändert, und von ihr geht eine Wirkung auf Werte,

11 „Differenz und Gleichheit – Migration in der BRD und ihre Position in der Frauenbewegung" in: Frauen in der Defensive? Zur blacklash Debatte in Deutschland. Hrsg. Mechtild M. Jansen, Sigrid Baringhorst, Martina Ritter. Lit Verlag: Münster, 1995.

Rollenmuster, Verhaltens- und Lebensformen aus, die einen großen Einfluß hat, andererseits scheint gerade diese Wirkung sich in ein „trojanisches Pferd" umwandeln zu können, das Parteifeminismus und „neue Mütterlichkeit" in sich birgt, während wirtschaftliche Lage und politisches Klima immer düsterer werden. Frauenkampf und Frauenwiderstand artikulieren sich in verschiedener Weise und an verschiedenen Orten. Themenbezogene Aktionen, aus konkreter Betroffenheit oder politischer Aktualität eines Themas, finden statt, Probleme werden öffentlich gemacht, und es wird immer wieder gezeigt, daß Frauen nicht mehr bereit sind, bestimmte Situationen und Schwierigkeiten widerstandslos hinzunehmen.

Gleichzeitig hat sich die Frauenbewegung geöffnet, und durch die Berührung mit anderen sozialen Bewegungen sind Chancen und Grenzen sichtbar geworden. Chancen, weil feministisches Bewußtsein in die verschiedensten gesellschaftlichen Bereiche eindringt und alte Muster in Frage stellt, Grenzen, weil in dieser Verbreitung, in diesem Prozeß der kleinen und großen Schritte überall, der kleinen und großen Rückschläge überall, das Ziel, die Utopie – wie verschwommen sie auch immer ist – aus den Augen geraten kann, und Vereinsamung, Integration in das System und Reformmentalität sich einschleichen können. Auch die politischen Parteien entdeckten die Notwendigkeit der Berücksichtigung des weiblichen Protestes für ihre wahlstrategischen Ziele, nicht zuletzt weil auch in ihren eigenen Reihen die Frauen, bestärkt von der Existenz und der Radikalität der autonomen Frauenbewegung, zu revoltieren begannen.

Zugleich wuchs bei den in Parteien organisierten Frauen das Bewußtsein, daß die Parteiführungen nicht freiwillig, sondern nur unter massiven Druck aus den eigenen Reihen, der mit der Unterstützung der autonomen Frauenbewegung erfolgversprechender zu sein schien, zu Konzessionen bereit waren. Neben Regulierung, Kanalisierungs- und Integrationsplänen mußten sie den Frauen in den eigenen Kreisen Platz und Positionen einräumen und frauenfreundlichere Programme ausarbeiten.

In den letzten Jahren scheint es, als ob die Frauenbewegung eine Phase der Ruhe durchmacht, eine Phase des Atemholens zum Weiterkämpfen oder eine Phase der Defensive? Ein backlash für Frauen und Frauenpolitik in der Bundesrepublik? Eine Wiederholung des Phänomens wie in den USA auch hier?

Es entsteht ein backlash, eine strukturelle Verschlechterung der Lebensverhältnisse der Frauen in einer Phase politischer und ökonomischer Krisen, in einer Phase der Umstrukturierung der Herrschaftsverhältnisse, begleitet von den Einschränkungen der politischen Handlungsmöglichkeiten, der Zurückweisung radikaler Positionen, der Neureformierung des § 218 ohne großen weiblichen Protest. Ist das auch ein backlash der Frauenbewegung?

Das ist eine Frage in der Zeit der Passivität, der direkten oder indirekten Abhängigkeit vom Staat für die Fortführung vieler Projekte, d. h. für die Finanzierung vieler Arbeitsplätze von Frauen, der Auseinandersetzung mit der impliziten Integration, der Etablierung und der Distanzierung von ursprünglichen Zielen. Eine Frage in der Zeit einer neuen sozialen Realität, die den Lebenszusammenhang der Frauen durch die Neuordnungung der ökonomischen und politischen Strukturen verändert. Es ist aber auch eine Phase der Einmischung von ausländischen Frauen in der BRD mit der Forderung nach Beteiligung am Erreichten. Die Folgen der wirtschaftlichen Krise treffen die Frauen in besonderer Weise, engen die sozialen Räume ihrer Aktionsmöglichkeiten ein, verändern die Politikmöglichkeiten, machen Differenz- und Konfliktstrukturen deutlicher.

Die fortschreitende kapitalistische Entwicklung bedeutet nicht nur die Zunahme der Lohnverhältnisse, sondern auch eine grundlegende Veränderung sozialer Strukturen und Lebensformen. In einer sich rasch verändernden Gesellschaft können sich Rechte und Partizipationsmöglichkeiten als Träger einer Systemstabilisierung entlarven, die weibliche Unterdrückung nicht aufheben, sondern mittels Formveränderung eher verfestigen. Zunehmende Erwerbstätigkeit, Verbesserung von Bildungschancen, mehr politische Partizipation wirken nicht (nur) verändernd, sondern auch stabilisierend auf die gesellschaftliche Definition von Frauen, etablieren ihre „doppelte Funktion“ zwischen Familie und Mutterschaft einerseits und Lohnarbeit andererseits und garantieren damit die Möglichkeit des Hin- und Herschiebens je nach wirtschaftlicher Konjunkturphase. Gleichzeitig sind damit Möglichkeiten des Aus- und Aufbruchs, Chancen einer weiblichen „Selbstverwirklichung“ verbunden.

Waren die Propagierung von Frauenerwerbstätigkeit und beruflicher Förderung von Frauen ebenso wie die Bildungsreform – von der im großen Maße auch die Frauen profitierten – in den vergangenen Jahrzehnten ein sich auch aus den Bedürfnissen des Kapitals ergebendes Kalkül, so veränderten sich dadurch – und nicht immer in zu lenkenden Bahnen – die Frauen selbst. Es ist beispielsweise nicht sicher, wie weit die in den letzten Jahren entwickelten Strategien, mittels der Verdrängung der Frauen in die Familie die Arbeitslosigkeit zu bewältigen, greifen können.

Die Diskussion um den backlash erinnert an ältere Zeiten, als es den Frauen angeblich um das Heimglück ging. In den 50er Jahren wies man hin auf die möglichen und angeblich nachweisbaren Schäden, die der Familie, insbesondere den Kindern, durch die Erwerbstätigkeit der Mütter zugefügt würden, um in den 60er Jahren verstärkt auf die berufliche Integration der Frauen zu drängen, wobei vor allem der emanzipatorische Aspekt der Frauenerwerbstätigkeit betont wurde. Als die Arbeitskräfte knapp wurden, war die Müttererwerbstätigkeit nicht mehr schädlich für die Kinder, sondern die Nachteile der „Mütterfixierung" wurde entdeckt, und die „Doppelbelastung" war im Handumdrehen zu meistern. Arbeitskräftemangel hier, Sputnikschock und Arbeitsmangel in den USA, immer werden Frauen nur als Arbeitskräfte entdeckt, wenn sie gebraucht werden. Ein Teil der Frauen war schon von jeher aus materiellen Gründen in die Lohnarbeit einbezogen, doch Frauen wurden immer, je nach Konjunkturlage, der Familie zugewiesen oder zur Emanzipation aufgefordert und so als Manövriermasse benutzt.

Der „Weiblichkeitswahn" war das Schicksal der amerikanischen Vorort-Hausfrauen der 50er Jahre, die mit Begeisterung ein Weiblichkeitsideal angenommen hatten, das ihnen von allen Seiten eingeredet wurde, um einige Jahre später die Leere und Unzufriedenheit des Hausfrauendaseins zu erkennen. „Die Vorort-Hausfrau, das war das Traumbild der jungen Amerikanerinnen und die Wunschvorstellung, so wurde behauptet, der Frauen in aller Welt. Denn die amerikanische Hausfrau war Dank der Wissenschaft und arbeitssparender Geräte von der täglichen Plackerei, den Gefahren des Gebärens und den Krankheiten der Großmütter erlöst worden. Sie war gesund, schön, gebildet und kümmerte sich nur um ihren Mann, ihre Kinder und ihr Heim. Sie hatte wahre weibliche Erfüllung gefunden ..." (B. Friedan 1996, 19ff.). Dieser Traum der amerikanischen Frauen, der seinen Anfang in der Vorkriegszeit in Roosevelts New Deal und der kooperativen Anbindung der Gewerkschaft hatte, fing an, sich nach Beseitigung der gröbsten Kriegsfolgen auch in Europa durchzusetzen. In der Bundesrepublik der 50er Jahre war das propagierte Leitbild das der glücklichen Ehefrau und Mutter. Das „bescheidene Glück", das sich deutsche Familien aufzubauen wünschten, indem sie Krieg und Nazivergangenheit zu verdrängen suchten, war ebenfalls das eigene Heim und das Auto. Die Voraussetzungen waren relativ günstig, sowohl für Weiblichkeitsideale als auch für das „bescheidene Glück". Die Industrie war rasch wiederaufgebaut, die Trümmer waren beseitigt, der Bedarf an langlebigen Konsumgütern war groß, aus der Gefangenschaft und den Vertreibungsgebieten strömten billige Arbeitskräfte in die junge Republik – mehr als der Markt zunächst aufnehmen konnte.

Die ideologisch besetzten Bilder vom Familienleben, die propagierten Ideale der harmonischen Ehe und der glücklichen Familie haben sich als Trugbilder entpuppt. Keine Gruppe erfährt die subjektive Isolation des Privatlebens so tiefgreifend wie die Frauen. Gefangen innerhalb der Familie, verantwortlich gemacht für alle ihre Fehlleistungen, oder gezwungen, zwischen der Vorhölle der Familie und der Welt der Lohnarbeit zu vermitteln. Als Hausfrauen und Mütter können sie eine relative Freiheit von den Zwängen der Arbeitswelt und eine relative Unabhängigkeit in der Gestaltung ihres Arbeitstages erfahren, der Faszination einer gesellschaftlich konstruierten Weiblichkeit unterliegen, deren Preis die Abhängigkeit ist.

Bis in die 60er Jahre – als Arbeitskräftemangel sich abzeichnete – konnte man den Frauen das Ideal der in Ehe und Mutterschaft erfüllten Weiblichkeit einreden (Prokop 1976, Pross 1975). Während man bis in die 50er Jahre hinein bemüht war, „wissenschaftlich“ nachzuweisen (bei allerdings sehr hoher Arbeitslosigkeit), daß Erwerbsarbeit der physischen und psychischen Beschaffenheit, dem „natürlichen Wesen“ der Frau widerspricht, und die Familie als ihren „natürlichen“ Aufgabenort zu bestimmen (Kroeber-Keneth 1955) oder auf die schädlichen Auswirkungen der Müttererwerbstätigkeit auf die Kinder und die Zerrüttung der Familie durch Frauenlohnarbeit (Speck 1956) aufmerksam zu machen, stiegen mit drohender Arbeitskräfteknappheit die Bemühungen, die Industriefähigkeit der Frau (Läge 1962) zu begründen. Wurden in der Vergangenheit Frauen, die einer Lohnarbeit nachgingen, wenn der Lohn des Mannes nicht ausreichte, meistens diffamiert und verachtet, so sollte jetzt Erwerbstätigkeit Zeichen der Emanzipation sein.

In den 60er und 70er Jahren galt es insbesondere, die Einbeziehung verheirateter Frauen und Mütter in die Produktion zu fördern, Vorschläge zur langfristigen Integration der Frauen im Erwerbsleben zu formulieren und nachzuweisen, daß Frauen für monotone Tätigkeiten besonders geeignet sind (Läge 1962, Pfeil 1969). Außerdem wurden Modelle entwickelt, Frauen bei der Bewältigung der an sie gestellten unterschiedlichsten Anforderungen zu helfen (Kätsch 1965, Pfeil 1969) und durch mehr Gleichberechtigung bessere Qualifikation, Bildung und Chancengleichheit zu unterstützen (Langkau-Herrmann/Langkau 1972, Pross 1972). Frauenarbeit galt auf einmal als chic und modern. „Arbeiten wann, wo, wie man will – das ist sie die Freiheit einer Frau – von heute.“ (Anzeige für Zeitarbeit, zit. nach C. Pinl u. a. 1973). Die alten Klischees wurden zurechtgebogen, die Funktion in der Familie wurde bruchlos auf die Gesellschaft übertragen. Der Traumberuf der Frau begann da, wo sie Gehilfin des Mannes sein durfte: Sekretärin, Assistentin, Mitarbeiterin. Das neue Ideal hieß nach den entsprechenden kosmetischen Korrekturen „sexy sein“ – aber nur für den Hausgebrauch; „intelligent“ – aber nicht zu sehr; „initiativ“ – aber innerhalb eines vorgegebenen Rahmens.

Die Durchsetzung des fordistischen Akkumulations- und Gesellschaftsmodells[1] in der Bundesrepublik hat die Struktur der Frauenarbeit gravierend

1 Der Begriff fordistische Vergesellschaftung bezieht sich sowohl auf die Analyse von A. Gramci im Text „Amerikanismus und Fordismus“ im Werk Philosophie der Praxis Frankfurt 1967, S. 367. Es bedeutet die neuen Produktions- und Reproduktionsformen, die in den USA nach der

verändert. Fordismus ist die Bezeichnung für die Phase kapitalistischer Entwicklung nach dem Zweiten Weltkrieg. Durchkapitalisierung des Reproduktionsbereiches, Auflösung traditioneller Produktions- und Lebensformen, Verdrängungen der häuslichen und bäuerlichen Subsistenzmöglichkeiten, Rationalisierung und Umorganisierung der Haushalte u. a. v. m. gingen mit radikaler Umstrukturierung der Frauenarbeit einher. Für die Frauen bedeuten diese Umstrukturierungen die Entstehung von Räumen und Möglichkeiten, ihre widersprüchlichen Erfahrungen als ganze Wesen einzubringen, den gesellschaftlichen Bereich zu problematisieren, aus dem sie ihre Erfahrungen hauptsächlich beziehen, und Veränderungen zunächst dort anzusetzen, d. h. in Familie und Beziehungen.

In den 80er Jahren wehte der Wind wieder in Richtung Heim, Herd und Familie. Die Akzente hatten sich verschoben. Von der Stigmatisierung der verheirateten, erwerbstätigen Frauen als „Doppelverdienerin" bis zur Verbreitung einer Ideologie, die Müttern primär den familiären Aufgabenbereich zuschrieben, wobei Erziehungsgeld als Beweis der Anerkennung der Haus- und Familienarbeit die Verdrängung schmackhaft machen soll (Willms 1983, 107ff.). Alle „privat" innerfamiliär oder auf der Ebene von Geschlechterbeziehungen erreichte Gleichberechtigung kann relativ leicht umkippen, wenn sich die äußeren Umstände verschlechtern, Arbeitslosigkeit und Kürzungen im Sozialbereich zunehmen. Hier liegt auch eine entscheidende Schwäche der neuen Frauenbewegung, ihre Integrierbarkeit bis zu einem bestimmten Punkt. Sie ist Produkt relativ „guter Zeiten". Was wird vom neuen Frauenbewußtsein noch übrigbleiben, was wird dadurch erreicht und verhindert werden können, wenn die Krise der fordistischen Gesellschaft sich weiter verschärft (bis vielleicht eine postfordistische Prosperität eine neues Akkumulationsmodell einsetzt), wenn jetzt schon die lautstarke Proklamation: „Wir lassen uns vom Arbeitsmarkt nicht verdrängen" mit Erziehungsgeld beantwortet wird?

Ein backlash in der Frauenbewegung? Ein Gegenschlag für alle Frauen in der Bundesrepublik? Ein Gegenschlag für die Frauen, die „alle Rechte" haben und für diejenigen, die wesentliche Grundrechte nicht haben? In einem langen Weg ist einiges erreicht worden, und das Erreichte ist als Errungenschaft der deutschen Frauenbewegung verstanden worden.

Weltwirtschaftskrise begannen und in der Bundesrepublik in den 60er Jahren intensiv aufgetreten waren. Die fordistische Produktions- und Reproduktionsform ist gekennzeichnet durch fortgeschrittene Mechanisierung und Taylorisierung der Arbeitsprozesse. Bezogen wird sich hierbei auf das Auto „Modell T" von Henry Ford dessen Produktionsformen- (Fließband-Taylorismus) der Beginn der gesellschaftsumwälzenden Entwicklung darstellen. (vergl. M. Aglietta 1976, J. Hirsch 1980).

Als ich später an der Universität arbeitete, wußte ich, daß ich eine quotierte Stelle hatte – eine Stelle, die bei gleicher Qualifikation Frauen den Vorzug gab –, eine Form der Institutionalisierung, die die Frauenbewegung durch lange Quotierungskämpfe erreicht hatte. Erst als ich die Teilnehmerinnenliste meines Seminares sah, realisierte ich, daß eine Reihe von ausländischen Studentinnen das Seminar besuchten. An ihrer Aussprache merkte ich nicht, daß sie Ausländerinnen waren. Heute leben hier viele ausländische Frauen, die hier geboren sind oder als kleine Kinder in die Bundesrepublik kamen, hier studiert und eine Qualifikation erreicht haben. Das ist die zweite, die dritte Generation von Migrantinnen, die bei gleicher Qualifikation bei Seite geschoben werden, nach dem Primat: zuerst die Deutschen, dann die EU-Bürgerinnen und dann der Rest der Migrantinnen.

Als Migrantinnen[2] haben wir uns damals nicht verstanden, eher als Ausländerinnen, als Frauen, die nicht dazu gehören. Jetzt, wo wir keine Fälle für die Sozialarbeit allein mehr sind wie die Generation unserer Eltern, wo wir Ansprüche auf qualifizierte Arbeitsplätze haben, werden die Differenz und die Konkurrenzstrukturen zwischen deutschen Frauen und Migrantinnen deutlich.

Dominanz, Konkurrenz und Diskriminierung unter sich sind in der Frauenbewegung keine fremden Strukturen, sind eher Produkte von Widersprüchen innerhalb der Bewegung selbst. Sie sind vor allem den Frauen deutlich, die in der Bundesrepublik leben, wahrscheinlich hier geboren sind, aber trotzdem kein Recht auf Beteiligung haben, von rassistischen Strukturen anders betroffen sind als die deutschen Frauen und die Realität auf Grund ihres Nicht-Dazugehörens anders wahrnehmen.

In einem großen Teil der Frauenbewegung wurde die besondere ausländerrechtliche Benachteiligung der Migrantinnen ignoriert. Sie selber merkten oft, daß dort kein Platz für den Kampf der ausländerrechtlichen Benachteiligung zu finden war und die bedingungslose Anpassung auf der Tagesordnung stand. Frauenbewegte Ausländerinnen erlebten in der politischen Auseinandersetzung ihre Identität als Frau und Ausländerin nicht gleichzeitig. Mein Ausländerin-Sein empfand ich als eine besondere Diskriminierung, die ich gemeinsam mit anderen Ausländerinnen bekämpfte. Als Frau fühlte ich mich heimatlos, weder in den gemischten, nationalen Frauengruppen noch in der deutschen Frauenbewegung zu Hause; es sind Diskriminierungsformen, die nicht gleichzeitig bekämpft werden können (Gültekin, 1986).

2 Unter Migrantinnen verstehe ich im wesentlichen die Frauen, die aus den Anwerbeländern kommen, in der zweiten und dritten Generation in der Bundesrepublik leben und die selbstverständlich bei gleicher Qualifikation in der Regel bei Seite geschoben werden, nicht allein wegen der Nichtzugehörigkeit eines Heimatlandes zur Europäischen Union, sondern auch weil sie nichtdeutsche Frauen sind und deswegen nicht gleich sein können.

Die Tatsache, daß im Frauenplenum der Universität nur zwei Ausländerinnen mitmachten, empfand ich als Zeichen des politischen Unterschieds zu den anderen Ausländerinnen. Ich wollte nicht mehr im nationalen Getto leben. Und in der Frauenbewegung habe ich mich nicht diskriminiert gefühlt, denn ich trennte automatisch den Ausländerein-Sein-Status von den Forderungen der Frauenbewegung – es waren andere Zeiten, und wir kämpften alle für die Institutionalisierung der Frauenforschung.

Die Sozialstruktur der Frauenbewegung und der Frauenzusammenhänge haben sich geändert; sie sind mittlerweile gemischt, bestehen aus deutschen und nicht-deutschen Frauen, die Machtverhältnisse zwischen der Frauen in der Bundesrepublik, der unterschiedliche Anteil an der Macht zwischen deutschen und nicht-deutschen Frauen wird verschleiert. Im allgemeinen konzentriert sich die Frauenbewegung auf die Unterdrückung der Frau als Frau und ignoriert Unterschiede, wie Hautfarbe, Klassen und ethnische Zugehörigkeit nach dem Motto: „Wir sind alle Schwestern". Deshalb wurden die real existierenden Differenzen[3] nicht wahrgenommen, ist mit den Migrantinnen recht und schlecht umgegangen worden, um das Bild der Gemeinsamkeit, d. h. der gemeinsamen Unterdrückung und Diskriminierung in einer patriarchalen-kapitalistischen Gesellschaft, zu retten. Die Idee der gemeinsamen Unterdrückung bildet eine problematische Grundlage, die die wahren Bedingungen der unterschiedlichen komplexen sozialen Lebensrealitäten von Frauen verschleiert. Die Ideologie der gemeinsamen patriarchalen Unterdrückung blendet die Diskriminierung, Ausbeutung und Unterdrückung von Frauen verschiedener ethnischer Gruppen durch deutsche Frauen aus, und macht es für beide Gruppen schwierig zu glauben, sie hätten gemeinsame Ziele und politisches Interesse. Die Idee der „gemeinsamen Unterdrückung kann eine falsche und korrumpierende Grundlage sein, die die wahren Bedingungen der unterschiedlichen und komplexen sozialen Lebensrealitäten von Frauen mystifiziert und verschleiert. Denn Frauen sind gespalten aufgrund von Sexismus, Rassismus, Klassenprivilegien." (Bell hooks 1990,77)

Als Frauen ist es uns beigebracht worden, die Unterschiede entweder zu ignorieren oder sie als Grund unserer Spaltung und unseres Mißtrauens zu sehen, statt als Kräfte, die zu Veränderungen führen können. (A. Lorde 1990) Die Verschiedenheit besteht durch Nationalität, Rassen- und Klassenzugehörigkeit,

3 Den Begriff der Differenz verwendet A. Prengel in ihrem Buch „Verschiedenheit und Gleichberechtigung in der Bildung – eine Studie zur Bedeutung der interkulturellen Pädagogik, der feministischen Pädagogik und der Integrationspädagogik – für eine Pädagogik der Vielfalt", als zentralen Begriff für eine Pädagogik der Vielfalt in der allen gesellschaftlichen Gruppen, Jungen und Mädchen, Behinderten und Nichtbehinderten, Angehörigen verschiedener Kulturen, Subkulturen und Gesellschaftsschichten das Recht auf Bildung zusteht.

damit verbunden gibt es für die einzelnen Frauen Vor- und Nachteile. Deutsche Frauen haben Privilegien innerhalb des hier herrschenden sozialen Systems und dadurch Macht über Frauen von Minderheiten (Bell hooks 1990).

Den Frauen in den frauenbezogegen Zusammenhängen in der Bundesrepublik ist es trotz unterschiedlicher Bemühungen nicht gelungen, das Problem des Rassismus und der besonderen Diskriminierung von Asylantinnen zu einem eigenen Thema zu machen. Innerhalb der Frauenbewegung ist die Diskussion begrenzt und die Betroffenheit deutscher Frauen diesbezüglich gering. Obwohl einzelne Probleme der ausländischen Frauen und der Asylantinnen diskutiert werden, hat es keine theoretische oder politisch dominante Debatte um das Verhältnis von Rasse, Körper, Klasse oder Geschlecht gegeben, wie es in den USA der Fall war. Ausländische Frauen sind fast immer als Arbeitsobjekte behandelt worden, als Frauen, die Hilfe und Unterstützung in der Sozialarbeit – auch wenn sie feministisch angehaucht ist – brauchen. Sie sind nicht gehört, verstanden oder wahrgenommen worden als eine Gruppe, die ihre eigene Vorstellungen zu verdeutlichen und mit diesen Vorstellungen ihre Politik zu machen versucht.

Der Versuch der Migrantinnen, Akzeptanz zu erreichen als Frauen, die in der Bundesrepublik sehr lange leben, aber nicht die gleichen Rechte haben und von rassistischen und anderen Diskriminierungsstrukturen anders betroffen sind als die deutschen Frauen, dieser Versuch trifft oft auf Verlegenheit, Desinteresse oder Ignoranz. Erst wenn andere Wahrnehmungen, andere Kommunikations- und Politikformen akzeptiert werden, wenn Erfahrungen und Formen der Verarbeitung von Konflikten, wie Migrantinnen sie machen, als Strategien zur Aufhebung der Unterdrückung der Frauen aufgenommen werden, dann erst wäre der Weg zur Überwindung der Diskriminierung aller Frauen ein gemeinsamer Weg. Eine dauerhafte Bindung kann nur dann entstehen, wenn die Frauen mit den verschiedenen Spaltungen und Unterschieden konfrontiert werden und entsprechende Schritte unternehmen, um sie abzuschaffen.

Inzwischen leben in der Bundesrepublik sehr viele Frauen ohne deutschen Paß und mit abgeschlossener universitärer Ausbildung, die bei Einstellungen sehr oft zur Seite geschoben werden. Sie selber merken, daß sie als das, was sie sind, nicht wahrgenommen werden, nämlich als Frauen, die das Recht haben, mit Ihrer Differenz zu deutschen Frauen gleiche Erwartungen und Ansprüche haben zu können. Wobei sich die Differenz auf unterschiedliche Ebenen bezieht. Sie resultiert aus der Tatsache eines anderen, eines gemischten kulturellen Hintergrunds, der aus der Kultur ihres Heimatlandes oder des Heimatlandes ihrer Eltern einerseits und andererseits ihrer Lebensrealität hier besteht und der sie gegenüber dem politischen Geschehen in Deutschland vorsichtig macht, sie zu einer anderen Wahrnehmung der Realität, zu anderen Bildern und Positionierungen führt, wie z. B. auf die Vorstellung von einer Existenz ihrer Differenz in der Gleichheit.

Diese Differenz soll nicht zur Legitimation von Hierarchien herangezogen werden, die Verknüpfung von Hierarchie und Differenz wird abgelehnt. Die Differenz soll positiv formuliert werden als Offenheit für Unvorhersehbares, für das Vielfältige, „Andere", das sich unabhängig von dem „Einen" versteht. Zwei heterogene Zusammenhänge sollen sich gegenseitig anerkennend existieren können, ohne Legitimation von Hierarchie, von Unterdrückung, Ausbeutung, Entwertung und Ausgrenzung. (Prengel 1990,183)

Die Differenz kann sich auf mehrere Ebenen menschlicher Heterogenität beziehen, wie z. B. auf dominante und inferiorisierte gesellschaftliche Gruppen, auf dominierende und inferiorisierte Kulturen, auf Männer und Frauen usw. Individuelle und kollektive Differenzen zwischen Menschen, soziokulturelle Differenzen sind vorhanden, sie bezeichnen die gesellschaftliche Verschiedenheit, also unterschiedliche Lebensweisen und unterschiedliche Verarbeitung von Lebenserfahrungen.

Es gibt also Differenzen zwischen Menschen und Geschlechtern, kulturelle Differenzen, gesellschaftliche Verschiedenheiten – unterschiedliche Lebensweisen, zwischen Untergruppen, innerhalb einer Gruppe, wie z. B. Differenzen unter Frauen, die aus der ethnischen Herkunft entstehen (deutsche Frauen und Migrantinnen, Migrantinnen unter sich). Kulturelle Strömungen und die darin eingebetteten Lebensgeschichten verändern sich ständig, und grundsätzlich ist von der Unbestimmbarkeit der Menschen auszugehen. Verschiedene kulturelle Lebensweisen existieren nicht separat, sondern sie beeinflussen sich wechselseitig, und gerade solche Einflüsse sind die Quelle von lebensgeschichtlichen und geschichtlichen Veränderungen. Die Wahrnehmung differenter Erfahrungen ist immer begrenzt, als Ziel kann keine endgültige Wahrheit gedacht werden, sondern Differenzen müssen immer historisch begriffen oder biographisch werden. „Die verschiedenen Geschichten von Individuen und von Kollektiven lassen etwas vom Gewordensein aufgrund verschiedener persönlicher und gesellschaftlicher Traditionen und damit auch etwas von den jetzt existierenden Differenzen sichtbar werden." (Prengel 1990, 181) Die Gefahr besteht, daß die nicht zur herrschenden Kultur gehörenden Lebensformen zum Schweigen gebracht, verdrängt, ausgegrenzt, entwertet und ausgebeutet werden. Doch Angehörige inferiorisierter Gruppen können Gleichheit anstreben im Hinblick auf die Verteilung materieller Ressourcen und im Hinblick auf gesellschaftliche Macht und Einflußmöglichkeiten.

Differenz in der Gleichheit heißt, daß unterschiedliche Lebensformen das gleiche Existenzrecht haben, das gleiche Recht, sichtbar anerkannt und wirksam zu sein. Das Postulat nach Gleichheit wird auf neue, radikale Weise eingelöst, indem den heterogenen Lebensweisen gleiches Recht zugesprochen wird. Gleichheit ist damit die Möglichkeit der Differenz. Differenz ohne Gleichheit bedeutet gesellschaftliche Hierarchie, kulturelle Entwertung und ökonomische Ausbeutung. Gleichheit ohne Differenz bedeutet Assimilation, Anpassung, Gleichschaltung und Ausgrenzung von Anderen.

Es gibt Differenzen innerhalb des Feminismus. Differenzen der Hautfarbe, der Sexualität, des Bildungsgrades, generationsspezifische Differenzen oder Differenzen der Klasse und ethnischen Zugehörigkeit. Die Vorstellung ist, Differenz und Gleichheit in der Frauenbewegung in einer Sichtweise wahrzunehmen, die die Emanzipation fördert, und damit ein befreiendes Potential der Gleichheit impliziert, die dominante und untergeordnete gesellschaftliche Gruppen nicht mit Maßstäben von Normalität und Abweichung definiert, sondern auf der Ebene von Differenzen zu verstehen versucht. Differenz ohne Gleichheit bedeutet hier Dominanz und Diskriminierung den Migrantinnen gegenüber, die versuchen, sich einzumischen, ihre Politikvorstellungen, ihre Differenz der deutschen Frauenbewegung zu vermitteln. Zur Legitimation ihrer Gleichheitsrechte sowie ihrer Rechte auf Akteptanz ihres Andersseins brauchen Migrantinnen nicht besser oder besonders wertvoll zu sein, sondern sie müssen nur die Möglichkeit haben, so akzeptiert zu werden, wie sie sind.

Die unterschiedlichen Differenzen wahrzunehmen und eine Politik der Gleichheit zu realisieren, heißt in Bezug auf Migrantinnen, ihre ausländerrechtliche Lage wahrzunehmen, das Anderssein zu akzeptieren und es sich entwickeln zu lassen. Das sind Differenzen, die aber keine Konflikte oder Spaltungen innerhalb des Feminismus darstellen dürfen, sondern Effekt der notwendigen politischen Auseinandersetzung mit der sozialen Realität außerhalb und innerhalb des Feminismus sind. Es ist eine Politik der Gleichheit, die für gleiche Recht kämpft, gleiche gesellschaftliche Teilhabe in allen Bereichen zu erreichen versucht, sich mit einer Politik der Differenz verbindet, und eine Differenz in der Gleichheit zu verdeutlichen und zu realisieren versucht. Diese Differenz in der Gleichheit gegen Hierarchien, gegen Legitimation von Unterdrückung, Ausbeutung, Entwertung und Ausgrenzung braucht keine Legitimation durch Hierarchien. Die real existierenden Differenzen sind nicht da, um zu trennen, sondern um sie anzuerkennen, um mit ihnen umgehen zu lernen und sie zu überwinden.

Ohne Gemeinschaft gibt es keine Befreiung, nur einen sehr verletzbaren und kurzfristigen Waffenstillstand zwischen Einzelpersonen und ihre Unterdrückung. Aber Gemeinschaft braucht nicht zu bedeuten, daß wir uns bemühen, unsere Unterschiede abzulegen, noch daß wir angestrengt vortäuschen, daß sie gar nicht existieren, sondern, daß wir lernen, zu unseren Unterschieden zu stehen und sie in Stärke zu verwandeln. Denn die Differenzen existieren ohne

Zweifel innerhalb der Frauenbewegung in der Bundesrepublik, Differenzen der Sexualität, der Klassen- und ethnischen Zugehörigkeit und andere mehr. Mit diesen Differenzen konnte die Frauenbewegung einigermaßen umgehen, um das Bild der Gemeinsamkeit, d. h. der Unterdrückung und Diskriminierung in einer patriarchalen kapitalistischen Gesellschaft zu retten. Es bestehen reale Unterschiede, aber sie sind nicht da, um uns zu trennen, sondern um sie anzuerkennen und sie zu überwinden.

Demokratische Politik muß klären, welche Gleichheiten und welche Differenzen sie will – Ungerechtigkeit und Hierarchien, hierarchische Unterlegenheit, Recht und Machtlosigkeit, zerstörerische Wirkung, wie in den Begriffen „Gleichschaltung“ und „Angleichung“ zum Ausdruck kommen, oder Gleichheit in der Differenz.

Der Weg zur Autonomie und Befreiung der Frau sowie die Gestalt der Gleichstellung ist verschieden, so wie unsere Geschichte, unsere Erfahrungen, Wahrnehmungen, Empfindungen und unsere Persönlichkeitsstruktur verschieden sind. Die Gesellschaft ist nach Gruppen differenziert, manche Gruppen sind privilegiert und andere unterdrückt; eine Gruppe ist unterdrückt und diskriminiert, wenn sie von der Partizipation an wichtigen sozialen Tätigkeiten ausgeschlossen, marginalisiert ist, über wenig Autonomie verfügt (Jung 1994). Die Auseinandersetzung mit dem Differenzansatz kann neue politischen Strategien hervorbringen, deren Bestandteil die Differenz in der Gleichheit zwischen deutschen Frauen und Migrantinnen sein kann.

Die verstärkte Einmischung der Migrantinnen, die Pluralisierung des Feminismus, die Notwendigkeit neuer Politikformen, die Chance einer Politik der Differenzierung können eine mögliche Strategie bilden.

Literatur

Friedan, B.: Der Weiblichkeitswahn, Hamburg 1996

Prokop, U.: Weiblicher Lebenszusammenhang, Von der Beschränktheit der Strategien und der Unangemessenheit der Wünsche, Frankfurt 1976

Pross, H.: Gleichberechtigung im Beruf, Frankfurt 1975

Pross, H., Die Wirklichkeit der Hausfrau, Frankfurt 1975

Speck, O.: Kinder erwerbstätiger Mütter, Stuttgart 1956

Läge, H.: Die Industriefähigkeit der Frauen, Düsseldorf 1962

Pfeil, E.: Die Berufstätigkeit der Mütter, Tübingen 1969

Kätsch, E. M.: Langfristige Bestimmungsgründe für die Erwerbstätigkeit verheirateter Frauen, Köln 1965

Langau-Hermann, M./Langau, J.: Der berufliche Aufstieg der Frau, Opladen 1972

Pinl, C./Frohn, U.: Das neue Frauenleitbild in der Bundesrepublik, in: Schwarzer, A. (Hg.): Frauenarbeit – Frauenbefreiung 1973

Willms, A.: Grundzüge der Entwicklung der Frauenarbeit von 1880–1990, in W. Müller/A. Willms(J.Handl: Strukturwandel der Frauenarbeit 1880–1990, Frankfurt 1983

Willms, A.: Segregation auf Dauer? Zur Entwicklung des Verhältnisses von Frauenarbeit und Männerarbeit in Deutschland 1882–1880, in Müller/A. Willms/ J. Handl: Strukturwandel der Frauenarbeit 1880–1980, Frankfurt 1983

Gültekin, N.: Anpassung zur Emanzipation? in: Beiträge zur feministischen Theorie und Praxis 18/1986 Bell hooks: Schwesterlichkeit: Politische Solidarität unter Frauen, in: Beiträge zur feministischen Theorie und Praxis, 27/1990

Lorde, A.: Du kannst nicht das Haus des Herren mit dem Handwerkszeug des Herren abreissen, in: A. Lorde/A. Rich: Macht und Sinnlichkeit, Ausgewählte Texte, D. Schulz (Hg.)

Prengel, A.: Annäherung an eine egalitäre Politik der Differenzgedanken gegen Sexismus und Rassismus, in: Beiträge zur feministischen Theorie und Praxis 27/1990

Jung, I. M.: Das politische Gemeinwesen und die Gruppen- Differenz. Eine Kritik am Ideal des universalen Staatsbürgerstatus, in: H. Nagel-Docekal/H. Pauer-Studer, Frankfurt 1993

Apostolidou, N.: Die neue Frauenbewegung in der BRD und Griechenland, Frankfurt 1995

Faludi, S.: Die Männer schlagen zurück, Hamburg 1995

Veranstaltung Poster „Migrantinnen als marginalisierte Gruppe in der Deutschen Frauenbewegung“, November 1997–Februar 1998. Begetragen von Malin Kundi.

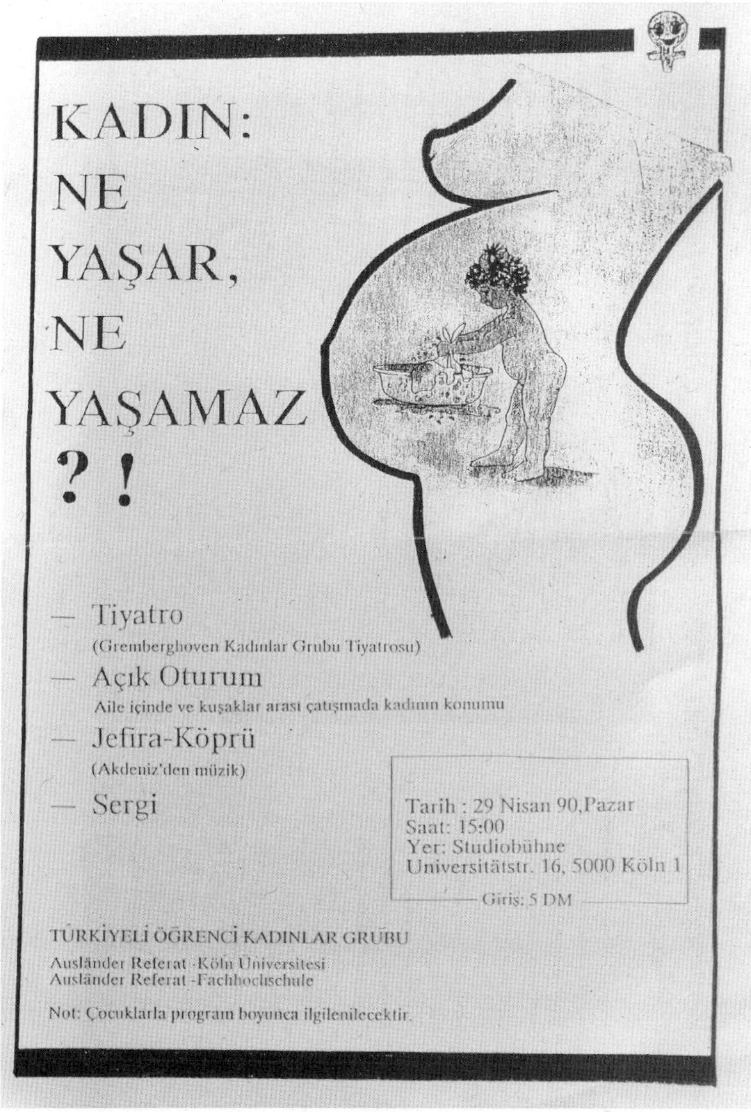

Veranstaltung Poster „Kadin Ne Yasar Ne Yasamaz?!"
20. April 1990, Köln. Beigetragen von Kader Konuk.

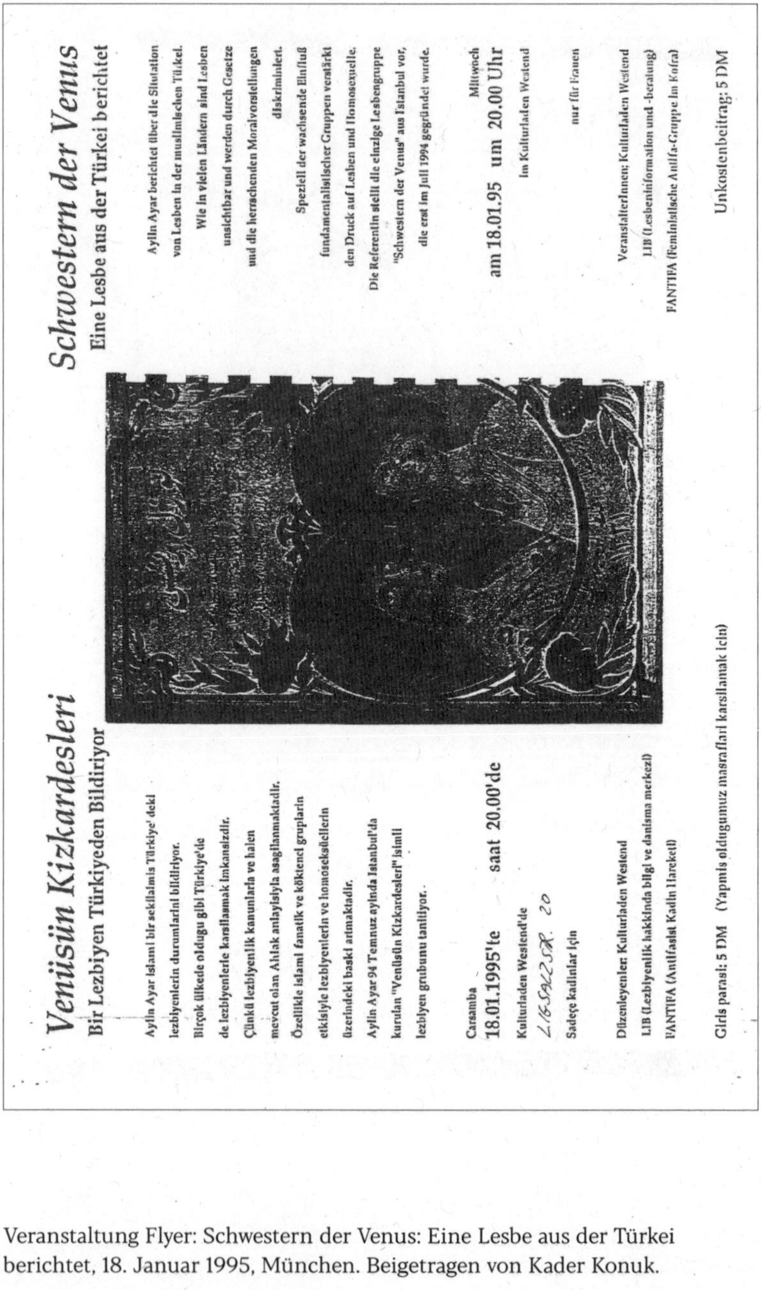

Venüsün Kizkardesleri

Bir Lezbiyen Türkiyeden Bildiriyor

Aylin Ayar islami bir sekilalmis Türkiye' deki
lezbiyenlerin durumlarini bildiriyor.
Birçok ülkede oldugu gibi Türkiye'de
de lezbiyenlerle karsilasmak imkansizdir.
Çünkü lezbiyenlik kanunlarla ve halen
mevcut olan Ahlak anlayisiyla asagilanmaktadir.
Özellikle islami fanatik ve köktenci gruplarin
etkisiyle lezbiyenlerin ve homoseksüellerin
üzerindeki baski artmaktadir.
Aylin Ayar 94 Temmuz ayinda Istanbul'da
kurulan "Venüsün Kizkardesleri" isimli
lezbiyen grubunu tanitiyor.

Carsamba
18.01.1995'te saat 20.00'de
Kulturladen Westend'de
LIGSALZSTR. 20
Sadeçe kadinlar için

Düzenleyenler: Kulturladen Westend
LIB (Lezbiyenlik hakkinda bilgi ve danisma merkezi)
FANTIFA (Antifasist Kadin Hareketi)

Giris parasi: 5 DM (Yapmis oldugumuz masraflari karsilamak icin)

Schwestern der Venus

Eine Lesbe aus der Türkei berichtet

Aylin Ayar berichtet über die Situation
von Lesben in der muslimischen Türkei.
Wie in vielen Ländern sind Lesben
unsichtbar und werden durch Gesetze
und die herrschenden Moralvorstellungen
diskriminiert.
Speziell der wachsende Einfluß
fundamentalistischer Gruppen verstärkt
den Druck auf Lesben und Homosexuelle.
Die Referentin stellt die einzige Lesbengruppe
"Schwestern der Venus" aus Istanbul vor,
die erst im Juli 1994 gegründet wurde.

Mittwoch
am 18.01.95 um 20.00 Uhr
im Kulturladen Westend

nur für Frauen

VeranstalterInnen: Kulturladen Westend
LIB (Lesbeninformation und -beratung)
FANTIFA (Feministische Antifa-Gruppe im Kofra)

Unkostenbeitrag: 5 DM

Veranstaltung Flyer: Schwestern der Venus: Eine Lesbe aus der Türkei berichtet, 18. Januar 1995, München. Beigetragen von Kader Konuk.

ICH SEHE WAS, WAS DU NICHT SIEHST: RASSISMUS, WIDERSTAND UND EMPOWERMENT STADTLABOR: HISTORISCHES MUSEUM FRANKFURT. 1.OKTOBER 2020—18. MÄRZ 2021.

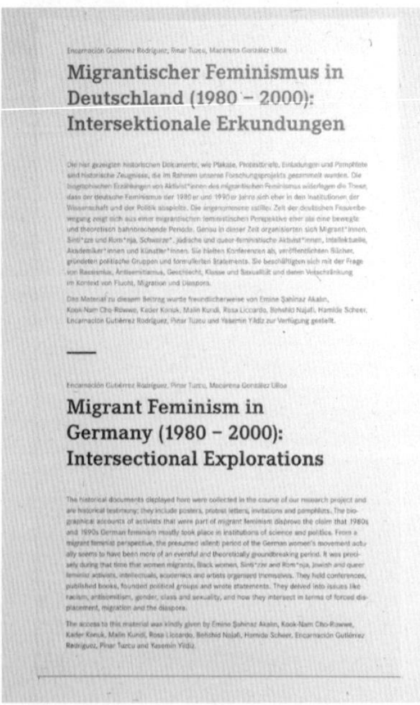

Encarnación Gutiérrez Rodríguez, Pinar Tuzcu, Macarena González Ulloa

Migrantischer Feminismus in Deutschland (1980 – 2000): Intersektionale Erkundungen

Die hier gezeigten historischen Dokumente, wie Plakate, Protestbriefe, Einladungen und Pamphlete sind historische Zeugnisse, die im Rahmen unseres Forschungsprojekts gesammelt wurden. Die biographischen Erzählungen von Aktivist*innen des migrantischen Feminismus widerlegen die These, dass der deutsche Feminismus der 1980er und 1990er Jahre sich eher in den Institutionen der Wissenschaft und der Politik abspielte. Die angenommene stille Zeit der deutschen Frauenbewegung zeigt sich aus einer migrantischen feministischen Perspektive eher als eine bewegte und theoretisch bahnbrechende Periode. Genau in dieser Zeit organisierten sich Migrant*innen, Sinti*zze und Rom*nja, Schwarze*, jüdische und queer-feministische Aktivist*innen, Intellektuelle, Akademiker*innen und Künstler*innen. Sie hielten Konferenzen ab, veröffentlichen Bücher, gründeten politische Gruppen und formulierten Statements. Sie beschäftigten sich mit der Frage von Rassismus, Antisemitismus, Geschlecht, Klasse und Sexualität und deren Verschränkung im Kontext von Flucht, Migration und Diaspora.

Das Material zu diesem Beitrag wurde freundlicherweise von Emine Şahinaz Akalın, Kook-Nam Cho-Ruwwe, Kader Konuk, Malin Kundi, Rosa Liccardo, Behshid Najafi, Hamide Scheer, Encarnación Gutiérrez Rodríguez, Pinar Tuzcu und Yasemin Yildiz zur Verfügung gestellt.

Encarnación Gutiérrez Rodríguez, Pinar Tuzcu, Macarena González Ulloa

Migrant Feminism in Germany (1980 – 2000): Intersectional Explorations

The historical documents displayed here were collected in the course of our research project and are historical testimony; they include posters, protest letters, invitations and pamphlets. The biographical accounts of activists that were part of migrant feminism disprove the claim that 1980s and 1990s German feminism mostly took place in institutions of science and politics. From a migrant feminist perspective, the presumed 'silent' period of the German women's movement actually seems to have been more of an eventful and theoretically groundbreaking period. It was precisely during that time that women migrants, Black women, Sinti*zze and Rom*nja, Jewish and queer feminist activists, intellectuals, academics and artists organised themselves. They held conferences, published books, founded political groups and wrote statements. They delved into issues like racism, antisemitism, gender, class and sexuality, and how they intersect in terms of forced displacement, migration and the diaspora.

The access to this material was kindly given by Emine Şahinaz Akalın, Kook-Nam Cho-Ruwwe, Kader Konuk, Malin Kundi, Rosa Liccardo, Behshid Najafi, Hamide Scheer, Encarnación Gutiérrez Rodríguez, Pinar Tuzcu and Yasemin Yildiz.

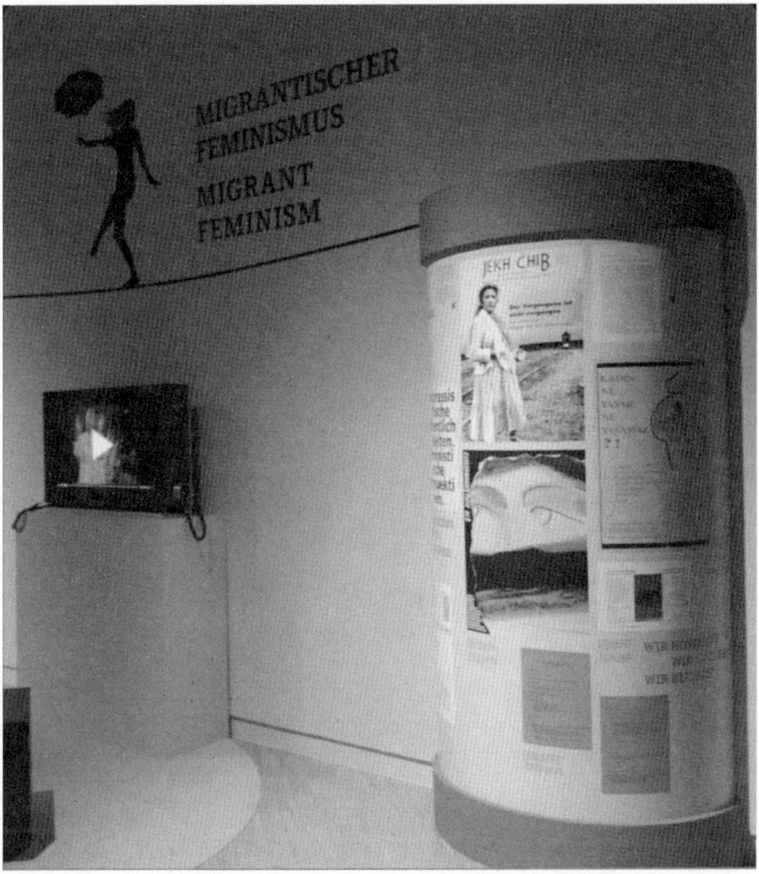

© Encarnacíon Gutiérrez Rodríguez

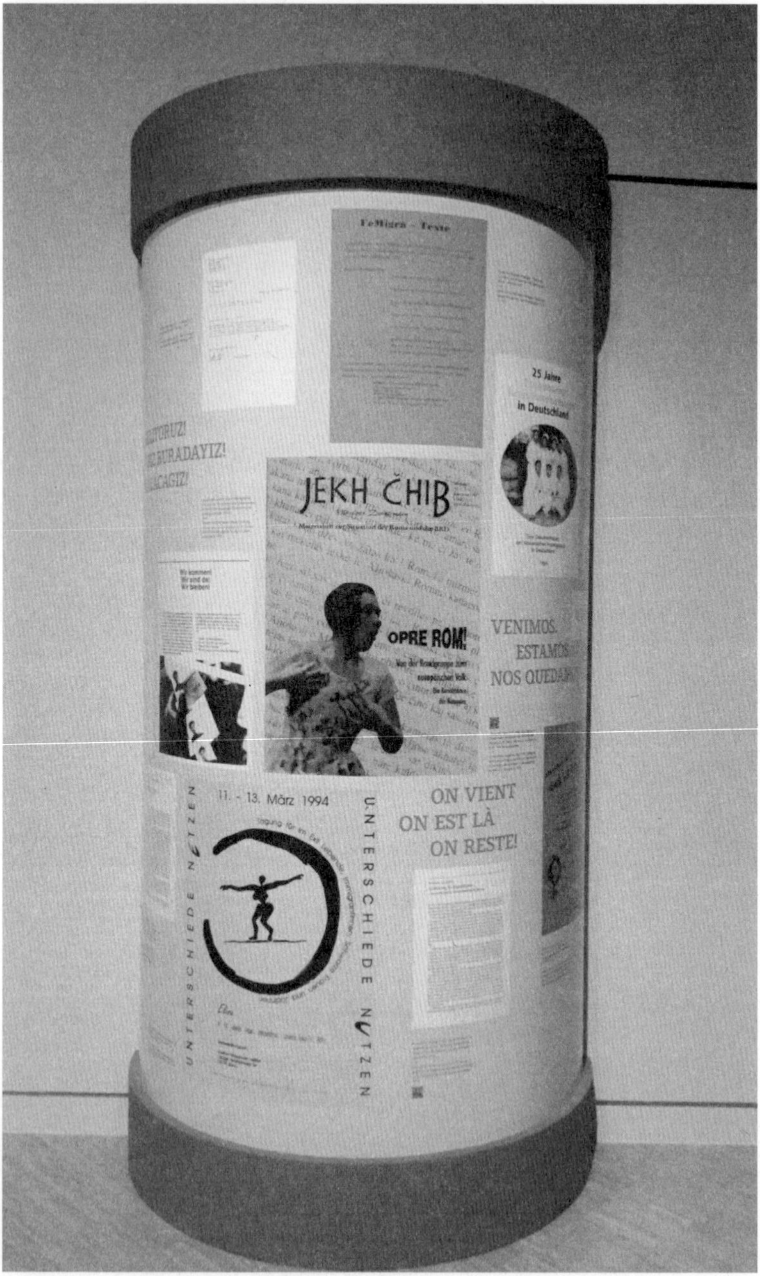
FeMigra – Texte
25 Jahre
in Deutschland
JEKH ČHIB
OPRE ROM!
VENIMOS.
ON VIENT
ON EST LÀ
ON RESTE!
11. - 13. März 1994
UNTERSCHIEDE NUTZEN

Neuveröffenlichte Texte:

Kook-Nam Cho-Ruwwe: (Neuveröffentlichung mit Genehmigung der Autorin) „Entwicklungshelferinnen in Deutschland", Der Überblick Dez. 1989 „Migrantinnen aus Korea in Deutschland", Korea Forum, Jahrgang IV, Nr. 2, Dez. 1996

Ayşe Tekin: (Neuveröffentlichung mit Genehmigung der Autorin) „Unterschiede wahren, Zusammenarbeit möglich machen" in: beiträge: zur feministischen theorie und praxis Hrsg.: Sozialwissenschaftliche Forschung & Praxis für Frauen e.V. 17. Jahrgang (1994) Heft 36

Vorwort zum *Buch Nach der Shoa Geboren: Jüdische Frauen in Deutschland* (Neuveröffentlichung mit Genehmigung von Jessica Jacoby). Hrsg. Jessica Jacoby, Claudia Schoopmann, Wendy Zena-Henry, Elefanten Press: Berlin, 1994

Fatima Hartman, Elli Jonus et. Al (Neuveröffentlichung mit Genehmigung von Elizabeta Jonus)
Redaktion's Vorwort: „Zu diesem und Dem nächsten Heft" in: *Das Vergangene ist nicht Vergangen. Roma und Sinti-Frauen. Verfolgung-wiederstand-Überlebensstrategien*, Jekh Čhib: Mit einer Zunge reden. Materialien zur Situation der Roma und der BRD. Hrg: Rom e.V. Nr. 4 Mai 1995, Köln.

FeMigra Texte: (Neuveröffentlichung mit Genehmigung von Encarnación Gutiérrez Rodríguez) „Sicher ist nicht sicher, daß Sicherheit sicher ist" „Offener Brief An den Magistrat und an das … ." in: diyalog 2, November 1992.

Natascha Apostolidou (Neuveröffentlichung) „Differenz und Gleichheit – Migration in der BRD und ihre Position in der Frauenbewegung" in: Frauen in der Defensive? Zur blacklash Debatte in Deutschland. Hrsg. Mechtild M. Jansen, Sigrid Baringhorst, Martina Ritter. Lit Verlag: Münster, 1995.

Kitchen Politics [Hg.]

Mehr als Selbstbestimmung!

Reproduktive Gerechtigkeit steht für mehr als Selbstbestimmung und hinterfragt strukturelle Gewaltverhältnisse rund um das Kinderkriegen. Der Band diskutiert intersektionale Allianzen und versammelt Analysen, Erfahrungen und Statements zum Thema.

Broschur | 110 × 180 mm | 144 Seiten
9,80 € | 978-3-96042-110-8 | 2-973
Bereits erschienen.

Herausgeber_innenkollektiv

Wir wissen, was wir wollen

In Nord- und Ostsyrien findet eine Revolution der Frauen statt.
Doch was heißt das eigentlich?

Broschur | 140 × 205mm | ca. 560 Seiten
978-3-96042-100-9 | 2-973
Bereits erschienen.